广州文物考古集之五

羊城考古发现与研究

（一）

广州市文物考古研究所　编

文物出版社

廣州文物考古集

葉選平 題

目　录

彩版

彩版目录

增城石滩围岭遗址发掘简报

广州市文物考古研究所
增 城 市 博 物 馆

　　围岭位于增城市石滩镇沙陇村，东邻麻车村，北面为增塘水库。东去5公里即有著名的金兰寺遗址（图一）。围岭是一座略呈东西向的山岗，由三座小土丘组成，主岗高24.3米。北面约30米有水库，东面、南面是水田，西侧连着山丘。

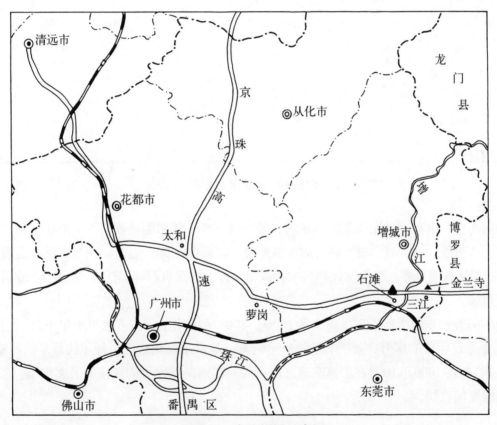

图一　遗址位置示意图

　　1999年9月～11月，广东省文物考古研究所在广（州）惠（州）高速公路沿线调查时，发现夹砂陶片和夔纹陶片等，经过试掘后确认为一处先秦遗址。2000年1月由广州市文物考古研究所与增城市博物馆进行抢救性发掘，参加发掘的还有中山大学人类学98级研究生。发掘地点在围岭的南坡，即广惠高速公路的A7标段K28地段，在征地范围内由西向东，共布10个探方，面积750平方米。此外，在探方外发掘东汉墓葬7座，合计发掘面积850平方米（图二）。

　　共清理灰坑31个，柱洞3处，灶坑1个，基槽（？）1条，东汉砖室墓10座。青铜时期的陶器以

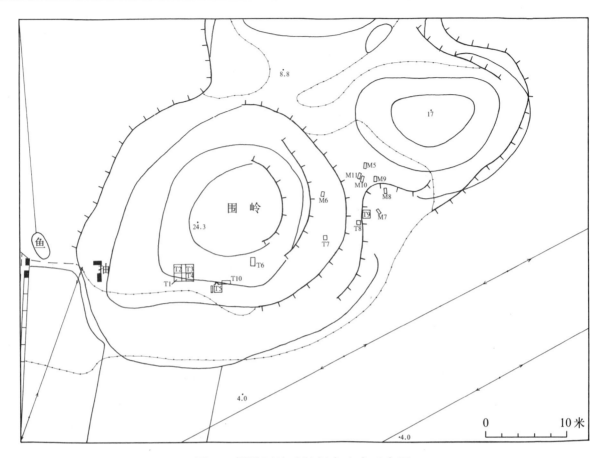

图二　增城围岭遗址探方分布示意图

灰褐色夹砂陶为主，另有少量泥质灰陶和釉陶。器形只见圜底器和圈足器，不见平底器和三足器。器形有大口尊、折腹罐、釜、豆、盘、杯、碗、器座等。泥质陶为罐、壶类，饰曲折纹、云雷纹、菱格凸点纹等。还有具有明显粤东浮滨文化特征的釉陶器。石器有双肩石斧、石锛、石矛头、穿孔石锛、穿孔石器和石范等。

在围岭的南坡和东坡清理了东汉砖室墓10座。其中M10出土一方"永平十年正月□□"的纪年砖，"永平"是东汉明帝的年号，永平十年即公元67年。是目前广州地区已知年代最早的砖室纪年墓。关于东汉墓葬，拟与2000年10月在广惠高速公路增城三江镇岗尾发掘的汉墓的另文编写。这里主要介绍先秦时期的发掘收获。

一　地层堆积

在公路范围内顺着山坡布方，由于历年开垦，已成四级梯田。探方处于耕地的几个阶梯之中，地层厚薄不同，多数3层，厚的5层。没有先秦的文化层堆积，但各层都有一些夹砂陶片和几何印纹陶片。第1层，耕土层；第2、第3层，近现代耕土层；第4层为清至民国层；第5层，可能是宋代文化层。先秦遗迹都在上述地层下，打破生土。以T5的西壁为例（图三）。

第1层：厚6~12厘米，有石块、青花瓷片、瓦片和云雷纹、方格纹、刻划纹陶片，还有"乾隆通宝"1枚。北面有3个扰坑（K11～13），内有胶纸等杂物。

第2层：厚10～15厘米，开口在此层下有分布规则的方形树坑、长沟（G4、G6）等现代耕作遗迹。

第3层：厚10～15厘米，有青花瓷片、瓦片等。

第4层：厚12～30厘米，含青瓷片、板瓦、石块等。

第5层：厚5～18厘米，只分布于探方南部，有青瓷器残片。

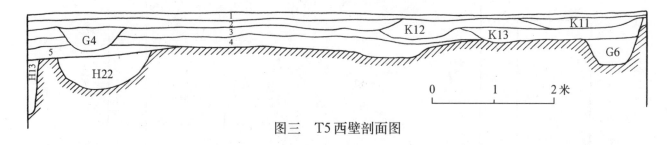

图三　T5西壁剖面图

二　遗　迹

遗迹以灰坑数量较多，另有柱洞、基槽（？）和灶等。

柱洞　在西南部几个探方（T1、T2、T5、T10）的底部都有发现，根据柱洞的分布和排列，大体可推测房屋有3座以上。由于后期耕种破坏严重，全无地面活动迹象。F1在T2探方西南有柱子洞三排，每排4个。往南可能分布到T1，但T1已到断坎，无从寻找。在北部还有零散分布，打破灰坑（H2）。F2在T10，一组8个，基本沿着探方南壁呈直线分布，柱洞直径较小。T5有2组，一组位于探方北部，开口在第3层下，在一直线上，有3个大洞，椭圆形，直壁，平底。直径40～50厘米，深30～40厘米；另一组（F3）在南部，开口第5层下，口径25～30厘米。共有11个，可围成一个直径约1.5米的椭圆形。

沟槽（G5）　位于T3西侧，开口于第3层下，沟下部有一道带状碎陶片层。南北向，北端似向西拐，环绕一块黄色垫土台。由于土台和沟槽的西、南、北部都遭受耕种破坏，形状及其性质已不甚明了。出有夹砂陶大口尊、釜、盆、罐、圈足、器座以及石锛、石戈、砺石等。

灶坑（Z1）　位于T3西北生土面，圆形，很浅，坑壁不明显。内有厚3～5厘米的灰烬。

灰坑　共清理灰坑31个，除了T4、T8没有发现灰坑外，其余8个探方都有，其中T5探方最为集中，共发现11个（图四）。可以估计在围岭的南坡自西向东分布有不少灰坑。出土印纹硬陶类的单位有：H1、H7、H8、H9、H14、H5、H6共7个。其中H7、H8、H9可能为柱洞。H5、H6、H14等是打破汉墓的后期形成，略去。侧重于以夹砂陶大口尊为主的前期灰坑。本次发掘灰坑多数为椭圆形或圆角长方形，平底或圜底，较深者其壁较直，浅的壁则较斜。有的可分2～3层。坑中遗物多寡不同。灰坑中除了出土大量陶器，还有一些石器。灰黑色的腐质填土里含大量贝壳、烧土块和少量兽骨。下面选择几种不同形状的灰坑分别介绍。

H10椭圆形，直壁，平底。遗物相对集中在坑中部，数量较多，计有50余个标本编号。以陶器居多，石器较少，出土时遗物可上下分层。该灰坑上部泥土呈紫褐色，致密较硬，含红色杂质颗粒。接近坑底时发现一件陶簋和一批大口尊口沿残片。其下有一层纯灰黑色亚黏土，几乎不含红斑。黑土层

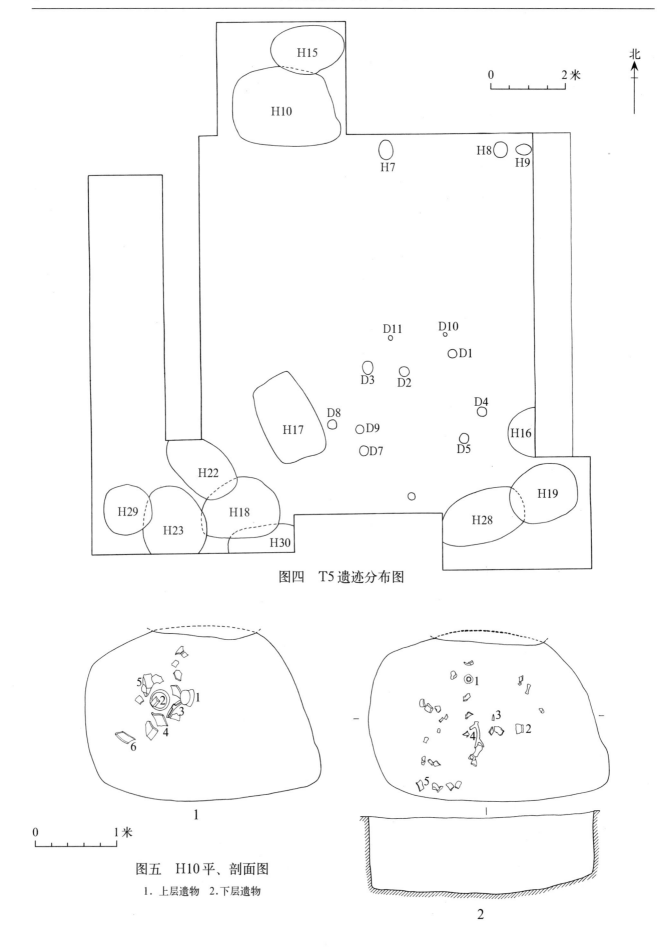

北

0　　　　　2 米

图四　T5 遗迹分布图

0　　　　　1 米

图五　H10 平、剖面图

1. 上层遗物　2. 下层遗物

下又有器物，除大口尊外还有陶杯、器盖、壶、石矛头等。坑底有较完整的鹿角一支，附近有兽骨一块。陶器周围另有石头数块。位于T5北壁外，扩方清理。被H15打破，东西长2.79、南北长2.1、深0.75米（图五、图版一）。

H23椭圆形，坑深，直壁，平底。灰褐色亚黏土，较松软。夹砂陶大口尊、器座和饰曲折纹泥质灰陶钵，石器有石斧、石凿，填土里还有兽骨。位于T5西南，开口在⑤层下，东边打破H18，西侧又被H29所打破，三者东西并排，形成葫芦串，但打破的范围不大，只是挂着坑边缘。坑口距地面0.65米，长1.8、宽1.6、深0.85米（图六）。

H18椭圆形，斜壁，底一边高一边低，如阶形。坑内填土大体可分三层，上层为灰黑色亚黏土，含较少红斑，较松软，陶片以夹砂陶居多；中层灰黑略泛红，含红斑，包含陶片和石器，也是以夹砂陶为多，出精致骨凿、器座和大口尊口沿；下层是灰黑色亚黏土，红烧土块较多，但陶片很少，有石锛等。坑里有若干特别的遗物如鱼骨，泥质灰陶器盖、盘底、圈足以及酱釉陶壶或豆口沿等。在T5西南，扩方清理。开口T5⑤层下，为H22和H23打破。坑口距地表0.6米，长2.15、宽1.6、深0.65米（图七）。

H19椭圆形，斜壁，弧底。灰黑色有红斑的亚黏土。陶器以夹砂陶居多，有大口尊、釜、罐、盆、圈足、器座、网坠、纺轮等，另有泥质灰陶高领尊、酱釉壶口和石斧、水晶、兽骨残迹。在T5东南角，开口T5⑤层下，西边打破H28。坑口距地表0.55厘米，长1.9、宽1.5、深0.7米。

H28长椭圆形，壁较直，底有一凹坑。灰褐色含红斑亚黏土。遗物不多，有大口尊、器座等。位于在T5东南角，扩方清理。东侧被H19打破。长2.1、宽1.3、深0.7米（图八）。

H17圆角长方形，平底。砂土，灰黑色有红斑。陶器基本上是夹砂陶，有大口尊、高领带流罐、罐、釜、钵和砺石、磨棒。坑底有不少小石块。位于T5西南，开口在T5⑤层下，打破生土，坑口距地面0.65米，长2.5、宽1.45、深0.25米（图九）。

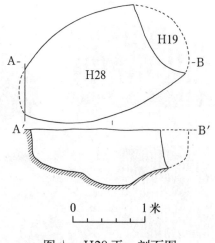

图八　H28平、剖面图

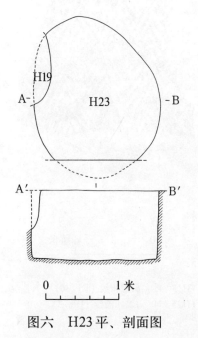

图六　H23平、剖面图

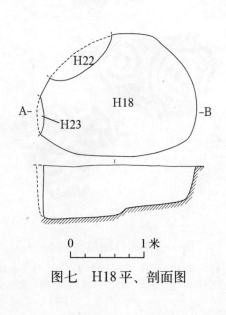

图七　H18平、剖面图

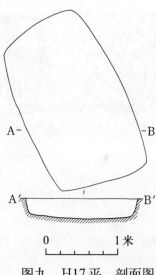

图九　H17平、剖面图

　　在 T3 有一个圆角长方形灰坑，原判断为墓（田野发掘编号 M1），后经发掘，没有发现任何与墓葬有关的材料，再对比 H17、H24 的形状、结构，证实当是灰坑。

　　围岭发现的灰坑，有相当一部分是存在打破关系的（图版二），通常是打破边缘，形成圆角相切的形态，即俗称"葫芦坑"的。据观察，共有 5 组打破关系：H15 → H10、H19 → H28、H25 → H27、H29 → H22、H23 → II18 → H30。这批灰坑出土的遗物种类相近，器形相同，有的存在打破关系的某些器物可以粘对，最典型的例子是一件器座（H28：2），残块分别出自 H19 和 H28，后经复原。因此，从层位上可区分先后，但分期的早晚意义不大。

三　遗　物

　　根据遗物的器形、特征及其出土单位情况，分析遗物可分两期，所以分期叙述。

（一）陶器

1. 夹砂陶　（图一○）

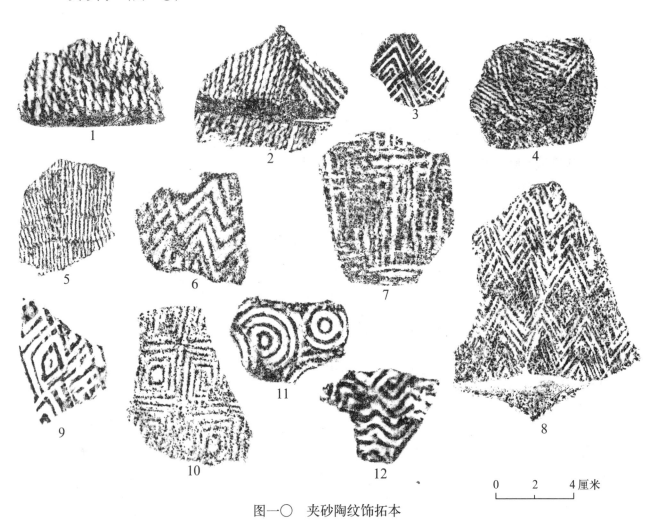

0　　2　　4厘米

图一○　夹砂陶纹饰拓本

1.绳纹（H18：22）　2.绳纹（H24：3）　3.曲折纹（H24：4）　4.绳纹（H2：23）　5.长方格纹（H13：4）　6.曲折纹（T5：30）　7.篮纹（H28：7）　8.曲折纹（H25：8）　9.方格凸点纹（H10：41）　10.雷纹（H28：10）　11.重圈纹（H25：7）　12.水波纹（H8：3）

大口尊　夹细砂均匀，皆慢轮修整，可见轮旋线痕，壁面抹光，平滑。大敞口，高领，斜肩，口沿与领部厚重，往往厚于器身腹壁。由于没有可以复原的，而且也没见肩部以下的标本，即对这种器形肩、腹及底部的形态皆不明了。因此，根据口沿的大小和高矮，有高领、中领和矮领三种，唇沿有平沿和卷沿两种变化。依领的高矮分作 3 型。

A 型　领高 9 厘米以上。根据口沿和肩部的不同，还可细分。

A I 型　平折沿，沿面宽窄稍异，斜肩甚陡，颈与肩的角度大于 120 度。

H10：5，口及肩部残片，灰白胎。平折沿，稍向上斜。领口内上部有两周凹弦纹，外壁有旋痕，肩部饰曲折纹。残口长 21、残高 16、复原口径 30 厘米（图一一，1；图版三）。H10：7，口沿残片，灰白胎，表皮红黄色。沿面平直，尖圆唇。领口上部内外有凸凹纹旋痕，肩部饰曲折纹。残口长 26、残高 14、复原口径 30.4 厘米（图一一，2；图版四）。H19：7，口沿残片，深灰胎。尖圆唇，平折沿较窄，沿面有凹槽。领口内外部有细旋痕。在领肩结合部有点线。残口长 17.2、残高 10.7、复原口径 28 厘米。

A II 型　平折沿，沿内有一凸棱，肩部也是斜陡。

H30：1，口及肩部残片，红黄陶，灰胎。圆唇、平折沿稍外翻，内侧折成凸棱，沿面经修整起棱。肩部饰纵向蓝纹。残口长 26、残高 12.8、复原口径 28 厘米（图一一，3；图版五）。H18：12，口部残片，深灰胎，黄色。圆唇，沿面平直，内有折棱凸起。残口长 9.5、残高 9.6、复原口径 28 厘米。

A III 型　卷沿。一种肩仍斜陡。H10：4，口部残片，表红色，灰胎。卷沿翻唇，领部有凹弦纹旋痕。肩饰纵向蓝纹。残口长 24、残高 18.4、复原口径 29.6 厘米（图一一，4；图版六）。

一种斜肩较缓，颈与肩的角度在 100 度左右。H17：4，口及肩部残片，黄褐色，深灰胎。尖圆唇，卷沿翻唇。口内上部有两周宽凹弦纹，外部两周旋痕。肩部拍印纵向篮纹，纹路清晰。残口长 19、残高 12、复原口径 36 厘米（图一一，5）。

B 型　领高 7~9 厘米。

B I 型　H17：1，黄褐陶，深灰胎。圆唇，平沿，领内外均有轮旋痕，斜肩，饰篮纹。在肩、领结合部压印点线纹。残口长 16、残高 10、复原口径 28 厘米（图一二，1）。H10：15，红黄陶，灰胎。平沿面有一周凸棱，领上部有凹弦纹和旋痕。残口长 9、残高 8、复原口径 28 厘米。

B II 型　H10：13，表呈浅黄色，灰胎。圆唇，平沿，领近直。领内上部有两周宽弦纹，肩部饰曲折纹。残口长 27、残高 8.8、复原口径 32 厘米（图一二，2）。

B III 型　H2：4，红褐色，浅灰胎。圆唇，卷沿，沿面较窄，领微斜，斜肩较平缓。领内外均有轮旋痕，肩部饰篮纹。口残片长 11.5、残高 10、复原口径 28.4 厘米（图一二，3）。H18：16，黄褐陶，灰胎。尖圆唇，沿缘外卷，斜肩。饰曲折纹，肩、领处有点状纹。残高 14、复原口径 34 厘米（图一二，4；图版七）。

C 型　领高 5~7 厘米。矮领，斜肩，领内有 2~3 周宽凹弦纹，领外有轮制时留下的凸凹相间的旋痕。口部厚重，一般领与肩结合处加厚，肩腹壁偏薄。肩部饰绳纹。

C I 型　H18：17，表红褐，灰白胎。圆唇，平沿。口残片长 17、残高 9.2、复原口径 27 厘米（图一三，1）。H26：2，黄褐陶，深灰胎。口残片长 13、残高 9.6、复原口径 30 厘米（图一三，2；图版八）。H10：16 浅黄陶，灰胎。尖圆唇较宽，沿稍下折。残口 11、残高 8、复原口径 32 厘米（图一三，3）。

C II 型　H19：37，里呈红色，表呈黄褐色。平沿，沿面有槽，直领较矮，斜肩。肩部饰曲折纹。

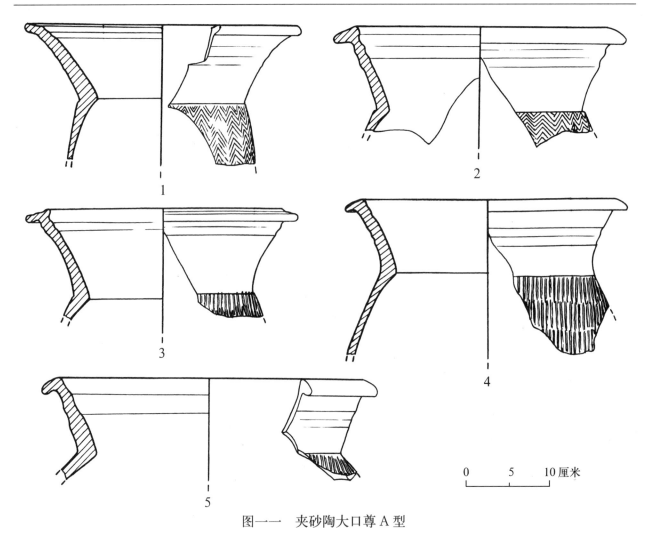

图一一　夹砂陶大口尊 A 型

1.A I 型（H10∶5）　2.A I 型（H10∶7）　3.A II 型（H30∶1）　4.AⅢ（H10∶4）　5.AⅢ型（H17∶4）

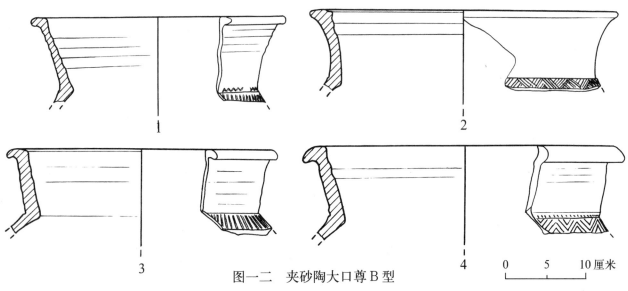

图一二　夹砂陶大口尊 B 型

1.B I 型（H17∶1）　2.B II 型（H10∶13）　3.BⅢ型（H2∶4）　4.BⅢ型（H18∶16）

口残片长 9、残高 8、复原口径 24 厘米（图一三，4）。

C Ⅲ 型　H11：1，红褐胎。窄折沿外卷呈尖圆唇，肩部饰曲折纹。口残片长 16、残高 9.2、复原口径 30 厘米（图一三，5；图版九）。H22：2，黄褐陶，灰白胎。口沿厚重，尖圆唇，卷沿。饰曲折纹。口残长 13.5、残高 8.8、复原口径 28 厘米（图一三，6）。H27：2，表呈黄褐陶，深灰胎。圆唇，窄卷沿，沿面呈圆弧形。领壁稍弧，肩部饰曲折纹。口残片 16.5、残高 10.8、复原口径 31.6 厘米（图一三，7；图一〇）。

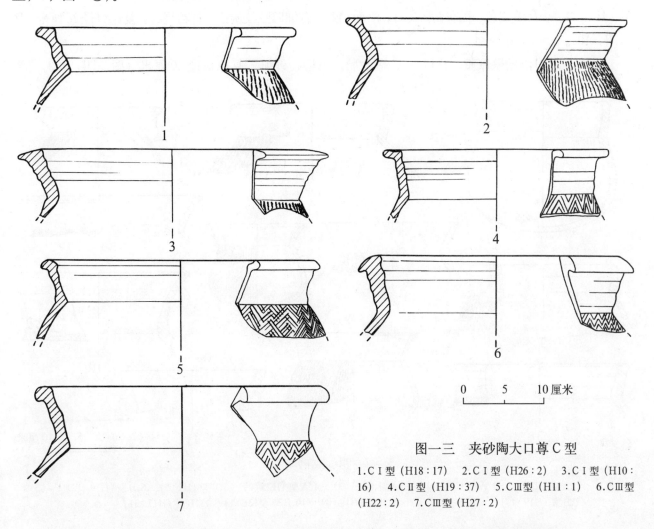

图一三　夹砂陶大口尊 C 型

1. C Ⅰ 型（H18：17）　2. C Ⅰ 型（H26：2）　3. C Ⅰ 型（H10：16）　4. C Ⅱ 型（H19：37）　5. C Ⅲ 型（H11：1）　6. C Ⅲ 型（H22：2）　7. C Ⅲ 型（H27：2）

釜　以常型的圆底釜居多，但见有一种折腹的，另有一件带流的。后二种皆不能复原。

A 型　标本 10 件。斜折沿，大口，削肩圆腹，圜底。可复原者少。有的折沿直立如领，有的稍斜。

H2：9，黄褐胎。圆唇，广口，直沿，沿面有凹槽，外沿有凹弦纹，器表脱落严重，在底部保存一点粗绳纹。口径 11.2、腹径 23、高 19 厘米（图一四，1；图版一一）。H18：9，红黄陶，灰胎。表饰绳纹。残片长 12、残高 7.6、复原口径 19 厘米（图一四，2）。H23：3，灰白胎。圆尖唇，厚折沿，沿面有槽，领部较直。领内外有凹弦纹和轮旋痕。肩部饰细绳纹。复原口径 24 厘米（图一四，3）。H25：2，红褐胎。斜折沿，饰粗绳纹。复原口径 23.2、残高 10 厘米（图一四，4）。

B 型　宽折沿，外侈，束颈。

H2：5，黄褐胎。尖唇，斜折沿，斜肩。肩部饰细绳纹。复原口径19.2厘米（图一四，5）。H19：12，灰白胎。尖唇，斜折沿，沿面有一道凹弦纹，束颈，斜肩，圆垂腹，圜底。底部有烟炱。颈下通体拍印细绳纹。口径15.2、腹径15、高12.6厘米（图一四，6；彩版一）。H19：13，黄褐胎。尖唇，沿缘外展，沿面有槽。斜肩，圆垂腹。领外有轮制时留下的旋痕。领以下饰绳纹。腹部有烟熏痕。复原口径17.2、残高11.2厘米（图一四，7）。H17：5，夹细砂褐灰色，灰胎。方唇，宽折沿，沿面有凹槽。肩部饰交错绳纹。复原口径17.6厘米（图一四，8）。H19：4，灰白陶。方唇。饰细绳纹。复原口径26.4厘米（图一四，9）。H21：1，表呈黄褐色，褐灰胎。尖唇，沿面稍弧，有细凹弦纹旋痕。饰粗绳纹。复原口径28厘米（图一四，10）。

还有一种口沿胎壁厚重。H17：3，黑灰胎。方唇，外弧。复原口径20厘米（图一四，11）。

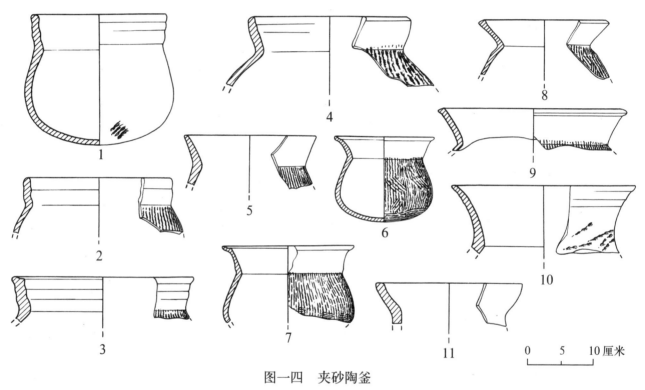

图一四　夹砂陶釜

1.A型（H2：9）　2.A型（H18：9）　3.A型（H23：3）　4.A型（H25：2）　5.B型（H2：5）　6.B型（H19：12）
7.B型（H19：13）　8.B型（H17：5）　9.B型（H19：4）　10.B型（H21：1）　11.B型（H17：3）

折腹釜　只见残片。与折肩罐不同，其转折的幅度很大，在100度左右。据残片推测，可能是斜肩，扁腹下垂，于腹部猛折，近平圜底。

T2②：21，表呈灰白色，黑灰胎。折腹下垂，近乎平底。器表饰粗绳纹。残片长12、残高9.2、复原腹径32厘米（图一五，1）。H10：14，表呈红黄色，里呈青灰色。内壁有手指捏痕，外拍曲折纹。残长17、残高6.8、复原肩径42厘米（图一五，2；图版一二）。H5：9，外呈黄褐色，灰胎。饰细曲折纹。残片17、残高6.8、肩部复原径约38厘米。

有流釜　H10：9，浅灰胎。领部残片，高领外侈，带流，斜肩。饰曲折纹。器表有烟熏的黑灰色斑块。残高6.4厘米（图一五，3）。

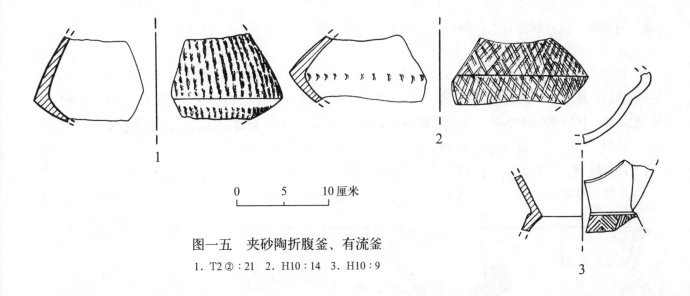

图一五　夹砂陶折腹釜、有流釜

1. T2②：21　2. H10：14　3. H10：9

折肩罐　不可复原，仅2件有口沿、颈肩，皆无底。有夹砂陶和泥质陶，纹饰有绳纹、曲折纹和菱格纹等。据器物大小，分为3型。

A型　小型。H15：3，器表呈红黄色，橙红胎。圆唇，窄折沿，高领稍外弧，斜肩折腹。缺底。饰细绳纹，下腹纹饰被抹平。口径9.6、腹径15.6、残高9.8厘米（图一六，1）。

B型　H29：1，口沿及肩残片，夹砂黄褐陶。斜折沿，折肩，斜腹内收。饰曲折纹。纹饰很浅，似被抹去。残片宽13、残高11.6、复原肩径27.2厘米（图一六，2；图版一三）。H26：11，肩部残片，浅黄胎。饰细绳纹。复原肩径28厘米（图一六，3）。

C型　H29：2，红黄色，外有灰色斑块，灰胎。拍印双线菱格纹。复原肩径44厘米。H22：7，橙黄胎。拍印三重菱格纹。复原肩径48厘米（图一六，4）。

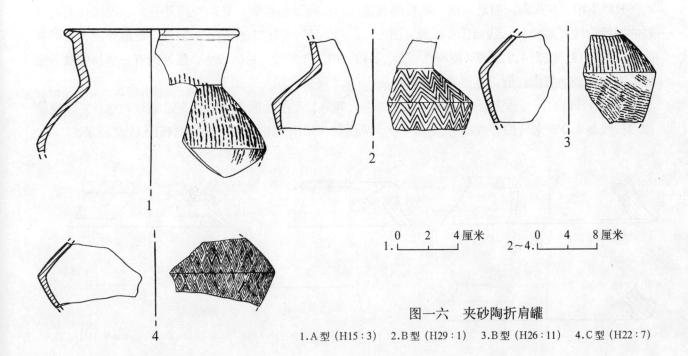

图一六　夹砂陶折肩罐

1. A型（H15：3）　2. B型（H29：1）　3. B型（H26：11）　4. C型（H22：7）

有领罐　仅存部分口沿、领肩，不可复原。分3型。

A型　折沿，短领，溜肩。腹以下不详。

H22：1，灰胎。圆唇，折沿，沿面近平有凹槽，矮领外弧，斜肩。饰曲折纹。复原口径16厘米（图一七，1）。H19：2，灰黑胎。尖圆唇，窄平沿，矮领，溜肩。肩部饰云雷纹。复原口径16.8厘米（图一七，2）。H13：1，黄褐陶，灰胎。圆唇，卷沿，矮领，溜肩，肩部饰曲折纹。复原口径15.6厘米。

B型　H17：7，黄褐胎。高领带流，尖圆唇，平沿，高领，微侈，并外弧，在口部捏一流状，斜肩。饰细绳纹。领高5.6、复原口径12.2厘米（图一七，3）。

C型　高领罐。H2：8，青灰胎，胎较薄。尖唇，直领。复原口径19、残高7.2厘米（图一七，4）。

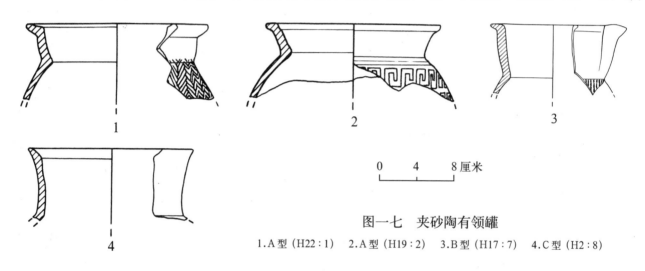

图一七　夹砂陶有领罐
1.A型（H22：1）　2.A型（H19：2）　3.B型（H17：7）　4.C型（H2：8）

圈足器　都是圈足残片，推测可能是罐足。分2型。

A型　喇叭形，圈足的沿唇有凹槽。

H15：10，灰褐陶。圈足外撇，靠根部有镂孔。在圈足与器腹、底的交接处有为加固接合面而刻划的网状沟线。足径12、残高2.4厘米（图一八，1）。H19：1，灰白胎。器圈底。足沿外展，沿面有凹槽。足径14、残高4.8厘米（图一八，2）。H19：30，青灰胎。足沿较平，圈足内有一周凹弦纹。圈足与器体结合部有指捺痕。复原底径14.4、残高4.8厘米（图一八，3）。

B型　H11：7，表呈红色，灰胎。足沿外卷，翻唇。在圈足面上可看到交错刻划沟槽。复原底径19.2、残高4.0厘米（图一八，4）。G5：13，灰白胎。足沿外卷呈圆唇。复原底径11.2厘米。

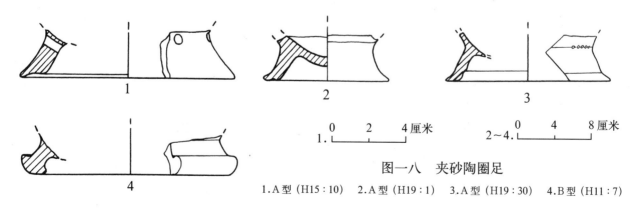

图一八　夹砂陶圈足
1.A型（H15：10）　2.A型（H19：1）　3.A型（H19：30）　4.B型（H11：7）

圈足盘 复原的1件，或可称簋。H10：2，夹砂灰陶，口部及部分圈足呈红色。方唇，直壁微弧，深腹，大平底，矮圈足。手制与轮制结合，底部有手捺痕迹。口径15.2、腹径16、底径15.2、高9.6厘米（图一九，1；彩版二）。H12：1，灰胎，夹细砂均匀，器表经抹光。矮圈足，沿稍外卷。素面。底径16、残高6厘米（图一九，2）。

H10：23，黄褐胎。圆唇，足沿外侧起凸棱，足内有凸凹旋痕。矮圈足面上有手指捺痕及刻划沟槽。底径25、残高4.8厘米（图一九，3；图版一四）。

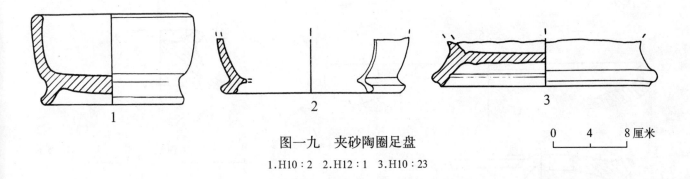

图一九　夹砂陶圈足盘
1.H10：2　2.H12：1　3.H10：23

壶 H10：12，黄褐陶，有灰色斑块，灰白胎。尖圆唇，沿上有凸棱似子口，直领较高。颈内面有轮旋痕。口径12.8、残高8厘米（图二〇，1）。H10：24，黄褐色，灰白胎。口沿残片。直口，高领，溜肩，素面。口径9、残高8.8厘米。

钵 H17：10，褐灰胎。口微敛，圆唇，弧腹较厚。下腹部饰交错篮纹。复原口径22、残高10厘米（图二〇，2）。

盆 分2型。

A型 平沿，仅存口部。

H26：7，黄褐陶，浅灰胎。口沿残片，敞口，圆唇，平沿。口沿内上部有两周凹弦纹。口径30厘米（图二〇，3）。H18：27，灰白胎。圆唇，沿面有凹槽。器表经磨光，有龟裂纹。口径15.6厘米。H19：15，黄陶，灰胎。尖唇，平沿，沿内面稍下凹。内上腹内侧有凸弦纹，外侧有凹凸相间的旋痕。口径22厘米（图二〇，4）。

B型 G5：1，表呈褐灰色，灰胎。平沿，翻唇，厚呈圆形，斜腹。素面。口径38、残高5.6厘米（图二〇，5）。M6：04，夹细砂，灰褐胎。平沿，圆唇，唇外翻。口径39.4、残高3厘米。

盘 H19：25，灰白胎，夹细砂。尖唇，折斜沿，斜腹，壁薄，素面。口径28厘米。H18：28，黄褐胎。圆唇，卷沿，浅腹。口径28、残高1.6厘米（图二〇，6）。H17：8黄褐陶，灰色胎。口径较大，胎厚。直口，方唇，浅腹内收。口径38、残高6厘米（图二〇，7）。

器盖 H10：18，橙黄陶，有灰色斑块。圆环形握手，顶部下凹。盖面外撇。残径9.6、残高7.6厘米（图二〇，8）。T2②：18，表呈黄褐色。器盖残片，覆钵形，上部边沿起棱凸起，隆顶，壁较直呈草帽沿状。沿角有一斜穿孔。直径12厘米（图二〇，9）。

器座 分4型。

A型 束腰，中空，上下自然张成喇叭形口。

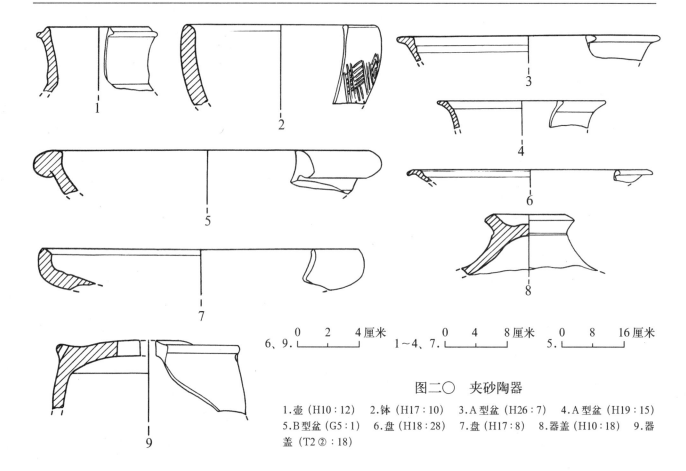

图二〇　夹砂陶器

1.壶（H10：12）　2.钵（H17：10）　3.A 型盆（H26：7）　4.A 型盆（H19：15）
5.B 型盆（G5：1）　6.盘（H18：28）　7.盘（H17：8）　8.器盖（H10：18）　9.器盖（T2②：18）

　　A Ⅰ型　H28：1，红黄陶，灰白胎。呈亚腰形，中空，筒口沿呈尖唇。外饰粗绳纹。上口径 10、下口径 10.4、筒径 7、高 14.5 厘米（图二一，1；图版一五）。H19：35，夹细砂，黄胎。与 H28：1 相近。H4：1，红黄陶。仅存下半部分，足沿尖圆，壁厚，筒孔小。表饰粗绳纹。筒径 5.4、底径 8、残高 7.5 厘米（图二一，2）。

　　A Ⅱ型　H28：2，与 H19：4 拼对复原。夹细砂，黄褐胎。圆柱状筒体，足沿较平，沿缘呈尖圆唇。空腔较细，胎厚。饰粗绳纹。上下口径 10、通高 15 厘米（图二一，3）。

　　B Ⅰ型　筒较直，两端口沿扩张近折沿。

　　H2：17，褐灰陶。足沿外张，唇较平。饰绳纹，经抹平，只局部保留。筒径 8.4、底径 11 厘米（图二一，4）。H19：33，褐黄陶。折沿斜平，方唇有槽。薄胎，中空较大。外饰细绳纹，经过抹平呈块状分布。筒径 7.2 厘米。H18：4，褐灰胎。薄胎，中空较大。器身饰曲折纹。筒径 7.6、残底径 9.2、残高 10 厘米（图二一，5；图版一六）。T9③：9，表红黄色，褐灰胎。折沿，平唇略凹下，折沿处形成台状，便于承放器物。器表粗糙，有脱落。口径 14.6、筒径 12.6、残高 6.6 厘米（图二一，6）。

　　B Ⅱ型　两端的筒口侈张呈斜折沿。

　　H29：4，红胎。足沿缘呈尖唇，胎厚，中空较细。喇叭形座的内面有细凹弦纹，外饰绳纹。手制经轮整修。口径 9、筒径 6.6、残高 12 厘米（图二二，1）。H2：19，夹细砂，灰褐胎。足沿有槽，尖圆唇，壁厚，筒腔小。表饰细绳纹。底径 8、残高 18.4 厘米（图二二，2）。H28：4，夹砂细，红胎。实心，底略凹。素面。表面有贴塑痕。底径 10、筒径 4.8、残高 6.4 厘米（图二二，3）。

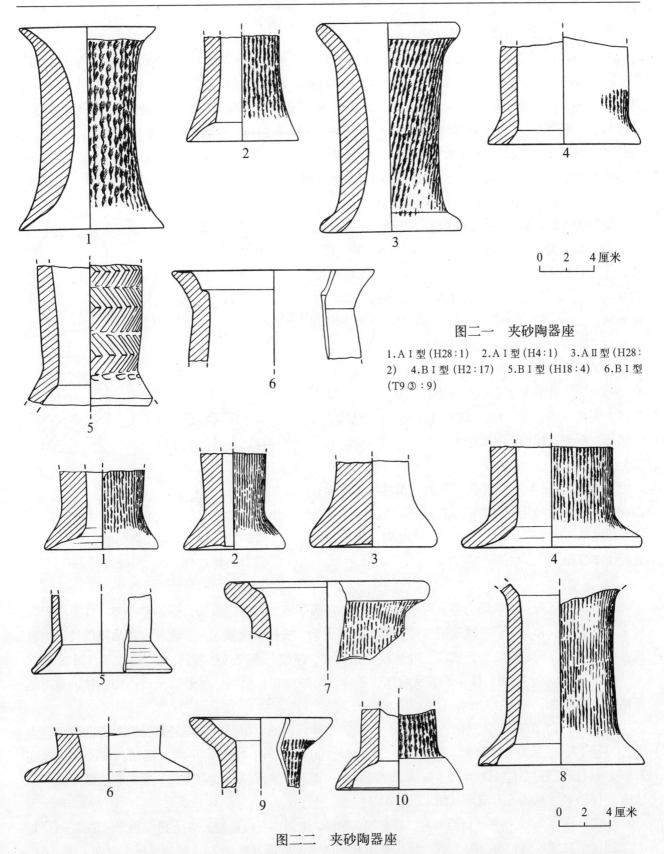

图二一　夹砂陶器座

1.AⅠ型（H28∶1）　2.AⅠ型（H4∶1）　3.AⅡ型（H28∶2）　4.BⅠ型（H2∶17）　5.BⅠ型（H18∶4）　6.BⅠ型（T9③∶9）

图二二　夹砂陶器座

1.BⅡ型（H29∶4）　2.BⅡ型（H2∶19）　3.BⅡ型（H28∶4）　4.BⅢ型（H23∶14）　5.BⅢ型（H26∶9）　6.BⅢ型（H26∶14）　7.BⅢ型（H10∶29）　8.C型（M5∶005）　9.C型（H18∶33）　10.C器座（H30∶3）

增城石滩围岭遗址发掘简报

15

BⅢ型　折沿侧边修出棱线。

H23：14，夹细砂，红胎。足沿外折，圆唇，直筒厚壁。器体饰绳纹。底径14、筒径9.6、残高7.6厘米（图二二，4）。H2：18，夹少量细砂，用草拌泥制成，灰白胎。仅存上半部，方唇，沿部外折近平，中空。口径10、残高4.4厘米。H26：9，黄褐陶色，褐灰胎。方唇，沿面有凹弦纹。薄胎，空腔较大。残高6、底径11厘米（图二二，5）。H26：14，灰白陶，灰胎。平折较宽，圆唇，中空。手制轮修。底径14、残高3.8厘米（图二二，6）。H10：29，外呈黄红色，黄褐胎。仅存上部残片，圆唇，平折沿，沿面有凹槽。口径11.6、残高6厘米（图二二，7）。

C型　折沿内侧修成凹弧面，如盘口状。

M5：005，表呈黄褐色，灰白胎。薄胎，筒腔较大。外饰细绳纹。筒径8.2、底径13、残高13.5厘米（图二二，8）。H18：33，黄褐胎。盘口，沿面微凹。饰粗绳纹。筒6、底径11、残高5.2厘米（图二二，9）。H30：3，褐黄胎。盘口，沿面有槽，胎厚。饰粗绳，喇叭形圈足经抹光。筒径5.8、底径10、残高6厘米（图二二，10）。

纺轮　T4①：1，灰白胎。上面呈坡状，凸凹不平，有手捺痕，下面斜平。中间有一小孔。直径7.4、厚2、孔径1厘米（图二三，1）。H19：11，灰陶，已残。扁平圆形，截面近梯形。中间穿孔。直径4、厚0.8、孔径0.5厘米。

网坠　H18：6，黄褐陶。残断，圆柱状，一端较细有横向凹槽，坠面有较宽的纵向浅槽。残长3.1、直径2.4厘米（图二三，2）。H19：5，褐灰陶。残长2.9、直径1.5厘米。

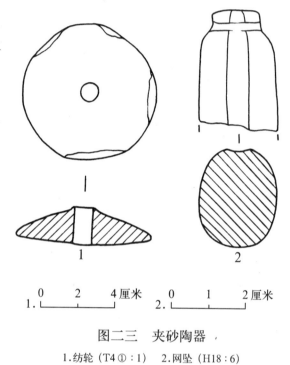

图二三　夹砂陶器
1.纺轮（T4①：1）　2.网坠（H18：6）

2.泥质陶

（1）泥质软陶　以灰陶为主，可细分为灰白、灰黑等色，另有红黄陶。器形多小型，口径小于20厘米，有罐、豆和盘类。一罐残破不可复原，灰蓝色胎，质软，火候不高。素面。泥质陶的纹饰有复线菱格凸点纹、同心圈纹、云雷纹、叶脉纹、曲折纹、绳纹、席纹（红陶）、细方格纹等（图二四）。

尊　H19：8，灰陶。仅存领部及肩部。胎薄，高领外侈，斜肩。领外饰三周凸棱弦纹，肩部饰菱格纹。领径20、残高13厘米（图二五，1）。

有领罐　T1②：3，黄褐陶，青灰胎。大口，方唇，折沿，斜领。领内外均饰有数道凸弦纹。素面。口径27.4、残高6.4厘米（图二五，2）。M1：003，灰陶。方唇，平沿，矮领。口径16、残高3.6厘米（图二五，3）。H18：22，灰陶。高领外侈，溜肩。肩部饰双线菱格纹，领内有轮制时留下的弦痕。口径18、残高5.6厘米（图二五，4）。

小罐　H4：3，灰褐陶。口沿残片。唇突起，卷沿，束颈。表面龟裂。口径13.2厘米（图二五，5）。

圈足　H10：34，灰白陶。喇叭形，里面有细凹弦纹数周。底径24、残高4厘米（图二五，6）。H18：30，灰陶。喇叭形，足沿外卷。圈足内面有轮旋痕。底径17.2厘米（图二五，7）。

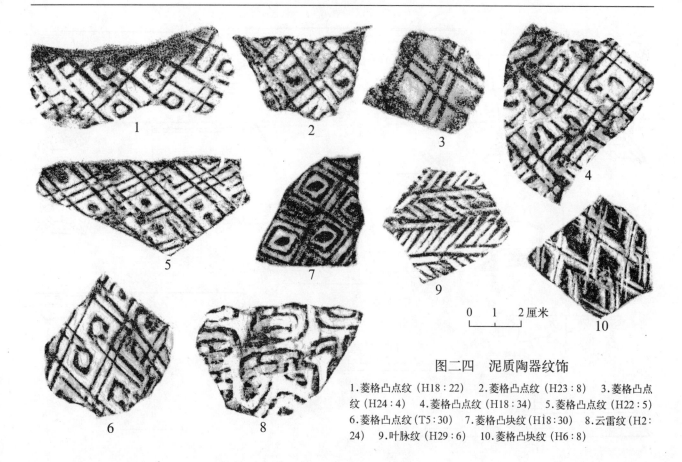

图二四　泥质陶器纹饰

1.菱格凸点纹（H18：22）　2.菱格凸点纹（H23：8）　3.菱格凸点
纹（H24：4）　4.菱格凸点纹（H18：34）　5.菱格凸点纹（H22：5）
6.菱格凸点纹（T5：30）　7.菱格凸块纹（H18：30）　8.云雷纹（H2：
24）　9.叶脉纹（H29：6）　10.菱格凸块纹（H6：8）

另有几件火候较高，胎质较硬。H18：31，器底平，矮圈足，沿外折呈尖唇。外划篮纹。底径11.2厘米（图二五，8）。G5：14，喇叭形，足沿呈圆唇，内外均有指旋痕，有两个镂孔。底径11.2厘米。T9：7，矮圈足近筒形，稍外撇。顶部有八周细凹弦纹，边沿有指甲痕。底径12厘米。

器盖　H18：34，灰白陶。盖面斜，边沿外折，沿下出凸唇。盖面有数道细凹弦纹。口径17.2、残高3.2厘米（图二五，9）。

钵　分敛口和敞口2型。

A型　H23：11，灰陶。口部残片。敛口，尖唇，器表有剥落。口径13.6厘米。H18：26，灰陶。圆尖唇。外饰复线菱格纹。口径20.8厘米（图二五，10）。H23：10，灰褐陶。圆唇，饰曲折纹。口径24厘米（图二五，11）。

B型　敞口。H22：6，灰陶。方唇，口外下有一周凹槽，弧腹。口径24厘米（图二五，12）。

（2）釉陶　火候较高，胎质较硬。全部素面，未见有施纹。

大口尊（？）　H22：4，口沿残块，酱黄色釉。折沿近平，高领稍侈。内外均有轮制时留下的宽凹凸旋痕。口径24、残高9.2厘米（图二六，1）。另有一块肩部残片，肩腹之际有一道细凸棱。釉下隐约可见条纹。H21：5，器底残片。黑褐釉陶，釉有脱落，平底。底径8、残高7.2厘米（图二六，2）。

盆　T1：34，口沿残片。黑酱釉。平沿，圆唇。口径13.2厘米。

圈足　H18：29，黄绿釉陶，褐灰胎。矮圈足，厚圆唇。底径12厘米。H21：6，褐釉，有脱落。圆唇，足沿外撇，弧形器身。底径10、残高8厘米（图二六，3）。

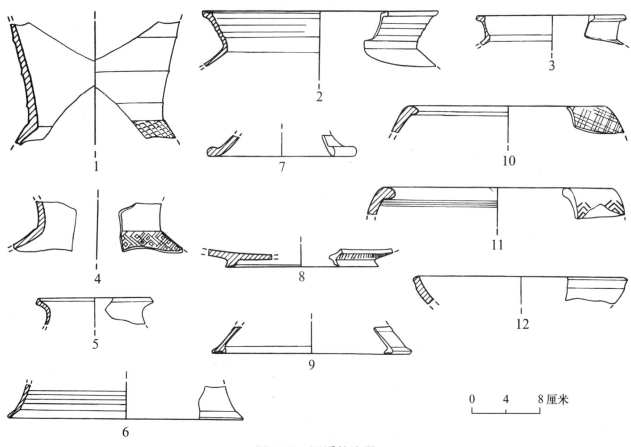

图二五　泥质软陶器

1. 尊（H19∶8）　2. 有领罐（T1②∶3）　3. 有领罐（M1∶003）　4. 有领罐（H18∶22）　5. 小罐（H4∶3）　6. 圈足（H10∶34）　7. 圈足（H18∶30）　8. 圈足（H18∶31）　9. 器盖（H18∶34）　10. A型钵（H18∶26）　11. A型钵（H23∶10）　12. B型钵（H22∶6）

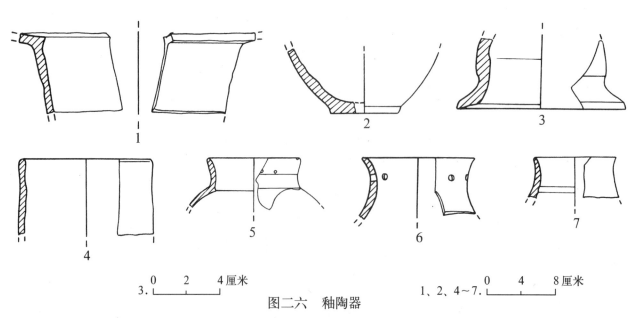

图二六　釉陶器

1. 大口尊（?）（H22∶4）　2. 大口尊（?）（H21∶5）　3. 圈足（H21∶6）　4. A型壶（H10∶37）
5. B型壶（M6∶006）　6. C型壶或豆（H18∶10）　7. C型壶或豆（H19∶27）

壶　分3型。

A型　H10∶37，圆唇，直口，高领。口径14.4、残高8.4厘米（图二六，4）。

B型　M6∶006，圆唇，折沿，束颈，溜肩。在颈部有两个小镂孔。口径11.2厘米（图二六，5）。

C型　豆或壶口沿。高领，微弧。H18∶10，灰褐陶，表饰绿釉。圆唇，领上有两个圆孔。口径12厘米（图二六，6；图版一七）。H19∶27，尖圆唇，颈内弧。内侧有轮制时留下的细旋痕。口径9.6厘米（图二六，7）。

（3）硬陶　胎色紫灰，以罐为主，都是圜平底、凹底器，还有豆等。多组合纹，单体纹样有夔纹（双f纹）、勾连夔龙纹、菱格纹、方格纹凸点、圆形凸点纹、篦点纹、方格纹、菱形凸点纹（图二七）。

罐　H14∶4，尖唇，宽折沿较斜，溜肩。沿面和肩部饰细弦纹和篦点纹组合，肩部以下饰夔纹。

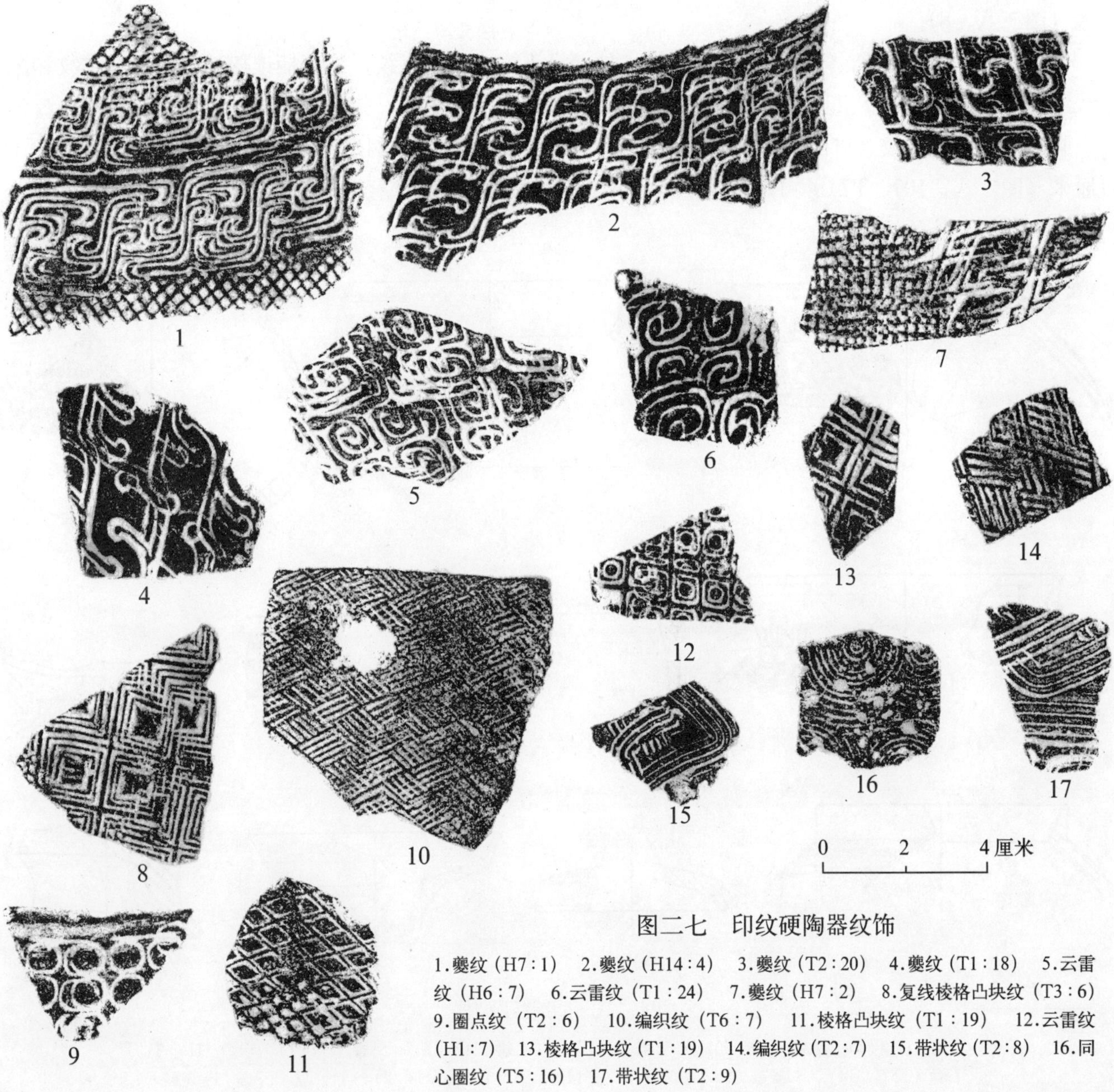

图二七　印纹硬陶器纹饰

1.夔纹（H7∶1）　2.夔纹（H14∶4）　3.夔纹（T2∶20）　4.夔纹（T1∶18）　5.云雷纹（H6∶7）　6.云雷纹（T1∶24）　7.夔纹（H7∶2）　8.复线棱格凸块纹（T3∶6）　9.圈点纹（T2∶6）　10.编织纹（T6∶7）　11.棱格凸块纹（T1∶19）　12.云雷纹（H1∶7）　13.棱格凸块纹（T1∶19）　14.编织纹（T2∶7）　15.带状纹（T2∶8）　16.同心圈纹（T5∶16）　17.带状纹（T2∶9）

沿面外部及罐内壁均有轮制细旋痕。口径21.6厘米（图二八，1）。M6：001，深灰色。宽折沿较企，溜肩。沿外唇下有一道凹弦纹。沿外戳刺篦点纹，肩部饰夔纹。内壁有凸状小菱格。口径20厘米（图二八，2）。H21：4，红陶。窄折沿较直，尖圆唇，溜肩。肩部饰有细弦纹和细方格纹。口径16厘米（图二八，3）。H26：6，灰褐陶。敛口，尖唇，口外有一周凸棱，束颈。口径16厘米（图二八，4）。H7：1，胎呈紫色。圆鼓腹，圜底。饰夔纹、小方格纹和弦纹组合。腹径20厘米（图二八，5）。

盘　H6：3，大敞口，尖唇，斜壁。口外有一周凸棱，饰细方格纹。口径33.4厘米（图二八，6）。

盆　T5③：14，灰褐陶。口微敛，平沿，外折呈尖唇，上壁近直。饰夔纹。口径24厘米（图二八，7）。T5③：13，口沿残片。厚胎，折沿，沿面有凹槽，斜腹近直。口沿外饰细方格纹，内有数周细弦纹和篦划纹。口径22.4厘米。

器盖　T5④：24，盖沿外展呈方唇。盖面饰细弦纹和篦点纹相间组合纹。直径11.2、残高2.8厘米（图二八，8）。

豆　H6：5，尖唇，敞口，浅盘，折腹。外部沿下饰一周篦点纹，与豆柄连接处有两周细弦纹和篦线纹。口径16、残高5.2厘米（图二八，9）。T5：22，尖唇，敞口，折腹。盘内外均有轮制旋痕，盘外上腹部有一凹宽弦纹。口径11.2厘米。H4：2，弧腹收成圜底，矮圈足呈喇叭形，足沿外卷。底径9.6厘米（图二八，10）。T7②：1，柄呈喇叭状，足沿外撇，方唇。底径6、残高3.4厘米（图二八，11）。

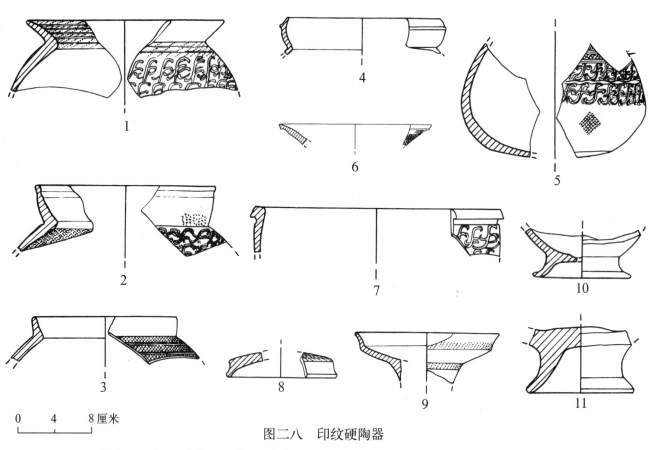

0　　4　　8厘米

图二八　印纹硬陶器

1.罐（H14：4）　2.罐（M6：001）　3.罐（H21：4）　4.罐（H26：6）　5.罐（H7：1）　6.盘（H6：3）
7.盆（T5③：14）　8.器盖（T5④：24）　9.豆（H6：5）　10.豆（H4：2）　11.豆（T7②：1）

（二）石器 部分石器残破严重，据其部位，大体可知有锛、斧、刀、凿、石饼等。在此介绍部分形态完整的。

锛 所有石锛都是小型的，扁薄，皆磨光。有常形锛和双肩锛两种。

常形锛为梯形，可分长形、短形和近方形。

长形锛 H18：7，灰白色。平面呈梯形，平顶，平刃。正面稍外弧，背面较平，刃面微凹。通体磨光。长4.8、上宽2.2、下宽3.1、厚0.7厘米（图二九，1；图版一八）。

短形锛 T1①：1，青灰色。梯形，平顶，平刃。背面较平，正面一侧较厚，一侧稍薄。通体磨光。长2.5、刃宽2.7、厚0.6厘米（图二九，2；图版一九）。

长方形锛 H18：8，青灰色。体较厚，平顶，平刃。正面较平，两侧打斜面如偏刃，截面呈梯形。背面微弧。通体磨光，磨制精细。长4.4、宽3、厚1.1厘米（图二九，3；图版二〇）。H2：2，青灰色。一侧较直，另一侧接近刃部斜收。刃面较宽。长4、宽3.1、厚0.9厘米（图二九，4）。T5②：2，青灰色页岩。体较薄。顶和刃都略斜。正面较平，背面微隆。顶角、刃部有崩损。长4.4、宽3.7、厚1厘米（图二九，5）。

双肩斧 H15：2，灰色，外表受沁染呈褐色。短柄，平顶稍斜，窄肩，宽身，弧刃。磨光，打制疤痕明显。长6.3、宽6.6、厚1.5、柄长2.2、宽2.8、肩宽4.6厘米（图二九，6；彩版三）。

斧 H15：1，青灰色。已残，可能是梯形。平顶，正锋，弧刃。长8.5、宽6厘米（图二九，7）。

凿 H23：1，青灰色。长条形，体厚。两面较直，上下端皆侧锋，似两端为刃，截面呈梯形。通体磨光，有缺损。长4.8、宽2、厚1.2厘米（图二九，8）。

矛头 H10：10，黑色板岩。仅存前锋，宽扁体，有脊，横截面呈菱形。通体磨光。残长5.9、宽4、厚1.1厘米（图三〇，1）。T1：33，青灰色。残片，双面磨光。从残存的一侧缘平直的制法观察，可能是戈或矛类器。长4.4、宽4.2、厚0.7厘米。

穿孔石器 T5③：5，锛形。灰色页岩，表面染黄，石质较差，层片状脱落。长方形圆角，四边磨平，无刃。在一端有一两面对钻的穿孔。长5.4、宽3.6、厚1、孔径1.2厘米（图三〇，2；图版二一）。G5：18，戈形。灰色，两面磨光，一侧边缘琢痕仍存。中部有一单向穿孔。残长5.1、残宽3.3、厚9、孔径0.7~1厘米（图三〇，4）。T5①：28，黑色砂岩，已残。形制不明，两面磨光，横截面近菱形，中有一两面对钻穿孔。残长6、残宽2.7、厚1.3厘米（图版二二）。H15：4，褐灰色。残。两面较平，一边较直，偏刃。在一侧有一对钻穿孔。磨光。残长4.7、残宽4.1、厚1厘米（图三〇，3）。

刀 T1③：2，青灰色页岩。偏平长方形，弧状刃，背平，一端残断。磨光。残长5.5、宽2.7、厚7厘米。H21：12，灰白色。仅存刃部残块，单面刃，锋利。磨制精细。残宽4、残长4、厚6厘米（图三〇，5）。

砺石 G5：19，灰褐色页岩。两端已残断，正面及两边磨平，背面因打制或者被破坏为糙面。正面有两条长形凹槽。残长5、宽6.4、厚1.8厘米（图三〇，6；图版二三）。H17：12，灰白色砂岩。不规整长方形。顶为磨面，微凹，隐约可见长条磨槽。长17.5、宽8.3、厚7.5厘米。H21：8，灰白色砂岩，表面染赭红色。不规则长方形，磨面下凹，上有数道长条形凹槽。长16.6、宽7.6、厚6厘米（图三〇，7）。

水晶饰品（？） H19：10六棱柱，两端残断，在一棱面上有一斜向沟槽。残长2.9、宽1.1厘米（图三〇，8）。

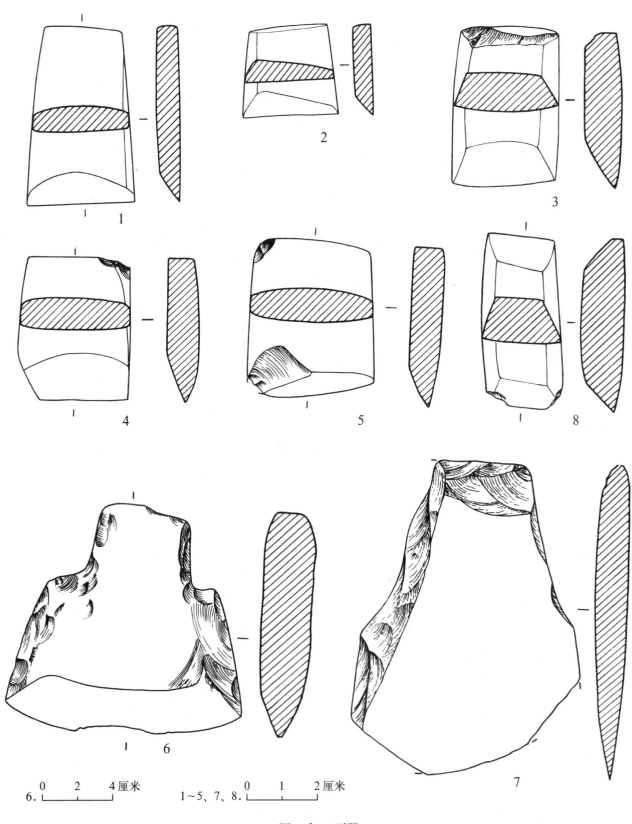

0　　2　　4厘米
6. └──┴──┘

1～5、7、8.　　0　　1　　2厘米
　　　　　　　　└──┴──┘

图二九　石器

1.长形锛（H18：7）　2.短形锛（T1①：1）　3.长方形锛（H18：8）　4.长方形锛（H2：2）　5.长方形锛（T5②：2）
6.双肩斧（H15：2）　7.梯形斧（H15：1）　8.凿（H23：1）

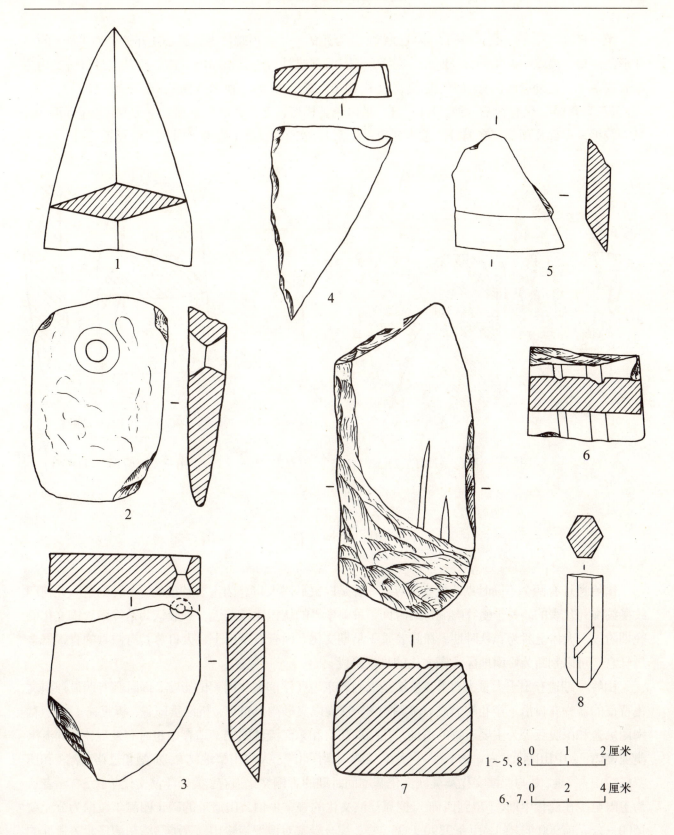

图三〇 石器

1.矛头 (H10:10) 2.穿孔石器 (T5③:5) 3.穿孔石器 (H15:4) 4.穿孔石器 (G5:18) 5.刀 (H21:12)
6.砺石 (G5:19) 7.砺石 (H21:8) 8.水晶块 (H19:10)

范 H21：7，青灰色。残断，半圆柱状，为合范的一半。顶端修平，圆心处开一个约3厘米的漏斗形浇注口。内壁略微弧形，经磨光，在距顶端约5厘米处有一条横向细刻槽，可以推断所铸器物为窄长扁薄体。在外壁两侧有两个浅凹窝。残长10.6、宽7.8、厚5厘米（图三一、彩版四）。

（三）**骨器** 仅有骨凿一种。H18：1，乳白色。梯形，近长方形。平顶，平刃侧锋，正面隆弧，背面较平。刃部及顶部稍有崩口，通体磨光。长5.1、宽2.9、厚1厘米（图三二、彩版五）。

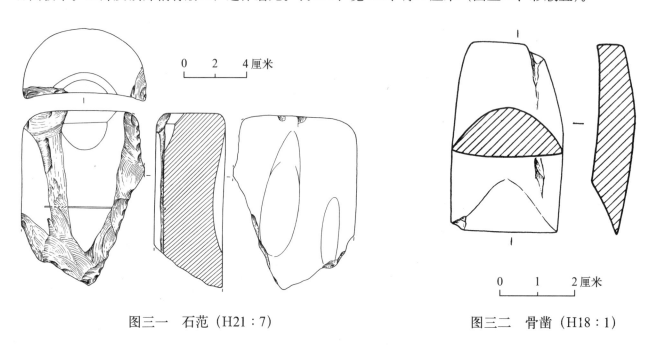

图三一 石范（H21：7）　　　　　　　　　图三二 骨凿（H18：1）

四 结 语

围岭遗址有两个不同时期的先秦遗存，一种是以夹砂陶大口尊为主要特征的，一种则是以几何印纹夔纹陶为代表的。关于夔纹陶流行的时间，目前学界的认识比较接近，一般认为是岭南青铜文化的晚期阶段，大体上断为春秋时期。在此着重于早期文化，因有石范出土，大口尊具有浓重的青铜器金属气息，可以判断为岭南地区青铜文化的早期阶段。

围岭早期遗存出土大量大口尊，显然是受到粤东地区浮滨文化因素的影响，同时具有明显浮滨文化特征的器物有口沿下穿孔的壶或豆等釉陶器。这类以夹砂陶大口尊、折沿垂腹釜、折腹釜（罐）、釉陶圈足壶和深腹豆等为主要遗物的遗址，在环珠江口和东江流域的先秦遗存中也时有发现，如珠海淇澳亚婆湾①、中山南蓢龙穴、翠亨村②、香港马湾东湾仔北③、大屿山蟹地湾④、赤鱲角过路下湾⑤和博罗横岭山⑥等地，是与浮滨文化及吴城文化基本同时期的青铜文化遗存。关于浮滨文化年代，有学者认为上限至少在商代中期，下限到西周⑦。据属浮滨文化的普宁牛伯公山遗址的碳十四测年数据为公元前1500～公元前900年之间，距今3390±95年⑧。综合专家对博罗横岭山、香港马湾东湾仔北等遗址的年代推断，大致相当于商代中晚期。

围岭的大口尊，大的口径可达30厘米，小的也有15厘米。所夹石英砂粒大小较为均匀，胎壁较厚，胎色以橙红、橙黄色为主。经慢轮修整，制作规整，精细，口沿全部经过抹平，肩腹部拍印绳纹，以及曲折纹、叶脉纹等几何纹。所见的大口器，多只存口沿，肩部以下缺失，对认识和复原器型极为不利。与大口尊同出的陶片中没能找到可与其匹配的器底，完全缺乏可拼对的平底或圈足，因此估计可能是圜底器，也有可能是折腹成圜底的。其形不同于饶平、大埔等地出土的深腹或长腹大口尊⑨，而是与香港马湾东湾仔北第二期遗存出土Ⅱ式带流罐（SF95）相似，并且接近江西赣州市竹园下遗址商周遗存的渔篓罐⑩。

围岭的泥质陶有叶脉纹、长方格纹、菱格突点纹、曲折纹等，多见于东莞村头、高要茅岗、珠海棠下环、佛山河宕、南海灶岗和曲江石峡等遗址，表现出珠江三角洲商时期遗存的共性。但是，围岭灰坑里的泥质陶数量较少，仅占陶片的10%～15%。与上述遗址泥质陶占很大比例形成明显的差别，如石峡中层泥质陶占70%以上⑪。河宕第3层的夹砂陶占25.8%，泥质陶占59.4%；第2层夹砂陶占21%，泥质陶占71.2%⑫。在器形方面，也未见珠江三角洲同时期遗址常见的盘形豆、凹底罐等。从而表明围岭遗址具有自身的特点，显示出以曲折纹、叶脉纹为主要特点的本土文化吸收了来自北面浮滨文化的因素，在各群体之间的文化交往当中形成一种新的风格。围岭遗址作为一支独特的考古学文化类型存在于珠江三角洲。

本次发掘的另一项重要收获是发现一件石范。出自灰坑（H21），共出的有大口尊、釉陶罐平底、釉陶圈足、饰细方格纹的泥质红陶罐口沿、砺石、石刀、残石锛等。层位关系明确，是继珠海平沙棠下环遗址之后，又一件经科学发掘出土的铸铜石范。珠江三角洲的先民们至少在商代中晚期就开始学习铸造青铜器，为岭南青铜时期的肇始阶段提供新的佐证。

附记：发掘领队全洪，参加发掘和整理的有张金国、易西兵、罗耀、张小锋、朱汝田，器物由董锋修复，器物绘图由朱汝田、李亚舟完成，关舜甫负责摄影，韩继普负责拓片。

执笔：全洪

注 释

① 唐振雄、李子文《淇澳岛亚婆湾、南芒湾遗址调查》，《珠海考古发现与研究》，广东人民出版社，1991年。

② 中山市博物馆编《中山历史文物图集》，1991年。

③ 香港古物古迹办事处、中国社会科学院考古研究所《香港马湾东湾仔北史前遗址发掘简报》，《考古》1999年第6期。

④ Williams,B.V.(1979) Hai Tei Wan. Journal of the Hong Kong Archaeological Society Vol.Ⅷ.

⑤ William Meacham (editor) 1994.Archaeological Investigations on Chek Lap Kok Island.Journal Monograph Ⅳ Hong Kong Archaeological Society.

⑥ 广东省文物考古研究所编著《博罗横岭山—商周时期墓地2000年发掘报告》，科学出版社，2005年。

⑦ 邱立诚、曾骐《论浮滨文化》，《潮学研究》，汕头大学出版社，1997年。

⑧ 广东省文物考古研究所、普宁市博物馆《广东普宁市牛伯公山遗址的发掘》，《考古》1998年第7期。

⑨ 广东省博物馆、饶平县文化局《广东饶平县古墓葬发掘简报》，《文物资料丛刊》第8辑，文物出版社，1983年；广东省博物馆、大埔县博物馆《广东大埔县古墓葬清理简报》，《文物》1991年第11期。

⑩ 江西省文物考古研究所等《江西赣州市竹园下遗址商周遗存的发掘》，《考古》2000年第12期。

⑪ 朱非素等《谈谈马坝石峡遗址的几何印纹陶》，《文物集刊》第3辑，文物出版社，1981年。

⑫ 杨式挺等《谈谈佛山河宕遗址的重要发现》，《文物集刊》第3辑，文物出版社，1981年。

图版一　H10 上层遗物出土情形

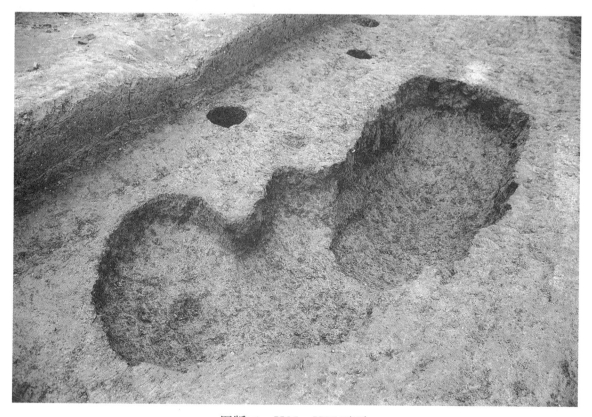

图版二　H25、H27 平面

图版三　AⅠ型大口尊（H10∶5）

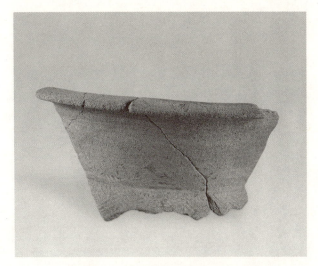

图版四　AⅠ型大口尊（H10∶7）

图版五　AⅡ型大口尊（H30∶1）

图版六　AⅢ型大口尊（H10∶4）

图版七　BⅢ型大口尊（H18∶16）

图版八　CⅠ型大口尊（H26∶2）

图版九　CⅢ型大口尊（H11：1）

图版一〇　CⅢ型大口尊（H27：2）

图版一一　A型釜（H2：9）

图版一二　B型釜（H10：14）

图版一三　B型折肩罐（H29：1）

图版一四　圈足盘（H10：23）

图版一五　ＡⅠ型器座（H28：1）

图版一六　ＢⅠ型器座（H18：4）

图版一七　釉陶壶或豆（H18：10）

图版一八　长形石锛（H18：7）

图版一九　短形石锛（T1①：1）

图版二〇　长方形石锛（H18：8）

图版二一　穿孔石器（T5 ③：5）

图版二二　穿孔石器（T5 ①：28）

图版二三　砺石（G5：19）

南越国宫署遗址出土木简

广 州 市 文 物 考 古 研 究 所
中 国 社 会 科 学 院 考 古 研 究 所
南 越 王 宫 博 物 馆 筹 建 处

　　1995、1997年，广州市文物部门对中山四路北侧南越国宫署遗址进行抢救性发掘，先后清理出南越国时期石构宫池和曲流石渠等御苑遗迹[①]，分别被评为当年全国十大考古新发现之一。1996年，国务院公布南越国宫署遗址为全国重点文物保护单位。2000年，广州市文物考古研究所、中国社会科学院考古研究所、南越王宫博物馆筹建处联合组队开始对南越国宫署遗址进行大规模发掘，取得一系列重要成果。清理出南越国1、2号宫殿基址，廊道、排水设施及水井等遗迹[②]。

　　2004年底，在对遗址进行进一步发掘的过程中，在御苑遗址西北面的一口砖井中发现一百余枚南越国木简，当属南越国宫署遗址发掘的最重要收获之一。目前有关木简的材料还在进一步整理当中，现将初步情况简要介绍如下。

一　木简出土概况

　　出土木简的南越国井编号J264，位于曲流石渠遗迹西北约15米。井口距地表深4.2米，井自深约3米。上部用扇形砖砌筑井圈，砖15层，高0.85米，下部用6节陶制圆形井圈叠砌，高2.06米，节高0.33～0.35米，每节井圈有4个基本对称、穿透井圈壁的椭圆形孔。

　　该井上层用砖砌筑的井壁部分有三个缺口，均为井壁砌筑时专门留出，东、西侧缺口分别与外侧的东西向木质水渠相连，为入水口；北侧有椭圆形陶制管道口向北延伸，为排水口，表明这是一口渗水井（图一）。

　　井内堆积分16层，木简出土于第6～15层（图二）。经清洗，井内共有整简和残简一百多枚，均为木质。完整的木简长25、宽1.7～2.4、厚0.1～0.2厘米。绝大多数为单行文书，仅一枚为两行半字。简文均墨书，字数不等，完整木简的文字最多为23字，最少者3字，一般以12字左右居多。清洗时木简上尚未见到编连痕迹，从内容看有一部分为一事一记的单简，而大凡12字简原应为编连成册。木简上的文字

图一　南越国井

字体多为扁横、波磔明显的成熟隶书，少数文字含有宛转圆润、端庄凝重的篆书意味，隶书的总体书写风格与湖南长沙马王堆汉墓出土简、帛书文字和湖北江陵张家山汉简文字接近，与湖北云梦睡虎地秦简文字有一定区别，具有很高的书法艺术价值。

图二　木简出土情形

经初步考察，这批木简的性质主要有籍薄和法律文书两种，从多个侧面反映出南越国的各项制度和南越国王宫生活，可大大弥补南越国史的记载。如宫室管理，多枚木简上出现了"出入"二字，可能属宫内外人或物品的出入籍；职官制度，简文中出现"陛下"、"公主"、"舍人"、"左北郎"等官职，其中"左北郎"文献未载，而简文中的"陛下"、"公主"更是自南越王墓发现"文帝行玺"等重要文物后又一次发现的可直接证明《史记》、《汉书》关于南越王称帝内容的文物；地理内容，简文中出现了"蕃禺"、"南海"、"横山"等地名，对于南越国政区地理、疆域沿革、秦汉地理等的研究意义重大；法律内容，简文中有"当笞五十"、"不当笞"等内容，反映出南越国施行的法律制度，一些爰书性质的木简则是迄今为止首次发现的南越国法律文书；社会风俗，简文中出现的"大鸡官"等内容为文献所不载，学者认为其可能与《汉书》等文献中越人善用鸡卜的记载相应；宫苑管理，简文出现如"宫门"、"守苑"等与宫室苑囿相关的内容，是对南越国宫苑所在地性质确认的最重要物证。除上述内容外，很多简还直接或间接反映出南越国时期的物产、禽鸟和树木种植等方面的内容。

二　简文举例

从简文的内容看，一些简为纪事的单简，虽仅十来字，但内容丰富，价值重大。如：

第105号简文："大奴虏　　不得鼠　　当笞五十"（彩版六，左二）。

大奴，《汉书·昌邑哀王刘髆列传》："过弘农，使大奴善以衣车载女子。"师古曰："凡言大奴者，谓奴之尤长大者也。"《汉书·张汤列传》："又以县官事怨乐府游徼莽，而使大奴骏等四十余人群党盛兵弩，白昼入乐府攻射官寺。"

虏，《说文解字》："哮虏也"，此处为人名。

不得：秦汉习语，《史记·殷本纪》："帝乙长子曰微子启，启母贱，不得嗣。"《史记·平准书》："天子从官不得食，陇西守自杀。"

鼠，《说文解字》："穴虫之总名也。"

笞，用竹木板责打背部，汉景帝定箠令改为笞臀。《汉书·刑法志》："景帝元年，下诏曰：加笞与重罪无异，幸而不死，不可为人。其定律：笞五百曰三百，笞三百曰二百。犹尚不全。至中六年，又下诏曰：加笞者，或至死而笞未毕，朕甚怜之。其减笞三百曰二百，笞二百曰一百。又曰：笞者，所以教之也，其定箠令。丞相刘舍、御史大夫卫绾请：笞者，箠长五尺，其本大一寸，其竹也，末薄半寸，皆平其节。当笞者笞臀。毋得更人，毕一罪乃更人。自是笞者得全，然酷吏犹以为威。死刑既重，而生刑又轻，民易犯之。"　师古曰：箠，策也，所以击者也。如淳曰：然则先时笞背也。

第68号简文："壶枣一木第九十四　　实九百八十六枚"（彩版七，左二）。

简文中"枣"的写法与马王堆汉墓简帛文字中的相近，不见于睡虎地秦简。"一木"，即一颗树，见汉代文献。简中的"第九十四"，指的当为枣树编号，"实"应是指果实。该简的简文不仅表明南越国生长着大量"壶枣"树，而且还配备专门职官用籍薄形式对其进行管理。

第84号简文："诘□地唐唐守苑行之不谨鹿死腐"（彩版七，右二）。

这是对南越国守苑职官因行为不当而加以处罚的法律文书中的一支简。诘，《周书·大司马》注："犹穷治也"。□，应是人名。"唐唐"，为广大之貌，从简文的"地唐唐"看，南越国时期苑的范围必然很大。简中的"不谨"，指行为不当，为汉代习语，如《汉书·翟方进列传》："又暴扬尚书事，言迟疾无所在，亏损圣德之聪明，奉诏不谨。""鹿死腐"则说明南越国的苑中养鹿。此简的发现不仅反映出南越国拥有占地广大的苑囿，在苑中养鹿，还有具体的职官负责苑的日常管理。而且该简的发现还从侧面表明南越国与秦一样有着具体的法律制度来对范围进行管理。

第91号简文："□张成　故公主诞舍人　廿六年七月属　将常使□□番禺人"（彩版七，右一）。

这是一枚记事单简，包含了很多重要的信息。1.人名：张成，公主诞；2.地名：番禺；3.官名：公主，舍人，将常使（？）；4.时间：二十六年七月。

在汉代，仅有皇帝之女能称为"公主"，"诸侯王女毋得称公主"。据《汉书·吕后记》记载，吕后"五年春，南越王赵佗称南武帝"。虽《史记》、《汉书》中未载南越国设置公主，但赵佗既然可自号"武帝"，其女赵诞自然也可封为"公主"。据该枚木简，南越国不仅有公主，公主还有舍人，这与张家山汉简规定诸侯王女不得称为公主的法律相违背，说明南越国不受汉王朝法律政令等的约束，独立于汉政权之外，旁证了《史记》、《汉书》中关于南越王称帝的记载。简文中的"廿六年"纪年对该批木简的年代确定具有重要意义。南越国自汉高祖四年（公元前203年）立国到汉武帝元鼎六年（公元前111年）灭亡，93年传五主，除赵佗在位67年外，其他四主在位时间最多16年，仅赵佗有二十六年纪年。从西汉政权看，在南越国立国期间经历高祖、惠帝、吕后、文帝、景帝、武帝等五帝一后，其中仅武帝在位时间超过26年，然武帝用年号纪年，其在位的第二十六年纪年为元鼎二年（公元前115年），因此"廿六年"是南越国赵佗的纪年无疑。"廿六年"如从赵佗据岭南自立算起，其当为文帝前元二年（公元前178年）；如从赵佗在汉高祖十一年接受册封时算起，"廿六年"就当为汉文帝前元九年（公元前171年）。这对南越国宫署遗迹的性质和一系列建筑遗迹的时代确定必将产生非常深远的意义。

三　结　语

南越国木简是南越国宫署遗址的重大发现。在发掘过程中，从木简发现、发掘、清理到清洗、脱色、脱水的整个工作，我们都严格遵循了"保护为主"和"科学缜密"的指导思想。在发现木简后，考虑到J264周围保留着丰富的南越国遗迹，是南越国宫署遗址的重要组成部分，不好将井及周围遗迹拆除，而木简保存状况又不理想，井内操作空间狭窄，不利于木简保护。为此我们多次召开考古、文物、建筑、工程等方面的专家论证会，以既能科学完整地清理木简、又能保护井体和周围南越国遗迹的完整性为出发点，确定了"木简整体提取，井体保持原状"的原则，具有非常大的操作难度。曾经成功平移过广州锦纶会馆、具有丰富文物保护经验、实力雄厚的广州鲁班建筑公司闻讯后主动请缨，承担整取重任。他们与考古发掘者一起制定了详尽可行的施工方案：在井西侧挖掘超过井底深度的竖井，在稳固和保持上层井圈不动的基础上，将含木简的第六节井圈整体横向平移至竖井中，用大型吊车将其平稳吊运至地面进行室内清理（图三）。与

图三　木简清理现场

此同时，我们邀请了国内唯一的专业博物馆——长沙简牍博物馆馆长宋少华先生和馆内专业技术人员到现场指导木简的清理、清洗、脱色等工作，确保高质量地完成各项清理与保护工作。

南越国宫署遗址内此次出土百余枚南越国早期木简，填补了岭南地区简牍考古的空白，大大丰富了南越国史的研究内容。从考古学史看，在王宫御苑原址上出土简牍的情况较为罕见，该批木简的发现不仅填补了岭南地区简牍考古的空白，改写了广东无简牍的历史，还极大地扩展了南越国史的研究范围，具有十分重要的学术价值。

从传世文献看，《史记·南越列传》作为目前所见的最早记载南越国历史的资料，全文仅2400字左右，而这次出土的简文文字的数量已经逾千，不仅数量几近其一半，而且其时代还要远远早于《史记》成书80余年。从简的埋藏情况看，木简可能是当时在文件废弃后将其扔进井内，是最原始的档案资料，也是最直接的第一手文献，是名副其实的王宫档案。它们的发现不仅会大大地扩展南越国史及秦汉史的研究范围，还以其出现的"守苑""宫门"及明确的纪年等内容，彰显出南越国遗址的历史真实性和完整性，进一步证明以往对该遗址定性、定位和定名的正确，为南越国考古的分期断代树立起新的标尺，将有力地推进南越国宫署遗址的保护、发掘、研究和利用。

　　附记：领队冯永驱、白云翔，摄影何民本。

执笔：韩维龙、刘瑞

注　释

① 广州市文物考古研究所、南越王宫博物馆筹建办公室《广州南越国宫署遗址1995-1997年发掘简报》，《文物》2000年第9期。

② 中国社会科学院考古研究所、广州市文物考古研究所、南越王宫博物馆筹建处《广州南越国宫署遗址2000年发掘报告》，《考古学报》2002年第2期；陈伟汉、刘瑞《广州南越国宫署遗址发掘又获重大成果》，《中国文物报》2004年12月8日第1版。

广州市农林东路南越国"人"字顶木椁墓

广州市文物考古研究所

2003年7月至2005年3月，为配合城市基本建设，广州市文物考古研究所对农林东路24号大院工地进行考古勘探和发掘。该区域属广州古城东郊山岗地带，明清时期称卯子岗、隐岗，后称猫儿岗，是重要的古墓葬埋藏区之一。此次发掘共清理战国至汉代古墓葬90座，其中最为重要的是发现了一座南越国时期的大型"人"字顶木椁墓（2003GDMM68，图一）。现将该墓的发掘情况报告如下。

一 墓葬形制

该墓位于工地内东北角的岗地上，海拔23.19～23.14米，应属猫儿岗岗顶区域。在其南部海拔18.97～18.7米的岗地上，此次共发现基本同时期的22座中小型土坑墓，概属同一墓群。该墓早期已遭严重盗扰，上部被现代建筑和防空洞破坏，故墓顶封土及墓室上层填土情况均不详。墓坑西端由于发掘面积限制，未能确定墓道情况。墓口距现地表1.93～4.73米。墓坑向下直接打破原山岗褐红色黏质生土。

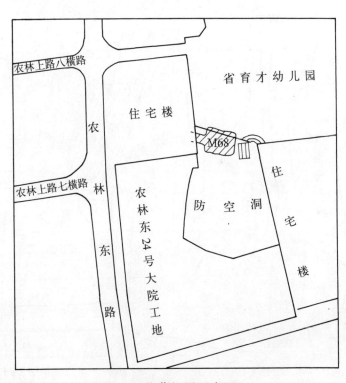

图一 墓葬位置示意图

（一）墓坑

竖穴，平面略呈"凸"字形，方向282度（图二）。东西残长15.86、最宽处8.9、残深3～1.47米。其中西端凸出部分残长3.82、口宽3.32～6.90、底宽3.39～3.84米；东端主体部分口长12.54、宽7.22～8.9米，底长12.04、宽7.22～7.74米。墓坑底近平，坑壁下半部分较为规整，保存较好；上半部分则多崩塌呈不规则形状。环墓坑壁发现有不规则分布的23个柱洞，可能与墓坑修筑时防止坑壁崩塌的防护架等有关。

墓坑西侧凸出部分的木构甬道以西区域，暂称为门道①。该区域残长2.13、底宽3.39～3.56米。南北两侧有宽0.36～1、高0.4～0.42米的熟土二层台，是由第5层填土叠压于第6a层土上形成。在门道位置发现有从墓室漂出的随葬遗物，初步认为门道位置原有木构设施。在墓坑西侧凸出部分的北

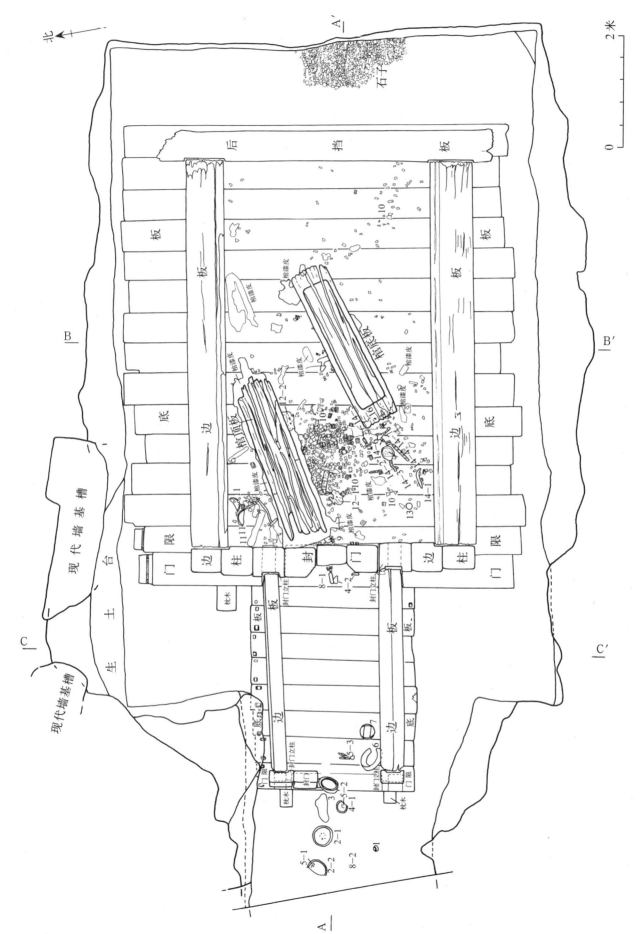

图二　M68墓底平面图

1.釉陶小盒　2.漆盒　3.残木器　4.漆奁盒（带盖）　5-1、2.残骨　5-3.残骨　6.漆盒　7.漆盒　8.漆奁盒（带盖）　9.漆奁盒（带盖）　10.髹漆皮甲
11.漆盒　12.木制器物架　13.陶小盏　14.漆器架　15.漆瓢　16.米字纹釉陶陶片　17-1.玛瑙珠　17-2.玛瑙珠　18.饰品　19.漆璧形饰

侧边壁发现 8 个柱洞,南侧边壁有 5 个柱洞,可能与门道木构设施或修筑墓坑时的防塌支护桩有关。

(二)墓室

用粗大的枋木构筑于墓坑正中,由甬道和主室构成,平面呈"凸"字形(图二、三、四、五;彩版八、九)。

1. 甬道

位于主室西端,平面作长方形。内长 3.45~3.7、宽 1.7~1.84、残高 0.81~1.42 米。由枕木、底板、南北两侧边板、平铺的顶板和前(西)端的立柱式封门构成。

枕木为东西向,南北各一条,置于枕木沟内。枕木平直,约长 3.9、宽 0.2、厚 0.12 米。

底板由 8 根枋木南北向平铺组成,枋木长 2.91~2.97、宽 0.38~0.49、厚 0.16~0.2 米。西端的第 1 根因作为门限而带有凹榫槽和挡坎,枋木底部两端凿有梯形浅凹槽以扣合枕木。每根枋木北端底部均削作圆弧上翘的弧尖状,端部均开有牛鼻形对穿孔,分析应与方便木料的运输有关。

边板残长 3.2~3.66、宽 0.25~0.30、厚 0.4~0.5 米。根据前壁与封门高度推算,甬道南北两侧边板原各应 4 根,原内高约 1.8 米。发掘时仅见 3 根,且南壁板已受压向内倾倒。最底下的边板东端有近方形卯口扣合于主室门限凹槽上。

甬道前端为立柱封门,两侧各有 1 根角柱,正中 4 根封门立柱置于门限宽槽内。立柱上端均有残朽,残高 1.5~1.82、宽 0.3~0.5、厚 0.23~0.3 米。

顶板由 8 根枋木南北向平铺组成,发现时随南壁内倾而向南倾斜,残长 2.65~2.9、宽 0.4~0.56、厚 0.25~0.51 米。

2. 主室

平面呈长方形,内长 6.96、宽 3.74、残高 2.26 米。由枕木、底板、南北两侧边板、立柱式封门与前壁、后挡板和"人"字形顶板构成。

枕木东西向,南北各一条,置于枕木沟内。枕木平直,长 9.4~9.6、宽 0.34~0.39、厚 0.22~0.23 米。枕木的东端底部均削尖呈圆弧上翘状。

底板由 15 根枋木南北向平铺组成。枋木长 6.5~7.06、宽 0.5~0.59、厚 0.42~0.48 米。西端封门位置的两根因作为门限而带有凹榫槽和挡坎,其余均表面平直。枋木底部南北两边各有浅凹槽扣合枕木。枋木北端底部均削凿成圆弧上翘的弧尖状,部分表面尚带有横向凹槽或于一侧开有牛鼻孔形的对穿槽孔,南端则于两侧劈出横向"V"字形小凹槽,这些迹象应与木料由水路放排运输有关。

后挡板用枋木累叠,残剩 4 根,南北向长度由下而上分别为 6.28、6.26、5.1、4.84 米,宽度 0.59~0.62、厚度 0.43~0.55 米,长、宽、厚度均呈自下而上逐步递减。

边板采用粗大枋木构成,南北各一根。北侧边板长 6.96、宽 0.66~0.72、厚 0.6~0.62 米;南侧边板长 6.96、宽 0.72~0.81、厚 0.70~0.72 米。边板顶面凿成凹槽以限定"人"字形顶板,外侧修为内倾的斜面,内侧留有宽 0.16、高 0.13 米的挡坎。环绕主室北、东、南三边外侧底部有宽 0.01~0.45、厚 0.05~0.08 米的较纯白膏泥抹边;紧贴后挡板的外侧壁有厚 0.05~0.08 米的黑色纯炭灰土围闭。

顶板由南北两排枋木斜向相互支撑而成,构成人字形墓顶。顶板下端斜撑于两侧边板顶部的凹槽内;上端相互支撑部分已朽,具体结构不详。顶板枋木南北各 12 根,残长 1.71~2.27 米,截面均近正方形,宽 0.42~0.64、厚 0.4~0.62 米。按顶板成人字形相交计算,主室内高可达 5.04 米。

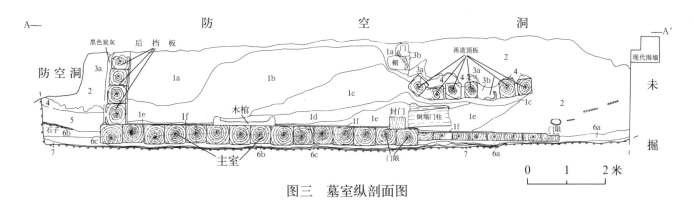

图三　墓室纵剖面图

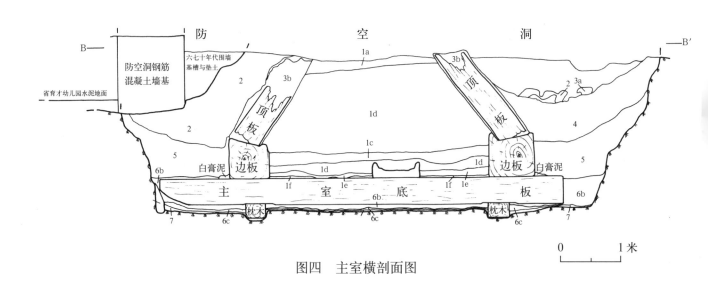

图四　主室横剖面图

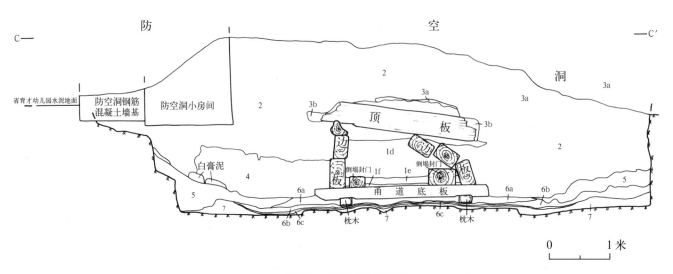

图五　甬道横剖面图

主室前端为立柱式封门与前壁,由9根直立的枋木组成。枋木上端均有残朽,残高1.28~1.44米,宽、厚皆0.5~0.6米。中间3根置于门限宽槽内为封门;两侧各有1根置于长条形子口槽内,前有凹槽与甬道边板扣合;再两侧各有2根,后有凹槽与主室边板扣合。封门上部原有横向门楣或前挡板,残存最底的两根,均有残朽,下面一根长4.06、宽0.56、厚0.4米,上面一根长3.13、宽0.36、厚0.42米。

(三)葬具与墓主遗骸

1．葬具

主室内有一具黑漆木棺。因受早期盗扰等影响,木棺原位不确。发掘出土时,棺底板斜置于主室中南部,棺顶板内面朝上斜置于主室西北,外表皆涂有厚约0.1~0.2厘米的黑漆。棺板均底面平直而两侧圆弧上翘。

棺底板出土时已开裂变形,由一整块硬木制成,长2.9、宽0.65~0.71、厚0.25米,正中挖有长2.26、宽0.52、深0.13米的凹槽。底板两侧隐约有凸起的子口榫,前后两端各有宽约0.1米的位置略低。

棺顶板亦由一整块硬木制成,出土时两端残朽,木身开裂。顶板长3.19、宽0.66~0.7、厚0.22米,内面正中挖有宽0.52、深0.12米的凹槽,两侧亦隐约见有凸起的子口榫。

2．墓主遗骸

残存有头发、牙齿、人骨碎片,主要发现于棺顶板下,靠近顶板与底板之间的鬃漆皮甲片集中分布区域。头发出土时呈两个相连的圆环状。牙齿出于头发西北,二者相距约0.35米,有半环状分布痕迹。隐约可辨左上侧门齿1颗,仅存齿冠近中部分釉质,保留齿冠形态。人骨仅3小片。1片见于牙齿旁边,疑为头骨碎片;另2小片见于棺顶板与底板之间的漆皮甲片下,大小均1~2厘米见方,残朽无法细辨。结合墓内遗骸和附近的鬃漆皮甲片,初步推断墓主下葬时着鬃漆皮甲,应属男性。根据遗骸位置与甲片类型,基本判断墓主头向西北,脚向西南,应是早期盗扰时由棺中拖出弃置于主室西北的原状。

二 墓内堆积

该墓受盗扰严重,墓坑内堆积可分为两种情况。一是墓葬营建过程中的垫土、填土等堆积,二是被盗后从盗洞冲入墓室形成的淤土堆积。发掘过程均按照土质、土色和堆积成因的不同进行区分,现具体介绍如下。

(一)墓葬营建堆积

1．墓坑底部填土层,即第7层。

墓室的建构首先对原墓坑底部进行平整和填垫,由此产生了该墓的最底层堆积。该层为较松软的褐红色黏质原坑土,分布遍及墓坑各处,厚0.01~0.3米,出有零星的榄核。

2．墓室底部垫层,即第6层,分6a、6b、6c三小层。

6c层是墓室底部炭层。为较纯的黑色粉质炭灰层,含大量的炭块、半烧成的炭料及大量的木片,其中后三者多以边缘区域最为密集。该层分布于墓坑除四个边角及坑缘外的几乎全部范围,厚薄不均,大致中间薄而四周厚,分布范围东西长12.04、南北宽7.55米,厚0.01~0.2米(图版一)。该层应是直接采用墓室加工废料烧制,似并未起到对墓室底部的防护和铺垫作用,而与某种风俗和信仰有关。

6a、6b 层是铺设墓室底板时的垫层。甬道部分可分 6a、6b 两小层。主室部分仅有 6b 层，分布于底板下部和周边。为原坑土夹大量木片及少量的木炭颗粒，厚 0.01～0.37 米。在底板周边的 6a、6b 层表有大量加工木屑、木片和较大木块。主室底板东端中部的 6b 层表见有小石子密集分布，分布范围长 2.06、宽 0.45 米。紧贴主室西端底板前部可见大致呈横向两排分布的柱洞计 13 个、柱洞旁的柱窝 8 个，其中柱窝浅斜，应为加固柱洞木桩的辅柱遗痕，这类柱洞与柱窝应与构筑主室时所搭建的脚手架等有关。

3. 墓室外填土，包括第 5、4、2 层。

第 5 层由较纯的红褐色黏质土和红褐色沙质风化土两种原坑土构成，含零星榄核和炭渣，并见残铁器和陶片（口沿）各 1 件，分布遍及整个墓室的外围，厚 0.02～0.85 米。该层基本完成了对主室底板的覆盖，层表散落有少量的木块、支护桩等。

第 4 层为红褐色黏质原坑土夹零星的黄褐色沙质风化原坑土，含大量的黑灰色炭灰土，见有丢弃的建构用草绳、散木桩等。该层厚 0.02～0.78 米，分布于主室的东侧、南侧和主体墓坑的西北部，主室北侧和甬道顶板上方也有零星分布。

第 2 层为较纯的黑灰色沙质炭灰土夹零星的明黄色土锈和黄灰、青灰色板灰碎屑沙质土，厚 0.02～2.27 米。此层填满整个墓坑上部，为真正意义上的椁外及椁上填土。因该墓上部被毁，第 2 层以上的填土和封土情况不详。

第 3 层是墓室木构朽烂形成的板灰、散屑层，与第 2 层相混杂，分 3a、3b 两小层。其中 3a 层是由原填土中炭渣、散木与墓室木构朽烂而形成的板灰散屑层。3b 层是紧贴墓室木构，由墓室木构木质朽烂而形成的木构板灰层。

（二）墓室内淤土堆积

即第 1 层，依土色、土质的不同，由上而下分为 1a、1b、1c、1d、1e、1f 六小层。该墓发掘时墓室外诸填土未见扰动，唯墓室内充满淤土。其中 1f 层为灰色粉沙质淤土，含大量碎木屑，厚 0.02～0.09 米，基本水平分布于主室和甬道的中后部，与墓底残存遗物基本处于同一层面。1c、1d、1e 层则均大致以主室封门上方为中心向主室和甬道两个方向向下倾斜。1a、1b 层因甬道已被淤满，故主要是淤于主室封门上方并向东倾斜淤满主室。

根据墓室内淤土堆积情况可以确定该墓盗洞仅一处，位于主室封门上方。早期被盗时墓室内几乎尚未有淤土形成，仅有 1f 层的薄层淤土可能形成于被盗前后。盗贼由盗洞先进入主室，后进入甬道和门道。主室三根封门枋木中南侧的两根被破坏，一根倒在主室，另一根倒在甬道。甬道四根封门枋木中南侧的三根被破坏，均倒在甬道中，其中一根被劈成两节。该墓被盗后不久应发生了墓内积水的过程，造成残存随葬品的漂移。门道位置与甬道前部的填土均与墓室外填土的第 2 层一致，应是墓内积水后造成门道上部填土崩塌所致。

门道上部填土崩塌之后是 1e、1d、1c、1b、1a 层淤土依次沿盗洞淤入。都属从盗洞冲入的杂土与崩落的墓室外第 2 层填土相混合而成的冲积淤土层，各自均含许多小淤层。其中 1b 和 1a 两层较厚，均由多个小淤层构成，大体呈冲积层与沉积层相间分布的特点，由其堆积形态分析，应各自代表着一个降水较多的时期。

1e 层为黑灰色沙黏土夹零星的黄褐色沙质土，含大量的该墓木棺和木构散木，另有冲入的树枝若干，见有东汉、晋墓砖和原属东汉墓葬随葬的釉陶串珠 2 颗，该层厚 0.02～0.89 米，分布于主室全部和甬道的中后部。

1d层为黄褐、灰白色细沙土夹零星炭块，含大量的的该墓木棺和木构散木，见有东汉、南朝至唐代的墓砖，该层厚0.02~0.31米，分布于主室中部、前部和甬道的后部。

1c层为黑灰色沙黏土夹黄灰色细沙土和零星的炭灰土，含该墓木棺和木构散木，另有燃烧过半截的树枝、木片和石块，并见东汉、东汉至晋、隋唐墓砖数块和原属东汉墓随葬的釉陶双耳鼎、碗、熏的残片等，该层厚0.02~0.93米，分布于主室的中部、前部和甬道的中部和后部。

1b层为夹大量第2层炭灰土和少量炭粒的灰白、黄灰、灰褐诸色混杂的细沙土，含零星散木块，见有原属东汉墓随葬的釉陶器盖、直身罐、陶罐及陶船残片，该层厚0.02~1.53米。

1a层为夹大量第2层炭灰土和少量炭粒的灰白、黄灰、灰褐诸色混杂的细沙土，略显纯净。该层厚0.02~1.34米。

根据1b、1c、1d、1e四层淤土所包含文化遗物分析，1e层的形成不早于晋，其余三层形成年代不早于唐代。该墓上方附近曾有过东汉、晋、南朝至隋唐墓葬的埋葬，且上述四层中东汉墓葬随葬器物残片皆可相互拼接，似来自于同一墓葬，表明该东汉墓应距该墓盗洞最近以至墓葬相当部分皆被冲落盗洞之中。

三 随葬器物

该墓由于遭受早期盗扰及墓内积水等原因，残存随葬品数量较少，且出土位置较凌乱。尤其是原应属墓主人身穿的髹漆皮甲已散开，部分器物漂至门道位置。残存随葬器物19件套，包括陶、漆、木、皮、石、骨六类。以下按质料介绍。

（一）陶器

3件。包括小盒、小盏、米字纹陶片。

釉陶小盒 1件。M68：1，出于门道南部的第2层土中，应属墓室内积水后漂出的器物。出土时口残且器盖缺失。素面，灰胎，器表原施釉已脱落殆尽。子口内敛，口、腹相接处折棱明显，上腹微弧近直，下腹斜收至平底。内壁轮制痕清晰。口径9、腹径12、底径5、高5.3厘米（图六，1）。

陶小盏 1件。M68：13，出于主室西南角。出土时口残。素面红陶，直口，深弧腹，外壁上腹微弧近直，下腹斜收至平底。内壁轮制痕清晰。口径9.6、底径5、高5厘米（图六，2）。

米字纹釉陶片 1片。M68：16，灰陶器肩片，大小约6厘米见方，肩部可见宽粗米字纹，表面黄色釉层尚存。出土时卡在主室棺底板头端板缝中，属随葬器抑或随晚期淤土冲入不详。

（二）漆器

10件。包括奁盒、盒、瓢、璧形饰和器架等，多残朽变形。

漆奁盒 3件。皆夹纻胎、带盖，盖径略大于身径，盖面微隆、直壁，盒身直壁平底，多髹黑漆红彩。

标本M68：4，盖、身皆残，盒身出于主室封门外侧，盒盖出于甬道封门外侧。盒盖髹黑漆，盒身除髹黑漆外，另于内部底缘施红彩一周。盖径22、身径21、残高4、胎厚0.4厘米（图六，3）。

标本M68：8，盖、身皆残，盒盖出于主室封门外侧，盒身出于甬道封门中部。身、盖通体髹黑漆，

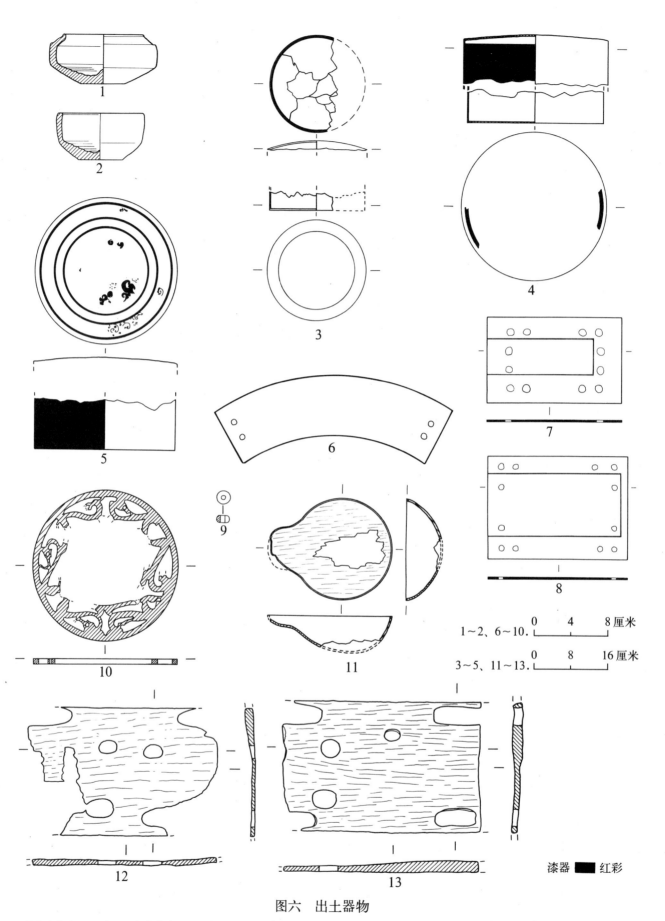

图六　出土器物

1.釉陶小盒（M68∶1）　2.陶小盏（M68∶13）　3.漆奁盒（M68∶4）　4.漆奁盒（M68∶8）　5.漆奁盒（M68∶9）　6.髹漆皮甲袖片（M68∶
10）　7.髹漆皮甲襟片（M68∶10）　8.髹漆皮甲裙片（M68∶10）　9.玛瑙珠（M68∶17-1）　10.漆璧形饰（M68∶19）　11.漆瓢（M68∶15）
12.木制器物架（M68∶12-1）　13.木制器物架（M68∶12-2）

盒盖内壁遍施红彩，另盖顶内侧近缘并饰红色彩带一周。盖径32、残高10～11厘米，身径30、残高7.4、胎厚0.2厘米（图六，4）。

标本M68：9，出土时已散碎，包括盒身、盒底和盖的残片。其中盒盖朽仅余一层漆皮，紧贴在盒身底片之上。该器通体髹黑漆，盒盖上并见以三周红色彩带相隔的红彩卷云纹饰。盖径31.6、身径31.2、残高11厘米（图六，5）。

漆盒　4件。皆夹纻胎。大多带盖，盖径略等于身径；盖面微隆、直壁。盒身直壁，平底。除多髹黑漆红彩外，间有施金色彩绘者。

标本M68：2，带盖，出于门道西侧，应属墓室内积水后漂出的器物。出土时身、盖漂离，盖残无壁缘，身仅余大半个底部。该器髹黑漆红彩，盖面纹饰以两圈红色彩带间隔成内外二区。内区以盖顶正中的一双足火鸟为中心，周围环绕两两相对、昂首挺立的夔龙和凤鸟各一，龙、凤尾部相互飞卷相连，形态生动，其间空则填以云纹；外区周圈环列以羽纹和云纹相隔，两两相对的双足鸟纹六组。器身底部边缘有红色彩带一周。盖、身径均38厘米，盖残高5.6、身残高2.4厘米（图七，1）。

标本M68：6，出于甬道西南靠封门处，属墓室内积水后漂出的器物。器残无盖，盒身仅存边壁。通体髹黑漆为地，内壁遍施红彩。直径24.5、残高7.8、胎残厚0.1厘米（图七，2）。

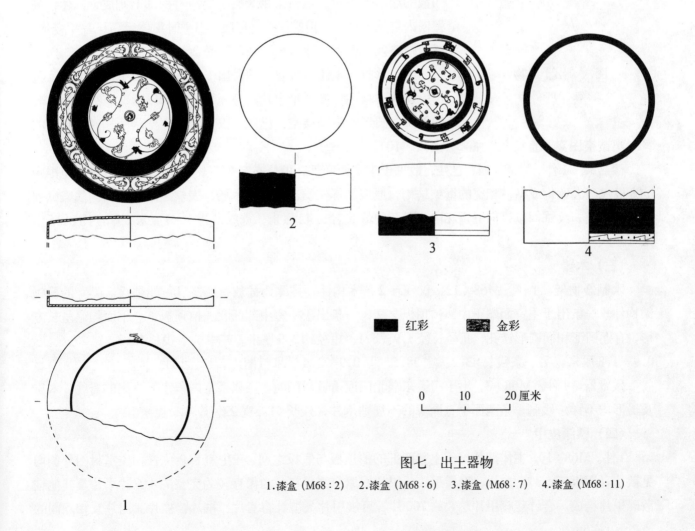

■ 红彩　　　▨ 金彩

0　　10　　20厘米

图七　出土器物

1.漆盒（M68：2）　2.漆盒（M68：6）　3.漆盒（M68：7）　4.漆盒（M68：11）

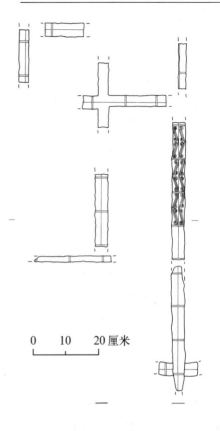

图八　出土器物
漆器架（M68：14）

标本 M68：7，出于甬道西南，属墓室内积水后漂出的器物。带盖，出土时盖朽仅余一层表皮紧贴器底，底残余下半部。该器外表髹黑漆为地，以红彩和金彩为纹，器身内壁则遍施红彩。盖面以二周红色彩带间隔，分内外二区纹饰：内区以盖顶正中的一带四个凸出条状日晕的环状圆圈红彩纹饰为中心，周围环绕两两相对的金彩尖嘴凤鸟六只，凤鸟间遍填红彩羽纹及云纹；外区周圈环列金、红彩相间的云纹各六组。身径24.5、残高4.6、胎残厚0.1厘米（图七，3；图版二，4）

标本 M68：11，出于主室西北角。出土时仅余盒身，其底片断为两半，壁片之上、下端围条与中壁围条均已散开而伸直。通体髹黑漆红彩，其中器外壁中部周圈饰较宽之红色彩带，底端饰红彩星纹和勾连星纹，器底内缘饰红色彩带一周。身径30、残高12厘米（图七，4）。

漆瓢　1件。M68：15，出于主室西南的棺底板前部，周围皆四散的漆器架散片。该瓢采用天然小葫芦对剖加工制成，瓢体由周壁向内自然弧凹，瓢前端深凹，环腹。出土时瓢体受压已扁平变形，瓢柄端略残，表髹黑漆多已剥离。残长26厘米（图六，11）。

漆璧形饰　1件。M68：19，出于主室棺顶板中部南缘下，为棺板及其下墓主髹漆皮甲甲片所叠压，其西为玛瑙珠。纯木胎，表髹黑漆。圆形，中间镂空，已残，仅见紧贴周壁两两相对或相背的凤鸟类镂空图案。直径8.1厘米（图六，10）。

漆器架　1件。M68：14，已残，散见于主室西南部，由分布在东西长1.8、南北宽0.8米范围内的8根残条大致构成纵横相交的框架结构，原应属屏架类器物。纯木胎，表髹黑漆。表面均浅雕纵列羽状纹二道，纹饰间以横向隔道相隔。残条中最长者长42厘米，宽度多为3～4厘米，厚度约0.15厘米（图八）。

（三）木器

木制器物架　1件。M68：12，仅残存2条木构件，推测为插放有柄器（可能是兵器类）的器物架构件。一条出于主室西端正中、棺顶板之南，一条出于主室中部西北、棺顶板下。平面均略呈长方形，有近圆形和椭圆形镂孔，孔径长径3.9～8.1、短径约3.9厘米。其中一条残长42.3、宽27.6、厚0.9～1.8厘米，另一条残长43.2、宽28.5、厚0.9～2.4厘米（图六，12、13）。

残木器　1件。M68：3，出于门道东端北侧近甬道封门处，应属墓室内积水后漂出的器物。木质及器形均不详，残剩一条两面平直而薄的不规则木片，残长51、宽22、厚0.2厘米。

（四）髹漆皮甲

1件。M68：10，主体部分出于主室西部的棺顶板与底板之间，在主室其余位置和主室封门外侧均见散片（图版三，3）。皮质，表髹黑漆，甲片间原穿绳已朽，由保存较为完整的416片甲片及其他较散碎甲片构成，合计残剩甲片总数约700片。可辨甲片类型计有肩片、袖片、襟片、裙片及相互间的连接片等，甲片形状因此而分为梯形、长方形、弧形等多种，甲片上之孔数和分布亦因此而不同。袖片多为弧形，左右两端各有两个圆形穿孔。内弧弦长10、外弧弦长13.2、宽3.2、厚0.06厘米（图六，6）。襟片多为长方形，表面有围成长方形框的三边直棱凸起，上下两端各有六个圆形穿孔。长7.5、宽4.6、厚0.06厘米（图六，7）。裙片多为长方形，表面有围成长方形框的三边直棱凸起，上下两端各有六个圆形穿孔。长7.8、宽5.5、厚0.06厘米（图六，8）。

（五）石类器物

2件，皆属饰品。

玛瑙珠 8颗（M68：17）。出于主室西部中北，棺顶板南缘，与墓主髹漆皮甲甲片和其他饰品（M68：18）相混，应为墓主随身饰物。皆黛蓝色扁圆玛瑙小珠，中有穿孔。外径0.7、内径0.25、厚0.4厘米（图六，9）。

饰品 1处。M68：18，出于主室西端正中，墓主髹漆皮甲之190号甲片之南，与甲片和部分玛瑙珠相混。由朱砂彩绘及其上2～3处的土黄、明黄色玻璃质饰品构成。玻璃质饰品出土时已粉碎，呈细沙粒状，分布范围约7厘米见方，疑原为墓中器物表面的装饰品。

（六）骨类制品

编号M68：5。皆出于门道中部和甬道近封门的该墓第2层填土中，应属墓室内积水后漂出物。分布在四处，一在门道中部西侧漆盒（M68：2）盒身下，一在门道中部东端近甬道封门的漆奁盒（M68：4）盒盖下；另两处在甬道封门内侧，一在漆奁盒（M68：6）下，一在漆奁盒（M68：6）北侧。前两处出土多片状骨，后两处出土多块状和长条状。诸骨多残朽霉软，且因周围填土渗入骨孔而呈黄绿或黄灰色，具体种属不详。

四 结 语

（一）综上述可知，本墓为竖穴分室"人"字顶木椁墓，墓主为男性。墓室坑壁极不规则，是广州战国末至南越国时期土坑墓的显著特点。虽然由于发掘面积局限未能确定墓道情况，但推测应有墓道。墓道与甬道之间存在门道，同时带墓道与门道应是南越国时期墓葬的一种重要形式。

（二）该墓被盗严重，所出陶、漆、木、皮、石、骨六类遗物中木、石、骨三类或残朽，或不具明显特点而不具可比性。现将陶、漆、皮三类器物与《广州汉墓》及其他地区的同类器物对比如下：

1. 该墓釉陶小盒与《广州汉墓》的Ⅰ型②式小盒基本相近。《广州汉墓》单出Ⅰ型②式小盒者见于M1014、1040、1095、1154等21座墓葬中，这批墓葬皆属南越国墓葬，贯穿于南越国的早期和晚期。本墓所出釉陶小盒通体素面，型式略显古朴，式别略早。

该墓陶小盏近似《广州汉墓》Ⅱ型①式碗。《广州汉墓》单出Ⅱ型①式碗者见于属南越国时期的M1022、1050、1096、1120、1144、1178等25座墓中，贯穿南越国始终，西汉中、晚期概不太流行而各只见于一座墓葬中（M2029、3028），到东汉时期又逐渐再次流行，见于M4002、4036、5001、5039等14座墓葬。

Ⅰ型②式小盒与Ⅱ型①式碗共出者见于《广州汉墓》的M1165和M1177二墓，二墓分属南越国的早期和晚期②。

2．本墓所出漆卮、漆盒均采用夹纻胎，与南越漆器多用纯木胎有别，而与湘、鄂等楚系旧地战国至西汉初期所出漆器相近。但漆器饰金彩花纹则与广州农林上四横路南越大墓出土的漆器相同，应是南越漆器的显著特点。

3．本墓之髹漆皮甲正在复原过程中，有关专家已由其形制和甲片特点等得出了初步结论，认为该甲与随县曾侯乙墓、睡虎地秦墓和西安秦兵马俑等所出相关遗物所显示的战国至秦铠甲呈风格一脉相承的早期铠甲特点。

综合以上所述该墓器物类型学对比结果及墓室构筑特点，可将本墓年代初步界定在南越国时期。

（三）本墓位于猫儿岗岗顶，南侧并见基本同时期的22座中小型土坑墓葬，除5座为南北向外，其余均与人字顶大墓方向几同，为西北向。另1997年所掘农林上路四横路南越国晚期大墓正位于该人字顶大墓西南约200米处，方向亦相同。由此推论今猫儿岗岗顶及其西坡和西南坡存在着一个南越国的高级贵族墓群。

（四）目前在广州发现的南越国高等级大墓共计4座，分别为位于城外西北的象岗山第二代南越王赵眜石室墓和西村凤凰岗木椁墓，位于城外正东的东山猫儿岗农林上四横路木椁墓和本次所掘木椁墓。有学者认为，西村凤凰岗木椁墓为第三代南越王赵婴齐的墓③。就墓室大小而言，此次发掘的人字顶木椁墓已超过了农林上四横路和西村凤凰岗的木椁墓。位于猫儿岗的二座大墓除随葬典型越式器外，墓中皆以大量汉式（楚式）风格漆器随葬，随葬品仿同期铜器、玉器特征明显。以农林上四横路木椁墓来看，虽随葬品数量不少（460多套700余件），但精美程度似远逊于西村凤凰岗木椁墓。尽管如此，猫儿岗两座大墓无论墓室大小、用料和随葬品数量均远胜近年在古城东北郊之华侨新村和太和岗等处所掘南越国高级贵族墓，这批墓葬中墓主的最高级别为"御史"和"行人丞"，猫儿岗两座大墓级别应较之为高。综合以上各因素，初步推断本墓应属南越王室成员一级的墓葬。

（五）本次所发现的南越国"人"字顶大墓，是继浙江绍兴印山越王陵④、福建武夷山城村闽越王室墓之后，全国发现的第三座"人"字顶墓葬，也是岭南地区首次发现的此类墓葬。三座"人"字顶墓葬中，浙江绍兴印山越王陵时代为春秋战国之交，福建武夷山城村闽越王室墓和本墓皆属西汉早期，似乎基本涵盖了本型墓葬的流行时间界限。另就墓室大小而言，三墓皆属当地最大形制的一种木椁墓，且均出于旧之"百越之地"，似可认为"人"字顶大墓是百越地区该时段最高等级墓葬的表现形式之一。印山越王陵和城村闽越王室墓均以较厚的纯炭层直接包裹于墓室四周，主室侧边以"人"字形顶板直接向上收封。而本墓墓室底部纯炭层较薄，墓室外部和椁上则大规模充填不太纯净的含杂质炭灰土，主室"人"字形顶板下并加以粗大边板，这些均表现出明显的南越本地特色。联系广州汉墓特别是南越国墓葬不时可于墓底垫土和墓室椁上填土中见到独立的"板灰层"，另在有些墓葬的墓道底端或门道后端也发现过在使用面底下的小灰坑，灰坑底部常见炭痕的现象，百越体系墓葬用炭较早并延续时间较长似乎是可以肯定的，当然这类现象真正意义所在尚颇有探讨之处。

附记：领队丁巍。参加发掘的有丁巍、苗慧、张艳平、刘景岩、关舜甫，整理丁巍、张艳平、苗慧，摄影和录像何民本、麦穗丰（南越王宫博物馆筹建处）、丁巍、关舜甫、苗慧、覃杰、朱汝田，皮甲起取白荣金（中国社会科学院考古研究所）、黄兆强、陈淑庄、董锋，器物修复董锋、陈灿强（西汉南越王博物馆)、白荣金、陈淑庄,绘图描图曾义华、张艳平、苗慧、丁巍、朱家振,骨骼鉴定李法军(中山大学人类学系),土样及其他标本现场起取丁巍、冯先基、谭惠忠(广东科学院地理所)。另发掘过程中始终得到了该项目基建单位广东省人民政府办公厅基建办的大力支持,在此一并致谢。

执笔:丁巍

注　释

① 笔者认为"门道"是一种较为独特的墓葬结构形式,位于墓道之后、墓室之前。门道设施有多种方式,大体由铺底板、阶梯、两侧的生土熟土台或直接的纵向木挡板、两侧的立柱等构成,且极可能有木质覆顶。这种形制多见于广州地区南越国时期大中型墓葬和部分中小型墓葬,进入西汉中期即逐步简化而消失,是极具南越国地域特点的一种墓葬结构形式。

② 广州市文物管理委员会、广州市博物馆《广州汉墓》文物出版社,1981年。

③ 广州市文物考古研究所《广州西村凤凰岗西汉墓发掘简报》,《广州文物考古集》,文物出版社,1998年。

④ 浙江省文物考古研究所、绍兴县文物保护管理局《印山越王陵》,文物出版社,2002年。

图版一　墓底炭层全貌

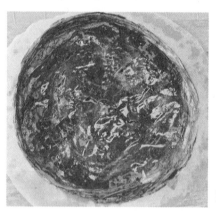

图版二　漆盒特写（M68：7）

图版三　主室西部鬃漆皮
　　　　甲片出土（局部）

广州市先烈南路汉晋南朝墓葬

广州市文物考古研究所

1999年6～8月，广州市文物考古研究所在先烈南路大宝岗华泰宾馆前的基建工地，发掘清理了古墓8座（图一）。墓葬均分布在大宝岗的西南坡，其中汉墓4座，编号分别为M2、M5、M6、M8；晋南朝墓4座，编号分别为M1、M3、M4、M7（图二）。4座汉墓均为土坑竖穴木椁墓，根据墓葬形制、墓室结构及随葬器物，可分为西汉前期和西汉后期至东汉前期墓。4座晋南朝墓均为砖室墓，都遭受了严重破坏，形制不全。

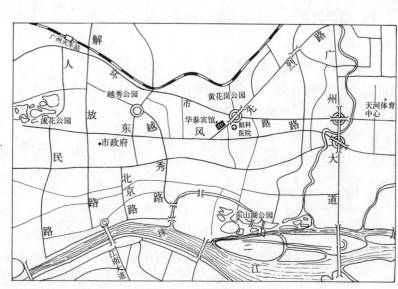

▨墓葬所在位置

图一　墓葬地理位置示意图

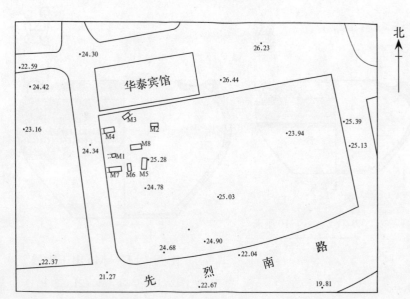

0　　　30米

图二　墓葬分布图

一　汉　墓

（一）墓葬形制与随葬器物

4座汉墓都是土坑竖穴木椁墓，其中M2和M6是无墓道的长方形竖穴单室墓，M5和M8是带墓道的双层分室墓。

1．M2

墓葬形制　墓向正西。墓平面长方形，四壁较直，墓口长3.26、宽1.76、深1.02米。坑内用黄白色细沙掺少量褐色原坑土回填，近坑底10厘米左右填土变为褐色亚黏土。坑底较平，挖有两道横列的枕木沟。葬具、骨架全无。随葬器物仅见1件陶瓿，放置在墓内东端北侧（图三）。

随葬器物　陶瓿1件。M2：1，胎灰色，质较坚。敛口，短直唇，丰肩，圆腹下收，平底。腹最大径靠上，肩附两只半环形竖耳。肩及上腹部饰斜行篦点纹和细密弦纹。口径12.2、腹径22.2、底径11.6、高12.4厘米（图四，1）。

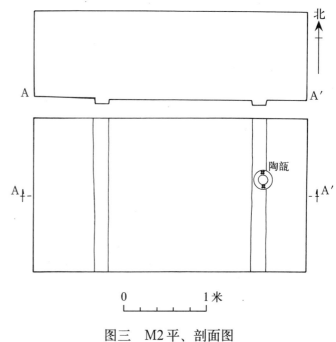

图三　M2平、剖面图

2．M6

墓葬形制　南北向，方向183度。墓平面长方形，墓壁较直，墓坑长3.3、宽1.8、深0.84米。墓内填土为原坑土。近墓底20厘米处，留有生土二层台，墓室底部长2.6、宽1米。坑底平，无枕木沟。

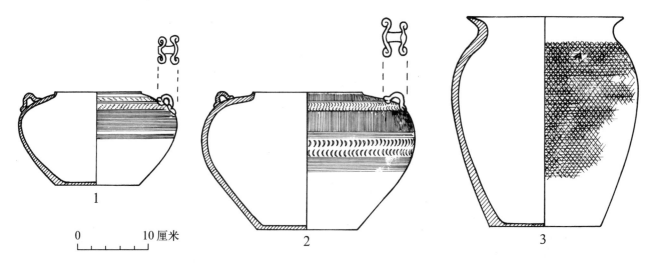

图四　M2、M6出土陶器

1.瓿（M2：1）　2.瓿（M6：2）　3.瓮（M6：3）

随葬器物多放在北端和东侧，南端只有 1 件铜蒜口瓶，墓中部偏西有铁剑 1 把，剑锋南指。铜器均腐朽，质酥松易碎，有的锈蚀残破，有的压塌变形，出土时与土粘连一起，器形尚存（图五）。

随葬器物　共 16 件，有陶器、铜器和铁器等，以铜器为主。

（1）陶器　4 件。

瓿　1 件。M6：2，胎灰色，质较坚。敛口，短直唇，丰肩，圆腹下收，平底。最大腹径靠上，肩附两只半环形竖耳。上半部饰以细密的栉齿纹、细密弦纹分别与鳞纹组合的纹饰。口径 15.2、腹径 29.6、底径 14、高 18.6 厘米（图四，2；图版一）。

瓮　2 件。大小相若，大口，卷唇，短颈，椭圆腹，最大腹径靠上，平底。器表拍印米字纹，肩部刻划记号。M6：3，口径 21.5、底径 15.4、腹径 25.6、高 28 厘米（图四，3）。

甑　1 件。M6：15，质松软，胎色红黄，残碎不可修复。广口，平折沿，平底，底有蜂窝状圆形镂孔。

（2）铜器　11 件。

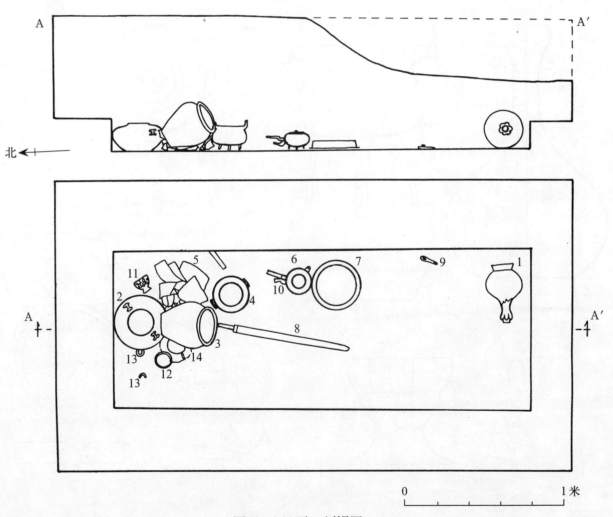

图五　M6 平、剖视图

1.铜蒜口瓶　2.陶瓿　3.陶瓮　4.铜鼎　5.陶瓮　6.铜盉　7.铜盆　8.铁剑　9.铜带钩　10.铜勺
11.铜杯　12.铜器座　13.铜环　14.铜鋞

　　蒜口瓶　1件。M6：1，瓶口如蒜形，细长颈，圆腹，圈足。颈近腹处破裂。口径3.5、腹径24、足径15、高40厘米（图六，1）。

　　鼎　1件。M6：4，残。浅盘口，圆腹，平底，器底下有三只长足。足上宽下窄，外侧稍凸，断面略呈三角形。盘口两侧各附一只绞索状半环形竖耳。腹表及外底有烟炱痕迹。口径22、腹径18、通高27.2厘米（图六，2）。

　　盆　1件。M6：7，残。敞口，平折沿，腹斜直，平底。口径30.2、底径25.8、高4.4厘米（图六，3）。

　　盉　1件。M6：6，小直口，扁圆腹，腹中有一圈凸棱，圜底，下腹部附三只小蹄足。流作鸟头形，长鋬曲形，中空，断面略成方形，已残断。鋬与流呈90度。盖与器口有枢轴扣接。盖为浅盘形，盖面呈三个同心圆状逐级向顶处稍微升高，顶有一个半环形小钮。盉下腹部有烟炱痕迹。铜质腐，盖与器身粘连分不开。盖径8.8、腹径15、通高12厘米（图六，4）。

　　鍪　1件。M6：14，出土时已被压扁变形残破。侈口，粗短颈，圆腹。肩腹处有一圈凸棱，两侧

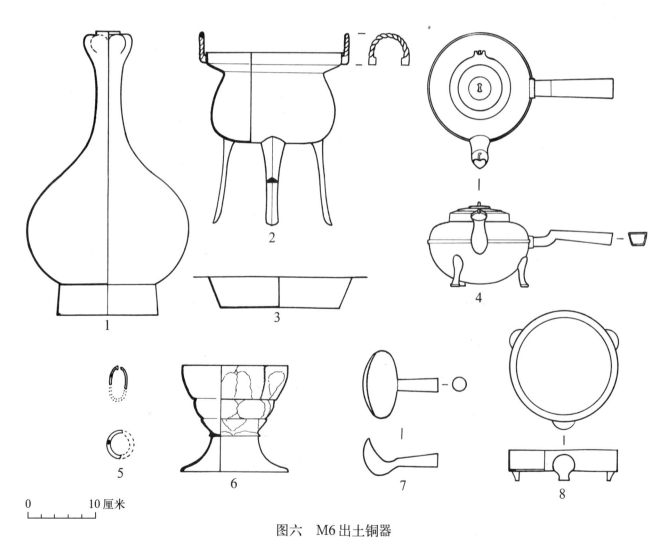

图六　M6出土铜器

1.蒜口瓶（M6：1）　2.鼎（M6：4）　3.盆（M6：7）　4.盉（M6：6）　5.环（M6：13）　6.杯（M6：11）
7.勺（M6：10）　8.器座（M6：12）

各有一只绞索形环耳，一大一小。腹部有烟炱痕迹。口径约11厘米。

环　1套2件，均残。M6:13A，封闭的圆形。直径4、宽0.4厘米。M6:13B，椭圆形，有开口。长径5、短径2.6、宽0.3厘米（图六，5）。

杯　1件。M6:11，质松酥，残。敛口，深腹，分3节从上往下逐渐内收，下接喇叭状高宽圈足。盘的表面呈菠萝皮的凹凸状。高7.6、口径8、底径8厘米（图六，6）。

勺　1件。M6:10，勺体椭圆形，勺柄圆筒形，上大下小，柄筒末端内有朽木遗存。勺宽9.6、通长11厘米（图六，7）。

器座　1件。M6:12，圆环形，周壁直，壁底一圈向内折入0.5厘米以承托器物，壁下分附三小蹄足。器底内搁有圆形红漆木片1片。此座应是镶漆器类的底座，惜漆器已残缺，原物器形无从辨识。器座高2.2、直径8厘米（图六，8）。

带钩　1件。M6:9，残。胎色黑褐，钩体扁圆，钩残缺。残长9、最宽1.6厘米（图七，2）。

（3）铁器

铁剑　1把。M6:8，断为三段。剑身狭长，剑柄长条形，截面椭圆形。剑身与鞘锈连一起，鞘的表面有细线密密捆缠痕迹，缠线上髹漆。剑柄裹有木套。剑长91、最宽4.2厘米（图七，1）。

3. M5

墓葬形制　位于M6东侧，相距4米。墓的南端已被基建施工勾去一斜角，墓道不详。墓向190度。墓坑长5、宽2.68、深2米，墓内填土为原坑土掺少量沙，下部填土含沙量增多。坑底挖有两道纵列的枕木沟。墓内棺椁、骨架腐朽无存，仅北半部中间有一条宽约38厘米的灰白色板迹遗留。根据随葬器物的分布和板灰痕等迹象，可推断椁室原分上下两层，上层右是棺室，左为边箱；下层放置随葬器物。棺内偏东有一串散开的珠饰，与"五铢"铜钱和小盂在一起；偏西有一把铜削和"五铢"铜钱。随葬品分别放在前室、边箱和下层。原置上层的器物，因木椁朽塌，压在下层的器物之上，两层器物高低参差混叠。棺的西北侧还有耳杯、盂、碗、盆、簋等器物。棺室的东侧是边箱，边箱上层都是壶罐类器物，纵列成行。边箱和棺室下层有陶屋、四耳盖罐、耳杯、盂等，位置有些散乱。前室器物较多，有陶壶、熏炉、提筒、鼎、盒、俑座灯等，靠近棺室和边箱的地方，陶碗、盂等小件器物压在陶提筒、俑座灯等大件器物上，靠着西边棺头部，有铜镜、滑石璧、铜泡钉、铜蒂形饰和少许残漆片等。蒂形饰中间钉有铜泡钉，惜出土时已破碎，无以整取，但仍可辨，共有12片，围绕滑石璧呈方形分内外两圈分布，内圈四角各1片，外圈均匀放8片。铜镜在滑石璧东侧，亦在铜蒂形饰和泡钉的范围之内。由此推断，铜蒂形饰、泡钉是一件漆器的饰件，滑石璧和铜镜是放在漆器里面的。出土随葬的陶、铜、石、玛瑙等器共78件套（图八）。

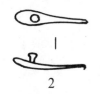

图七　M6出土器物

1.铁剑（M6:8）
2.铜带钩（M6:9）

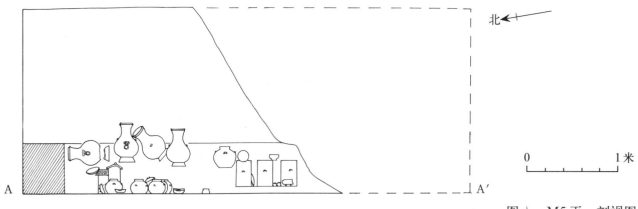

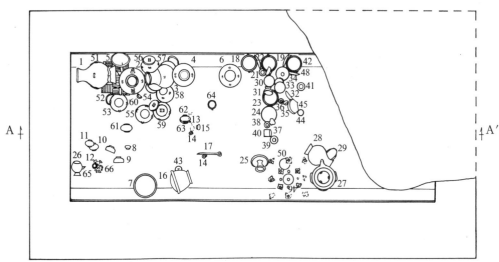

图八　M5 平、剖视图
1～4.壶　5.器盖 6.罐 7.盆
8.盂　9～10.碗 11～12.耳杯
13.珠饰　14.铜钱 15.盂
16.簋 17.铜削 18～19.提筒
20.碗 21.盂 22.器盖 23.提
筒 24.器盖 25.熏炉 26.杯
27.雁形盒 28.壶 29.耳杯
30.俑座灯 31、33.碗 34.小
口瓶 35～39.盂 40.盒 41.
盂 42.提筒 43、44.器盖
45.鼎 46.滑石璧 47.泡钉
48～49.器盖 50.铜镜 51.器
盖 52.陶屋 53～59.四耳罐
60.盂 61～63.耳杯 64.魁
65.盂 66.陶片

随葬器物　78 件套。种类有陶器、铜器、石器和水晶、玛瑙等，陶器为主。

（1）陶器　72 件。基本上是灰胎硬陶，个别为红陶。灰胎硬陶的器表多施青褐色薄釉，釉面有细碎冰裂纹，釉多已脱落。少量是素胎陶器。纹饰有刻划、贴塑、模贴、镂空等。制作方法以轮制为主，少量器物或部分附饰采用手制。器形有罐、四耳罐、五联罐、盒、套盒、簋、鼎、提筒、壶、匏壶、小口壶、盆、碗、杯、耳杯、卮、盂、熏炉、俑座灯、屋、灶、仓、井、纺轮等。

罐　1 件。M5：采 6，器形不规整，折唇外反，鼓腹平底，最大径在腹中部，腹上部有一圈凹弦纹。口径 12.2、腹径 20.4、底径 14、高 15.5 厘米（图九，1）。

四耳罐　8 件。均为小口、短直颈、圆腹，平底，最大径在腹中部，近肩处等距附四只半环形横耳。盖面隆起，盖钮"凹"形。器表原有青褐色薄釉，多已脱落。其中 7 件的圆腹较扁，平底微凹，标本 M5：57，口径 8、腹径 18.8、底径 12.8、通高 16.2 厘米（图九，2）。标本 M5：6 器身较高，口径 11.6、腹径 27.8、底径 17、通高 31.4 厘米（图九，7）。

五联罐　1 件。M5：44，由五只平底小罐组成，每罐均有盖，盖顶都贴塑一只小鸟作钮。大罐口径 4.4、腹径 8.7、底径 4.5 厘米，小罐口径 3.5、腹径 6.6、底径 3.5 厘米，通高 8.8 厘米（图九，3）。

雁形盒　1 件。M5：27，器物造型如一只站立展翅的肥雁。器身广口圆腹，平底下安有两只粗壮的五爪高足，口部前侧安接一只引颈向上的雁头，对称的一侧安贴一只宽阔的翘尾，另两侧对称各安一只稍张开的翅膀。盖面隆起，顶略平，顶中心贴一颗小乳突，围绕小乳突划四片叶纹，四叶纹外周均匀贴塑三只小羊。口径23.6、腹径24.2、通高26厘米（图九，6；彩版一〇）。

　　套盒　2件。均为圆筒形，器身与盖套合，平底下附三颗乳钉小足。唯盖形不同。M5：40，盖顶平圆，分三级逐渐隆起并收小。口径7.2、底径8、通高6.8厘米（图九，4）。M5：采2，盖顶分二级，下面一级划一圈三角叶纹，上面一级围绕顶中央的半圆形实心钮划四叶纹。口径8、底径8.6、通高7.3厘米（图九，5）。

　　簋　1件。M5：16，器形较高，敛口高唇，唇下略收，深腹圈足。器唇有镂孔和刻划纹。盖面有一圈"人"字形刻划纹，盖顶模贴四叶纹，还有两个对称的小穿孔以穿绳作提手。口径25、足径15.4、通高23.5厘米（图一〇，1；彩版一一）。

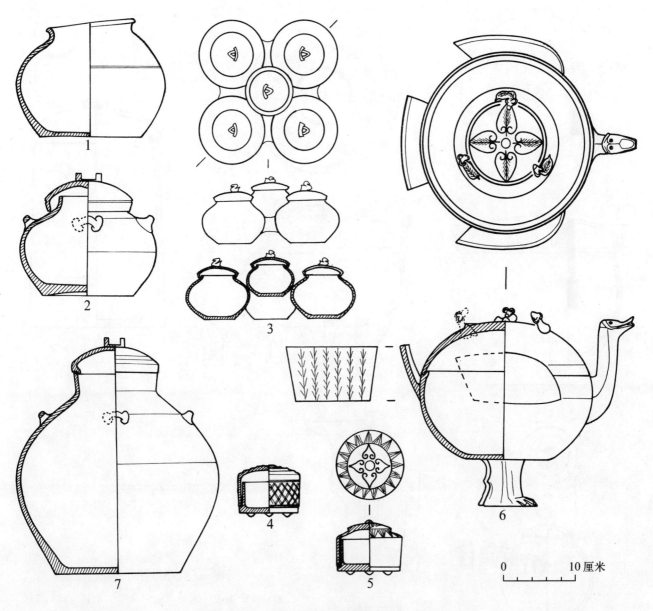

图九　M5出土陶器

1.罐（M5：采6）　2.四耳罐（M5：57）　3.五联罐（M5：44）　4.套盒（M5：40）　5.套盒（M5：采2）
6.雁形盒（M5：27）　7.四耳罐（M5：6）

鼎　1件。M5：45，深圆腹，平底，腹中部有一圈凸棱。器口下两侧各有一只长方形附耳。三只蹄足较矮，足面刻划变形鸟纹。盖漫圆，盖面饰有两圈斜行篦点纹，还有三个带乳钉的圆环。盖顶中央贴一颗小乳钉。口径19.5、腹径23.7、通高22厘米（图一〇，2）。

提筒　4件。形状大小相同。器身直，长圆如筒形，往下略放宽，平底。上半部有两只对称的半环形横耳。盖顶有"凹"形立钮。腹部划弦纹。M5：23，口径15.5、底径19、通高30.8厘米（图一〇，4）。

壶　6件。有两种造型。M5：3、M5：4、M5：28、M5：采5等4件均无盖，直唇如皿口，长颈，鼓腹，肩腹间两侧各贴一只半环形横耳，圈足上有两个对称小孔。器表饰几道弦纹。最大径在腹中部。

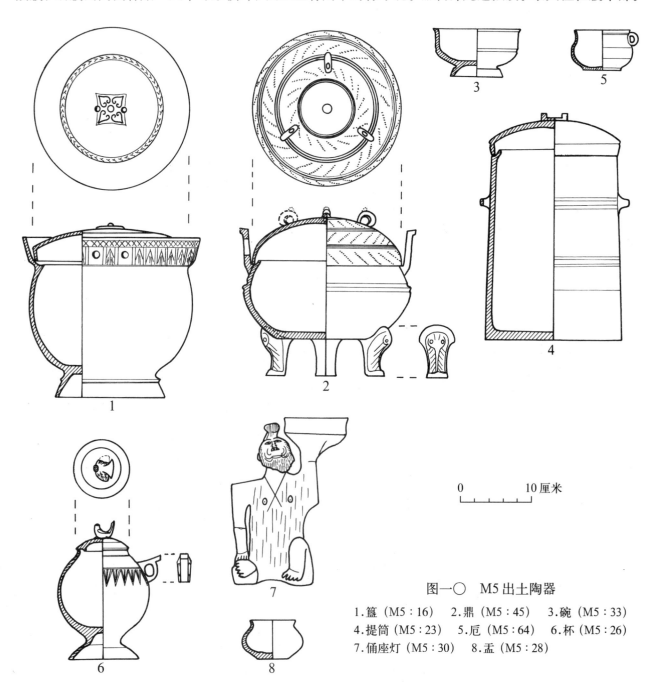

图一〇　M5出土陶器

1.簋（M5：16）　2.鼎（M5：45）　3.碗（M5：33）
4.提筒（M5：23）　5.卮（M5：64）　6.杯（M5：26）
7.俑座灯（M5：30）　8.盂（M5：28）

标本M5：4，胎灰白，质坚，器表施青褐釉，釉多已脱落。口径15.6、腹径30.4、足径16、高41.1厘米（图一一，5）。M5：2和M5：17有盖，形为侈口，唇内敛，长颈，圆腹，圈足高而广，盖钮为"凹"形。器腹有一对模贴的铺首衔环，圈足上有二个对称圆孔。标本M5：2，口径15.2、腹径32.8、足径21.2、通高46.8厘米（图一一，4）。

匏壶　1件。M5：采4，小口粗颈，腹鼓圆，圈足上有2个对称小圆孔，腹上两侧各有一只半环形横耳，腹与圈足饰宽凹弦纹。口径3.2、腹径16.8、足径11.5、高22厘米（图一一，3）。

小口壶　1件。M5：34，小口，短直颈，圆腹，圈足，腹上部有一对半环形横耳，圈足上有二个对称小圆孔。腹划弦纹二道。口径4.4、腹径17.8、足径11.2、高21厘米（图一一，1）。

盆　1件。M5：7，平折唇，器腹下部折入，矮浅宽圈足，腹内外划弦纹。口径25.2、底径15.8、高8.4厘米（图一一，6）。

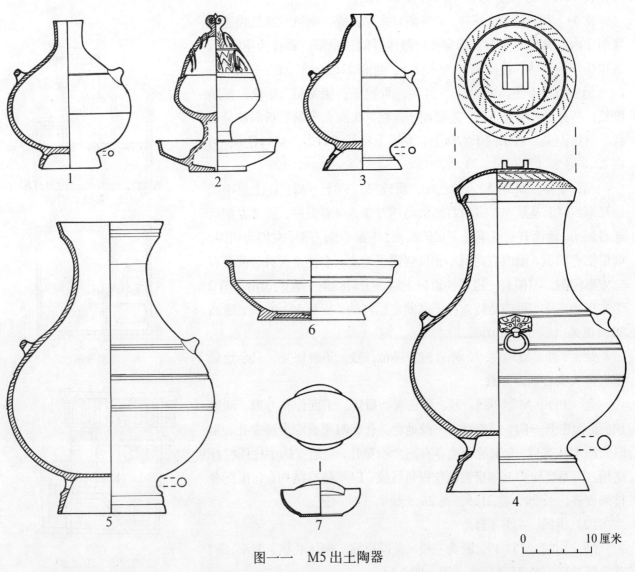

图一一　M5出土陶器

1.小口壶（M5：34）　2.熏炉（M5：采3）　3.匏壶（M5：采4）　4.壶（M5：2）　5.壶（M5：4）
6.盆（M5：7）　7.耳杯（M5：62）

　　卮　1件。M5：64，深圆腹，腹上部稍收束，矮台足，口沿下安一只圆环形把手。口径7.8、底径5.6、高5.3厘米（图一〇，5）。

　　碗　18件。均侈口尖唇，折腹，转折处有一道棱，圈足。素胎无釉。M5：33，口径12.2、足径7.3、高6.5厘米（图一〇，3）。

　　杯　1件。M5：26，有盖，敛口、鼓圆腹、喇叭状高圈足，圆形把手上伸出一小段直錾。盖面隆起，盖顶中贴塑一只小鸟。上腹部刻划三角形纹。口径7、腹径14.9、足径10、通高18.8厘米（图一〇，6）。

　　盂　13件。均侈口，扁圆腹，平底。大小不一，最大的口径6.6、高5.2厘米，最小的口径3.9、高3厘米。M5：28，口径6.6、腹径8.8、底径4.5、高5.2厘米（图一〇，8）。

　　耳杯　6件。大小相差无几，4件胎色浅灰，质较坚，2件胎色红黄，质软器残。均无釉。标本M5：62，长11.3、通耳宽9.1、高4.9厘米（图一一，7）。

　　熏炉　1件。M5：采3，炉身敛口，扁圆腹，喇叭状高足接连于盆形座内，盆座底中有一圆穿孔；盖体近似三角形，镂孔为花瓣形，盖顶钮作卷草状。口径9.2、底径8.6、通高22.2厘米（图一一，2）。

　　俑座灯　1件。M5：30，红陶，质较坚。俑为胡人形象，眼睛细长、高鼻梁、尖长下巴、连腮胡子茂密，头发束于脑后折向前呈髻状。曲膝而坐，右手按于右腿上，左手上举托着灯盏。灯口径8、通高22.8厘米（图一〇，7）。

　　屋　1件。M5：52，胎色灰，质较坚。分上下两层，上层平面曲尺形，前面是居室，室内右侧后墙开方窗，对着天井；居室左侧后连着厕所，地面有一坑洞通下层的猪圈。下层平面方形，左侧为猪圈，前后都有门洞，圈内有两只小猪依偎伏于地上；右侧是天井，前面有一方形门洞。屋前有一道楼梯通向上层，上层门前平台的边沿上有2个方形小凹坑，可能是树立柱子以固定栏杆的。屋长26、宽25、通高30.6厘米（图一二；图版二）。

　　灶　1件。M5：采7，外表施青褐釉，残，不可修复，只余灶后壁带兽头实心烟囱一截。

　　仓　1件。M5：采1，残。胎色灰，质硬。平面作长方形，两坡顶。正面中开一门，门前伸出一段地台。仓底四角有四个圆穿孔，用以安插木柱支撑。仓前地台边亦有四个小穿孔，应是安插小柱作栏杆之用。四面墙壁均刻划横直线纹或斜线纹，以示柱枋结构，仓顶瓦垄排列整齐。长29、宽21.5、高26.8厘米（图一三）。

　　（2）铜器　4件（套）。

　　削　1件。M5：17，断为三段，前端已残。削体长狭，背平，柄首为椭圆形。长27.4厘米（图一四，1）。

　　镜　1件。M5：50，为八鸟纹镜，残裂为二片。圆钮，圆座，边

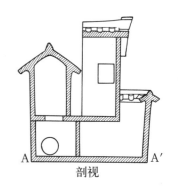

剖视

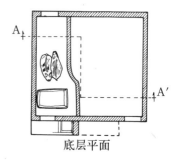

底层平面

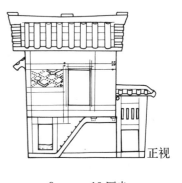

正视

0　　　　10厘米

图一二　陶屋（M5：52）

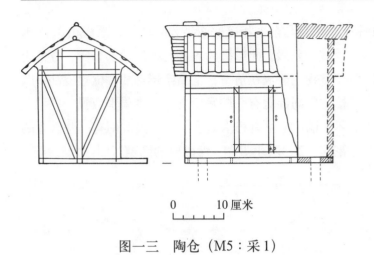

图一三　陶仓（M5：采1）

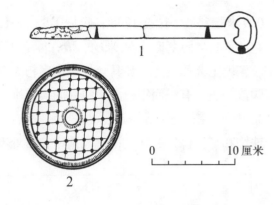

图一四　M5出土器物

1.铜削（M5：17）　2.滑石璧（M5：46）

缘平素、较宽。纹饰布局以四乳突将八只小鸟等分为4对。直径8.2、厚0.4、钮径2厘米（图一五，1）。

　　五铢钱　12枚。M5：14A，腐蚀质酥，锈结成块，有布条贯穿痕迹。直径2.5、穿径0.9、厚0.1厘米。

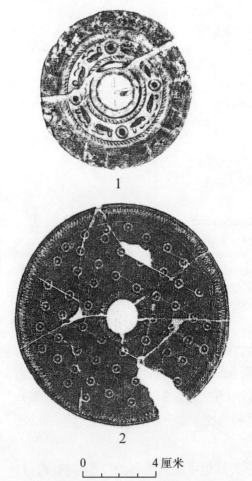

图一五　M5出土器物拓片

1.铜镜（M5：50）　2.滑石璧（M5：46）

　　蒂形饰　12片。应是漆器上的附饰，残碎不可取。鎏金，扁平四叶蒂形，中有圆孔钉贯泡钉。

　　泡钉　与蒂形饰同属漆器上的附饰，均破碎不可取。鎏金，圆帽形。

　　（3）其他

　　滑石璧　1件。M5：46，灰白色，残缺不全。一面平素，一面刻细线斜方格纹，并在每格交叉点上钻刻小圆点及同心圆圈。璧的边缘及好缘各刻一圈细密短直线纹。直径12、好径1.7、厚0.2厘米（图一四，2；图一五，2）。

　　珠饰　1串。M5：13，质地有水晶、玛瑙、琉璃。水晶珠1粒，白色透明，六棱球形，长1.3、直径1.6厘米；玛瑙珠10粒，橘红色透明，有榄形、六棱球形、圆珠形、纺轮形。榄形的大小不等，长1.3～2.15厘米之间，直径0.5～0.7厘米、圆形的和纺轮形的直径约0.65厘米；琉璃珠17粒，蓝色透明，扁圆形不甚规整，直径0.7厘米；另有2粒褐色的，不透明，一粒长扁形，长0.8、宽0.6厘米；一粒圆形，直径0.5厘米（图版三）。

　　4．M8

　　墓葬形制　位于M5、M6北侧，相距约4米。墓道向西，方向260度。墓坑长5.25、宽2.66米。前室纵长2.47、横宽2.66、现存深1.08米；棺室长2.78、宽1.82、现存深0.61米，棺室底比前室高出0.45米。斜坡状墓道在西端正中，距墓底

0.9米起斜坡，坡度17度，残长0.9、宽1.1米。墓道口与前室相接处南半为陡坡状，距墓底0.18米起坡；北半距墓底0.65米挖一级，再上0.3米又挖成一斜级，此二级为入葬时挖的简易台阶，方便上下。填土为原坑土。葬具、骨架均腐朽无存。随葬器物主要放在前室，呈品字形堆放，位置凌乱，以陶器为主，有一面铜镜混于中间的陶器堆之中。棺室中间偏北有一些残漆皮，漆皮周围散置一些"大泉五十"和"五铢"铜钱、纺轮等，还有2件铜环，铜环上粘有朽木痕迹；棺室内偏南有一些散置的珠饰和"五铢"铜钱。棺室与前室交接处有2件铜碗、2件陶小盂和3件破碎的陶罐（图一六）。

图一六　M8平、剖面图

1.铜钱　2.纺轮　3.铜环　4.珠饰　5.罐　6.铜碗　7.罐　8.铜碗　9.簋　10.鼎　11.铜镜　12.簋　13.盂　14.碗　15.四耳展唇罐　16.罐　17.器盖　18.盆　19.卮　20～28.碗　29.四耳展唇罐　30～31.四耳　32.魁　33.熏炉　34.三足釜　35.盆　36.器盖　37.四耳罐　38、39.碗　40～42.四耳罐　43.器盖　44～46.壶　47、48.四耳罐　49.灶　50～53.器盖　54.盂　55.井　56.井盖　57.陶片

随葬器物　50件（铜钱未计算在内）。有陶器、铜器、水晶、玛瑙、琉璃等。其中陶器占大部分。

（1）陶器　43件。为灰胎硬陶，器表多施青褐色薄釉，釉面有细密冰裂纹，釉多脱落。少数是素胎陶器。纹饰以刻划纹为主，亦有一些拍印、镂空、贴塑等。制作方法以轮制为主，少量器物或部分附饰采用手制。器形有罐、四耳罐、展唇罐、盒、簋、鼎、三足釜、壶、盆、魁、碗、卮、盂、熏炉、灶、井、纺轮等。

罐　2件。均残，造型略有不同。M8：5，折唇外反，短颈，鼓腹平底，腹部拍印小方格纹。口径13.2、腹径18.4、底径14、高14.2厘米（图一七，1）。M8：7，侈口方唇，扁圆腹，平底。口径13.4、腹径19.8、底径14、高12.4厘米（图一七，2）。

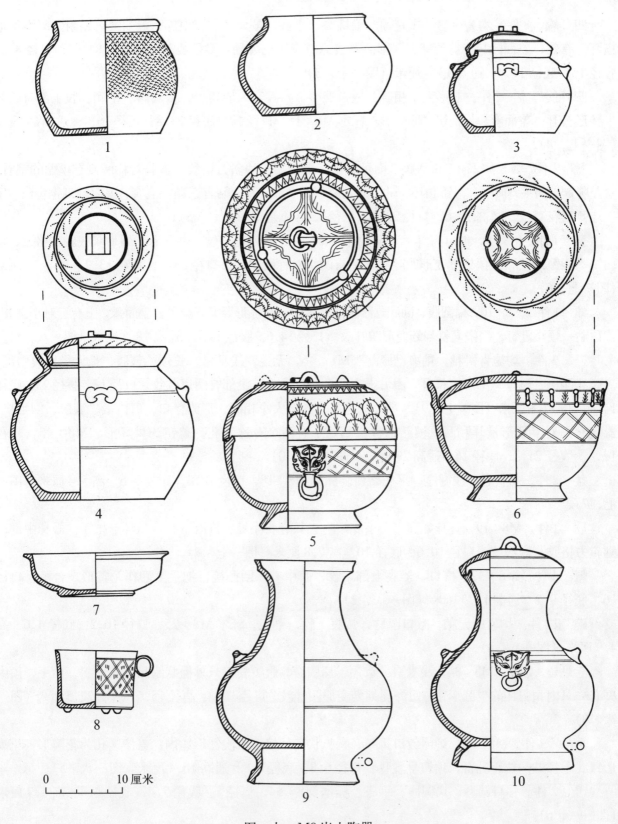

图一七　M8 出土陶器

1.罐（M8：5）　2.罐（M8：7）　3.四耳罐（M8：42）　4.四耳展唇罐（M8：15）　5.盒（M8：12）
6.簋（M8：9）　7.盆（M8：18）　8.卮（M8：19）　9.壶（M8：46）　10.壶（M8：45）

四耳罐　8件。均为小口、短直颈、扁圆腹、平底，最大径在腹中部，近肩处等距附四只半环形横耳。有盖，盖面隆起，盖钮"凹"形。器表原有青褐色薄釉，多已脱落。标本M8：42，口径8.8、腹径16、底径11.4、通高13.6厘米（图一七，3）。

四耳展唇罐　2件。器形大小相若，敛口展唇，器盖套入展唇中，扁圆腹、平底。腹上部有四只半环形横耳。盖面隆起，盖钮"凹"形。标本M8：15，口径17、腹径23.8、底径16.4、通高21厘米（图一七，4）。

盒　1件。M8：12，广口圆腹，圈足外撇。器身施双线斜方格纹，器腹对称两侧有模贴的铺首。盒盖隆起，顶平，顶中有圆钮扣环，钮外刻划变形四叶纹，并分贴有三颗小乳突，盖面刻划锯齿纹、重迭连弧形花草纹。通高19.6、口径22.3、足径13.4厘米（图一七，5）。

簋　1件。M8：9，敛口高唇，深腹，圈足器唇有镂孔和刻划纹，腹上半部刻划双线斜方格纹，盖面饰一圈篦点纹，盖顶刻划变形四叶纹，还有两个对称圆穿孔。口径23.5、足径13.2、通高16厘米（图一七，6）。

鼎　1件。M8：10，扁圆腹，圜底，器腹两侧各附一只环形竖耳，蹄足。盖面弧，上有三对小圆孔，盖顶贴一颗小乳钉，围绕乳钉刻划变形四叶纹。口径14.6、腹径19.6、通高18.8厘米（图一八，1）。

壶　3件。均施青褐釉，釉多已脱落。M8：46，无盖，浅盘口、长颈、鼓腹，最大径在腹中部，肩腹间两侧各贴一只半环形横耳，圈足上有两个对称小孔。腹部有两道弦纹。口径13、腹径23、底径14.4、高27.8厘米（图一七，9）。另一对有盖，器形大小相同。形为侈口，唇内敛，圆腹，圈足广。器腹有一对半环形横耳和两只模贴铺首，圈足上有两个对称圆孔。盖钮为半环形。M8：45，口径12.8、腹径21.2、底径16、通高29厘米（图一七，10）。

盆　2件。平折唇，浅圆腹，平底略凹。标本M8：18，口径18.8、底径9.6、高5.4厘米（图一七，7）。

卮　1件。M8：19，直身如筒形，平底下附三只乳状小足。口沿下有一只环形把手。器身中部刻划斜方格纹与短线纹。口径10.6、底径10、高7.8厘米（图一七，8）。

魁　1件。M8：32，广口，器腹上部略收，腹中有一圈凸棱，把手上翘作龙首形，台足。口径16、底径9.2、通高12.5厘米（图一八，2）。

碗　12件。均素胎无釉。敞口圆唇，弧腹下收，平底。标本M8：25，口径10.2、底径4.6、高4.9厘米（图一八，4）。

三足釜　1件。M8：34，浅盘口、束颈、扁圆腹，腹下安三只外撇状蹄足。盖面斜、顶平，顶中央有一只内扣圆环的半圆形钮，钮外周刻划变形四叶纹。口径10.8、腹径15.6、通高22.5厘米（图一八，3）。

熏炉　1件。M8：35，炉体敛口折腹，喇叭状高足接连于浅盆形座内；盖体镂孔为花瓣形，花瓣形镂孔上都贴一粒小乳钉，顶钮呈乳状。口径6.8、底径8.8、通高16.4厘米（图一八，5）。

盂　2件。侈口圆唇，扁圆腹，平底。标本M8：54，口径5、腹径7.4、底径4.4、高4.7厘米（图一八，6）。

灶　1件。M8：49，外壁施青褐釉。长方形，前有地台伸出，后有龙首形烟突。灶面开圆形釜眼3个，上置3釜。灶面及灶门上壁均刻划斜方格纹，灶底印有小方格纹，还有方形戳印。通长30.5、宽

11.6、通高15厘米（图一八，8）。

井　1件。M8：55，胎浅灰，质坚，表面施的青褐釉已脱落。圆形井栏，地台四角有插井亭柱的圆孔。井亭盖方形，四阿顶，有瓦垄，刻划短线以示铺板瓦。井口径13.8、底台径22.2、高13.6厘米，井亭宽17.6厘米（图一八，9）。

纺轮　3颗。均出于M8棺室。灰白胎，质坚。菱形，中有穿孔。大小略有差别。标本M8：2，直径3.5、孔径0.6、高3厘米（图一八，7）。

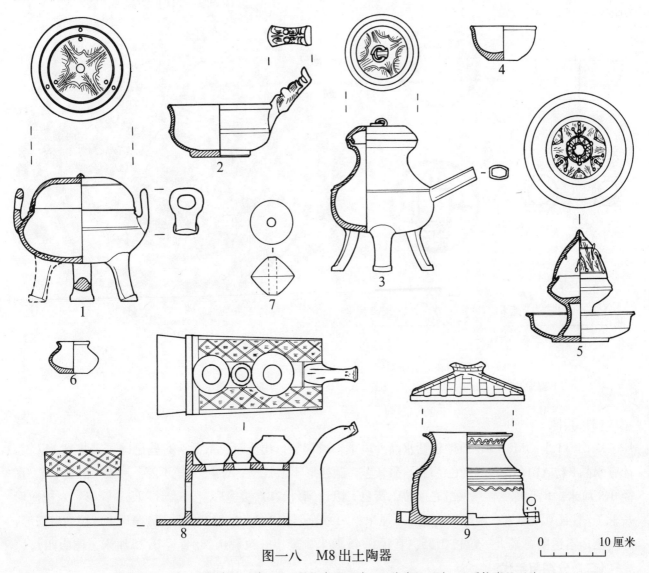

图一八　M8出土陶器

1.鼎（M8：10）　2.魁（M8：32）　3.三足釜（M8：34）　4.碗（M8：25）　5.熏炉（M8：35）
6.盂（M8：54）　7.纺轮（M8：2）　8.灶（M8：49）　9.井（M8：55）

（2）铜器　6件（套）。

碗　2件。胎薄质脆，残。均侈口，圆腹，平底。标本M8：8，口径10.8、高4.8厘米（图一九，1）。

环　2件，均圆形。M8：3A，开口，直径4.2厘米；M8：3B，闭合，一侧呈平直状，直径3.4厘米（图一九，2）。

钱　　1套38枚（M8：1）。有"五铢"和"大泉五十"两种。"五铢"钱，16枚，质腐，锈结成几块，钱孔还有布条贯穿的痕迹。直径2.5、穿径0.9、厚0.15厘米。"大泉五十"，22枚，多已残腐，触之即碎，完好的只有5枚。直径2.8、穿径0.7、厚0.3厘米（图一九，3、4）。

镜　　1件。M8：11，规矩四灵镜，氧化严重，纹饰较模糊。圆钮，方座，主纹为规矩四灵纹，外缘为三角形纹和栉齿纹。直径10.2、厚0.4厘米（图一九，5）。

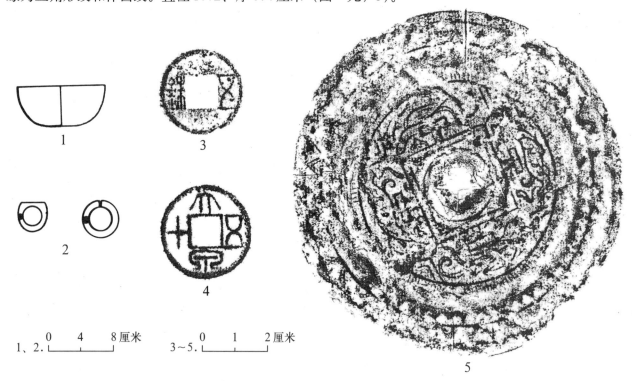

图一九　M8出土铜器

1.碗（M8：8）　2.环（M8：3）　3."五铢"钱（M8：1）　4."大泉五十"钱（M8：1）　5.镜（M8：11）

（3）其他

珠饰　　1串。M8：4，质地包括水晶、玛瑙、琉璃等。出土时已散乱，有些已碎，采集到147粒。计有水晶8粒（白色1粒、黄色7粒），质较差，圆柱形不甚规整，有4～6棱不等。最大1粒长1.7、直径0.9厘米。玛瑙珠5粒（橘红色4粒、黄色1粒），形状有六棱榄形、圆球形、四方管形。六棱榄形长1.7、直径0.7厘米，圆球形直径0.7厘米，四方管形长0.9、宽0.3厘米。琉璃珠134粒，扁圆形，深蓝色，不透明，最大一粒长0.55、直径0.45厘米，最小一粒长0.2、直径0.25厘米（图版四）。

（二）分期与年代

从墓葬结构来看，M2和M6属《广州汉墓》Ⅱ型3式墓。M2竖穴四壁及坑底平整、坑底挖二道枕木沟的做法，与广州东郊罗冈秦墓①、《广州汉墓》1094号西汉初年墓②大致相同。M6坑底无枕沟，但有生土二层台此做法亦见于《广州汉墓》1105号西汉前期墓③。M5属《广州汉墓》Ⅲ型3式墓，流行于西汉时期，其墓葬形制、长宽比例、棺椁结构、坑底有枕木沟以及随葬物的放置位置等，均与《广州汉墓》西汉后期Ⅲ型3式墓M3016和M3018相似④。M8的墓形结构属《广州汉墓》Ⅲ型5式墓，其结构与M4013和M4028两座东汉前期Ⅲ型5式墓相似⑤。

从出土器物来看，M2、M6的器物虽然不多，但以铜器为主。M2、M6的陶瓿，与《广州汉墓》西汉前期的Ⅰ型①式瓿相同⑥，纹饰也是这时期陶器常见的。M6的铜盉、鍪、蒜口瓶、鼎、盆、带钩等器形，也与广州西汉前期的类同，《广州汉墓》的西汉前期墓和《西汉南越王墓》⑦都有类似器形，铜鍪更是西汉前期墓所独有的器物，到西汉中期就完全消失了。M5、M8的随葬器物都较多，以陶器为主，其器形都是西汉中后期至东汉前期常见的，其中陶四耳展唇罐、簋、三足釜是西汉后期始见的新器形，在东汉墓中常见。M5的陶提筒、壶、匏壶、杯、魁、鼎、熏炉、屋、套盒、盆等器形与西汉中后期同类型的较相似⑧，俑座灯的俑也没有东汉的那么胖圆，造型较清瘦。M8的陶器器形多见于西汉后期至东汉前期墓中。M5、M8陶器的纹饰也有些差别，西汉中后期有在盒、鼎、温酒樽、簋、卮的盖顶贴饰四叶纹的做法，M5器盖上也有，且这些四叶纹无论是贴饰或是刻划的，纹样都比较工整；而东汉前期这些器物盖顶的四叶纹几乎都是刻划的，其纹饰也没有西汉中后期的规整，M8陶器盖上刻划的四叶纹就有些变形，风格与M5的不同了。西汉中期用滑石璧随葬的较多，西汉后期少见，M5的滑石璧一面平素，一面划斜方格纹，并在每格交叉点处钻刻同心圆圈的做法，与西汉中期的相似⑨。M5的八鸟纹镜，在洛阳的西汉后期墓中也有出土⑩；M8的规矩四灵镜常出现在东汉墓中。M5和M8的"五铢"铜钱与西汉中后期的Ⅱ型类同，M8的"大泉五十"与东汉前期墓出土的相同⑪。"大泉五十"铜钱铸于王莽居摄二年（公元7年），至地皇元年（公元20年）禁止使用。此种铜钱在王莽至东汉时期墓中时有出土。

综上所述，M2和M6的年代为西汉前期，M5的年代是西汉晚期，而M8的年代则在王莽时期至东汉前期。

二 晋南朝墓

（一）墓葬形制与随葬器物

晋南朝墓4座，均为砖室墓，都遭受不同程度的扰乱破坏，无一完整，M3、M7尚可知大概形制结构，M1、M4被严重破坏，形制不全。

1. M1

墓葬形制 位于大宝岗西侧山腰，被早年开辟公路时毁掉前段部分，只存后壁约1.2米长的一段，后壁券顶尚存。墓葬东西向，墓内宽1.6、高1.74米，距墓底0.69米起券。墓壁为单隔平砖错缝结砌，左侧接近后壁处距墓底8厘米高有1个"凸"形小壁龛，龛深为缩入一平砖宽度，龛高14、底宽26、顶宽15厘米。墓底铺砖仅余4行，为三横一直平铺。横铺的前两行对缝、第三行错缝而铺（图二〇）。墓砖灰色为主，有少量红黄色，砖有长方形砖和刀砖两种，砖长35.6～40、宽17、厚4～5厘米，刀砖背厚5、刃厚2.5厘米。墓砖表面都有斜方格网纹，朝墓内的砖侧大部分有印纹，纹饰有背向弧线纹、对角复线三角纹、米字纹与斜线三角纹和网纹组合、复线菱形纹与斜线组合、短直线与交叉纹组合、叶脉纹等（图二一）。无陪葬器物出土。

2. M3

墓葬形制 平面呈"凸"形，墓顶已毁不存，现存部分亦被近现代建筑基础打断，墓室后半部已被打掉，墓的全长不详。墓向230度。现存残长3.75米，墓内分为甬道、前室、棺室三部分。前室单

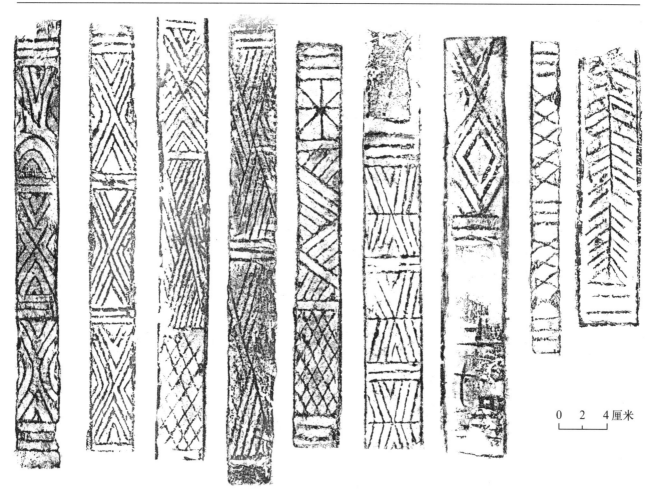

图二〇　M1 墓砖纹饰拓片

0　　2　　4厘米

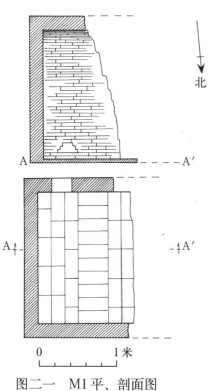

图二一　M1 平、剖面图

隅错缝平铺结砌，内长 1.47、宽 1.45、残高 0.94 米；棺室在墓壁内加一平砖宽，作双隅错缝平铺结砌，内宽 1.1、残长 0.88、残高 0.75 米；甬道在前室口作曲尺形缩入，双隅错缝平铺叠砌成双券，内长 1.12、宽 0.8、残高 0.64 米。封门在甬道口外封砌，作单隅错缝平铺叠砌。墓底分二级，甬道与前室的底等高，后室的底比前室高出 19 厘米。墓底铺砖一层，甬道与前室底砖呈"人"字形平铺，棺室作一横一直相间平铺。前室正中用平砖砌一个长 1.02、宽 0.73、高 0.21 米的方形大祭台，祭台底用 12 块刀砖侧立顺向间疏排列 4 行作台座，祭台面用 15 块长方形平砖作横列 5 行对缝平铺而成。紧贴祭台前又有一级长 1.06、宽 0.32 米的矮平台，是用 6 块长方形平砖分两行并排对缝平铺的，比前室底高出 4.5 厘米。墓砖红黄色，有长方形平砖和刀砖两种，规格有二：一种长 32.5~35、宽 15~16、厚 4.5 厘米；另一种长 33、宽 13.5、厚 3.8 厘米。砖面有斜方格印纹或斜行栏栅印纹，有的砖侧印阳

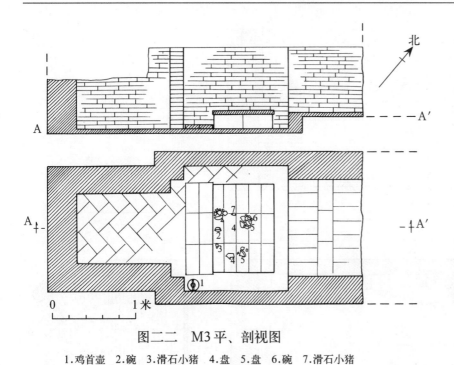

图二二　M3平、剖视图

1.鸡首壶　2.碗　3.滑石小猪　4.盘　5.盘　6.碗　7.滑石小猪

盘　2件。敞口，斜直壁，平底，外底近边缘有一圈凹痕。M3：4，口径19.4、底径17、高2.6厘米（图二六，4）。

鸡首壶　1件。M3：1，浅盘口，束颈，扁圆腹，平底。器肩两侧对称各安贴桥形系一个，肩前面安一鸡首作流，后安一圆形把手于盘口和肩之间。口径7.2、腹径15.1、底径10、高15.6厘米（图二六，6）。

（2）滑石猪　2件。体形略瘦，嘴突出较长，耳朵竖起，四肢上端肥硕，作俯伏状，腹略凹不着地。腹中有横贯穿孔。M3：3，长5.2、高2厘米（图二六，9）。

3. M7

墓葬形制　内加衬券单隅墓。位于M1之南、M6之西，相距约4米。墓向264度。墓顶已毁，前室的前半部被早年开辟公路时破坏，现存前室后半部及棺室，残长4.87米（图二四）。前后室等宽，前室残长0.96、宽1.77、残高0.53

纹"田"、"日"字样（图二三，1～3）。出土器物不多，多置于祭台上，已破碎散乱，只有一件鸡首壶较为完整，置前室左侧前的角落里（图二二）。

随葬器物　7件。

（1）青瓷器　5件。胎色灰白，质较坚，器里外均施透明青釉，釉面有细碎冰裂纹，釉多已脱落。

碗　2件。M3：2，口微侈，唇下一圈凹弦纹，弧壁，圆饼状底，碗心压凹一圆圈，口径9.4、底径5.4、高3.7厘米（图二六，3）。

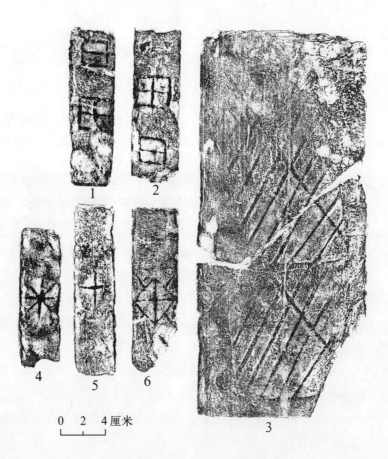

图二三　M3、M7墓砖纹饰拓片

1～3.M3墓砖印纹　4～6.M7墓砖纹饰

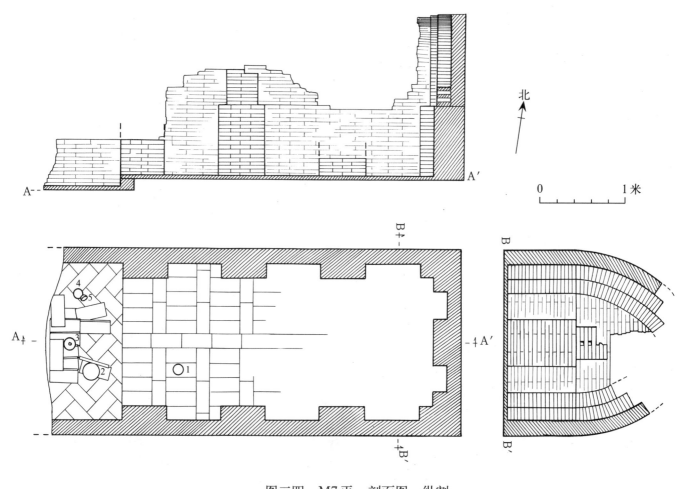

图二四　M7平、剖面图、纵割

1.瓷盒　2.瓷盘　3.器盖　4.瓷碗　5.瓷碗

米；棺室长3.91、宽1.77、残高1.69米。棺室的底比前室高13厘米。墓壁单隅错缝平铺结砌。棺室两壁的前中后各砌有三道长方形承柱（券），贴着后壁左右两侧还砌有曲尺形承券，后壁正中砌有一道长方形承柱，此承柱上每隔一行平砖，中间留一个长5、宽4厘米的小方孔。所有承柱（券）下部都有稍宽的柱座，座高80厘米。后壁镶嵌在墓室内。前室砌有一个祭台，但已塌散。墓底铺砖前后有异，前室作"人"字形平铺，后室正中纵向平铺一行，两侧作一横一直相间平铺。墓砖红黄色，有平砖和刀砖，砖长37、宽16～17、厚4厘米，刀砖背厚5、刃厚2.5厘米。砖表印有斜方格纹，有些砖侧印阳文"十"、"米"等（图二三，4～6），或压四道凹痕。棺已朽无存，仅见少许板灰痕。出土遗物很少，为碗、盘类，均放在前室祭台及附近，零乱散置。

随葬器物　4件，均为青瓷器。胎色灰白，质较坚，器里外均施透明青釉，釉面有细碎冰裂纹，釉多已脱落。

碗　2件。M7：4，弧壁、圆饼状底，口沿外有一道凹弦纹。口径10.8、底径6.8、高4.2厘米（图二六，2）。

盘　1件。M7：2，敞口、斜直壁、平底。外底向内弧，内底心压凹一圆圈。口径20、底径17、高2.9厘米（图二六，5）。

盖盅　1件。M7：1，敛口、圆弧壁、平底。盖面略弧，划弦纹二道，盖顶中央贴一颗陀罗状捉手。口径11.3、底径7.3、通高11.2厘米（图二六，7）。

4．M4

墓葬形制　位于M1北侧，相距9米多，东西向。前端被早年开辟公路时挖毁，从墓坑、铺地砖和墓壁的残余情况，只看见一个长方形的平面。墓残长4.4、内宽1.7、残高0.21~1.24米。墓壁双隅错缝结砌，墓底平，铺地砖两层，上层作斜行"人"字形平铺，下层纵横相间平铺。墓室砌筑是先铺好两层地砖，再在地砖上砌

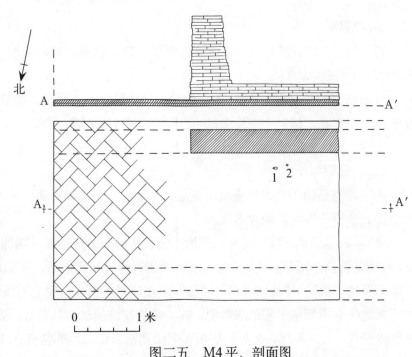

图二五　M4平、剖面图
1.滑石小猪　2.铜钱（腐朽、不可取）

墓壁。墓砖红黄色，长方形，有平砖和刀砖，砖长35~37、宽17~17.5、厚4.5厘米，刀砖刃厚2.5厘米。有的砖表印网格纹，纹饰是用比砖平面窄小的长方形模子拍印在砖表中间。墓内残砖极多，填土为原坑土。此墓经两次扰乱，第一次是早期被盗，盗洞在东南角；第二次是被近现代建筑基础打破，纵横交错的建筑基础框架就压在墓上。墓内残存1件青瓷碗、2件小滑石猪和1枚腐朽变粉状、钱文不辨的方孔铜钱（图二五）。

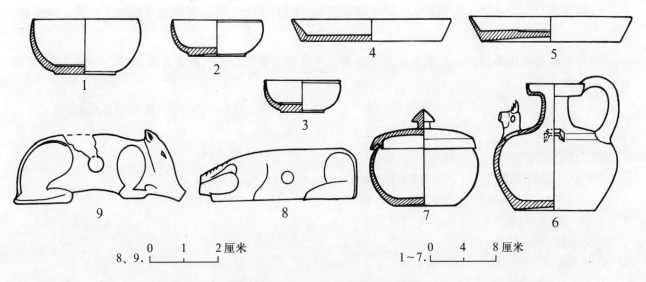

8、9. 0　1　2厘米
1~7. 0　4　8厘米

图二六　M3、M7、M4出土器物
1.碗（M4：3）　2.碗（M7：4）　3.碗（M3：2）　4.盘（M3：4）　5.盘（M7：2）　6.鸡首壶（M3：1）
7.盖盅（M7：1）　8.滑石猪（M4：1）　9.滑石猪（M3：3）

随葬器物　4件。

青瓷碗　1件。M4：3，口微敛，弧壁，圆饼状底，碗心压凹一圆圈。口径12.9、底径7.5、高6.5厘米（图二六，1）。

滑石猪　2件。体形较肥，嘴宽较短，耳朵贴在脑袋两侧，作俯伏状，腹与四肢同一水平贴着地。腹中有横贯穿孔。M4：1，长4.8、宽1.15、高1.5厘米（图二六，8）。

铜钱　1枚。圆形，方孔，质腐如粉，不可取。

（二）分期与年代

四座砖室墓由于遭到严重破坏扰乱，形制不全，遗物不多，又无纪年砖，只能根据对墓形结构及出土物的分析，推断其相对年代。

M1墓砖多纹饰，纹饰花样、壁设小龛、底砖对缝顺铺或横铺的做法，都与晋墓的特点相似⑫，故M1可能是晋墓。M7前室设祭台、墓壁加砌衬券砖柱等做法，在南朝墓中常见。M3墓葬形制与广东高要东晋墓类似⑬，砖侧印"田"、"曰"字在广东始兴东晋墓也有发现⑭。随葬器物碗、盘和滑石猪等属广东地区晋南朝墓中常见的器形，碗、盘的纹饰简单，只在器内底或碗的口沿外饰一道弦纹，青釉有细碎开片，容易脱落，这些都是东晋至南朝初青瓷器物的特点。M3的鸡首壶，腹扁圆，造型比南朝的鸡首壶略矮，更接近东晋。从残存的墓葬结构和随葬品分析，M7是南朝墓，余为东晋墓。

三　结　语

1992年底与1994年初，广州市文物管理委员会办公室先后两次在先烈南路北侧大宝岗的西坡和西南坡，抢救性发掘了汉代和晋南朝墓葬共22座⑮，这次又在大宝岗华泰宾馆前的基建工地发掘了8座墓葬，前后三次共发掘清理古墓葬30座。这处墓地的墓葬，排列无序，方向不一，分布疏密不均，基本上依山势而建。本次发掘的8座墓葬，墓型结构和出土器物的品种及放置形式都有不同的特点，反映了各个时期墓葬习俗的差异，对于研究广州汉至晋南朝时期的文化发展和墓葬制度增加了新的实物资料。

附记：发掘领队陈伟汉，发掘人员有陈春丽、朱家振、廖明全。陈春丽负责整理、绘图、拓片。摄影由关舜甫负责。

执笔：陈春丽

注　释

① 广州市文物管理委员会《广州东郊罗冈秦墓发掘简报》，《考古》1962年8期。

② 广州市文物管理委员会、广州市博物馆《广州汉墓》，第33～35页，文物出版社，1981年。

③ 同②第35～37页。

④ 同②第256～257页。

⑤ 同②第297～307页。

⑥ 同②第108～109页。

⑦ 同②第133～139页。广州市文物管理委员会、中国社会科学院考古研究所、广东省博物馆《西汉南越王墓》，第278～290页，文物出版社，1991年。

⑧　同②第 214~217、220 页，第 274~276 页，第 282~284 页。

⑨　同②第 241~243 页。

⑩　洛阳市文物管理委员会《洛阳出土古镜》，图版 30、古镜出土墓葬登记表第 2 页，文物出版社，1959 年。

⑪　同②第 289 页，第 349 页。

⑫ ⑬　广东省博物馆《广东高要晋墓和博罗唐墓》，《考古》1961 年第 9 期。

⑭　广东省博物馆《广东始兴晋——唐墓发掘报告》，《考古学集刊》第 2 集，第 113 页，中国社会科学出版社，1982 年。

⑮　广州市文物考古研究所《广州市先烈南路大宝岗汉墓发掘简报》、《广州市先烈南路晋南朝墓发掘简报》，《广州文物考古集》，文物出版社，1998 年。

图版一　陶瓿（M6：2）

图版二　陶屋（M5：52）

图版三　珠饰（M5：13）

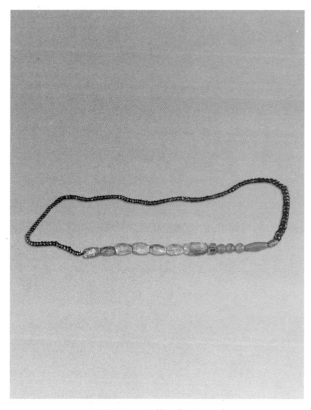

图版四　珠饰（M8：4）

广州市永福路汉唐墓葬发掘简报

广州市文物考古研究所

　　永福路在广州市东北部，这一带赤红黏土山岗绵延，附近有横枝岗、二望岗、三望岗、太和岗、黄花岗等，20世纪50年代以来发掘的各时期的墓葬数以百计，是广州重要的古墓葬埋藏地带。2004年5～8月，广州市文物考古研究所在永福路40号院广州警备区干休所建设工地进行考古勘探和抢救发掘，清理西汉木椁墓和唐代砖室墓各一座，出土遗物过百件。现将这次发掘的情况简报如下。

一　西汉墓

　　编号M2。为长方形竖穴分室分层木椁墓，有墓道，墓向285度。墓坑平面呈长方形，长6、宽3.6、现存深2米。墓道位于墓坑西壁中部，长条形斜坡式，坡度为15度，从高出墓底0.8米起斜坡，并存有一级台阶，残存坡长5.5、宽1.6米。墓道内填土为黄褐色沙质土，墓坑内以褐黄色原坑土回填。墓坑壁面规整，墓底平。墓坑底部有横向的木板朽灰，木板朽痕清晰可辨，应是椁底板朽痕。有两道纵向枕木沟与墓坑等长，沟宽0.3、深0.1米。墓底后端有一横向枕木沟与两道纵向枕木沟相连，沟宽0.3、深0.04米（图一；图版一）。

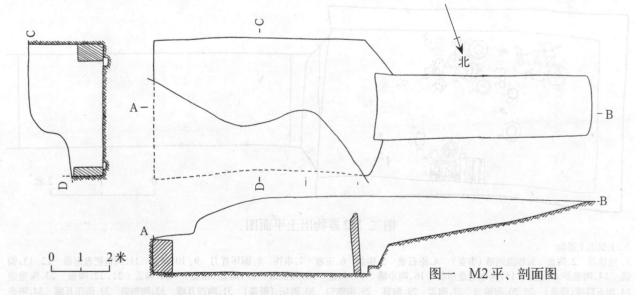

图一　M2平、剖面图

　　棺椁已朽，在泥土中多见木质朽后残留的板灰。根据板灰及随葬器物的出土情形，大体可推断椁室结构和棺室的位置。椁室东西长5、南北宽2.8米。

　　在椁室与墓道之间有封门，从残存木质朽灰可推测封门为直立的一列大方形木柱。椁室分为前、后室。前室为横向长方形，单层。纵长1.2、横宽2.7米。放有残铁器、铜戟、陶盂等少数器物。后室略呈纵向长方形，分上、下两层。长3.8、宽2.8米。上层底有纵向的木板杇痕，可分左、右两部分，左边（北）为棺室，棺已朽，尸骨无存，棺木杇痕的周围散落有鎏金铜泡钉。出土有铜剑、玉蝉、玉塞、串饰、滑石壁、铜镜（掉落到下层）等。右侧有一边厢，放置鼎、罐、壶、盒、熏炉、龟形三足灯、勺等陶器。下层为器物室，与前室底部齐平，中有门洞相通，残留有门框或门限等痕迹。器物室分前、后两间，于中部设横木分隔，木板残痕仍存。前器物室放置瓮、罐、盆、甗、盂、温酒樽、簋、五联罐、屋、仓、灶、井、暖炉等陶器；后器物室则以漆木器为主，有案、耳杯、盒等，另有陶温酒樽和陶瓮（图二）。

　　M2出土随葬器物95件，其中陶器64件，铜器11件，铁器2件，滑石器1件，玉器4件，串饰65粒及残漆器11件。另有残铁器2件，细条，形不可辨。

　　陶器　64件。包括瓮、罐、双耳罐、四耳罐、坛、五联罐、鼎、甗、壶、匏壶、瓶、簋、温酒樽、

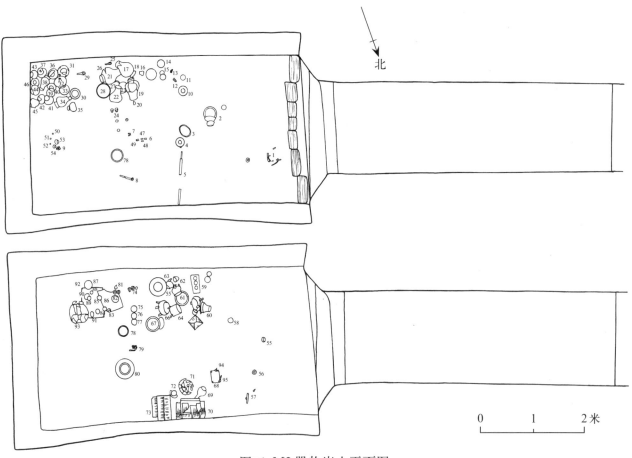

图二　M2器物出土平面图

A.上层出土器物

1.残铁器　2.陶盒　3.铜温酒樽（带盖）　4.滑石壁　5.铜剑　6.玉塞　7.串饰　8.铜环首刀　9、10.陶盂　11.陶龟把盘形器　12、13.铜钱　14.陶熏炉（带盖）　15.陶龟把盘形器　16.陶小罐　17.陶壶　18.残铁器　19.陶壶（带盖）　20.陶盂　21、22.陶壶　23.陶匏壶　24.陶五联罐（带盖）　25、26.陶匏勺　27.陶盂　28.陶簋　29.陶匏勺　30.陶坛（带盖）　31.陶四耳罐　32.陶匏壶　33.陶四耳罐　34.陶壶　35～37.陶四耳罐　38.陶壶　39.陶罐　40～44.陶四耳罐　45.陶罐　46.陶四耳罐　47、48.玉塞　49.玉蝉　50～52.铜泡钉　53、54.陶盂

B.下层出土器物

55、56.陶盂　57.铜戟　58.残鎏金铜器　59.陶灶　60.陶井（带盖）　61.陶鼎（带盖）　62.陶甗　63.陶盂　64.陶温酒樽　65.陶瓮　66.陶鼎（带盖）　67.陶盆　68.陶暖炉　69.陶瓶　70.陶仓　71.陶盆　72.铜镜　73.陶屋　74.陶两联罐　75～77.漆耳杯　78.陶温酒樽　79.串饰　80.陶瓮　81.陶两联罐　82.漆盒　83～85.漆耳杯　86.漆案　87.漆盒　88、89.漆耳杯　90.漆盒　91.漆耳杯　92.漆案　93.陶瓮　94、95.陶勺（放在方炉里）

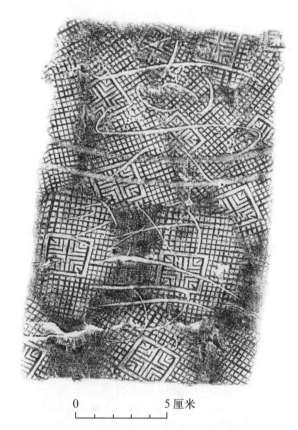

图三　陶瓮（M2∶65）文字拓片

盉、盒、匏勺、暖炉、龟把盘形器等生活用器及灶、井、屋、仓等模型明器。陶质以火候较高的黄褐胎为主，掺有少量的细砂，胎质较硬，少数胎质呈紫灰色。外施黄绿釉，多已脱落，器表呈褐黄色。少量为泥质灰陶或泥质灰红陶。陶器的制法以轮制为主，辅以手制、模制。纹饰以弦纹、刻划纹为主，拍印方格纹仅见于罐类器物的肩部，斜行篦点纹多见于器盖。

因多数陶器为汉墓中习见器物，下面选择部分典型标本介绍。

瓮　3件。折沿，反唇，束颈，器表施釉。溜肩，弧腹，大平底内凹。肩、腹部各饰一周凹弦纹，饰方格纹加菱形内填"十"字纹戳印。M2∶80，口径19、最大腹径32、底径20、高34厘米。M2∶65，长椭圆腹。肩及腹部划有字符。口径18.2、最大腹径34.8、底径24、高37.2厘米（图三、图四，1；图版二、三）。

罐　3件。皆素面，表均施釉。大小不一，器形各异。

M2∶39，为常见型。口微敞，斜方唇，扁鼓腹，平底。肩部有一周凹弦纹。口径12、腹径19.1、底径12.8、高15.4厘米（图四，2）。

M2∶45，口微敞，方唇，高领，扁鼓腹，大平底。肩及腹部各一周凹弦纹。口径8.8、腹径19、底径13.4、高15.5厘米（图四，3）。

M2∶16，异型小罐。直口，方唇，椭圆腹，凹底。颈及腹部饰数周凹弦纹。口径7.2、腹径10.8、底径6.6、高11.8厘米（图四，4；图版四）。

四耳罐　11件。带盖。溜肩，扁鼓腹，大平底。均施釉。器表饰小方格纹，肩及腹部各饰一周凹弦纹。肩部附四个半环形横耳。盖面漫圆，盖顶饰"凹"形钮，盖壁斜收，近方形盖唇。盖面饰斜行篦点纹和细凹弦纹组合。以口部不同可分2型。

A型　4件。敛口，方唇，有矮领。M2∶41，肩部饰双重棱格纹戳印。口径8.4、腹径18.4、底径14、通高16厘米（图四，5）。

B型　7件。短直口，近圆唇。M2∶44，口径8.2、腹径19、底径14.2、通高16厘米。

五联罐　1件。M2∶24，由四个大小相同的罐联在一起，在接连处加上一个小罐。均有盖。罐敛口，圆唇，鼓腹下垂，大平圆底。盖面隆圆，顶部饰鸟形钮。素面，施釉。器表有加工时遗留下的细小旋痕。通高9、宽17厘米；大罐口径3.2、腹径8.8厘米；小罐口径2、腹径5厘米（图四，6；图版五）。

坛　1件。M2∶30，带盖。或称展唇罐。双重口沿构成环槽状，注水后储物可防虫蚁。方唇，内口较低微敛；外口较高外敞，溜肩，圆鼓腹，大平底。盖面隆起，顶有半圆形钮，盖沿下出凸唇，较

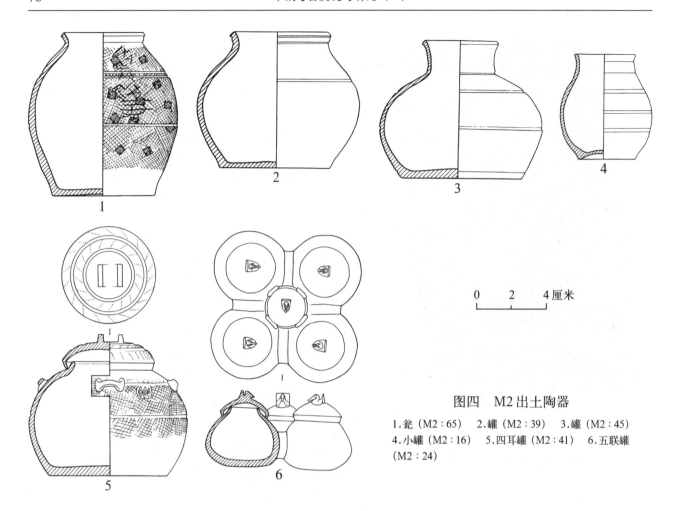

0　　2　　4厘米

图四　M2出土陶器

1.瓮（M2：65）　2.罐（M2：39）　3.罐（M2：45）
4.小罐（M2：16）　5.四耳罐（M2：41）　6.五联罐
（M2：24）

长，卡在坛内外口之间。肩部饰两周凹弦纹，盖面饰凹弦纹和菱格纹组合。黄绿釉，釉层均匀。口径
14.6、腹径22、底径14.6、通高21.9厘米（图五，1；图版六）。

　　鼎　2件。带盖。子母口内敛，扁鼓腹，平底，下附三蹄足。M2：66，腹上部两侧各饰一长方
形立耳。盖面隆起，平顶。顶中央饰两圆形贴钮，其侧有两个圆形穿孔，盖顶边缘处等距离有三个圆
形竖耳。腹中部饰一周凸棱，足上部饰熊面，盖面饰篦点纹和凹弦纹组合。表施釉。口径18.8、腹径
26、通高24.8厘米。

　　甗　1件。M2：62，由甑、箅、鼎三件组合。甑口微敛，方唇，深弧腹，平底，底部有一圆形穿
孔。箅置于口之上，中部有圆形穿孔与甑底穿孔相对应。鼎为盘口，有承沿托箅，球形腹略下垂，圜
底，下附三个蹄形高足。上腹饰两个对称的圆形横耳。器表有釉。甑口径11.7、鼎口径16.2、最大腹
径24.4、通高28厘米（图五，2；彩版一二）。

　　壶　7件。紫灰胎，胎质坚硬。肩部附两个横向半环形耳，与圈足上部的两个穿孔对应，颈、肩、
腹及圈足上均有数周细凹弦纹。表均施釉。以口部不同，分2型。

　　A型　5件。带盖。子口内敛，圆唇，长颈，扁鼓腹，下附外撇圈足。盖面漫圆，盖顶饰"凹"形
钮，盖壁内收，紧扣壶子口。M2：17，釉色青翠，光亮透明，在肩部有少量保存。盖面饰斜行篦点纹、
划纹及细凹弦纹组合。口径13.8、最大腹径29.2、底径16.4、通高43厘米（图五，3）。

　　B型　2件。无盖，器形较小。侈口，长粗颈，溜肩，扁圆腹，下附圈足略外撇。M2：38，口径

11.4、腹径21.6、底径13.2、通高28.2厘米。

　　小口壶　1件。M2：32，小盘口，束颈，溜肩，圆鼓腹，圜底，下附高圈足。肩部饰一对半环形横耳，并与圈足上两穿孔相对应。肩及腹部各饰一周凹弦纹，并饰小方格纹。口径4、最大腹径21.6、高25厘米（图五，4；彩版一三）。

　　瓶　1件。M2：69，小口，细长颈，腹部扁圆形，下附矮圈足。

　　簋　1件。M2：28，高唇，内有承沿，深腹弧壁，矮圈足。唇沿有圆形和长方形镂孔，腹部饰斜向篦点纹和凹弦纹组合。盖面漫圆，顶有两个圆形穿孔，饰四叶纹，面饰篦线纹。口径25.2、底径14.6、通高24.5厘米。

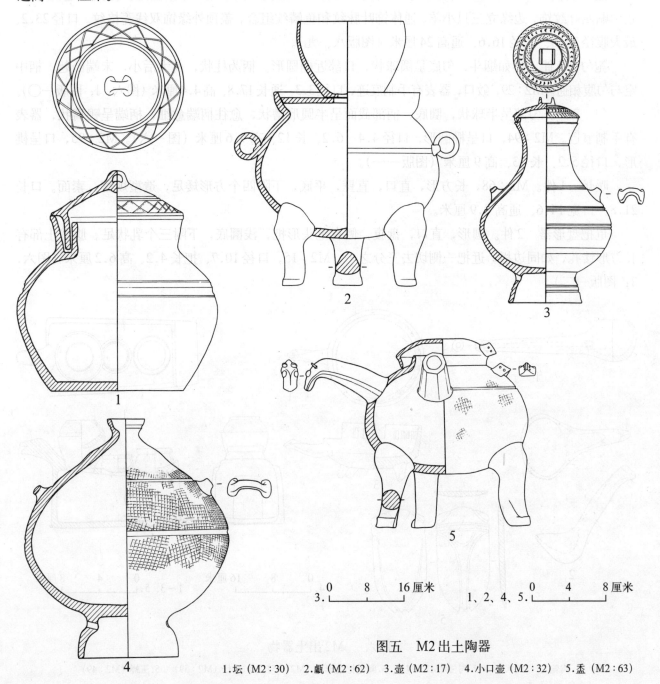

图五　M2出土陶器

1.坛（M2：30）　2.甂（M2：62）　3.壶（M2：17）　4.小口壶（M2：32）　5.盉（M2：63）

温酒樽　2件。直口，方唇，筒状腹，平底，下附三个蹄形足。M2：64，黄绿釉，盖面釉保存较好。腹部模印对称铺首衔环。铺首近方形，两眼圆睁，上部有曲卷的睫毛，鼻中穿环，两侧有胡须。盖面隆起，平顶，中有小圆孔。腹及盖面均有凹弦纹和箆点纹组合。口径19.8、通高22.8厘米。

盉　1件。M2：63，敛口，圆唇，扁圆腹，圆底，下附三个蹄形足，肩部安有流、錾、耳。流为兽首，似马头。錾为十棱管状，与腹部相通。长方形立耳，有两个小穿孔。肩部饰凹弦纹一周，器表饰小方格纹，多已抹光。盖面漫圆，盖壁下垂内收，折沿处也设立耳与器身立耳相对应。口径7、腹径18、通高20厘米（图五，5；图版七）。

盒　1件。M2：2，器如球形，子口内敛，圆唇，圆鼓腹，大平底，下附圈足。盖面隆起，平顶，正中贴四叶纹饰，边缘立三只小羊。通体饰叶脉纹和鱼鳞纹组合，盖顶外缘饰双线菱格纹。口径23.2、最大腹径25.6、底径16.6、通高24厘米（图版八、九）。

匏勺　3件。形如烟斗，勺底呈圆球状，口部近椭圆形。柄为柱状，前大后小，末端凸起。柄中空与勺腹相通。M2：29，敛口，器表有手制痕迹，口径3.3、通长17.8、高4.4厘米（图六，1；图版一〇）。

勺　2件。勺部呈半球状，圆底，柄部截面呈半圆形槽状，愈往柄端愈细，柄端呈鸭嘴状，器表有手制痕迹。M2：94，口呈椭圆形，口径4.4~6.2、长12、高9.6厘米（图一六）。M2：95，口呈桃形，口径5.2、长13、高9厘米（图版一一）。

暖炉　1件。M2：68，长方形，直口，直壁，平底，下附四个方形矮足，造型规整，素面。口长21.8、口宽14.6、通高8.9厘米。

龟把盘形器　2件。圆形，直口，盘腹，侧有龟头形把，浅圆底，下附三个乳状足。腹壁上部有长方形镂孔，如同边栏，近把一侧切去三分之一。M2：15，口径10.7、把长4.2、高6.2厘米（图六，2；图版一二）。

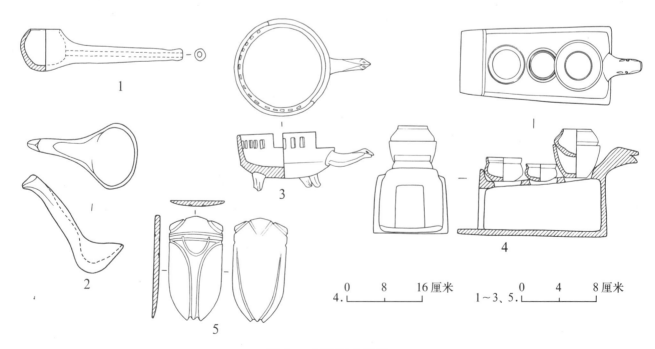

图六　M2出土器物

1.陶匏勺（M2：29）　2.陶勺（M2：94）　3.陶龟把盘形器（M2：15）　4.陶灶（M2：59）　5.玉蝉（M2：49）

灶　1件。M2：59，红黄胎。长方形，龙首形烟囱，灶身前端较窄，上部有额墙，灶门呈长方形，前有地台伸出。灶台面有三个灶坑，放置有甑、釜。甑如缸形，口微敞，方唇，上腹斜收成小平底。釜为盘口，扁圆腹，大圆底。通高22.6、通长40、宽13.6~16.4厘米（图六，4）。

井　1件。M2：69，有盖。井栏罐形，窄折沿，束颈，栏壁弧形，宽地台。地台四角有四个圆孔，井壁中部有一周突棱，外壁拍印小方格纹和"S"形凸点戳印。盖为四阿顶，有脊，刻浅沟以示瓦垄。呈紫红色。口径12.4、腹径20、地台边长25.5、高15.5厘米。

屋　1件。M2：73，平面近方形，前、后屋。前屋为长方形横堂，上、下两层。两坡面顶，瓦垄宽疏，有"凹"形瓦槽，并划出瓦线。屋正面中部有一长方形门，左侧饰长条形窗棂的窗口，只有两个窗棂是镂孔的，其他皆划线表示。左山墙有一长方形门，两侧山墙顶部有长方形气孔。屋子左侧开一长方形厕坑与下层相通。后墙中部有一小门，上部有"个"字形气孔。墙面刻划横竖仿木结构线纹表示出栏杆。后屋为一单面坡小房与前屋下层相连，其后壁中部有一近三角形的窦洞。器表施紫色陶衣。面阔36、进深27、高32厘米（图七；图版一三）。

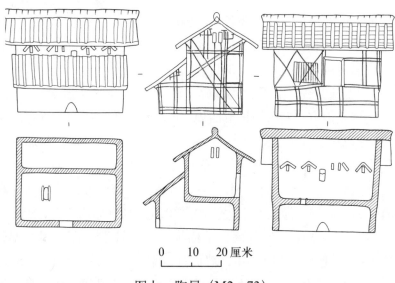

图七　陶屋（M2：73）

仓　1件。M2：70，两坡面顶，盖顶瓦垄较密。正面中部辟一不及底的长方形门口，前有较窄平台，在平台的边沿两侧各有四个小孔，两两对应。墙面刻划横竖线纹，以示柱枋构架。仓内地台四角各有一圆形穿孔，当设木柱支撑，使仓高离地面，起防潮防兽作用。带有翠青色釉斑，光亮透明。面阔42、进深28、高30厘米（图八）。

铜器　有剑、环首刀、戟、镜、温酒樽、钱及鎏金泡钉。

剑　1件。M2：5，质地较差，剑锋已残，断成三截。柄扁条形，隆脊。剑首为一圆柄形。残长83、宽3.6厘米。

环首刀　1件。M2：8，已断成两截。长条形，刀体扁而薄，平背，刃后斜收与柄相连，柄首为圆环。残长22、刃宽1.5、柄宽1.3厘米。

戟　1件。M2：57，残碎成粉状，只能看出大概

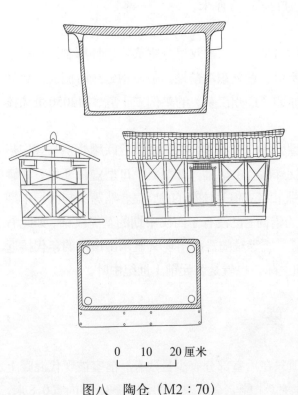

图八　陶仓（M2：70）

器形，援和胡上有脊。残长13厘米。

镜　1件。M2：72，残碎不能起取。圆纽，纹饰不详。直径约10厘米。

温酒樽　1件（M2：3）。已残。

"五铢"钱　43枚。均残碎。直径2.6、穿孔1厘米。

鎏金泡钉　散落在棺痕四周。蘑菇状，盖顶鎏金，多已脱落。径约1.7厘米。

滑石璧　1件。M2：4，光素。一面较平，另一面微见斜，形成中间厚周边薄。好缘比璧面车低一级呈圆环。直径17.2厘米（图版一四）。

玉蝉（琀）　1件。M2：49，青黄色，有翠斑，带沁色。雕刻出眼、口、背、翅、腹等，形象逼真，刀法简练。通长5.5、宽3、厚0.6厘米（图六，5；图版一五）。

玉塞　3件。青黄色，呈柱状，一端较细，面光滑。M2：6，截面近椭圆形，长1.3、直径0.5～0.7厘米。M2：48，截面呈圆形，长1.3、直径0.6厘米（图版一六）。

串饰　2件，共65枚。包括水晶珠、紫水晶管、玛瑙珠、石串珠（图版一七）。

水晶珠　1枚。M2：79-2，色白透明，十二面菱形，对穿孔。最大径1.4厘米。

紫水晶管　透明，有纵穿孔。M2：79-4，正六面体柱状，长1.1、宽0.6。M2：79-7，六面体，两侧的折面较窄，长1.4、宽0.8、厚0.4厘米。

玛瑙珠　1枚。M2：79-3，缠丝，红色透明，六面体橄榄形，有纵穿孔。长1.6、最大径0.8厘米。

石串珠　算珠形，中有穿孔。M2：79-5，黄色，16粒。M2：79-6，紫红色，24粒。

漆器　14件。放置于后器物室南侧。保存甚差，仅余漆皮，无法起取。可辨器形有盒、耳杯、案等。

盒　3件。圆形。直径12厘米。

耳杯　9件。口呈椭圆形，两侧各有一半圆形耳。口径5～8厘米。

案　2件。近方形。宽40～44厘米。

该墓为有墓道竖穴分室木椁墓，属《广州汉墓》的Ⅲ型3式，即双层分室墓。这种形制的墓葬始见于西汉早期后段，流行于西汉中期，西汉后期继续使用，直至东汉前期。是使用延续时间长、数量多的墓葬形式。M2墓室结构与广州西村皇帝岗M1，亦即《广州汉墓》的墓例二十五，M2050最为接近，断为西汉中期墓[①]。

从随葬器物特征分析，该墓出土的瓮、罐、四耳罐、小口壶、簋、瓿、盒、五联罐分别与《广州汉墓》西汉后期的Ⅳ型瓮、D类罐、Ⅱ型四耳罐、Ⅰ型小口壶、Ⅰ型簋、Ⅱ型瓿、Ⅲ型盒、Ⅱ型五联罐极为相似，陶灶、瓶也与西汉后期的Ⅲ型①式灶、Ⅰ型瓶相若，但是该墓的瓮、壶、鼎等又与西汉中期的Ⅳ型瓮、Ⅵ型壶、Ⅴ型鼎十分接近[②]。出土的滑石璧为素面，已没有了西汉中期的繁缛纹饰。如此看来，该墓器物的特征既有西汉中期器形的孑遗，可是簋、瓶等釉陶器的出现又显示出该墓的年代接近于西汉后期。综上所述，M2的年代应是西汉中、后期之际，也就是公元前1世纪中叶。

二　唐　墓

编号M1。长方形券顶砖室墓，墓向140度。其券顶只在后室部分有少量残存，前室被现代混凝土路面所叠压，因此只发掘了后室，前室少部分向路底掏挖，未能完全清理。墓室残长3、室内宽0.8米，砖室残高0.44~1.8米。墓壁为单隅错缝平铺，至距地面1米高处始发券，在砖砌墓壁的外侧以坑壁作支撑加砌一重券顶，使顶篷形成双重券顶。后壁保存较完整，上部砌承券。有上下两壁龛，上龛为拱形顶，下部用弧形砖相对应砌成壶形壁龛。墓底为平砖斜铺成"人"字形（图九）。

根据棺钉及随葬器物的分布情况观察，棺可能放置在墓室的后侧，棺位处出有玛瑙串珠、铜镜。在棺位的东端放置有四耳盖罐、小碗等随葬器物。

出土随葬器物较少，共7件，其中釉陶器4件，另有铜镜1面，金指环1枚，玛瑙珠饰1串（6粒）。

釉陶器　有四耳盖罐和小碗。胎质多为泥质褐灰色或黄褐色，火候不高，胎体较厚，外施黄绿釉，胎釉结合不好，多已脱落。

四耳盖罐　1件。M1：6，带盖。直口，方唇，溜肩，长圆腹，平底。肩部附四个半环形横耳。盖

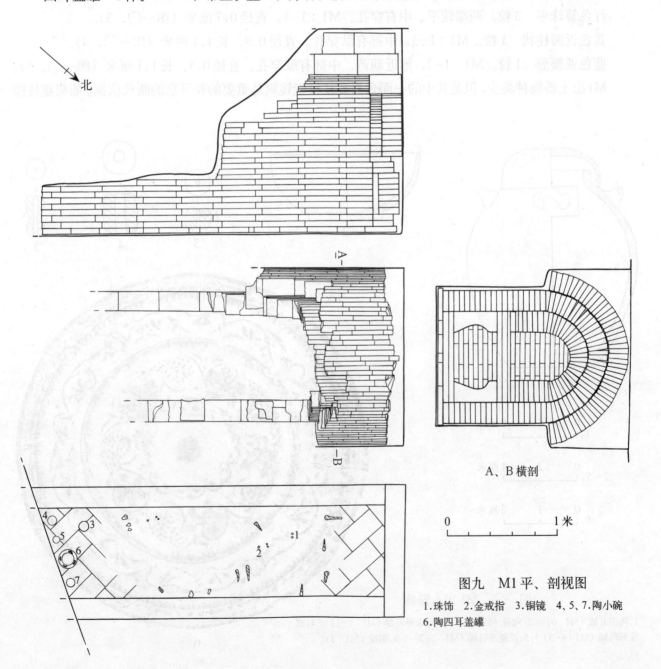

A、B 横剖

0 ——————— 1米

图九　M1平、剖视图

1.珠饰　2.金戒指　3.铜镜　4、5、7.陶小碗
6.陶四耳盖罐

碗形，素面。口径8.8、最大腹径18.8、底径9.2、通高23.2厘米（图一〇，1；图版一八）。

小碗　3件。碗底有旋切的割痕。上壁原施釉，已脱落，下腹及底无釉。口部略有不同。M1∶7口微敞，圆唇，弧腹，饼足。口径8.2、底径4、高3.6厘米（图一〇，2）。M1∶4直口，圆唇，弧腹，深圜底，饼足。口径7.5、底径4、高3.5厘米（图版一九）。

铜镜　1件。M1∶3，圆形，圆纽，八花瓣纽座。内区环绕五串葡萄枝蔓，外区一周缠枝花。葡萄枝蔓纹外一周栉齿纹，外区缠枝花外镜缘为锯齿纹带。镜缘凸起。直径9.4厘米（图一〇，6；彩版一四）。

金指环　1枚。M1∶2，圆形，截面为椭圆形。直径1.5、宽0.3厘米（图版二〇）。

玛瑙串珠　6粒。根据其颜色和形状可分为3种（图版二一）。

红色算珠形　3粒。两端较平，中有穿孔。M1∶1-1，直径0.7厘米（图一〇，3）。

黄色近圆柱状　1粒。M1∶1-3，中部有纵穿孔。直径0.9、长1.1厘米（图一〇，4）。

蓝色亚腰形　1粒。M1∶1-2，形近葫芦，中部有纵穿孔。直径0.5、长1.1厘米（图一〇，5）。

M1出土器物种类少，但是其中的一面葡萄蔓枝纹铜镜则是重要的和可靠的断代依据。葡萄蔓枝镜

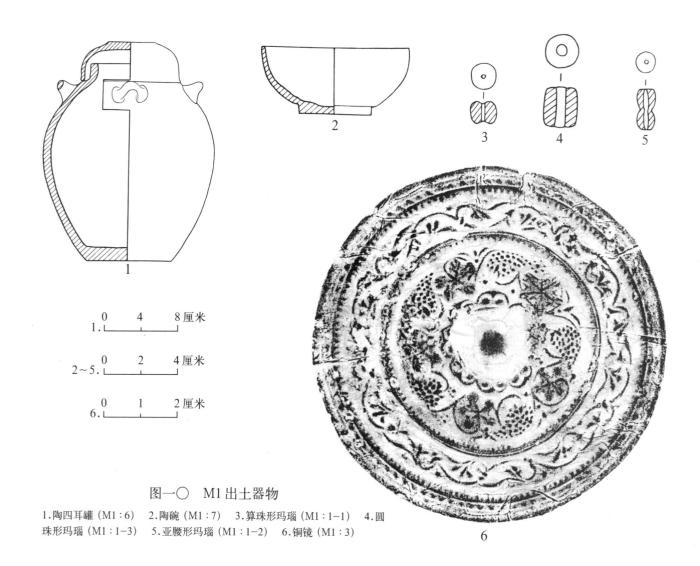

图一〇　M1出土器物

1.陶四耳罐（M1∶6）　2.陶碗（M1∶7）　3.算珠形玛瑙（M1∶1-1）　4.圆珠形玛瑙（M1∶1-3）　5.亚腰形玛瑙（M1∶1-2）　6.铜镜（M1∶3）

在广州地区甚为少见，在全国范围内也并不多见。有学者从纹饰风格以及铭文带等特点推测，这类镜应出现于玄宗开元以前，主要流行于盛唐及中唐③。有两座出土葡萄蔓枝镜的墓葬出有墓志，纪年明确，河南偃师杏园李珣墓为玄宗开元六年(718年)④，广东韶关张九皋墓为玄宗天宝十四年(755年)⑤，与上述推断可为印证。葡萄蔓枝镜当系瑞兽葡萄镜的系列，减省了瑞兽。而瑞兽葡萄镜是唐镜数量最多的一种，初唐出现，流行于盛唐，中唐渐为葵花形鸾鸟瑞兽镜所取代⑥。据此，可以推断广州市永福路M1为盛唐至中唐的墓葬。

该墓为长方形券顶分室砖室墓，所用砖均为红黄色，比较厚重，长38、宽17、厚5厘米。这种以红砖为主的墓葬，根据以往的发掘资料，通常会有前室，而且在前室的底部有渗水井，前、后室之间有砖砌多级阶梯相连，两侧壁砌龛，后壁设上下两层浅龛，上龛呈券拱形，下龛用弧形砖砌成壶形。在广州，用红皮砖筑墓从南朝就开始了，直到晚唐才发生变化。由于晚唐墓屡有墓志出土，因此对晚期唐墓的辨识已经有了一定的类型学基础。然而，迄今未见有关隋朝至中唐的明确纪年墓披露，因此，关于广州的隋唐墓只能是笼统地概括为"早期的唐墓用灰红色素砖砌筑，晚期的唐墓用灰黑色小薄砖结砌。"⑦近年来，随着考古资料的积累，有学者根据类型学对南朝后期、隋、初唐及中唐墓的区分进行了尝试⑧。通过这座相对可以判断为盛唐至中唐墓的素面红砖墓，我们认为素面红砖墓的下限可以到盛唐，红砖与灰黑小薄砖的分野可能在中唐时期。它将为我们分析与鉴认唐代墓葬的早晚标准提供新的线索和新的启发，这就是这座残破小型唐墓发掘的意义所在。

　　附记：发掘领队全洪，发掘及整理马建国、朱汝田、全洪，绘图朱汝田、李亚舟，器物修复董锋，摄影关舜甫、刘小放、马建国，拓片韩继普。

执笔：全洪、马建国

注　释

① 广州市文物管理委员会《广州西村皇帝岗西汉木椁墓发掘简报》，《考古通讯》1957年第4期；广州市文物管理委员会等《广州汉墓》，文物出版社，1981年。

② 广州市文物管理委员会等《广州汉墓》，文物出版社，1981年。

③ 孔祥星、刘一曼《中国铜镜图典》，文物出版社，1992年。

④ 中国社会科学院编著《偃师杏园唐墓》，科学出版社，2001年。

⑤ 徐恒彬《广东韶关罗源洞唐墓》，《考古》1964年第7期。

⑥ 徐殿魁《唐镜分期的考古学探讨》，《考古学报》1994年第3期。

⑦ 广州市文物志编委会编著《广州市文物志》，岭南美术出版社，1990年。

⑧ 广州市文物考古研究所《执信中学隋唐墓发掘简报》，见本刊。

图版一　M2 发掘情形

图版二　陶瓮（M2∶65）

图版三　陶瓮文字（M2∶65）

图版四　陶小罐（M2∶16）

图版五　陶五联罐（M2∶24）

图版六　陶坛（M2∶30）

图版七　陶盉（M2∶63）

图版八　陶盒（M2∶2）

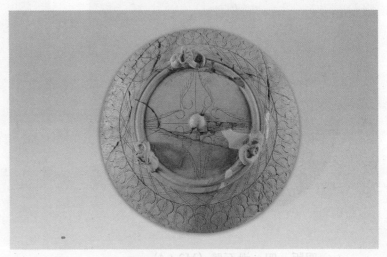

图版九　陶盒盖（M2∶2）

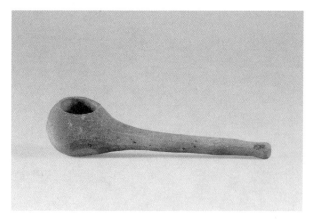

图版一〇　陶匏勺（M2：29）

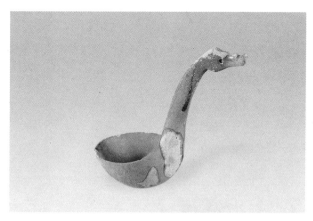

图版一一　陶勺（M2：95）

图版一二　陶龟把盘形器（M2：15）

图版一三　陶屋（M2：73）

图版一四　滑石璧（M2：4）

图版一五　玉蝉（M2：49）

图版一六　玉塞（M2：6、47、48）

图版一七　串饰（M2：79）复原示意

图版一八　陶四耳盖罐（M1：6）

图版一九　陶碗（M1：4）

图版二〇　金指环（M1：2）

图版二一　串珠（M1：1）

番禺小谷围岛山文头岗东汉墓

广州市文物考古研究所

一 前 言

　　小谷围岛位于广州市番区新造镇的北部,属珠江的一个江心洲,北面有官洲主航道分隔,与广州市海珠区相望,东面与黄埔区长洲岛相邻,南隔沥滘水道是番禺区新造镇(图一)。山文头岗位于北亭村中部,周边有民居,北为青云里,西、南为北亭大街,东邻云程大街,当地人又称其"山坟头"岗。平面形状大致呈南北长曲尺状的丘陵缓坡,西眺官洲水道,北接猪屎岗,东邻望岗头,南与大深坑岗相望(图二)。1982年番禺县文物普查时即在山文头岗岗顶中部、梁氏宗祠的东面位置发现有东汉砖室墓①。

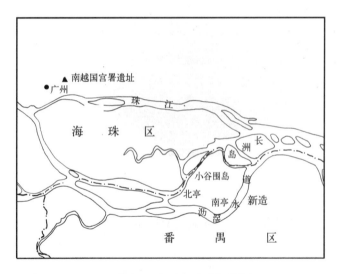

图一　小谷围岛地理位置示意图

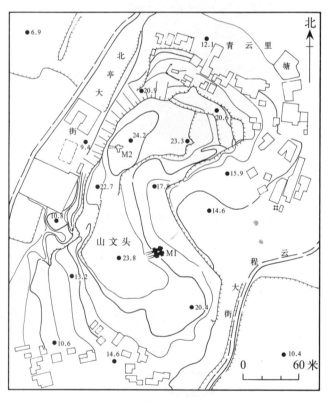

图二　山文头岗1号墓地理位置示意图

　　2003年3月,为配合小谷围岛广州大学城工程建设,广州市文物考古研究所会同番禺区文管办在小谷围岛进行了拉网式的地上、地下的文物调查,在山文头岗北部电讯塔处的地表采集到东汉墓砖,并在山文头岗的南坡中部的竹林处发现了1座已出露券顶的东汉砖室墓。我们认为山文头岗应是一处比较大型的东汉墓地,在《广州大学城(小谷围岛)第一次文物调查报告》中将其定为地下文化遗存第

2 地点。

2003 年 7 月，中国电信移动通讯公司在北亭村的保留区山文头岗南坡近岗顶处修建电信发射塔，破坏了 1 座东汉砖室墓。广州市文物考古研究所随即展开抢救性发掘，至 8 月 14 日结束。

二 墓葬形制

该墓编号为山文头岗 1 号墓，是由两座双穹隆顶多室砖墓北南并列构成，平面呈"井"字形（彩版一五）。中心位置地理坐标东径113°22′425″，北纬23°03′116″，高程23米。墓向242度，坐东朝西。两座砖室墓结构形制相同，规模大小接近，分别由墓道、甬道、前室及耳室、过道、后室及耳室等组成。在两前室相邻的侧墙，构筑券形通道以互通（图三、四、五）。为叙述方便，把北南并列的两个墓室编为 A 座和 B 座。

发掘前地表为废弃的荒地，耕土层下0.2～0.4米即出露墓室。在墓口和墓室券顶上，还存留有一层厚0.1～0.5米的黄红色黏土，应是墓室上封土，原来直径应不少于15米。墓道和墓圹即用带沙质的紫红色原坑土回填。墓圹东西通长12米（不含斜坡墓道部分），南北通宽14.3米，墓圹口距现地表深0.2～0.5米。已遭多次盗扰，B 座尤其严重，甬道和封门几乎全部被破坏。两座墓室前后四个穹窿顶都已毁，仅两前室相通的过道券顶尚基本保存完整。

墓砖有黄褐色和青灰色两种，后者较坚实，分为长方形平砖、楔形刀砖、梯形平砖和三角形平砖四大类。

长方形砖按宽窄不同可分为 2 型。

A 型　长方形，规格长 34～47、宽 17～23、厚 5～6 厘米不等。

B 型　长条形，宽度为 A 型的一半，即把上述不同规格的长方形砖纵向切开。

楔形砖也是按宽窄不同分为 2 型。

A 型　长方形，规格有长 33～48、宽 18.5～22、厚 4～8 厘米不等。

B 型　长条形，宽度为 A 型的一半，就是把 A 型切开两半来使用。

梯形砖的规格有长 34.5～44、宽 14～24、厚 5.5～6 厘米不等。

三角形砖大致可分为 2 型。

A 型　等腰三角形，规格有底长 18～31.5、腰长 5～10、厚 6 厘米不等。

B 型　直角三角形，即用各种类型的砖对角截成，分置不同的部位使用。

大部分砖面上都有按的掌印或刻划的符号、数字等（图六），掌印有双掌印和单掌印两种。

山文头岗 1 号墓的墓砖要比广州地区一般常见的汉墓墓砖大，规格种类也多。墓室的砌构使用残砖的现象不多，在拱顶外壁的砖缝中还填塞陶片、瓦片等，以增强咬合力，反映出墓室建造的讲究。

（一）A 座墓

由墓道、甬道、前室与通道、过道、后室及耳室组成，前室和后室北壁设有壁龛。墓室通长10.56米（自封门内侧至后室后壁），通宽5.74米，残高最高为2米（墓室长宽高均指内长、内宽、内高）。由于遭多次盗扰，墓室填土夹杂大量板瓦片、釉陶片和残墓砖。

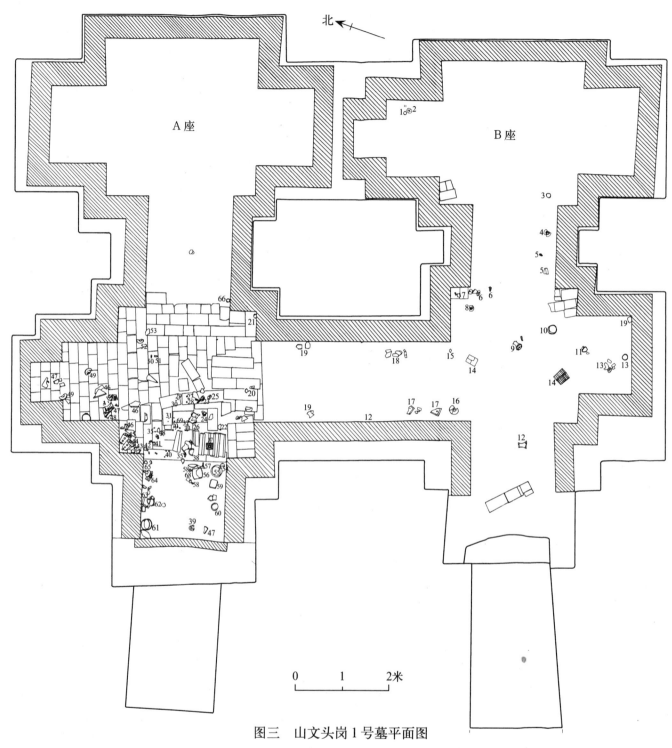

图三　山文头岗 1 号墓平面图

1、21、24、54、66.熏盒　2、4、7、8、15、16、20、38、42、43、49、52.器盖　3.豆　5、6、39、48、50、51、58.陶俑
9、53、62.三足釜　10.井　11、65、67.瓶　12、19、36.壶　13、64.灯　14.仓　17、46.案　18.盆

1. 墓道　长约 6 米，仅发掘 3.5 米。墓道斜坡底高于墓圹坑底 0.86 米，墓道宽 1.5 米，最深处为 1.2 米。在靠近封门砖墙的填土中出有少量陶器残片。

2. 封门　直接砌筑在甬道底上，宽 2.2、残高 1.37、砖墙厚 0.19 米。受墓道填土的挤压，封门

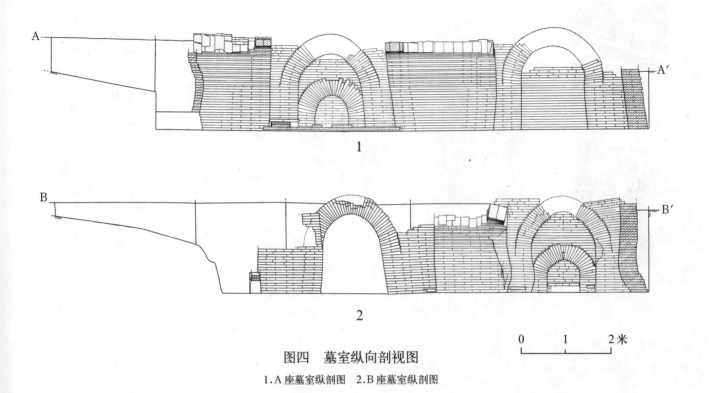

图四　墓室纵向剖视图
1.A 座墓室纵剖图　2.B 座墓室纵剖图

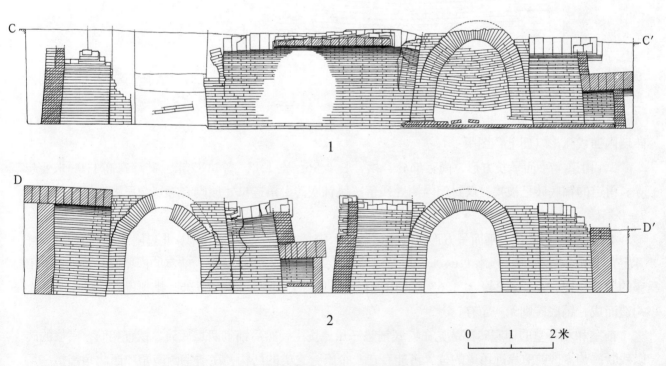

图五　墓室横向剖视图
1.A、B 座墓室横剖图（东－西）　2.A、B 座墓室横剖图（西－东）

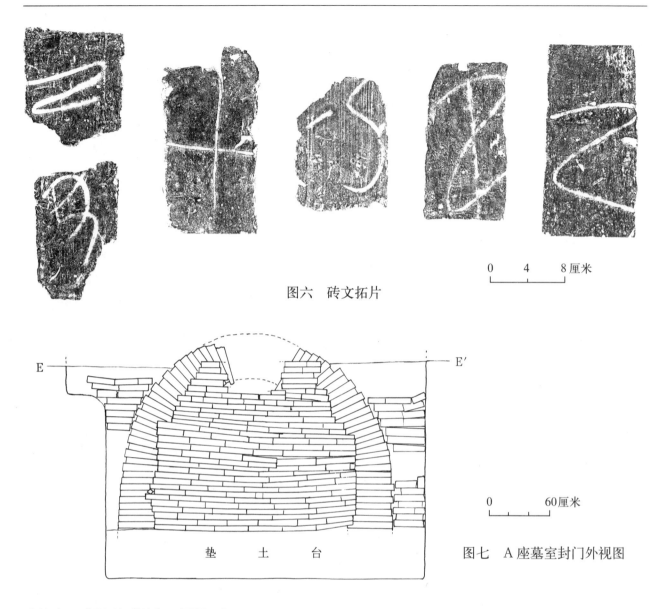

图六　砖文拓片

0　　4　　8厘米

0　　　　60厘米

图七　A座墓室封门外视图

墊　土　台

砖墙内凹成弧形（图七；图版一）。

3. 甬道　平面呈长方形，尚存部分券拱，长1.86、宽1.8、高1.82米。砖墙在高1.02米处起券。甬道的铺底砖已被揭，仅封门内侧处残留三块铺底砖。甬道口处原砌有额墙，已毁，仅底部尚存7～8层砖（图版二）。

4. 前室　穹隆顶，平面呈方形，穹隆顶。长3.05、宽3.05、残高2米。北壁附券形耳室及后龛。耳室宽1.6、进深1.2、残高1.64米。后龛进深0.8、宽0.7、高0.72米。前室的南壁有券形通道与B座的前室通连，全长4.24、宽1.67米，由现存生土底计，距拱顶高1.86米。拱顶保存完好，为一次构造而成，铺底砖则无一留存。

前室和北耳室的铺底砖都是先在圹底铺垫一层原坑土，然后铺砌两层底砖，横直相间，底层的砖以残断砖为多。前室靠近甬道的位置可能存在一个祭台之类的结构，在前室西南角和西北角铺垫一层厚约10厘米的原坑土，其上铺砌一层整砖，东端似与耳室壁齐平，中间纵向斜置一溜整砖，直接坐落在铺底砖上（图版二）。由于被扰乱，结构不十分清楚。

5.过道　长2.35、宽1.86、残高1.04米。券顶大部分已毁，铺底砖也被毁。

6.后室　方形，穹窿顶已毁无存。长宽为3.3、残高2米。南北两侧各有一个长方形耳室。南耳室长1.25、宽1.61、残高2.04米；北耳室长1.03、宽1.62、残高1.75米。两耳室均在高1.02米处起券，部分券顶仍保留。后室及耳室的铺底砖都已不存。

A座残留的随葬器物有陶、铜、银、玛瑙及琉璃、琥珀器等53件套（编号19~72），集中出土于甬道和前室（图版二、三、四）。

（二）B座墓

与A座的结构基本相同，仅后龛设在后室的北耳室处。墓室通长9.04、通宽6.12、残高2.3米。B座盗扰状况比A座更为严重，各室的铺底砖几乎全部被揭去，后室盗扰坑的范围更大，填土中夹杂烧土块、瓦片和陶瓷器，在距现地表深1.9米处还有1件基本完整的青瓷碗。

1.墓道　与A座相同，长约6米，仅发掘4.5米，宽1.7~2、距地表深1.3米。

2.封门与甬道　封门被毁严重，仅存两层砖墙。甬道长1.56、宽1.84米，南壁基本被破坏，北壁残高1.1米。铺底砖已无存。与A座类似，甬道口的拱壁也砌额墙，残存6层墙砖。

3.前室及耳室　前室基本呈方形，长2.78、宽2.76、残高2.1米。北侧券顶通道与A座相通。南耳室长1.2、宽1.64、残高1.68米。前室的东北、东南二角幸存两块铺底砖。

4.过道　长1.74、宽1.83、高1.78米。

5.后室　基本呈方形，长3、宽3.04、残高2.3米。南北两个耳室都呈长方形，南耳室长1.24、宽1.2、高1.92米，券拱保存完整；北耳室长1.24、宽1.58、残高1.85米。北耳室的后龛进深0.73、宽0.78米、残高0.55米。从前室残留的铺底砖来看，B座的铺底砖也是先铺垫原坑土，再铺底砖。

B座的随葬器物所剩无多，仅19件陶器或残片（编号1~19），集中在前室和甬道。

三　随葬器物

这座砖室墓不仅是小谷围岛发掘的一百余座汉墓中规模最大的，也是广州地区已发现的东汉砖室墓中规模较大的。从发掘情况判断，该墓至少两次被盗。第一次被盗掘的时间可能较早，大部分的随葬器物应该是这次被盗取了。第二次被盗扰大概在宋明时期，从盗扰坑中的包含物来看，盗扰坑后来被用作废弃物的填埋坑。

劫余的随葬器物加起来总共只有72件（包括器盖和残件），发现有同一件器物的残片分布在A、B两墓室的现象。在晚期的盗扰坑内还出有6件属此墓的残陶器，编入填土号。

1.陶器　66件。质地一般都较坚实，器表多施酱釉或陶衣。

双耳直身罐　1件。M1A：59，疑与M1A：38器盖原为一体。浅灰胎，浅灰色，施酱色陶衣。方唇，微敛口，直腹微弧，平底微凹。肩部一对横桥耳，对应底部一压印凹槽。口沿下一道细弦纹，肩部一道凸棱，下腹一浅凹槽，肩上和近底部施水波纹，腹部施斜双线交叉纹。口径11.6、底径12.4、高28厘米（图八，1）。

壶　3件。M1B：12，残。M1A：36与M1B：19似为一对。浅灰胎，施酱釉，质地坚实。方唇，盘口，粗颈，溜折肩，中腹近直，下腹折收成近平底，肩部有双桥耳和两个衔环铺首，高圈足有凸棱，足底有两小孔。肩至下腹有四组粗弦纹，其中肩部施双弧线纹，下腹施水波纹。口径11.6、腹径18.2、足径12.4、高28厘米（图八，2）。

三足釜　3件，1件残。M1B：9，灰胎，土黄色，施绿釉。盖已缺失。方唇，盘口，颈稍细，溜折肩，下腹折，平底内凹，下有三足微外撇，足截面呈三棱状。腹中部出檐，肩侧置把手。肩部上下有两组双弦纹，其间饰双弧线连成的水波纹，檐上饰水波纹。口径11.5、腹径18、高23.5、足高7厘米（图八，4；图版五）。　M1A：62，灰胎，土黄色，施酱绿釉。盖已缺失。形体略显矮胖。方唇，盘口，短束颈，溜肩，垂鼓腹，平底，下有三足外撇，足截面呈三棱状。腹中部出窄檐，肩侧置把手，截面呈三棱状。肩部和檐上饰水波纹。口径11、腹径16.4、高22.2、足高7.2厘米（图八，8）。

瓶　3件，1件残。M1A：65，浅灰胎，土黄色，施酱绿釉。圆唇，喇叭口，细颈，圆溜肩，折腹，高圈足起凸棱。口沿下一道凹槽，颈至腹有5道双弦纹，其间饰双弧线纹和水波纹。口径5、腹径14.5、足径11.5、高22、圈足高5厘米（图八，3；图版六）。　M1A：67，灰胎，橙黄色，施酱釉。颈和圈足残。垂鼓腹，最大腹径偏下，圈足凸棱不明显。肩、腹施双弦纹间水波纹、双弧线纹和交叉双线纹。腹径14.6、足径11、残高13.8厘米（图八，5）。

豆　1件。M1B：3，盖已缺失。浅灰胎，施酱釉，质坚。斜唇，微敛口，斜沿，最大腹径偏下，下腹折，喇叭形圈足外撇，较高。腹部饰连点戳印纹。口径9.5、腹径10.5、足径9、高9、圈足高4.5厘米（图八，7）。

钵　1件。M1A：22，浅灰胎，土黄色，质坚硬。圆唇，微敛口，深弧腹，平底。口径11.5、底径6、高6厘米（图八，9）。

盆　1件。M1B：18，灰胎，施酱釉。方唇，侈口，曲腹，折收成小平底。口沿下一道弦纹。口径16.5、底径9、高5.5厘米（图八，6）。

方奁　1件。M1A：25，深灰胎，施酱黑色陶衣。奁身长方形，方唇，直口，近直腹，平底微内凹，侧边有双桥耳。子母口，盝顶盖，顶周四角有乳钉状捉手。盖顶施双线纹构成的长方格纹，口沿处施双线纹，间以水波纹；奁身施横直相交的双线纹。口径8.2～21.4厘米、底径9～18.8、通高13.6厘米（图八，11；图版七）。

豆（？）　6件。形似碗，有喇叭状圈足。M1A：66，浅灰胎，施酱釉。圆唇，侈口，折腹，圈足。口径10.8、足径6.8、高6.8厘米。　M1A：24，灰胎，施浅绛陶衣。圆唇，敞口，深腹带折，近平底，圈足较高。口径10.5、足径6、高6.5厘米。　M1A：21，灰胎，施酱釉。圆唇，微敞口，深腹带折，近平底，圈足不高。口径10.8、足径6.8、高6.8厘米（图九，1～3）。

熏炉盖　1件。M1A填：5，灰胎，灰色，施酱釉。斜唇，微敛口，尖圆顶，顶中一个、周边三个锥状捉手。口沿处施短线纹，腹施两组双弦纹，间以交叉斜线纹和双线纹。口径10.8、高8厘米（图八，10）。

器盖　15件。应属罐、壶、三足釜、豆、盒等容器的盖，质地均较硬实。大体可分为两类。一类是单口，一般为圆唇、敛口、弧腹、近平顶、桥形耳，属罐类器盖。共8件。M1A：20，浅灰胎，施酱釉。腹部一周弦纹。口径11.4、通高5.2厘米。　M1B：7，灰胎，施酱绿釉。腹部饰有篦纹。口径12.2、高5厘米。　M1B：16，灰胎，施酱釉。腹中部有一道弦纹，又施篦点纹。口径13、高4厘米。另一类为子母口内敛，平顶或近平顶，属于壶、三足釜、樽或鼎类的器盖。共7件。M1A：38，浅灰胎，浅灰色，施酱釉。弧腹微曲，顶上有桥形耳。腹部施三组双线弦纹，其间填以双斜线纹。口径

图八　出土陶器

1.双耳直身罐（A：59）　2.壶（A：36）　3、5.细颈瓶（A：65；A：67）　4、8.三足釜（B：9；A：62）
6.盆（B：18）　7.豆（B：3）　9.钵（A：22）　10.熏炉盖（A填：5）　11.奁（A：25）

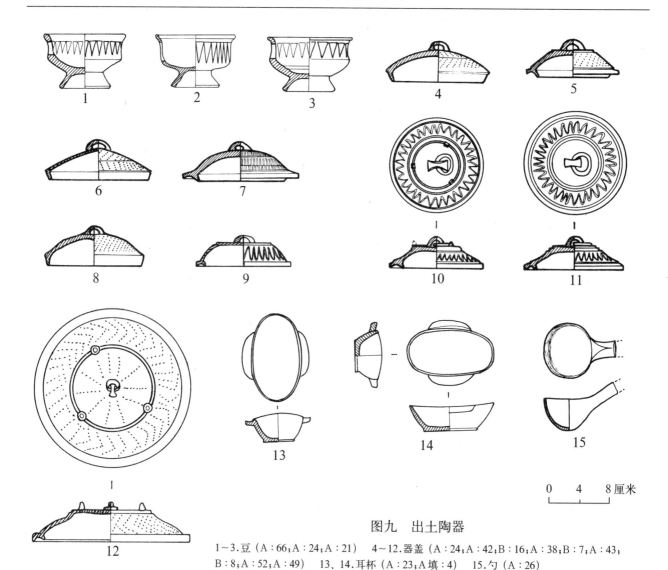

图九　出土陶器

1~3.豆（A：66；A：24；A：21）　4~12.器盖（A：24；A：42；B：16；A：38；B：7；A：43；
B：8；A：52；A：49）　13、14.耳杯（A：23；A填：4）　15.勺（A：26）

11.2~15、高5厘米。　M1A：42，浅灰胎，施酱釉。斜弧腹，小平顶，有桥形耳。腹部饰篦点纹。口径9.2~11.8、高4.8厘米。　M1A：43，灰胎，浅灰色，施酱釉。斜腹微曲，平顶微内凹。顶中有带环桥形耳。腹部饰一周水波纹。口径12.5、顶径7、高3厘米。　M1B：8，灰胎，施酱釉。子母口内敛，斜腹，平顶微内凹。顶中有一带环桥形耳，周边有三个锥状捉手。腹上下施双线弦纹，间水波纹。口径8.8~12、顶径5.6、高4厘米。　M1A：49，灰胎，施酱釉，部分脱落。子母口微敛，浅弧腹，平顶微内凹。顶中有一带环桥形耳，周边有三个锥状捉手。腹部施篦点纹。口径16.8~20、顶径9、高4厘米。M1A：52，灰胎，施酱釉。子母口内敛，浅斜腹，平顶。顶中有一带环桥形耳。腹部饰水波纹。口径9.8~13.2、顶径6、高4厘米（图九，4、8、6、7、5、9、10、12、11）。

　　耳杯　4件。陶质陶色相同，形制、大小尺寸接近。灰褐胎，橙黄色，施黄褐色陶衣，质较坚实。两头微翘呈船形，弧腹，平底，双耳根低于杯沿。M1A：23，口径6.8~11、底径3.8~6.8、高3.7厘米。　M1A填：4，口径6.4~11.2、底径4~6.8、高3.5厘米（图九，13、14）。

　　勺　1件。M1A：26，红陶，无釉，胎质较软，柄残。勺口近圆形，圆唇，深腹，圜底。残长9、残高6厘米（图九，15）。

案　2件。陶质陶色、大小尺寸，甚至案面花纹都接近，应为一对。橙黄陶，施红色陶衣，质地较坚实。长方形，四角有圆孔。M1A：46，案面饰有三组双线长方格纹，内层填以交叉双线纹，外层一长边填交叉双线纹，余填双弧线间短线纹。长50、宽34、高3、孔径1.5厘米。　M1B：17，案面饰有三组双线长方格纹，内层填以双弧线间短线纹，外层填交叉双线纹。长51、宽31、高2、孔径1.5厘米（图一〇，1、2）。

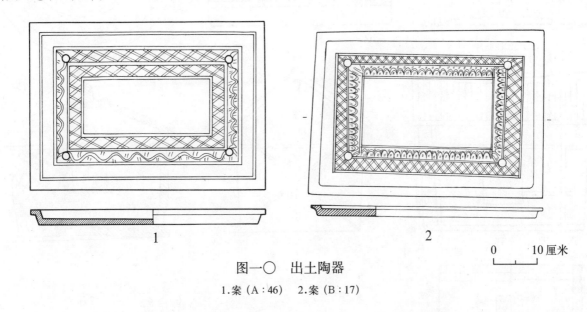

图一〇　出土陶器
1.案（A：46）　　2.案（B：17）

仓　1件。M1B：14，深灰胎，灰色，无釉。仓底平面为长方形，底有四个小孔，原安有木柱，已朽。单间，正面开一门，门侧左右有两孔。硬山顶，有压印的瓦垄。壁施双线纹。顶长28、宽22厘米，底长25、宽18厘米，通高24厘米（图一一，1）。

囷　3件。M1A：55与M1A：56完全相同。M1A：55，红陶，无釉，质较软。盖缺失。圆唇，直口，近直壁，平底微内凹，有地台，无孔。囷壁开一长方形窗，窗两侧有一小孔。口沿下一道凹槽，壁上下各一组上弦纹，其间饰双线菱格纹。口径22、底径24、高14厘米。M1A：61，红陶，施灰色陶衣，质较硬。方唇，直口，口沿下一道凹槽，直壁筒形，圆形地台有四圆孔，应有立柱。囷壁开设长方形窗，窗口四角外侧各有一小圆孔。囷盖为伞形，口沿不周正，顶中有一锥状捉手，其周有凸棱一圈，与捉手并有三道泥条相连。囷壁上下施数道弦纹，其间饰双线方格纹。盖腹施4道粗弦纹，间以篦纹。囷口径24、底径24.4、高16厘米，囷盖口径28、高7厘米，通高25厘米（图一一，3、2；图版八）。

屋　1件。M1A：47，深灰胎，深灰色，无釉。陶质、陶色、制法与M1B：13仓类似，残，有小俑和猪、羊等小模型。

灶　3件。平面大致呈梯形，前高后低，前宽后窄。M1A：63，红陶，施浅绛衣。长方形挡火墙，灶门前地台较宽，有绞索状泥条伸入灶门内以示薪柴，灶门旁原应有人，已不存。两灶眼，置一甑一釜，烟突已残，下有出烟孔。灶面和侧面饰有横直相交的划线纹。残长24.6、前宽15.6、后宽10.8、通高15.4厘米。M1A：44与M1A：45似为一对，均红陶，施酱色陶衣，胎质较软，大小尺寸也接近，朝天式烟突，无出烟孔。器表饰横直相间的双线纹和斜线纹。M1A：44，挡火墙略呈"山"形，灶

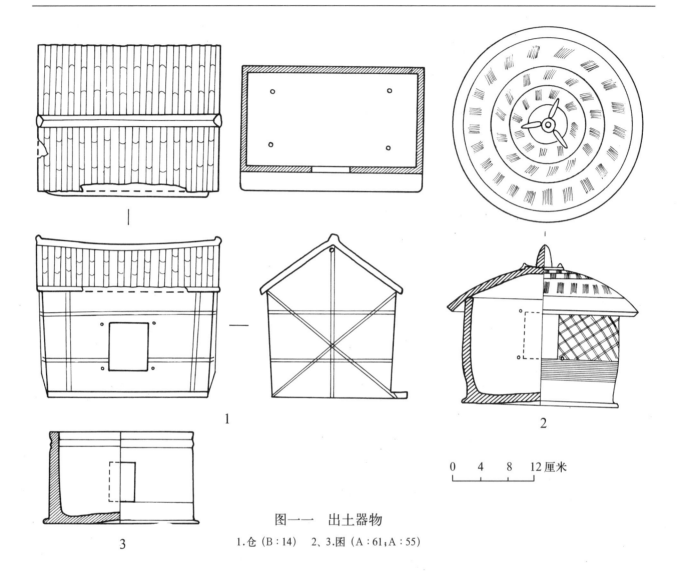

图一一　出土器物

1.仓（B：14）　2、3.囷（A：61；A：55）

门右侧交手跪坐一俑，灶眼的炊具已缺失。通长25.2、前宽19、后宽10.6、通高14.2厘米。M1A：45，山形挡火墙，灶门前地台较窄，灶门左侧交手盘坐1人。灶眼炊具缺一甑。长22、前宽15、后宽10、通高9厘米（图一二，1~3；图版九）。

井　1件。M1B：10，浅灰胎，土黄色，施酱釉。方唇，平折沿，唇面有凹槽，直壁平底内凹，有地台，但周边无立柱的孔。腹部上下有两道双弦纹，其上下又施双弧线连成的水波纹。口径16、底径18、高11.5厘米（图一二，7）。

井亭盖　1件。M1A：37，浅灰胎，土黄色，施酱釉。平面呈方形，近平，上有十字交叉脊，中间立一简化飞禽。脊面施双划线纹以示瓦垄。边长14、通高4.6厘米（图一二，5）。

灯　4件（填土中采集1件碗口形灯座，残）。M1A：64，红陶，质较坚实，无釉。分灯盏和灯座两部分。灯盏侈口，浅盘，曲腹，近平底。座底为平底，短柄，圆肩。灯座腹至底开圆弧形门4个，肩部又开弧形窗5个。肩部一道、腹部两道粗弦纹，其上施交叉斜线纹与短线纹。口径10、底径11、高20厘米（彩版一六）。M1B：13与M1A填：3几乎完全相同，均由灯盏和灯座两部分组成，红陶，无釉。灯盏为圆唇，敞口，微曲腹，灯座开对应4个弧形门，平底。M1B：13，灯盏口沿下有一道凹槽，下腹有一道弦纹。灯座肩部两组双弦纹，下部一道粗弦纹，其间饰双弧线连成的水波纹。口径10.5、底径12.8、高16.8厘米。　M1A：7，碗口形灯座，灰胎，施绛紫陶衣。底径10、残高4.5厘米（图一二，6、4、8；图版一○）。

俑　7件。M1A：39、M1B：6、M1B：5、M1A：48这4件为一组，均为站立式男俑，特征明显，形体较一般汉墓所出者高大。深灰胎，深灰色，质地坚实。M1B：6，施浅绛釉。双手和右耳残。头戴尖锥状宽沿大斗笠，宽沿是有意后加的泥条，笠面划细线以示竹质，笠下有缠头，并垂于脑后类似发辫，脑后还用细线表示头发。面部浑圆，圆眼眶，高鼻有孔，阔耳，小口张开，络腮胡，身着宽袖长袍，双臂环抱，背有压印凹槽。宽11.2、高26.6厘米（彩版一七）。　M1A：39，施灰黑色陶衣。斗笠略残，余完整。头戴精致斗笠，笠下有缠头。圆眼眶，高鼻有孔，张口，阔耳。用细线表示须、眉。双臂环抱，右掌向下，左掌向上。身着袍，用细线表示衣纹，背有凹槽。宽11.8、高26厘米（图版一一）。M1A：48，施浅酱陶衣。无冠，头缠巾。高鼻无孔，三角眼眶，细眉，小口，耳不大。面部浑圆。右臂残，左臂高举，左手残，身穿长袍。宽10.8、高24厘米（图版一二）。　M1B：5，深灰胎，深灰色。颈下至腹部残。无冠，头缠巾，高鼻，曲眉，柳叶形眼眶，小口，阔耳。宽9.6、身高约24厘米。　M1A：58，红陶，无釉或陶衣，做工不够精细。左臂残。嘴下无须，性别特征不明显。无冠，头有一缠巾收

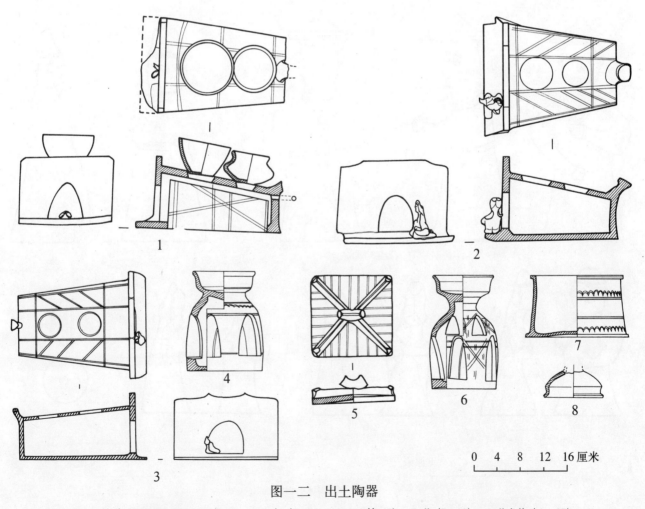

图一二　出土陶器

1~3.灶（A：63；A：44；A：45）　4、6、8.灯（B：13；A：64；A填：7）　7.井（B：10）　5.井亭盖（A：37）

于前额上，略残，脑后垂下一泥条搭于巾上，不知是否为发辫。双耳不甚对称，圆眼眶，眼眶两边有压痕，张口。右臂弯曲置于胸前，手中有一泥条，已残断。身着袍。宽8、高16.6厘米（图一三，1、3、2、4、5；图版一三）。

图一三　出土陶器

1~5.陶俑（B：6；A：48；A：39；B：5；A：58）　6、7.小陶俑（A：50；A：51）　8.纺轮（A：23）

还有两小俑，应属陶屋中构件，均红陶，质软，无釉，特征简化。M1A：50，怀抱一杵在舂米。宽3、高7.6厘米。 M1A：51，左臂残，右臂曲于胸前，胳膊向前。宽3、高7.4厘米（图一三，6、7）。

　　纺轮　2件。均灰胎，质地坚实。截面为菱形，中穿孔。器表饰弦纹。M1A：23，直径3、孔径0.5、高2.5厘米（图一三，8）。

　　2. 铜器　6件。

　　有铜钱3枚、铜泡2个、铜碗1件，无一完整。其中铜钱和铜泡残锈较甚，已无法起取。

　　铜碗　1件。底残，出土时已被扰乱，底朝天倒置于甬道淤土上。M1A：60，斜方唇，大敞口，斜深腹微曲，估计是平底。口径15.8、残高7厘米（图一四，1）。

　　3. 银器　1件。

　　M1A：32，银指环，已锈成黑色，呈圆形。外径1.8~2.4、戒面宽0.8厘米（图一四，2）。

　　4. 其他　均属装饰品，有玛瑙、绿松石、琉璃及琥珀等质地的管饰或串珠。

　　玛瑙珠　1套3粒。中间穿孔，出土时散落在泥土中。

　　M1A：31a，呈中间大、两头小的柱状，截面呈圆形。褐色，腰身环绕一条白带。长2、直径0.4~0.7、孔径0.1厘米。M1A：31b，短小，截面呈不规则圆形。红色。长1、直径0.7、孔径0.1厘米。M1A：31c，

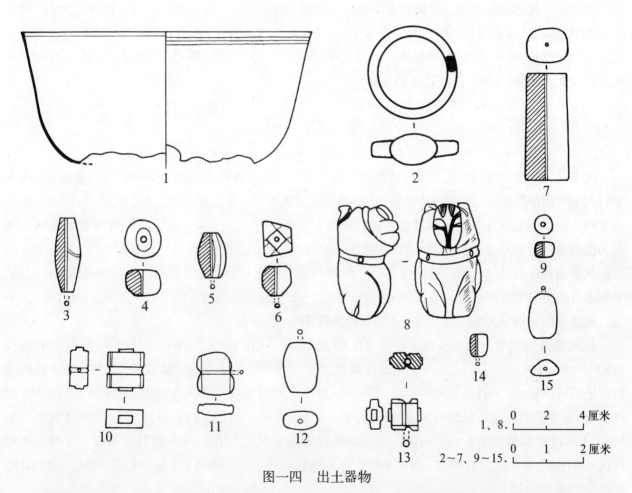

图一四　出土器物

1.铜碗（A：60）　2.银戒指（A：32）　3~5.玛瑙珠（A：31a；A：31b；A：31c）　6.绿松石珠（A：29）　7.琥珀管（A：69）
8.琥珀狮（A：70）　9.琉璃珠（A：31d）　10~15.（A：71a；A：71b；A：72a；A：71c；A：72c；A：72b）

呈中间略大，两头略小的六棱柱状，截面呈不规则六棱形。浅红色。长1.2、径0.4~0.8、孔径0.1米（图一四，3~5）。

绿松石珠　1粒。可能与M1A：31同属一套。

M1A：29，多棱形，穿孔。长1、直径0.7、孔径0.1厘米（图一四，6）。

琉璃珠　1套5粒。可能与M1A：31同属一套，均深蓝色，穿孔，尺寸接近。

M1A：31d，截面大致呈圆形。长0.5、直径0.6~0.7、孔径0.1厘米（图一四，9）。

琥珀珠　4组20粒。可能同属1套，但形状和大小尺寸不一。

管状，1粒。M1A：69，红褐色，穿细孔，截面大致呈圆形。长2.9、直径0.9~1.2、孔径0.06厘米（图一四，7）。

动物模型，1粒。M1A：70，黑褐色，微雕成卧狮(或虎?)形，腰部横向穿孔，横截面大致呈三角形。长1.5、宽0.9、高0.8、孔径0.06厘米（图一四，8）。

扁平方形，3粒。褐色，方形，压腰刻有凹槽并穿细孔，孔径均0.06厘米。M1A：71a，边长1、厚0.5厘米；M1A：71b，长1.1、宽0.9、厚0.3厘米；M1A：71c，长0.9、宽0.8、厚0.4厘米（图一四，10、11、13）。

截面呈不规则扁椭圆形、三角形或圆形，均褐色，纵向穿孔。共15粒，其中5粒残，大小尺寸不一。M1A：72a，扁椭圆形，长1.35、宽0.9、厚0.5厘米，孔径0.1厘米；M1A：72b，三角形，长1.2、边长分别为0.9、0.6、0.4厘米，孔径0.08厘米；M1A：72c，圆形，长0.6、直径0.3~0.5厘米，孔径0.08厘米（图一四，12、15、14）。

四　结　语

此墓A、B座的前后室均为穹隆顶结构，这种墓型出现于东汉中后期，如《广州汉墓》Ⅶ型1式5077号墓[②]和番禺屏山二村杉岗5号墓[③]，后者出有"番禺□（永）初五年十月□□"（111年）纪年铭文砖，明确为东汉中期。番禺屏山二村村头岗1号墓出有"永元十五年"（103年）的纪年砖，该墓为横前堂双后室"凸"字形、双后室并列的夫妇合葬墓[④]，与山文头岗1号墓相似。与山文头岗1号墓形制最为接近的是《广州汉墓》Ⅶ型2式5080号墓，双室并列，主室相通，但结构是由两个"凸"字形单穹隆顶砖室并列组成，该墓从所出的"位至三公"镜和典型陶器的特征判明属东汉后期[⑤]。所以，从墓葬结构形制来看，山文头岗1号墓时代在东汉中后期。

从随葬器物来看，山文头岗1号墓所出的壶M1B：9和M1A：36的特征介乎于《广州汉墓》M5073：21与M5080：23之间[⑥]，腹部向扁鼓发展，圈足变为喇叭口；山文头岗M1A：67瓶腹部和圈足的特征与《广州汉墓》M5041：10接近[⑦]，M1A：38双耳直身罐的造型则类似于后者M5073：18陶提筒[⑧]。《广州汉墓》M5041出有建初元年（公元76年）的铭文砖，M5080定为东汉后期，而M5073则根据墓葬形制和典型陶器的演变轨迹推断其时代大致在东汉中期偏晚阶段。参照上述时代比较明确的墓葬出土的陶器，山文头岗1号墓的时代应在《广州汉墓》M5041和M5080之间，即东汉中期偏晚阶段。

同坟异穴砖室合葬墓在岭南地区是东汉中期以后出现的。《广州汉墓》5080号墓，双室并列，主室相通，但结构是由两个"凸"字形单穹隆顶并列组成；《广州汉墓》中的东汉后期Ⅳ型墓5016号墓也是双室合葬墓，一大一小两个单室券顶墓并列，中间有券形短过道相通⑨；广西合浦县九只岭4号墓也属这种形制⑩。山文头岗1号墓双室并列四个"穹隆顶"的同坟异穴形式，在广州地区属少见的墓型。广州的地形，北和东北面是丘陵和山地，汉墓分布只在近郊，距城区不远。南面因珠江河道阻隔，西汉早中期墓不见。随着城区的扩大，到东汉，城南成了主要墓区。远离城区中心的钟村、市桥已发现了多处东汉墓群，作为珠江水道中一个江心洲，小谷围岛也发现一百余座西汉晚期至东汉末期的墓葬，表明东汉时这里也是一处重要的墓区。

附记：领队冯永驱。参加发掘的人员有张强禄、韩建军、熊伟。参与整理的人员有张强禄、江海珠、范德刚、田茂生等，线图的清绘由陈春丽和韩建军完成，关舜甫负责摄影。麦英豪先生对报告的修改给予了悉心指正，特致谢忱。

执笔：张强禄

注　释

① 蔡德铨《番禺县文物志·北亭东汉墓》第27页，1988年。
② 广州市文物管理委员会、广州市博物馆《广州汉墓》第374页，图二二八。文物出版社，1981年。
③ 广州市文物考古研究所、番禺博物馆《广东番禺市屏山东汉墓发掘报告》之图8，《考古学集刊》第14集，文物出版社，2004年。
④ 见③之图10。
⑤ 见②第373页，图二二九。
⑥ 见②第401页，图二四二 −2、3。
⑦ 见②第401页，图二四二 −5。
⑧ 见②第402页，图二四三 −2。
⑨ 见②第263页。
⑩ 广西壮族自治区文物工作队、合浦县博物馆《广西合浦县九只岭东汉墓》，《考古》2003年第10期。

图版一　A座封门及墓门外侧两边起砌额墙处（西-东）

图版二　A座甬道和前室出土器物（东-西）

图版三　A座前室出土器物（东-西）

图版四　A座前室出土器物（东-西）

图版五　陶三足釜（M1B：9）

图版六　陶瓶（M1A：65）

图版七　陶方奁（M1A：25）

图版八　陶囷（M1A：61）

图版九　陶灶（M1A：44）

图版一〇　陶灯（M1B：13）

图版一一　陶俑（M1A：39）

图版一二　陶俑（M1A：48）

图版一三　陶俑（M1A：58）

广州市西湖路三国钱币窖藏和唐代铸币遗址

广州市文物考古研究所

　　2000年11月~2001年1月，为配合广州百货大厦新翼广场的建设，广州市文物考古研究所对该工地进行了考古发掘（图一）。根据勘察结果，在施工范围内分Ⅰ区和Ⅱ区两个地点进行考古发掘。Ⅰ区位于发掘区东部，布8×8米探方两个；Ⅱ区位于Ⅰ区以西14米，布10×15米探方两个。实际发掘面积共计340平方米。清理出一处三国时期的钱币窖藏和一处唐代铸币遗址。

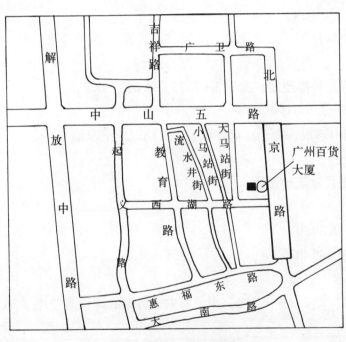

图一　遗址位置示意图

一　地层堆积

　　发掘区内文化层堆积东薄西厚。Ⅰ区深约2.5米即到生土。Ⅱ区最深达4.7米到生土，时代从西汉南越国至明清时期基本上没有间断。以下分Ⅰ区和Ⅱ区介绍。

　　Ⅰ区以T1、T2西壁为例介绍如下（图二）。

　　第1层：深灰土，土质较结。厚0.5~1米。近现代建筑基址层。

　　第2层：灰褐土，土质相对较软。厚0.75~0.85米。明清建筑基址层。

　　第3层：深灰土，土质松软。距现地表深1.3~1.6、厚0.6~1.1米。

　　第4层：深灰土夹黄土块、木炭，土质松软。深1.75~2.75、厚0.6米。

　　第5层：棕色淤泥，含有木炭粒。深2.35~2.6、厚0.3~0.4米。

　　第6层：黑淤泥夹木炭、红烧土颗粒。深2.6~3、厚0.2~0.6米。

　　第7层：黑土夹红土，土质松软。深2.65~2.8、厚0.15~0.2米。

　　第3~7层应是一个灰坑内堆积，该灰坑西、北边界超出探方范围，发掘当中按地层来处理，包含物以唐宋时期的粗瓷碗、罐等为主，并出有小型坩埚。

　　第8层：唐代黑淤泥层。深2.6~4、厚0.2~0.35米。包含物有唐代青釉四耳罐、饼足碗等。叠压于铸币遗存上。

　　第9层：唐代铸币遗址，可分为4小层。

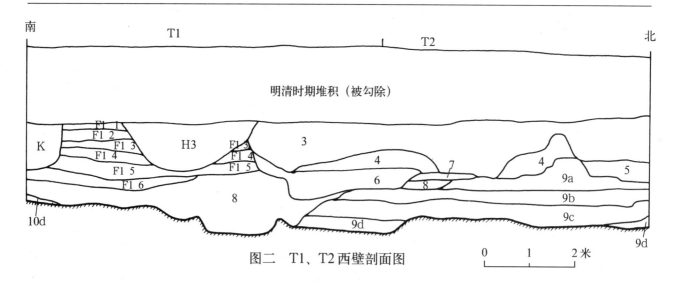

图二　T1、T2西壁剖面图

9a层：灰沙土，松散，含木炭粒、灰烬等，呈铁锈色，杂有绿色斑点。局部硬结，层面平。深2.3～3、厚0.25～0.7米。出土有"开元通宝"铜钱。

9b层：褐土夹砂，含木炭、灰烬、红烧土颗粒等，质地硬结。深3～3.3、厚0.2～0.3米。包含物与9a层相同。

9c层：浅灰淤泥，含灰沙土、木炭灰烬等，局部硬结。深3.3～3.75、厚0.2～0.3米。

9d层：红土夹黑土块，土质较硬。深3.5～3.9、厚0.25米。

以上4小层应为铸币铺垫或是在铸币过程中形成，由于这类堆积面大，仍以地层顺编。

II区以T3北壁为例，介绍地层堆积（图三）。

第1层：灰土。厚0.65～0.85米。出土现代建筑砖瓦块。

第2层：明清建筑垫土层，可分3小层。

2a层：褐灰土。深0.75～1.1、厚0.15～0.30米。

2b层：深褐土。深0.75～1.2、厚0.14～0.45米。

2c层：深灰土夹石灰粒。深1～1.3米。

第3层：棕褐土，土质较硬。深1.1～1.75、厚0.1～0.3米。出土有宋元时期的碗盘类瓷片。

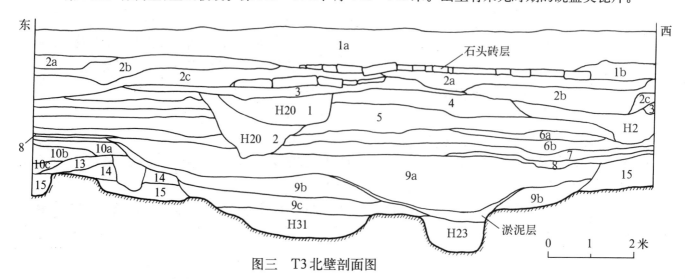

图三　T3北壁剖面图

第4层：褐土，土质较硬结。距现地表深1.4~3、厚0.2~0.5米。出土有晚唐时期的敞口浅腹窄环状足碗、青釉罐、陶瓦片等。

第5层：黄土夹瓦片层，土质较结。深1.75~2.5、厚0.2~0.6米。出土遗物同上层。

第6层：可分为2小层。

6a层：黄沙土，松散。深2~2.3、厚0.1~0.2米。

6b层：黄红土，土质较结。深2.15~2.7、厚0.2~0.3米。第6层包含物主要是唐代中期的青釉碗、盘、罐及大量的瓦片等。

第7层：深灰土夹瓦片层，土质硬结。深2.6~2.8、厚0.1~0.35米。出土有唐代碗、盘类遗物。

第8层：黑淤泥层。深2.75~2.85、厚0.1~0.15米。包含物有唐代早期的青釉碗、罐等。

第9层：唐代铸币遗址，可分4小层。

9a层：灰黄沙，含少量的灰土、木炭屑、灰烬等。深2.6~4.2、厚0.45~1.3米。包含物丰富，有唐代早期的饼足碗、罐、"开元通宝"铜钱等。该层下有木壁水井1口，大面积的硬结面1处（炉基所在）。

9b层：灰沙夹淤泥层，局部砂面硬结。深2.75~4.15、厚0.15~0.5米。出土有模腔浇铸道的铜枝1件，以及砺石、藤条等。

9c层：灰沙土，松散。深3.6~4.3、厚0.25~0.4米。出土遗物与9b层同。

9d层：在Ⅱ区T4、Ⅰ区T2有分布。

第10层：包含物较为丰富，有青釉深腹饼足碗、盘、罐等，时代属南朝。分为3小层。

10a层：灰褐土，含贝壳，土质较软。深2.75~4、厚0.15~0.3米。

10b层：灰土，土质软。深2.85~3.25、厚0.1~0.3米。

10c层：灰淤泥。深3.25~3.5、厚0.50米。

第11层：灰淤泥夹黄红土，淤软。分布在T3西南部。深2.75~3.1米、厚0.25~0.3米。出土遗物丰富，有碗、盘、罐、直筒罐等。

第12层：褐黄土。深3.1~3.5、厚0.2~0.4米。出土遗物同上层。

第11、12层，分布在T3的西南部。

第13层：深灰土，土质板结。深3.05~3.5、厚0.25米。出土极少东汉时期的罐残片。

第14层：黄灰土，土质较结。深3.25~3.7、厚0.45米。出土遗物少。该层下有南越国时期的水井2口。

第15层：灰、黄、红花土，结合紧密。深2.75~4.05、厚0.3~0.65米。出土有南越国时期的罐、盘之类的碎片。

此次发掘最重要的收获是发现一处三国时期的钱币窖藏和一处唐代早期的铸币遗存，本文即重点介绍这两处遗存。

二 三国钱币窖藏

（一）遗迹

钱币窖藏（J9）位于Ⅰ区T1的中部，压在南汉建筑基址（F1第1~6层）垫土下，打破西汉

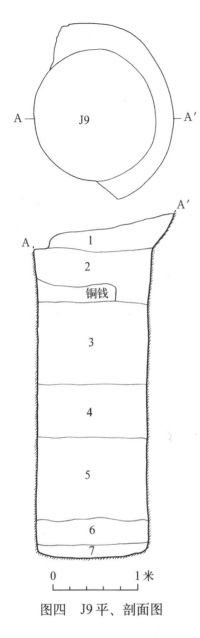

图四　J9平、剖面图

建筑基槽（G1）及生土。井口圆形，土壁。上部圆形，斜壁，口径2、深0.4米；下部壁面陡直，口径1.4米、深4米。井内堆积分7层。第1层为灰泥土，厚0.32米。第2层为灰沙土，厚0.63米。铜钱即出现在这一层，成串放置（图四；图版一）。伴出遗物有青釉碗、碟等，且两两套合放置。第3层为灰沙泥土，厚0.95米。第4层为黄沙泥土，厚0.6米。第5层为灰沙土，厚0.96米。第3～5层出土了大量的砖瓦类建筑材料。第3～5层从填垫的土质与包含物分析，可能为一次性填土。第6层为灰淤泥，为水井使用时期的沉积层，厚0.3米。这一层出土了保存完好的陶罐、青釉瓷碟，碟的形态与钱币中伴出的瓷碟相同。第7层为红色沙土，厚0.15米。

分析认为，该井起初为普通的土壁井，一段时间的使用后被用作窖藏钱币。井上扩宽的斜壁部分似与放置钱币方便有关。

（二）遗物

出土遗物有铜钱、陶瓷器、建筑材料。铜钱的数量大、种类多，约3000枚。已取出的部分，作去锈处理。种类有汉半两、五铢钱，新莽钱及三国时期的钱币。分述如下。

1. 汉代钱币

半两钱　1枚。J9：1645，方孔，无廓，边轮不周正。"半"字上部两点呈撇捺形式，首横上折；"两"字较模糊，双人简化成横画。直径2、穿径0.8厘米，重1克（图五，1）。

五铢钱　122枚。面背有廓，无好廓。依钱径大小的不同，分5类。

甲类　23枚。钱径在2.6厘米及

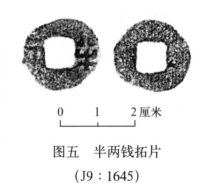

0　　　1　　　2厘米

图五　半两钱拓片
（J9：1645）

以上者。以钱型、字纹的不同，分6型。

A型　2枚。背面有纹。四出五铢，J9：1，灰色。廓面圆凸，肉好光平。"五"字二横出头连廓，交股弧曲。"铢"字之"金"头作三角形，四点呈米粒状，笔画疏朗，"朱"头呈半圆弧状。直径2.65厘米，重2.6克。J9：2，"五铢"二字较规范，显宽肥。"五"字交股弧曲度大，左右平行。"铢"字之"金"头呈"矢"状，四点为米粒形，"朱"头上部作半圆状。直径2.65厘米，重2.5克（图六，1、2）。

B型　6枚。J9：4，钱型规范，廓缘宽窄均匀，廓与肉分界明显，穿孔方正，钱面光平。"五铢"二字规范，占位适中，笔画粗而均匀，字文突显。"五"字与穿等长，二横出头连廓，交股弧曲。"铢"字"金"头作三角形，四点长方，"朱"头上下皆圆转，上小下大。重2.6克（图六，3）。

C型　8枚。J9：0012，廓窄而均，钱面显粗糙，一侧残缺。"五铢"二字清晰流畅，与B型字文的书写特征近同（图六，4）。

D型　1枚。J9：0024，外廓较窄，廓与肉的分界不明显，钱面粗糙。"五铢"二字较规范。"五"字显细长，交股弧曲，上下两部分呈弹头状对接。"铢"字笔画细浅，其形态与C型近同。重2.3克（图六，5）。

E型　2枚。J9：0025，廓缘显宽而漫平，廓肉界线不显。"五铢"二字笔画粗浅模糊。"五"字用笔不规范。"铢"字"金"头呈三角形显歪扭，"朱"头圆转。重2.3克（图六，6）。

F型　2枚。J9：0027，外廓宽而漫平，但钱面较平。"五铢"二字极模糊，尤其是"五"字在显微镜下方可辨其字迹。"铢"字"金"头作三角形，四点显长方，"朱"头方折。重1.8克（图六，7）。

乙类　84枚。钱径2.5～2.55厘米。根据钱型和字文特征分7型。

A型　1枚。J9：0097，灰色。廓缘较宽，峻挺。钱面光平。"五铢"二字较规范，"五"字修长，字口浅，二横出头连廓，交股斜直。"铢"字"金"头呈三角锥形，四点长方，"朱"头圆折。重1.5克（图六，8）。

B型　8枚。J9：0033，面廓宽厚，峻挺。宽1.3、厚1.2厘米。钱面平。"五铢"二字较规范，字

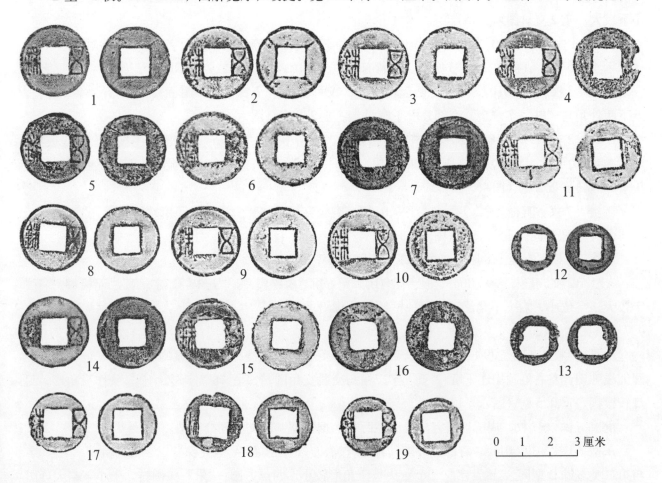

图六　五铢钱拓片

甲类：1.A型（J9：0001）　2.A型（J9：0002）　3.B型（J9：0004）　4.C型J（9：0012）　5.D型（J9：0024）　6.E型（J9：0025）
7.F型（J9：0027）　乙类：8.A型（J9：0097）　9.B型（J9：0033）　10.C型（J9：0036）　11.D型（J9：0065）　14.E型（J9：0097）
15.F型（J9：0095）　16.G型（J9：0020）　丙类：17.A型（J9：0107）　18.B型（J9：0103）　丁类：19.（J9：0110）　戊类：12.A型（J9：0045）　13.B型（J9：0046）

口深峻。"五"字笔画粗于"铢"字。"五"字二横出头连廓，交股微曲，接触处似弹头形对接。"铢"字"金"旁显模糊，"朱"头上下皆方折，上小下大。重2.6克（图六，9）。

C型　25枚。J9:0036，廓缘宽厚均匀。宽1.2、厚1.2厘米。"五铢"二字规范，笔画纤细清晰而流畅，占位适中。"五"字显瘦长，二横不出头，交股弧曲。"铢"字"金"头呈三角形较小，略矮于"朱"头，四点显细长，朱头上下皆方折，上小下大。重2.2克（图六，10）。

D型　40枚。J9:0065，廓缘宽窄不均。钱面光平，肉较薄，一边残损。"五铢"二字形态特征类似第一类B、C型（图六，11）。

E型　1枚。J9:0097，廓缘窄而均匀，钱面显粗糙。"五铢"二字笔画细浅。"五"，字略显清晰，二横不出头，交股弧度大，整体形状似"8"字形。"铢"字笔画粗浅模糊，字迹略可辨识。重2.8克（图六，14）。

F型　8枚。J9:0095，廓缘漫平，钱面显粗糙。"五铢"二字浅而模糊，尤以"五"字更甚，仅可辨其印迹，且字不规范。"铢"字占位大，"金"头呈三角形，占位大，四点细长；"朱"头圆折，上小下较大。重2克（图六，15）。

G型　1枚。J9:0020，面、背有廓不明显，钱面较光平。字迹不明显或无字。重1.8克（图六，16）。

丙类　5枚。直径2.2～2.3厘米。面背有廓，无好廓。据钱型字文的不同分2型。

A型　3枚。J9:0107，窄缘，凸起较明显，钱面光平。"五铢"二字笔画较粗。"五"字显瘦长，上下两外角与"铢"字"金"旁部分没于廓沿上。重2.8克（图六，17）。

B型　2枚。J9:0103，廓缘细窄，边沿粗糙，钱面不平。"五铢"二字笔画不规范，细浅模糊。"五"字隐约可见，显长，有挤压于廓的现象。"铢"字"金"头细小，中竖显粗，四点不明晰；"朱"头下部圆转。重2克（图六，18）。

丁类　7枚。直径2～2.1厘米。J9:0110，廓缘突起不如背廓清晰，下廓轮边有茬。"五铢"二字与丙类A型近同。重1.1克（图六，19）。

戊类　3枚。直径1.8厘米。根据钱文不同分2型。

A型　2枚。五朱。J9:0045，面、背有廓，无好廓，廓缘漫平。"五朱"二字笔画浅而模糊。"五"字较大，字位小，右上下角约三分之一挤压于外廓沿上。"朱"字上下皆圆转，左右笔画均连廓。重0.7克（图六，12）。

B型　1枚。五金。J9:0046，面、背有廓，无好廓，廓缘漫平，无明显的界线。"五金"二字笔画细浅难识，左右笔画均连于廓。"五"字二横与交股交角圆转，呈"8"字形。"金"头作三角形，四点较模糊。重0.5克（图六，13）。

磨廓五铢　67枚。周廓被磨完与未磨完两种。据钱型、字文不同分8型。

A型　1枚。J9:0115，有部分外廓，背内有廓，方正，钱面平。"五铢"二字笔画粗浅。"五"字与第二类五铢B型同。"铢"字之"金"头呈三角形较小，四点方圆；"朱"头圆转，上小下略大（图七，1）。

B型　3枚。J9:0116，有部分外廓，廓轮未经磨圆，背内有廓，方正。"五铢"二字方正，占位大，字口深，用笔粗细不均。"五"字显宽肥，二横连廓，交股弧曲度大。"铢"字之"金"头呈锥状，四点宽短，"朱"头上下皆圆折（图七，2）。

C型 9枚。J9：121，有部分外廓，背内廓不显，钱面平，边轮被磨光圆。"五铢"二字较规范，但笔画粗浅模糊。"五"字二横不出头，交股弧曲，上下不对称。"铢"字之"金"头呈三角形较大，四点粗短，"朱"头圆转，上小下大（图七，3）。

D型 2枚。J9：0129，有部分外廓，背内有廓，方正，钱面不平。"五铢"二字唯"五"字清晰，但字体显歪斜。"铢"字之"金"头呈三角形略矮于"朱"头，"朱"头上下等长（图七，4）。

E型 17枚。J9：0132，有部分外廓，背内有廓，方正，钱面粗糙，多针眼，一边残损。"五铢"二字笔画粗浅不匀。"五"字显长，交股弧曲。"铢"字之"金"头作三角形，两斜笔微内弧，四点显长，"朱"头圆转，上下基本等长（图七，5）。

F型 15枚。J9：0152，无周廓，背内廓不显，钱面不平，且粗糙，钱较薄一边多残损。"五铢"二字不规范。"五"字交股弧曲。"铢"字之"金"头呈三角形，四点长方，"朱"头圆转，左右两笔微向外敞，中竖中断（图七，6）。

G型 12枚。J9：0169，无周廓，背内无廓，钱肉极薄，上有密集针眼状孔。"五铢"二字极难辨识，在显微镜下可见"五"字字迹，"铢"字不清晰（图七，7）。

H型 8枚。J9：0184，无周廓，背内无廓，肉极薄，钱面显粗糙，多针眼，边轮不光圆。"五铢"二字不明显，或无字（图七，8）。

剪轮五铢 12枚。"五铢"二字的一半均被剪劈，分2型。

A型 2枚。边轮光圆。J9：0271，边轮经磨圆。背内廓深峻，穿孔方正，肉光平。"五铢"二字

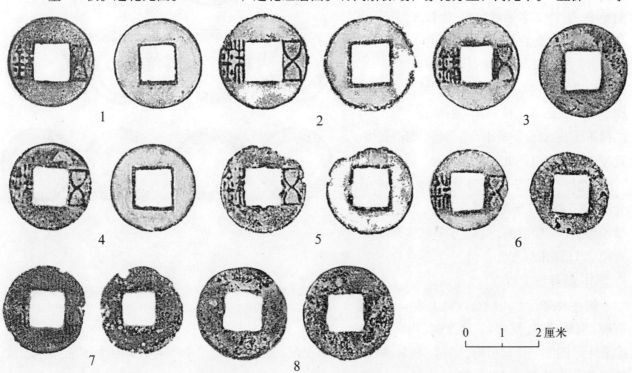

0   1   2厘米

图七 磨廓五铢拓片

1.A型（J9：0115） 2.B型（J9：0116） 3.C型（J9：0121） 4.D型（J9：0129） 5.E型（J9：0132）
6.F型（J9：0152） 7.G型（J9：0169） 8.H型（J9：0184）

图八　剪轮五铢
1.A型（J9：0271）　2.B型（J9：0270）

分6型。

A型　34枚。J9：0312，廓缘宽厚深峻，肉光平。"五铢"二字横粗竖细。"五"字二横不出头，交股微曲，接近横笔渐细。"铢"字"金"旁作三角形较大，四点显长。直径2.6厘米（图九，1）。

B型　252枚。J9：0371，廓深峻，面光平。"五铢"二字笔画细浅，清晰。"五"字二横不出头，交股弧曲，接近横画渐细。"金"头作"矢"状，四点较短。直径2.55厘米（图九，2）。

C型　107枚。J9：0298，"五"字二横出头，交股弧曲。"金"头作"矢"状，四点呈米粒状。直径2.5厘米（图九，3）。

D型　38枚。J9：0297，廓缘深峻，钱面光平。五铢二字笔画均匀，字口深。"五"字二横不出头，交股弧曲。"金"旁作三角形，四点长方。直径2.55厘米（图九，4）。

E型　151枚。J9：0422，廓缘漫平。"五铢"二字笔画细浅模糊，字形显长。"五"字二横不出头。"金"头作"矢"状，四点长方。直径2.6厘米（图九，5）。

F型　2枚。J9：0431，廓缘内斜，钱面光洁。"五铢"二字笔画浅而模糊。"五"字二横不出头，交股微曲。"铢"字笔画模糊难辨。直径2.55厘米（图九，6）。

2．新莽钱币

綖环大泉五十　1枚。J9：1734，面、背有廓，廓缘较窄，深峻，轮边光圆。内廓及"大泉五十"四字一半被剪劈。四字篆书，顺读，字形规范，笔画均匀。"泉"字中竖中断，"五"字二横不出头。直径2.7厘米（图一〇，1）。

货泉　2枚。J9：0889，面、背有内外廓，廓缘较宽，好廓峻挺，钱面显粗造。"货泉"二字篆书，字文工整，笔画细浅，显模糊。"货"字"贝"旁，"泉"字"白"旁，均呈椭圆形。"泉"字中竖中断。直径2.2厘米，重3克。J9：0890，窄缘，好廓不显，钱面显粗糙。"货"字"贝"旁，"泉"字"白"

笔画较粗。"五"字二横不出头，交股弧曲。"朱"旁上方下圆转。直径1.25厘米（图八，1）。

B型　10枚。边轮残缺。J9：0270，背内廓峻挺，宽而方正，肉光平。"五铢"二字笔画较粗，字形规范。"五"字二横不出头，交股弧曲。"朱"头上方下圆。直径1.7厘米（图八，2）。

綖环五铢　584枚。面、廓及字文的不同分6型。

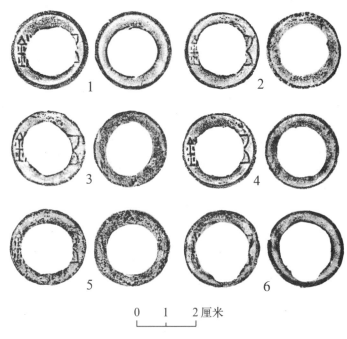

图九　綖环五铢
1.A型（J9：0312）　2.B型（J9：0371）　3.C型（J9：0298）
4.D型（J9：0297）　5.E型（J9：0422）　6.F型（J9：0431）

旁圆中显转折。直径2.1厘米，重2克（图一〇，3、4）。

綖环货泉　22枚。以廓缘形态的不同分3型。

A型　2枚。廓缘深峻宽平。J9：0872，面、背有廓，宽窄均匀，钱面光平。"货泉"二字篆书，字文纤细清晰，工整，大小适中，布白合理。"泉"字中竖中断。直径2.3厘米（图一〇，6）。

B型　17枚。廓缘漫平。J9：0880，廓轮不周正，廓内沿与肉交界线不明显。"货泉"二字笔画显粗，泉字中竖中断。直径2.2厘米（图一〇，5）。

C型　3枚。廓缘内斜。J9：0891，面、背有廓，宽窄均匀，钱面光洁。"货泉"字文同A型。直径2.2厘米（图一〇，2）。

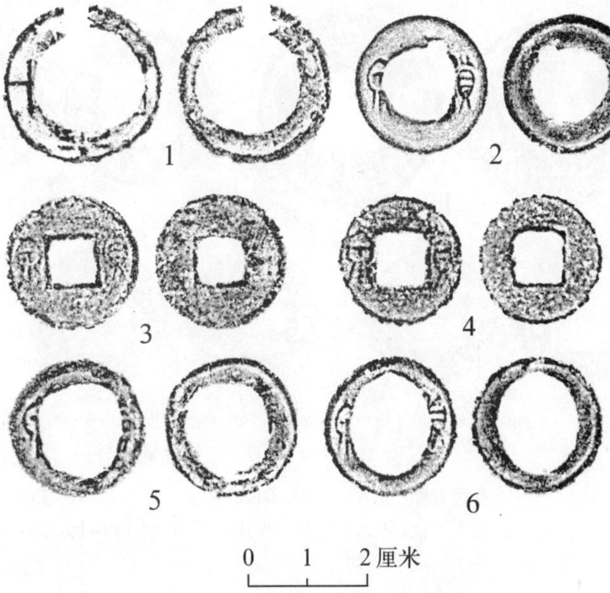

3. 三国钱币

直百五铢　2枚。J9：0894，面、背有廓，廓缘宽窄均匀，面与字面同高。四字篆书，顺读，笔画粗细不匀，直笔显直，折笔显圆转。"直"字"目"旁，"百"字之"日"旁方中显圆。"五"字二横出头连于廓沿上，交股微曲。"铢"字笔画不清晰。直径2.6厘米，重3.5克。J9：0895，面、背有内外廓，廓缘宽窄不一，钱面显粗糙。字文不规范，粗浅模糊，字占位拥挤。"直"字下横、"百"字首横皆没于内廓上。"铢"字难以辨识。直径2.1厘米，重1克（图一一，1、2）。

直百　1枚。J9：0899，面、背有廓，无好廓，廓缘深峻，钱面平，上有砂眼。"直百"二字篆书，横读，笔画方折圆转，直字连于廓沿上。直径1.7厘米。重1克（图一一，3）。

太平百钱　4枚。按照廓缘不同分2型。

A型　1枚。廓缘宽窄不一。J9：0901，面有外廓，穿上横廓，钱面粗糙，廓轮光圆。四字篆书，顺读。"太"字首横较短，下弯呈钩形。"平"字首横没入下廓沿，两点收笔微向上翘。"钱"字用笔细浅模糊难辨。直径1.8厘米，重1.4克（图一一，4）。

B型　3枚。廓缘呈线状。J9：0902，面、背有廓，无好廓，钱面粗糙，廓轮未经磨圆。四字篆书，顺读。"太"字首横似燕翅形，"平"字两点上拖更长，"钱"字难以辨识。直径1.9厘米，重1克（图一一，5）。

太平百金　1枚。J9：0905，面、背有廓，肉好周廓，廓缘平，宽窄不一。四字篆书，"百金"二字逆读。"太"字难辨，"平"字两点微向下弧，"金"头作锥形显长。直径1.6厘米，重0.6克（图一一，6）。

定平一百　1枚。J9：0907，面、背有廓，有好廓，廓缘峻挺，钱面显粗糙。四字篆书，顺读。"平"字书写形式与"太平百钱"之"平"字酷似。直径1.55厘米，重0.6克（图一一，7）。

大泉五百　404枚。面、背有廓，好廓方正。以面、廓与字文的不同分2型。

A型　315枚。J9：1148，廓缘宽窄均匀，廓缘深峻，明显高于字面，面肉显凹，背肉光平，廓

图一〇　J9出土铜钱

綖环大泉五十：1.(J9：1734)
綖环货泉：2.B型（J9：0270）　5.B型（J9：0880）　6.A型（J9：0872）
货泉：3.A型（J9：0889）　4.B型（J9：0890）

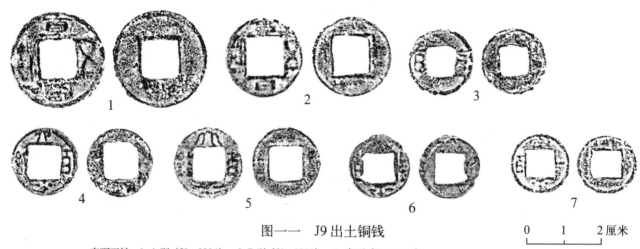

图一一　J9出土铜钱

0　1　2厘米

直百五铢：1.A型（J9：0894）　2.B型（J9：0895）　3.直百（J9：0899）
太平百钱：4.A型（J9：0901）　5.B型（J9：0902）　6.太平百金（J9：0905）　7.定平一百（J9：0907）

边未经磨圆。四字篆书，顺读，字形工整，大小适中，布白合理。"大"字首横呈燕翅形。"泉"字中竖未断。"五"字宽矮，二横不出头，交股微曲。直径3、孔径1厘米，重9.5克（图一二，1；图版二）。

B型　89枚。J9：1301，廓缘宽窄不一，廓缘深峻，好廓细窄。"大"字扁矮。"五"字修长，形态似"8"字形。"百"字显瘦长。直径2.9、孔径1.1厘米，重7克（图一二，2）。

大泉当千　62枚。面、背有廓，好廓方正。以面、廓与字文的不同分2型。

A型　33枚。J9：1351，廓缘宽窄均匀，廓缘深峻，明显高于字面，面肉显凹，背肉光平。四字旋读，运笔粗细得当。"大"字首横呈半圆形。"泉"字中竖不断，但上不连横。"当"字方正，笔画方折。"千"字一横连于好廓上。直径3.4、孔径1.3厘米，重10.8克（图一二，3；图版三）。

B型　29枚。J9：1335，廓缘宽窄不一。"大泉当千"四字笔画稍粗，余与A型同。直径3.4厘米，重7.2克（图一二，4）。

大泉二千　359枚。面、背有廓，好廓方正，面肉显凹，背肉光平。以廓、字文的不同分2型。

A型　172枚。J9：1568。廓缘宽窄均匀，廓缘峻深。篆书，四字旋读，字形规范。"大"字首横呈半圆形，撇笔不出头。"泉"字中竖不断，上不连横。"二"字两横直而等长。直径3.2、孔径1.2厘米，重8.1克（图一二，5；图版四）。

B型　187枚。J9：1415。廓缘宽窄不一，好廓细窄，余均同于A型。直径3.2、孔径1.2厘米，重9.4克（图一二，6）。

4．陶瓷器　28件。陶器类主要是罐，瓷器类有碗、碟、钵、盂等。

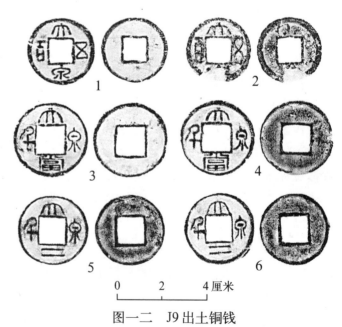

图一二　J9出土铜钱

大泉五百：1.A型（J9：1148）　2.B型（J9：1281）
大泉当千：3.A型（J9：1351）　4.B型（J9：1335）
大泉二千：5.A型（J9：1568）　6.B型（J9：1415）

陶罐　13件。按口部形态的不同分4型。

A型　7件。沿面外斜，尖唇。J9∶15，灰陶。直口，斜肩，上腹微外鼓，下腹近直，大平底微内凹。底中部有一方形的凹印，无字款。肩附四个横耳，作对称分布。肩、腹部饰两道凹弦纹。口径14、底径21.4、高23.6厘米（图一三，4）。

B型　1件。口沿外卷。J9∶41，灰陶。直腹壁，凹底。肩附四个横耳，作对称分布。肩、腹部饰两道凹弦纹。口径11.6、底径20、高24厘米（图一三，5）。

C型　4件。双唇口。J9∶13，红陶。大口，口外有凸棱，似假双唇口，有肩不显，腹近直，平底微内凹，肩部附四个横耳。肩部饰一道凹弦纹。口径18.8、底径20.6、高22.8厘米。J9∶39，灰陶。溜肩，腹微外鼓，底边外扩，凹底。肩附四个横耳，作对称分布。肩、腹饰两道凹弦纹。口径14.5、底径15.2、高16.8厘米（图一三，1、2）。

D型　1件。侈口。J9∶26，灰衣陶。束颈，圆肩，鼓腹，平底微内凹。肩附四个横耳，作对称分布。肩饰一道凹弦纹。口径11.5、底径11.5、高12.7厘米（图一三，3）。

瓷碗　4件。形态基本相同。J9∶87，口微敞，弧腹，平底，底面有细密半圆形齿轮纹。口沿外侧饰一道凹弦纹，内底饰二道弦纹圈。腹底四个支钉、口沿上9个圆形支钉突显，呈暗红色。青釉泛黄，釉层薄而光亮。口径11.5、底径6、高3.8厘米（图一三，8）。J9∶84，胎体显薄，口底无支钉印。口径11.8、高4厘米（图一三，13）。

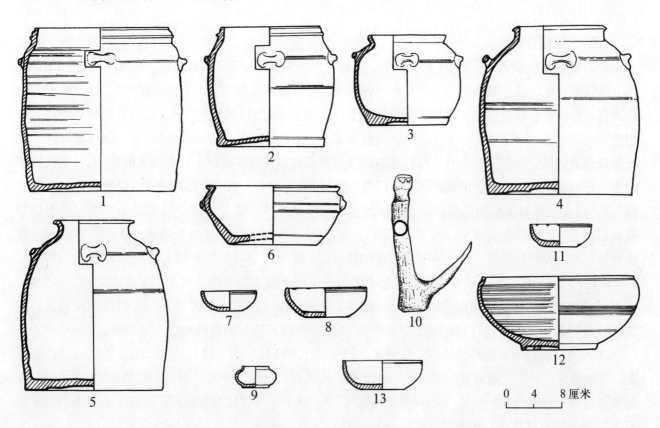

图一三　J9出土遗物

1.Ca型罐（J9∶13）　2.Cb型罐（J9∶39）　3.D型罐（J9∶26）　4.A型罐（J9∶15）　5.B型罐（J9∶41）　6.B型钵（J9∶91）　7.B型碟（J9∶83）　8.碗（J9∶87）　9.小盂（J9∶45）　10.鹿角（J9∶92）　11.A型碟（J9∶85）　12.A型钵（J9∶1）　13.碗（J9∶84）

瓷碟　8件。根据腹和底的不同分为2型。

A型　3件。J9：85，口微敞，弧腹，平底较厚。器底有3个支钉泥突，口沿上有19个细小的支钉印痕，暗红色。口沿外侧饰一周细而深的凹弦纹，器内底饰三圈凹弦纹。青釉，泛灰白色，开细小纹片。口径9.3、底径5.5、高3.2厘米（图一三，11）。

B型　5件。J9：83，敞口，弧腹，饼状足不很明显。足底上有3个支钉印。口沿外饰一周凹弦纹，器内底饰二周凹弦纹。青釉，泛灰白色，釉层薄。口径8.9、底径5、高3.2厘米（图一三，7）。

瓷钵　2件。J9：1，敛口，上腹外鼓，下腹弧收，矮圈足。腹下部一圈有11个支钉印，足底4个支钉凸起，呈暗红色。沿外饰一周凹弦纹，腹中部饰四道凹弦纹，器内壁有清晰的轮制纹。青釉泛黄，釉层光亮洁净，釉面开细小纹片。口径22、足径10.8、高10.4厘米。J9：91，灰黄陶。卷沿，沿面平，束颈，上腹微外鼓，下腹斜直收，凹底。上腹部附对称横耳。腹饰两道凹弦纹。口径20、底径14、高8厘米（图一三，12、6）。

瓷盂　1件。J9：45，小口，直口较矮，圆肩，扁圆腹，平底。青釉泛黄，釉层薄而光亮、洁净。口径4、底径3.2、高3.9厘米（图一三，8）。

5．鹿角

2件。标本J9：92，丫形。主枝上端刻有一道凹槽，丫口处被磨圆。长32.5、主茎径2.4厘米（图一三，10）。

（三）　年代分析

此窖藏钱币数量大，种类多，跨时间长。这批钱币中见有1枚无廓平背荚钱，是西汉初期的铸币①。在五铢钱中，年代较早的钱币少。乙类A型钱中有少数几枚廓缘较宽厚，其中1枚"五"字显瘦长，交股斜直，有武帝五铢钱的字文风格，蒋若是先生将这类五铢定为I式钱②。甲、乙类B型和C型钱，钱型稳定、字文规范，"五"字二横多出头，交股弧曲，上下对称工整，是汉代宣帝三官五铢的形式③，但此型钱普遍较轻，多在2克左右，与标准的西汉三官五铢（重在3克以上）有较大的差别，"东汉钱币减重，开始于东汉中叶，到桓灵时代逾趋严重"④。桓帝时有人上书"货轻钱薄，以至贫困，宜改铸大钱"⑤。因此，可初步推测该型钱铸于西汉时期的可能性不大，定于东汉中后期较为合理。甲类D型钱和乙类D、E型钱字文规范，与甲、乙类B、C型钱字文相似，但钱型更轻薄，且边轮多残损，或钱面呈网状，表显棕黄色，此实为一种极度的减重钱，其年代也应与上型钱大致同时或稍晚。甲类E、F型钱和乙类F、G型钱，钱体轻薄，钱型不稳定，周廓不整不显，铜质极差，字文不规范，多变形，甚至不辨字形，估计是钱币泛滥时期的私铸币⑥。丙类和丁类钱径小，厚薄不一，但钱型较稳定，典型的特征就是字文有挤压于廓的现象。唐石父认为这类钱可能是曹魏时期的五铢钱⑦。

在各类五铢钱中，綖环五铢钱的数量多，已整理出584枚，占总钱数的35.5%。这类钱，钱型规范，质色稳定，事实上被剪劈的綖环五铢钱质量一般尚好。这种一分为二剪劈铜钱的形式，"始于西汉后期的成帝、哀帝时期"⑧，"东汉中期以后流行"⑨。除上述五铢钱被綖环外，还有王莽时期的"大泉五十"与一部分"货泉"被剪劈綖环。

三国时期三类大型钱在广州地区的出土极为少见，即使在国内也不多见，尤其是大泉二千钱，自古以来以少见珍。而此次出土"大泉二千"多达359枚（还不包括未去锈的一部分），此外，还有蜀汉的"直百"和"直百五铢"钱。"太平百钱"和"定平一百"铜钱，未定国属，其铸地和年代长期以来存在歧议。有学者认为"太平百钱"是蜀钱，最直接的证据是：1980年四川成都小通巷出土太平百钱的铜范一件⑩，在一定程度上证明了这类钱币铸于蜀汉成都的可能性。"定平一百"的铸地问题也存在同样的现象，是蜀钱抑或吴钱仍无定论。但这类钱币却较多地出现于吴境而非蜀地。如在湖北鄂城吴墓、安徽马鞍山朱然墓⑪、1991年鄂城饮料厂M1⑫，此类铜钱均同出，尤其是1955年武昌孙吴郑丑墓⑬出土太平百钱128枚。此次窖藏出土的上述几类铜钱，也同样出现在东吴治理的广州境，这多少能说明一些问题。

窖藏钱币的年代不晚于三国时期，也是因为与钱币伴出的瓷碗、碟的形制、釉色与江苏南京北郊郭家山东吴纪年M7⑭、湖北鄂州鄂钢饮料厂M1出土的碗也接近⑮。需要说明的是，与铜钱伴出的瓷碟，在水井的使用时期，也沉积有1件，证实水井的使用、废弃到用作窖藏的时间相隔不会太长。在水井的使用期还有丰富的三国时期的灰陶（硬陶），少量的黑衣陶罐。罐为矮直领，多数罐的唇面外斜，断面作三角形，腹、底呈桶形等作风，保留了本地区东汉时期陶器制作的基本特征。因此，我们认为这批铜钱的窖藏年代定于三国时期是较为合适的。

窖藏中出土大量的两汉五铢钱，表明五铢钱在三国时期的岭南地区仍广泛流通。目前所见广州地区的两汉墓葬中⑯，大量五铢钱的随葬始于西汉后期，东汉时期达到高峰。这与窖藏五铢钱所显示的时代特征是吻合的，表明五铢钱的一部分可能来自本地区。

从井内堆积状况分析，这口井是经过使用后再用作窖藏的井，在窖藏前井口稍作扩大，钱币的放置应经过了分类串连，将三国时期的三类大钱放于底部，其上有少量散乱的钱币。钱币中还放置有两两套合的青釉瓷碗盏。从这些现象可看出，钱币窖藏是经过专门安排的。而不是在一时的荒乱中完成的，是正常情况下贮藏货币的一种方式。

如此大量三国货币的出土，显示出广州地区作为东吴大后方的重要性。广州是东吴通往东南亚的重要港口之一，唐长孺研究认为："即使在三国时代，商品货币经济也不曾完全绝迹，三国间公私商旅的往还交市不仅始终存在，东吴上下的海外贸易还得到进一步的发展。"⑰由此我们认为，窖藏钱币的性质很有可能与当时的商业贸易，尤其是与东南亚等国家的贸易往来有关。

三 唐代铸币遗存

(一) 遗迹

铸币遗迹构筑于沙层堆积（第9层）中，沙层面积约750平方米，发掘面积为250平方米。依沙层含泥状态与内含物的不同，分为4小层，即9a、9b、9c、9d层。被第8层叠压，打破南朝晚期的建筑垫土，中部最深处打破了红色风化土。周边沙的成分较大，其中含木炭屑、灰烬多；中部有大面积的薄层淤泥，应与积水坑的使用有关。

沙层中分布的遗迹有高温烘烤的两类硬结面、小型坑、积水坑、灰坑、水井。两类硬结面、积水坑均开口9a层下，小型坑、水井则开口于9a层。分布特征：以西部较大面积的硬结面（炉基）为中心，西北部存有水井1口、竹编坑3座；东部沙层最厚处，有积水坑2座，灰坑4座；东南部有木壁坑2座，竹编坑1座。较小面积的硬结面主要分布在第9层的东南边缘（图一四）。

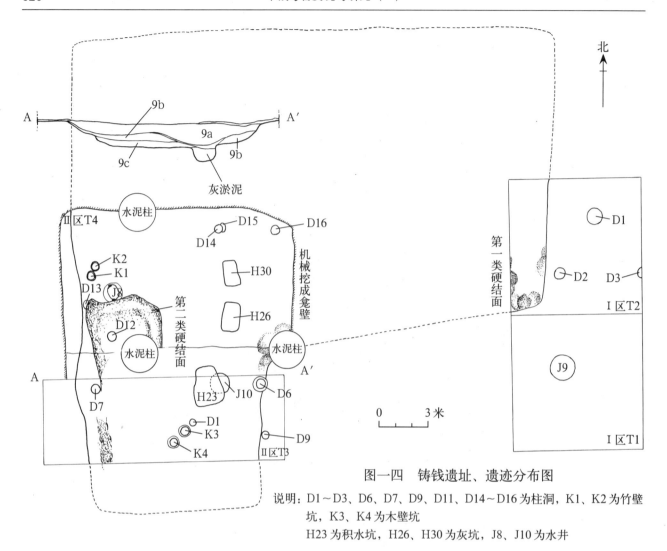

图一四　铸钱遗址、遗迹分布图

说明：D1～D3、D6、D7、D9、D11、D14～D16 为柱洞，K1、K2 为竹壁坑，K3、K4 为木壁坑

H23 为积水坑，H26、H30 为灰坑，J8、J10 为水井

1．烧结硬面

A类　小面积硬结面，面积约 1 平方米，在沙层堆积中发现了多处，表面平整。且有多层硬面相叠的现象。在其周围，出土有较多的开元通宝铜钱、木炭灰、铁锈状和铜绿色小颗粒（图一四）。

B类　较大面积的硬结面，仅见到一处，平面为长圆形。南北残长约 11 米（由于中部被宋代灰坑与现代建筑桩孔打破，不排除为两个并列的单元）、东西宽约 5 米。叠压于 9a 层下、9b 层上。其特征是：结面的东、南、北三边烧结，呈梗状，紫红色。宽 20～25、高 15～20 厘米。西边（建筑垫土）则不见这类梗状的硬结面。中部虽有一定程度的烘烤，但沙层的结构相对松散而纯净（图一四；图版五）。

2．小型坑

发现 6 座，以坑壁结构的不同，分为 2 类。

A类　竹壁坑，5 座。以 1 号坑（K1）为代表，平面为圆形，口大底小。构筑方法是：先挖坑，后安置竹筐，竹筐外围空隙处填灰泥。内坑积满灰沙土。外圈直径 0.7、内径 0.5、深 0.5 米（图一五）。

B类　木壁坑，2 座。以 6 号坑（K6）为代表，平面为圆形，木壁厚 2 厘米。构筑方法是：先挖坑，坑底垫板，后将一截树木掏空内芯置入坑内。木壁外围空隙处填深灰土，内积灰土夹粗砂。外径 0.55、内径 0.34、腹最大直径 0.5、深 0.7 米（图一六；图版六）。

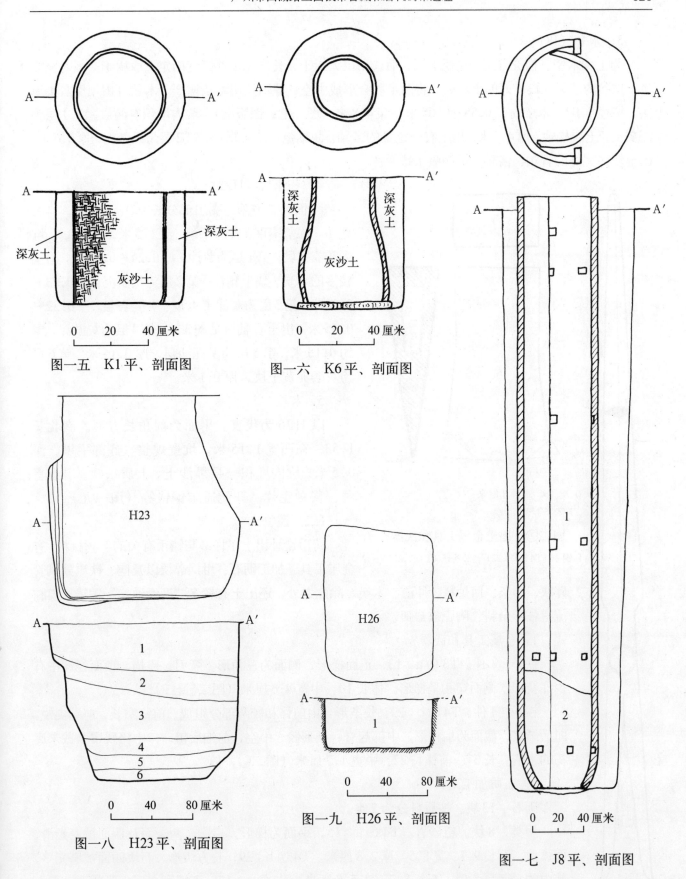

图一五　K1平、剖面图

深灰土　　深灰土

灰沙土

0　　20　　40厘米

图一六　K6平、剖面图

深灰土　　深灰土

灰沙土

0　　20　　40厘米

H23

A—　　　—A′

1

2

3

4

5

6

0　　40　　80厘米

图一八　H23平、剖面图

H26

A—　　　—A′

A—　　　—A′

1

0　　40　　80厘米

图一九　H26平、剖面图

1

2

0　　20　　40厘米

图一七　J8平、剖面图

3．水井（J8）

为土坑木壁。构筑方法：先挖土坑，后选用粗大树干，长度视水井深度而定，取树干一截对剖成半，挖除内芯，在设计好的土坑内，将两半扣合形成中空，缝隙处用木条塞严。木壁外围用深灰土填实。坑径1.07、木壁内径0.55~0.65米、深4.8米（图一七；图版七）。坑内堆积有两层。第1层为深灰土，土质松软，厚4.2米。出土有一定量的青釉、酱釉瓷片及灰瓦片。第2层为黑淤泥，厚0.6米。出土较多完好的青釉、酱釉、黑陶吸水罐等。

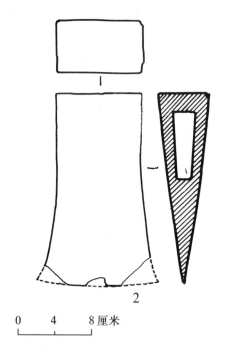

图二〇　出土金属工具和武器

1.铜矛（T4⑨b：22）　2.铁斧（T4⑨a：13）

0　　4　　8厘米

4．积水坑（H23）

平面为长方形。揭出部分长1.9、宽2米。口大底小，坑壁不平，底部平坦。深1.5米（图一八）。坑内积有6层。第1层为黄沙，厚0.24~0.52米。出土较多的木炭、烧土颗粒。第2层为灰淤泥，厚0.13~0.25米。第3层为灰泥夹木屑、炭混合层，厚0.32~0.55米。出土青釉饼足碗3件。第4层为灰淤泥，厚约0.15米。第5层为淤泥沙层，厚0.15米。第6层为灰淤泥黄土块，厚0.1米。

5．灰坑

以H26为代表。平面为圆角长方形。南北长1.53、东西宽1.15米。坑壁规整，底部平坦。深0.5米。坑内堆积一层黑沙土，土质松软。出土青釉、酱釉瓷片、开元通宝铜钱等（图一九）。

（二）遗物

铸币遗址出土了许多与铸币有关的实物材料，有金属工具、加工砺石、坩埚碎块以及陶、铁质鼓风管碎块、藤条、回炉料、冲渣、木炭。除此之外，还出土有较多"开元通宝"铜钱、模腔流道枝叶余料、陶瓷质器皿。

1．金属工具和武器

铁斧　1件。T3⑨a：13，正面梯形，侧面为三角形。弧刃，残损，顶面经锤击有少许变形，侧面穿孔呈梯形。体长10、中宽4.6厘米（图二〇，2）。

铜矛　1件。T4⑨b：22，长条形，由前锋和骹两部分组成。前锋窄长，前端尖锐，向后渐宽，截面为扁棱形，中部起脊；丫形骹，中空，前细后粗。口中仍残留一截未腐朽的木柄。长37、前锋长22、中宽1.7厘米（图二〇，1）。

2．石质加工工具

砺石　13块。按质料分为2类。

甲类　8块。粗砂岩。T4⑨a：15，平面为梯形，扁薄。两大面及侧面被磨光滑，面弧曲。石长9.7、宽8.5、厚2.8厘米。T4⑨b：29，长方块形。石块四面被磨光平，其中的一面呈弧形。石长8.7、宽5.6厘米。T4⑨a：17，不规则方形，残断。一面上磨成"十"字形半圆状的槽，其中一条槽较深。石长15、宽10.5、厚6.5厘米，槽宽2~4、深1~1.2厘米。T4⑨c：18，不规则方块形，石面不平。上不同程度地 磨成宽窄、深浅不一的槽，达9条之多。石长7、宽6.5、厚4.5厘米，槽宽0.6~1.3、深0.4~0.7厘米（图二一，2、7、5、6）。

乙类 5块。细砂质岩。标本T4⑨d：27，不规则形，一端圆，一端残断，石块扁平。两大面被磨成弧形，光滑。石长16.6、宽13.5、厚5厘米。T2⑨a：40，质细腻。长方形，一端厚，一端稍薄。正面、两侧面被磨成弧形（中部最深）。石长21、宽8.7、厚4.5~5.6厘米。T4⑨b：27，油石质。不规则方形，扁平。一面磨成光滑的平面，同在此面上，呈钝角折起，折起的一面同样被磨光平。石长10.6、宽10、厚3.4厘米（图二一，3、1、4）。

3. 炉具碎块

坩埚碎块　计232块。以夹砂红、黄陶为多，灰陶较少。有厚薄两种，以厚胎为多，最厚5.5、最

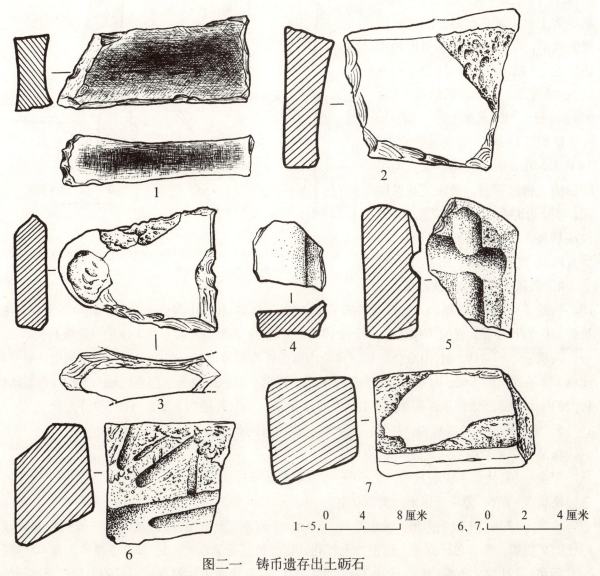

图二一　铸币遗存出土砺石

1.二类B型（T2⑨a：40）　2.一类Aa型（T4⑨a：15）　3.二类A型（T4⑨d：27）　4.二类C型（T4⑨b：27）
5.一类Ba型（T4⑨a：17）　6.一类Bb型（T4⑨c：18）　7.一类Ab型（T4⑨b：29）

薄2厘米。炉块表面压印有方格纹或菱格纹，也有极少数薄胎，素面。器内壁均粘有紫红或紫黑色结晶。根据平直边的多少分4型。

A型　3块。三条直边。T4⑨b：006，平面为梯形。内外面显弧形，三条直边上粘有两层黑色的烧结层，不同于内壁面结晶那样的质感。胎壁受炉温的影响，可分为3层。由外而内为黄（5厘米）→红黄（2厘米）→紫色结晶（4厘米）。块长8、宽10厘米（图二二，1）。

B型　17块。两条直边。T4⑨c：039，方块形，内壁显弧曲。其中，一条直边（内斜）上粘满了与内壁相同的紫色结晶。胎壁受炉温的影响，可分为4层。由外而内为红（5厘米）→黄红（6厘米）→棕红（7厘米）→紫色结晶（4厘米）。块长7、宽6厘米（图二二，2）。

C型　99块。一条直边。T4⑨b：011，内外壁平直。直边与一条破损的边上粘附酱色结晶。胎壁经炉温的作用，可分为4层。由外而内为砖红色（5厘米）→黄（1厘米）→浅灰（6厘米）→殷红色结晶（3厘米）。块长8、宽7厘米（图二二，3）。

D型　113块，均为破损的边。T4⑨b：016，块面上有一道宽而深的凹槽，槽底平直，炉块经高温作用，可分为3层。为灰色（7厘米）→浅灰（7厘米）→紫色结晶（15厘米）。块长6.8、宽2.5厘米（图二二，4）。

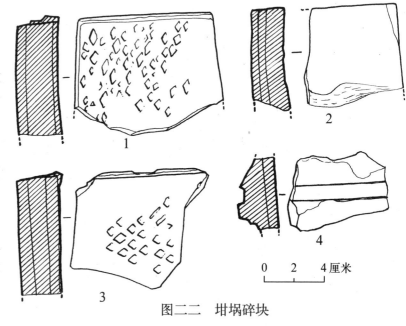

图二二　坩埚碎块

1.A型（T4⑨b：006）　2.B型（T4⑨c：039）　3.C型（T3⑨b：011）
4.D型（T4⑨b：016）

4. 鼓风管　有陶、铁两类。

铁质管　3截。圆筒形，管表面粘满了木炭灰、炭粒料和沙土等。一截管的腔中还含有较细的铁质管，应为双层管。管壁为棕红色。残长10.5、外径3、内径2、壁厚0.1厘米（图版八）。

陶质管　均破碎，计10余块。根据碎块内壁的弧度测算，管有粗细之分，管径越粗，管壁越厚。同样，管子的粗细不同，内壁的呈色也不尽相同。较粗一类的颜色为灰白色，细的为棕红色或暗红色。最大的块长7.5厘米，依弧度测算，孔径约5.5厘米，小的孔径约3厘米（图版九）。

5. 回炉料（水口、冒口、披缝、跑火料、浇铸时的剩余料）

依呈色、质量的不同，分4类。

甲类　162块。不规则方形，大小不一。T4⑨d：33，块面光圆，断面少气孔，质地致密。深灰色。块长7、宽6、厚2.5厘米，重160克。

乙类　32块。不规则方形，大小不一。T4⑨c：37，二面有细密的齿状沟，一面粘附呈块状的铜绿色的矿物质。断面色泽鲜亮、致密，无气孔。紫红色。长7.6、宽5、厚2.5厘米，重400克。

丙类　121块。不规则形，大小不一。T4⑨d：31，块面上粘附有一定量的炭屑，无亮泽的光滑面，显见细小的气孔。深灰色。块长7、宽6厘米，重130克。

丁类 8块。为扁平形，大小不一。T4⑨d：28，块面凹凸不平，粗糙，低凹处多粘砂、灰土、木炭颗粒。断面上显见大小不同的气孔。深灰色。块长7.5、宽6厘米，重270克。

6. 冲渣

有圆形与不规则圆形，扁平，200余块。T4⑨d：24，较平一面粘黄土，一面较圆弧，块内与表面粘有木炭屑、灰、铜绿碎块、砂等。块长14、宽10.5、厚2.7厘米。

7. 藤条

成捆出现，8捆，每捆约50根，长度在1米以上。藤条粗细均匀。茎径6~7毫米（图版一〇）。

8. 铜枝

模腔流道部分，1件。T3⑨b：7，即拆模剪择铜钱后剩下的余料。一端残断，主枝为方茎，断面为梯形。主茎两侧出枝，枝扁薄，叶状，11对。表深灰色，胎为黄红色。长30.7、宽（计叶在内）2.5厘米，叶厚0.2~0.5厘米（图二三；图版一一）。

9. 铜钱

出土83枚。质地精良，形制规范，工艺考究，字形稳定，笔法规范，为欧阳询书。按铜钱的状况，分3类。

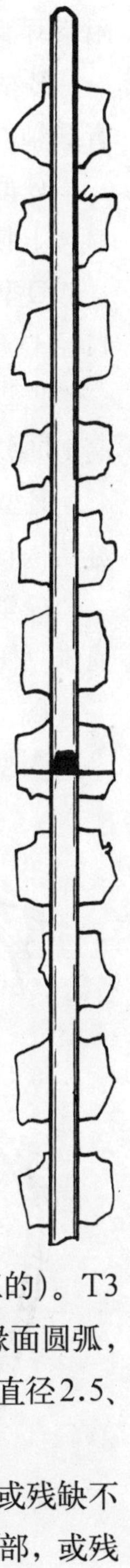

甲类 6枚。成品（指加工修磨完好的）。T4⑨b：42，面、背有廓，肉好周廓，廓缘峻挺，光平，转角分明，钱面显见修磨的砂轮痕，色泽金黄。字口深峻。直径2.44、孔径0.65厘米（图二四，1；图版一二，右）。

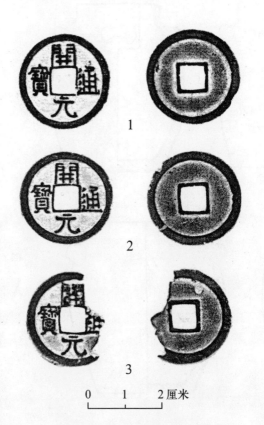

图二三 铜枝（T3⑨b：7）

乙类 40枚。毛坯（指铸造成形，但未经加工的）。T3⑨b：33，面、背有廓，肉好周廓，廓缘峻深，但缘面圆弧，轮边及穿孔边沿存有浇铸后的坯缝。铜钱表色深灰。直径2.5、孔径0.65厘米（图二四，2；图版一二，左）。

丙类 29枚。次品（指浇铸时铜液流动不到位或残缺不全的）。T4⑨b：25，残缺的程度各不相同，有缺少部，或残半，或仅剩钱轮廓的一部分（图二四，3）。

10. 陶瓷、石质器皿

铸币遗址出土的遗物有罐、碗、盘、盆、钵、砚台、石炉、器盖、灯台等。

罐 30件。以口、腹的不同，分7型。

A型 16件。T3⑨b：15，口微敞，矮领，溜肩，肩上

图二四 "开元通宝"铜钱

1.成品（T4⑨b：42） 2.毛坯（T3⑨b：33）
3.次品（T4⑨b：25）

附横耳。酱釉，釉面光亮。口径17、残高6.4厘米（图二五，1）。

　　B型　1件。T2⑨d：6，直口，方唇，溜肩，肩上附四圆条状横耳，弧腹，大平底。口、上腹施青绿釉，釉面粗糙，有花白块、黑褐色圆斑点。口径12.3、底径13、通高17.2厘米（图二五，2）。

　　C型　3件。J83，直口，圆唇，溜肩，肩上附四个横耳，橄榄形腹，平底。肩部饰一道凹弦纹。口、上腹施酱褐色釉，釉层均匀，开细小纹片。口径9.2、底径10、通高17.5厘米（图二五，3）。

　　D型　4件。J8：7，敞口，圆肩，圆腹，肩附四个横耳。平底。肩部饰三道凹弦纹。器表施褐釉。口径11.8、底径14、通高18.4厘米（图二五，4）。

　　E型　1件。J8：4，大敞口，么肩，肩上附对称横耳，橄榄形腹，平底。口径15、底径10.8、通高18厘米（图二五，7）。

　　F型　1件。J8：6，子母口，束颈，溜肩，肩上附四个半环状竖耳，圆弧腹，平底。口、上腹部施黄褐釉，下腹施酱釉，釉色灰暗。口径（内）8.4、底径11.6、通高19.5、厘米（图二五，6）。

　　G型　1件。H26：6，翻缘，圆肩，腹部残。青绿釉泛黄色，釉层薄而光亮。口径13、残高5.2厘米（图二五，5）。

　　碗　22件。以口部形态的不同，分5型。

　　A型　3件，敞口。T4⑨d：1，弧腹，饼足，足底有半环状齿轮痕。上腹施酱釉，釉面显见黄

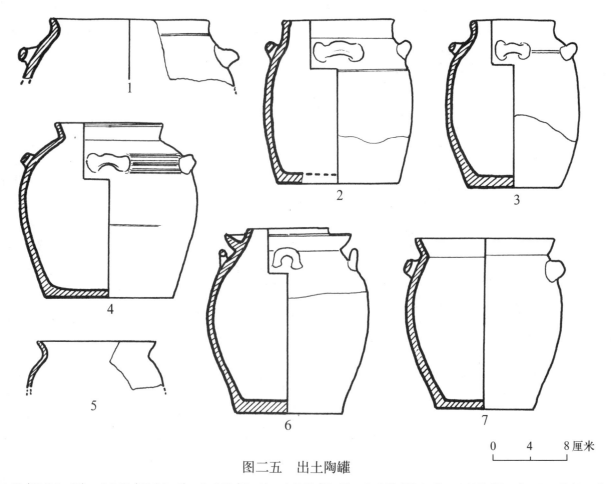

图二五　出土陶罐

1.A型（T3⑨b：15）　2.B型（T2⑨b：6）　3.C型（J8：3）　4.D型（J8：7）　5.G型（H26：6）　6.F型（J8：6）　7.E型（J8：4）

色彩斑，釉层光亮润泽，有滴釉现象。口径15.2、足径6.6、高7.2厘米（图二六，1）。

B型　3件，直口。T4⑨a：1，上腹近直，下腹弧收，饼足，足底有半环状齿轮痕。口、上腹部施青釉，泛灰白色，下腹及足露胎。口径13、足径6、高7厘米（图二六，2）。

C型　3件，唇口。T4⑨a：2，上腹斜直，下腹弧收，矮饼足，足底有一道斜宽槽。青釉泛黄，釉层不匀，聚釉。下腹及足露胎。口径17、足径7.3、高8.6厘米（图二六，3）。

D型　5件，撇口。T3⑨a：2，弧腹，腹较浅，矮饼足，足底有半环状齿轮痕。青釉泛黄，有滴釉现象。下腹及足露胎。口径15.5、足径6.5、高6.2厘米（图二六，4）。

E型　3件，侈口。H23：1，下腹折收，矮饼足。碗底有5个方块状支垫印痕。口及上腹荡青绿釉，泛黄，釉层薄而均匀，光亮，开细小纹片，釉下施白色化妆土。下腹及足露胎。口径14.4、足径5.5、高5.2厘米（图二六，5）。

盘　3件。T3⑨a：10，撇口，上腹斜直，下腹弧收，平底。内底有5个大方块支垫印痕。口及上腹荡青釉，泛黄，釉层薄而不匀，聚釉，内壁满釉，下腹及底露胎。口径15.2、底径7.5、高3.8厘米。T4⑨b：5，斜直口，腹斜直，平底。内底有5个大方块状支垫印痕。口及腹荡青釉，泛黄，内壁满釉，下腹及底露胎。口径15、底径5.8、高3.8厘米。T3⑨b：24，敞口，弧腹，平底。内底有四个方块状支钉印。青釉泛灰白色。下腹及底露胎。口径12.4、底径6、高2.6厘米（图二六，7、6、8）。

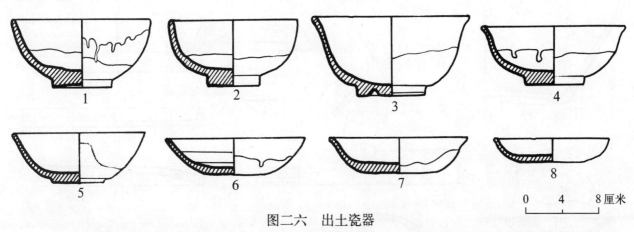

图二六　出土瓷器

碗：1.A型（T4⑨d：1）　2.B型（T3⑨a：1）　3.C型（T4⑨a：27）　4.D型（T3⑨a：2）　5.E型（H25：1）
盘：6.B型（T4⑨b：5）　7.A型（T3⑨a：10）　8.C型（T3⑨b：24）

盆　3件。T2⑨d：17，丁字口，弧腹，上腹部附桥形横耳。沿下有一道宽浅的槽。青绿色釉，开细小纹片，釉下施一层白色的化妆土。口径34、残高6.8厘米。T3⑨b：28，丁字口，沿面有一道浅凹槽，上腹微外鼓，下腹斜直收，凹底。器身满饰酱釉，内壁釉色偏褐，施釉均匀。口径46、底径28、高24.8厘米。T4⑨d：10，沿外卷，沿面有两道线状凹槽，斜直腹。腹饰莲瓣纹。青绿色釉，均匀亮泽，釉面开细小纹片。口径34、残高9厘米（图二七，5、1、2）。

钵　2件。H26：1，直口，上腹圆折，下腹斜直收。腹饰二道凹弦纹。青绿釉，泛黄，下腹部聚釉较厚处为紫色釉。口径21、残高6.4厘米。T2⑨d：16，口、上腹无存，下腹弧收，饼形足。内底正中部刻单字款，难识读。青釉泛灰色。足径14、残高3.2厘米（图二七，4、7）。

石炉　2件。形制相同。T4⑨d：37，平面为方形，横断面为梯形。平折沿，斜直腹，平底。短边上附对耳，与口平。器外壁琢有整齐的齿轮痕，内壁有烟苔滞留。通高8厘米（图二七，6）。

砚台　2件。T4⑨d：9，圆形，直口，沿外有一道窄凫，平底，底边附有矮足，已残，仅见足印。器表施青绿釉，泛灰白色。口径29.5、残高3厘米（图二七，10）。T4⑨d：7，圆形，直口微外撇，口外一周宽边，凹底，内底上凸与口平。青绿釉，釉层均匀，开细小纹片，釉下施白色的化妆土。胎釉结合紧密。口径28、底径26、通高3.2厘米（图二七，11）。

灯　1件。T4⑨a：8，仅剩下柄与圆形底座。青绿色釉，釉层较厚，釉面光泽洁净，开细纹片。足径9.6、残高4厘米（图二七，3）。

器盖　3件。形态不同，分2型。

A型　2件。T4⑨d：15，面作台阶状，盖口为双唇式。盖上饰一周凹弦纹。口径36、残高5.3厘米（图二七，8）。

B型　H26：2，盖面呈覆锅形，中部有钮，已残。盖面饰二道凹弦纹。面施黄釉，盖内壁施酱釉。直径16.5、高3.7厘米（图二七，9）。

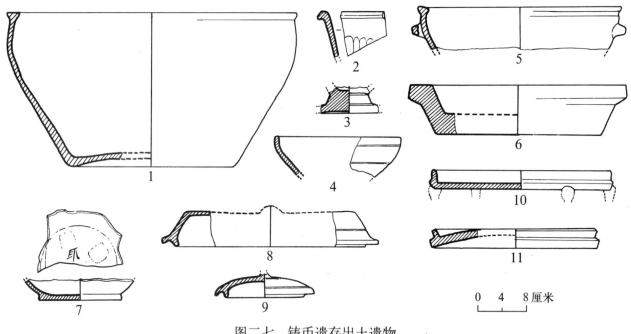

图二七　铸币遗存出土遗物

1.B型盆（T3⑨b：28）　2.C型盆（T4⑨d：10）　3.灯（T4⑨a：8）　4.A型钵（H26：1）　5.A型盆（T2⑨d：17）　6.石炉（T4⑨d：16）　7.B型钵（T2⑨d：16）　8.A型器盖（T4⑨d：15）　9.B型器盖（H26：2）　10.A型砚台（T4⑨d：9）　11.B型砚台（T4⑨d：7）

11．建筑材料

鬼脸瓦　T2⑨d：20，方形。在一面之上塑雕鬼面像，毛发上扬，发梢下卷，眉骨粗壮。面像的左上角有半圆形的穿孔。残长18.4、宽12厘米（图二八，2）。

筒瓦　复原1件。T4⑨b：23，深灰胎。直口，窄肩，瓦面不平。瓦尾部内壁上，有形态与瓦口相同的凫肩。瓦面上饰有稀疏绳纹，内壁饰有布纹。在瓦头内壁处行书刻有"韦九"二字款。瓦长55.5、中宽16.5厘米（图二八，1）。

瓦当　6件。形态不同，分2型。

A型　4件。T4⑨b：23，圆形。边轮窄而高，上饰一周莲珠纹。当心为莲蓬形座，上有五颗莲子作梅花状分布，外饰一周十莲瓣纹，莲瓣边沿凸起。直径14厘米（图二九，1）。

B型　2件。J8：15，圆形。边轮高而宽，当心无存。外饰一周莲瓣纹，花瓣大，凸起较高，莲瓣外围饰一周乳钉纹。直径17厘米（图二九，2）。

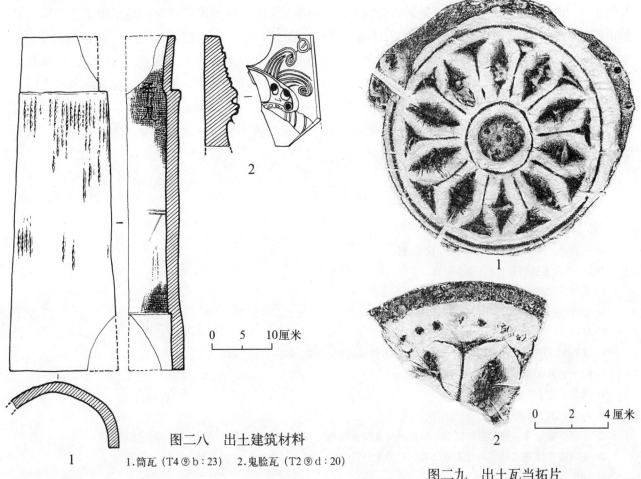

图二八　出土建筑材料

1.筒瓦（T4⑨b：23）　2.鬼脸瓦（T2⑨d：20）

图二九　出土瓦当拓片

1.A型（T4⑨b：23）　2.B型（J8：15）

（三）性质与年代

铸币遗址中出土大量用于熔铸的坩埚残片、一件拆模剪择铜钱后剩下的模腔余料、边轮锉磨与平磨的各类砺石、串连锉磨所用的藤条、大量木炭屑与木炭灰烬等，以及成品、半成品、残次品铜钱。结合铸币遗存的相关遗迹，我们认为这里曾经已具备有铸币所需要的基本的物质条件。经初步分析，此处铸币的形式属母钱翻砂铸币。翻砂铸币的工艺技术，在明代《天工开物》记载较为详细。

母钱法（或母钱翻铸法）铸钱究竟始于何时，目前尚未取得一致的看法，但隋唐以后已绝少有钱范的出土是事实，因此，说隋唐已进入母钱法铸钱的时代是不会有大错的[18]。由于长期以来未见相关遗址材料佐证，此次发现唐代早期翻砂铸币遗址，其意义自然十分重大。

《文献通考·钱币考》载："唐武德四年（621年），废五铢钱，铸开元通宝钱——置钱监于洛、并、幽、益等诸州。五年五月，又于桂州，设桂州监铸钱。"这是初唐在诸州设立钱监铸钱的情形，而广州不在上述诸列，其原因何在，还有待更深入的研究。

铸币遗址中出土丰富的瓷碗、罐、盘、盆及开元通宝钱，具有初唐时期的特征。具体表现在：碗的口部形态由南朝晚期较单一的直口或敞口，深腹，演变为撇口、唇口，浅腹等新的形式，但器身施半釉，饼足或足底刻斜宽槽的风格有所保留。如 A 型罐的直口、直领，B、C 型罐的橄榄形腹、平底的作风，是该时期的典型特征，它们在一定程度上保留有南朝晚期的作风。如 D 型碗，新会官冲窑中多有出土[19]，但在铸钱遗址中，前三型碗的特征，官冲窑不见，而在遗址南朝晚期的地层中出土的同类器物中能找到它们的原形。遗址出土的"开元通宝"钱，钱型稳定，字文规范。如"元"字首横较短，捺笔上钩明显，"通"字组字旁三点不连续等特征，是唐初开元通宝钱的作风。因此，铸钱遗址的年代定于唐代初期。

附记：领队冯永驱。参加发掘的人员有黄兆强、苗慧、张金国；黄兆强拓片；陈淑庄修复；韩建军绘图；韩建军、张金国描图；关舜甫摄影。

执笔：冯永驱、张金国、黄兆强

注　释

① 蒋若是《秦汉钱币研究》，见《论荚钱》。
②③ 《西汉五铢钱断代》，第 101 页，中华书局，1997 年。
④ 见《东汉五铢钱》，第 208 页。
⑤ 《后汉书·刘陶传》。
⑥ 同④。
⑦ 唐石父《中国古钱币》，第 123 页，上海古籍出版社，2001 年。
⑧ 同上，第 92 页。
⑨ 同②，第 109 页。
⑩ 同⑦，第 131 页。
⑪ 鄂州博物馆等《湖北鄂州鄂钢饮料厂一号墓发掘报告》，《考古学报》1998 年第 1 期，第 126 页。
⑫ 安徽省文物考古研究所《安徽马鞍山东吴朱然墓发掘简报》，《文物》1986 年第 3 期。
⑬ 同①。
⑭ 南京市博物馆《江苏南京北郊郭家山东吴纪年墓》，《考古》1998 年第 8 期。
⑮ 同⑥。
⑯ 广州市文物管理委员会等《广州汉墓》，文物出版社，1981 年。
⑰ 唐长孺《魏晋南北朝史研究》，科学出版社，1986 年。
⑱ 周卫荣、戴志强等《钱币学与冶铸史论丛》，第 202 页，中华书局，2002 年。
⑲ 广东省文物考古研究所等《广东四会官冲古窑址》，《文物》2000 年第 6 期。

图版一　窖藏出土铜钱

图版二　"大泉五百"铜钱（J9：1148）

图版三　"大泉当千"铜钱（J9：1351）

图版四　"大泉二千"铜钱（J9：1568）

图版五　第二类硬结黄沙

图版六　K6（木壁井）

图版七　J8（木壁井）

图版八　铁管

图版九　陶管碎块

图版一〇　藤条

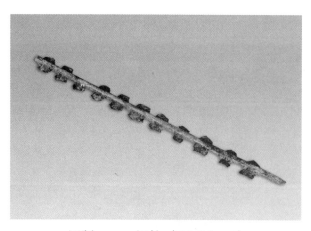

图版一一　铜枝（T3⑨b：7）

图版一二　"开元通宝"铜钱
（T3⑨b：33、T4⑨b：42）

广州市淘金东路中星小学南朝墓发掘报告

广州市文物考古研究所

　　中星小学位于淘金东路，地处太和岗南麓（图一）。太和岗属广州旧城区东北部的古墓葬重点埋藏区，20世纪50年代以来，这一带已先后发掘各时期的古墓葬数百座。2004年4～11月，广州市文物考古研究所对中星小学建设工地进行了抢救性考古勘探和发掘。勘探面积共计4000平方米，发掘西汉、南朝、唐、南汉等时期墓葬12座。其中两座南朝墓（编号M68、M69，图版一）保存较好，结构讲究，出土器物较精美，还首次出土了有明确纪年的买地券，对广州地区南朝墓的断代研究具有重要价值。现将这两座墓葬的材料报告如下。

一　M68

（一）墓葬结构

　　M68为长方形券顶砖室墓，方向158度（图二）。墓葬结构基本保存完好，仅墓室的后室券顶有部分塌陷（图版二）。

　　墓坑平面呈长方形，长9.16、宽2.34～2.68、深3.3～3.42米。墓道位于墓坑南面，前端被一座晚期墓葬打破。墓道为斜坡式，坡度20度，残长7.04米。直壁，底部未见排水沟。墓道及墓室上部填红褐色原坑土，无遗物出土。墓室内的积土上部为褐色粉质淤积土，含灰黄色沙质土及少量散砖，厚5～15厘米；底部为褐色粉质淤积土，夹含灰白色棺材板灰，厚2～5厘米。

　　墓室平面略呈"土"字形，长8.57米。由封门、甬道、前室、过道及后室组成（图版四）。

　　封门长0.7、宽0.8、高2.36米。分内、外两重。外封门用残砖

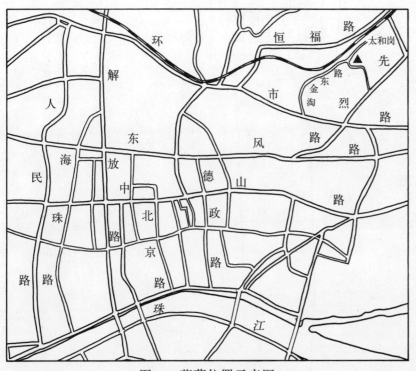

图一　墓葬位置示意图

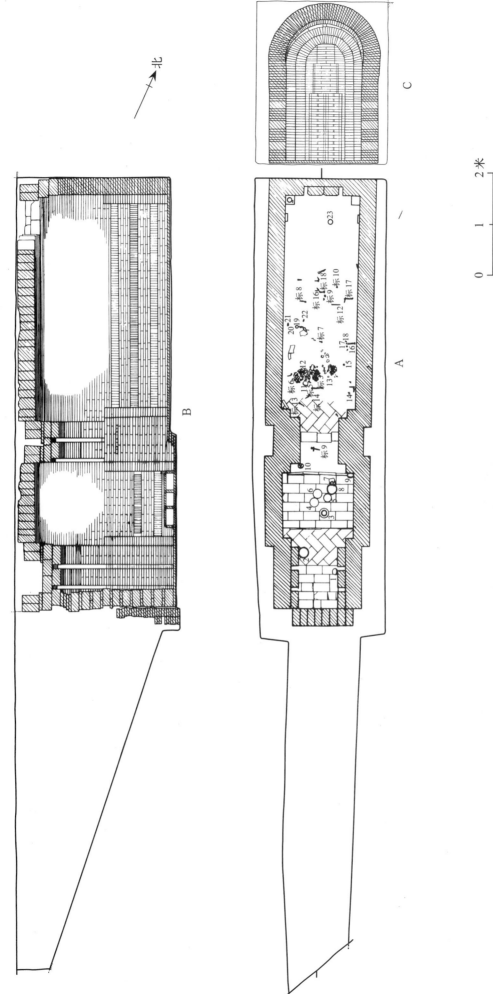

图二　M68 平、剖面图

A.平面　B.剖面　C.后壁
1.钵　2.盆　3.盘底三足炉　4~6.盘　7.鸡首壶　8.盘　9~11.盏　12.四耳罐　13.钵　14.铅饰　15.铜钱　16.滑石猪　17.铜钱
18.滑石猪　19.铜手镯　20~22.滑石猪　23、24.盏（除注明质地的器物外，余均为青釉器）

随意平铺两道,半壁。内封门用整砖一顺一丁铺砌,顶部用平砖填塞。封门顶部砌额墙,为横向双隅错缝平铺,残高0.5米。墓门左右两侧砌灯台,高1.4、宽0.19米。封门距墓坑前壁0.47米(图版三)。

甬道长1.4、宽0.8、高2.22米,单券。甬道内加砌三道承券,各宽26厘米。甬道底前部铺砖为平顺相间铺砌,后部为"人"字形铺底。

前室长1.3、宽1.46、高2.9米。双重券顶,两端搭砌于甬道、过道券顶之上,高出0.5米,两券连接处单铺一层砖。两侧在距底部0.24米高处砌直棂假窗,窗高0.36米。上部用竖砖砌成菱角牙子。前室四角高1.44米处砌灯台。中部有砖砌祭台,长1.07、宽1.46、高0.2米,其砌筑方法为:底部横向立铺四道砖,中间以"人"字形立铺三道砖,上部用砖横向平铺构成台面(图版五)。底部为"人"字形铺砖。

过道长1.26、宽0.78、高2.38米。单重券顶。紧贴墓壁砌两道"凸"字形承券。墓壁距底1.16米处用单砖斜放砌成菱角牙子。中部用砖砌三级台阶至后室。铺底砖砌成"人"字形。

后室长4.24、宽1.5、高2.74米。底部比前室底高出0.14米。双重券顶。在拐角位高1.3米处砌灯台。墓壁双隅,错缝平砌,以竖砖砌两道直棂假窗,分别距底部0.2、0.6米,窗高0.4米,两道假窗之间以竖砖斜放砌成菱角牙子。墓室后壁的双券顶中部砌假柱,下二上一叠成"品"字形。后室原置双棺,已腐朽无存,仅余棺钉。后室底部铺砖为"人"字形。

后室发现有铜棺钉和铁棺钉,铜棺钉保存较好,其中一枚长达20.9厘米。铁棺钉锈蚀严重。过道底部也发现铜棺钉,下部可辨板灰痕,估计原来铺有木板。后室底部尚见少量黑灰色棺板灰,还清理出一段"木节",残长17、直径0.4厘米。

墓砖多呈红黄色,封门有极少量青砖。大部分砖面饰三朵莲花纹,有少量饰网格纹、菱格纹、方格纹、树叶纹和钱纹等纹饰(图三)。墓砖规格一般为长37、宽18、厚6厘米,或长35、宽16、厚4.5厘米。

甬道内置放有青釉盆、碗,前室祭台上置放有青釉盘、盘底三足炉、鸡首壶,后室有滑石猪、铜钱、银镯等随葬器物。前、后室灯台上置放有盏,部分跌落。

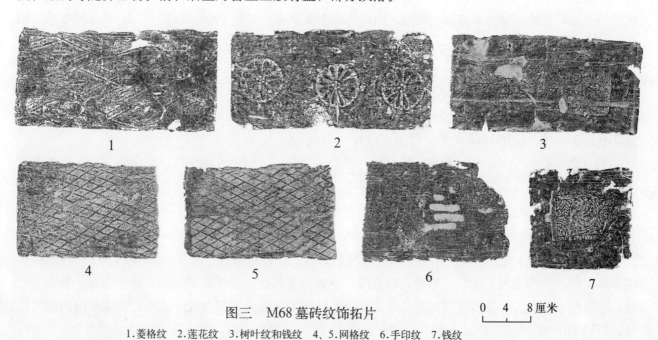

图三　M68墓砖纹饰拓片

0　4　8厘米

1.菱格纹　2.莲花纹　3.树叶纹和钱纹　4、5.网格纹　6.手印纹　7.钱纹

（二）随葬器物

随葬器物共计 24 件。包括青釉器、黑釉器、滑石器、铜钱、铅饰等。

1. 青釉器　共 14 件。有盘、盆、盏、炉、罐、钵、碗、鸡首壶等。

碗　2 件。依口部特征可分 2 型。

A 型　1 件。M68：13，敞口，圆唇，弧腹，矮饼足，足心略内凹，内底略凸。黄灰胎。施青绿釉，脱落殆尽。口沿外部施一道凹弦纹，素面。口径 13.6、足径 8.8、高 6 厘米（图四，1）。

B 型　1 件。M68：10，口微敛，尖唇，足心略内凹，内底略凸。黄灰胎。施青绿釉，脱落严重，釉面有光泽，遍布细小裂纹。内底及口沿外部各施一道凹弦纹，素面。口径 10.2、足径 5.6、高 4.5 厘米（图四，2）。

盏　3 件。形制与碗相同，但置于灯台位，故称盏。敞口，弧腹，台足，内小平底。M68：24，黄灰胎。通体施青绿釉，釉色较纯正，釉面有光泽，遍布细小裂纹。内底及口沿外部各施一道凹弦纹，余皆素面。内底有三个支垫痕。口径 9.8、足径 5.2、高 4.7 厘米（图四，3）。M68：9，口径 9.4、足径 5.6、高 4.5 厘米（图四，4）。M68：23，浅灰胎。釉脱落殆尽。内底及口沿外部各施一道凹弦纹。口径 9.9、足径 6.2、高 4.8 厘米（图四，5）。

钵　1 件。M68：1，敛口，圆唇，弧腹，底略内凹，内底近平。黄灰胎。通体施青绿釉，脱落较严重。釉色纯正，有光泽，釉面遍布细小裂纹。外底施一道凹弦纹，余皆素面。口径 11.2、底径 7.6、高 6.8 厘米（图四，6）。

盆　1 件。M68：2，敛口，斜折沿，圆唇，弧腹，饼足，足心略内凹，内底近平。黄灰胎。通体施青绿釉，脱落较严重，釉面有光泽，遍布细小裂纹。内底、外壁肩、腹和底部、饼足中心各施两道凹弦纹。口径 20.4、足径 13.4、高 7.4 厘米（图四，7；图版九）。

盘　4 件。依唇部形态可分 2 型。

A 型　1 件。M68：8，圆唇，斜直壁，平底略凹，内底略凸。黄灰胎。施青绿釉，釉不及底，釉色较纯正，有光泽，釉面遍布细小裂纹。内底有四个支垫痕。口径 19.6、底径 17.2、高 2.4 厘米（图四，8）。

B 型　3 件。斜方唇。M68：4，斜直壁，平底内凹，内底近平。黄灰胎，胎体较厚重。通体施青绿釉，内壁釉脱落较严重。釉色纯正有光泽，遍布细小裂纹。素面。外底有四个支垫痕。口径 16、底径 13.2、高 2.8 厘米（图四，9）。M68：5，口径 16.4、底径 12.8、高 2.8 厘米（图四，10）。M68：6，高 2.6、口径 16、底径 13.2 厘米（图四，11）。

鸡首壶　1 件。M68：7，盘口，细长颈，溜肩，圆腹，下部斜收，平底，略内凹。肩部有鸡首形流，较短，圆形流口。另一侧贴圆柄龙首形鋬手，龙口衔住盘口，下部为圆柱形，附于肩部。肩部还对应横贴一对桥形钮。底部有三个支垫痕。施青绿釉，釉面遍布细小裂纹，有光泽。口径 7、底径 8、通高 15.2 厘米（图四，12；彩版一九）。

盘底三足炉　1 件。M68：3，分炉身、底座两部分。炉身口微敛，圆唇，深弧腹，底附三蹄形足，内平底。底座为浅盘形，敞口，方唇，斜直壁，平底。黄灰胎。通体施青绿釉，保存较好，釉面有光泽，遍布细小裂纹。炉身口沿外部施三道凹弦纹，外壁下部施六道凹弦纹，底座底部施两组四道凹弦纹。口径 10、底座口径 17.6、底径 17.2、通高 11 厘米（图四，13；彩版一八）。

四系罐 1件。M68：12，残。直口，圆唇，短颈，溜肩，深圆腹，大平底，略内凹。黄灰胎。施青绿釉，脱落严重，釉面遍布细小裂纹。肩部附贴四个横桥形耳，口沿外部及肩部各施一道凹弦纹，余皆素面。口径11.6、底径17、腹最大径19.2、通高19.3厘米（图四，14）。

2．黑釉器 盏 1件。M68：11，敞口，圆唇，弧腹，平底略内凹，内底近平。黄灰胎。施黑釉，脱落严重。内底及口沿外部各施一道凹弦纹。口径8.2、底径4.8、高3.7厘米（图四，15）。

3．滑石猪 4件。M68：21，长条形，圆雕作伏卧状。浅浮雕勾画出嘴、鼻、耳、四肢及尾部，阴刻出眼睛。通体较光滑，做工较精细。腹部对穿一圆孔。通长7.4、高1.9厘米（图四，16）。M68：22与之成一对。M68：16，圆雕作卧伏状，浅浮雕勾画出嘴、头、四肢和尾部。腹部对穿一圆孔。通长5、高2厘米（图四，17）。M68：18与之成一对。

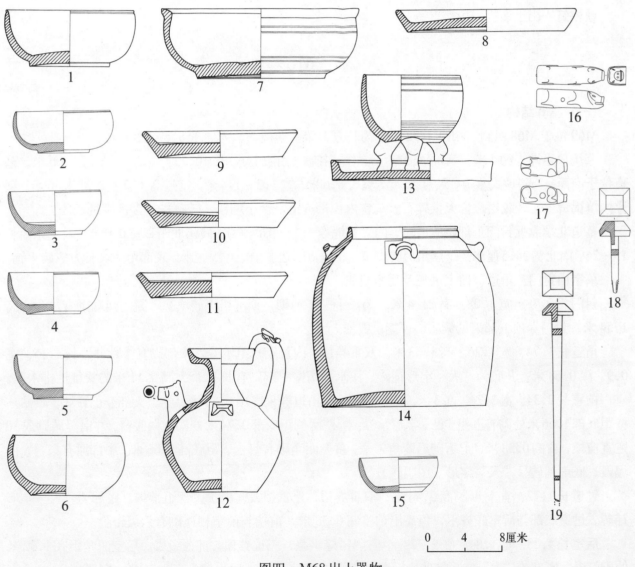

0 4 8厘米

图四 M68出土器物

1.A型青釉碗（M68：13） 2.B型青釉碗（M68：10） 3～5.青釉盏（M68：24、9、23） 6.青釉钵（M68：1） 7.青釉盆（M68：2） 8.A型青釉盘（M68：8） 9～11.B型青釉盘（M68：4、5、6） 12.青釉鸡首壶（M68：7） 13.青釉盘底三足炉（M68：3） 14.青釉四耳罐（M68：12） 15.黑釉盏（M68：11） 16.滑石猪（M68：16） 17.滑石猪（M68：21） 18.铜棺钉（标本M68：7） 19.铜棺钉（标本M68：3）

4．铜器　有铜钱和手镯等。

铜钱　2枚。编号M68：15、M68：17，均锈蚀严重，字迹不可辨。

铜手镯　2件。编号M68：19、M68：20，严重锈蚀，不可复原。

5．铅饰　1件。M68：14，残损严重，器形不明。

（三）其他

出土棺钉多件，分铜棺钉和铁棺钉两种。

铜棺钉　4件。可分两类。一类表面呈漆黑色，出土3件，保存稍好，标本M68：3，纵剖面呈"T"形，钉帽呈覆斗形，钉身横截面为长方形，表面漆黑有光泽。钉身弯曲变形。通长20.9厘米（图四，19）。另一类表面遍布灰绿色铜锈。标本M68：7，T形，钉帽为覆斗形，钉身横截面呈长方形。器身遍布灰绿色铜锈。尖部残断。残长7.6厘米（图四，18）。

铁棺钉　出土多枚，均严重锈蚀。

二　M69

（一）墓葬结构

M69位于M68西侧，相距4.52米。为长方形砖室券顶墓，方向158度（图五）。

墓坑口距地表约4米。墓坑平面略呈"中"字形（图版七），长10.73、宽2.8、最深4.06米。墓道位于南面，为斜坡式墓道，坡度15度，坡长8.6米、宽1.2~1.4米，墓道高出墓室底部0.86米。墓道内填褐黄土，较疏松，含大量碎石。墓室内积褐黄土，含小颗粒，较疏松，含极少量残砖。

墓道北端靠近封门上部砌有砖函，内置买地券一方（图版六）。砖函北距墓室0.9米。函坑东西长19~26、南北宽24.5厘米。以三角形砖砌筑，底长26、边长18、厚5厘米。底部用两块长方形砖平铺。

墓室由封门、甬道、前室过道及后室组成。

封门长0.38、宽1.08、高2.34米。为一平一丁铺砌，顶部用平砖填塞。封门两端砌有灯台，高1.54米。封门券顶上部未见额墙，可能已毁。

甬道长1.74、宽1.26、高1.53米。双重券顶。内加砌三组承券。中部砌有渗水井，长1.15、宽0.9、深0.68米。井底为"人"字形铺砖。渗水井南壁中部砌有长0.15、高0.11米的象征性排水孔。

前室长2.34、宽2.24、高3米。三重券顶，比甬道券顶高出0.35米。券顶大部已毁坏。紧贴墓壁距底部1.66米处砌有五组"凸"字形承券。墓壁两侧距底部0.74米处砌直棂假窗，并以竖砖砌成10道直窗棂，窗高0.38米，上下砌出菱角牙子。墓壁四角砌有灯台，距底高1.66米。中部原有祭台，已塌毁。底部铺砖呈"人"字形（图版八）。

过道长1.72、宽1.46、高2.44米。双重券顶，严重损毁。内加砌三组承券。底部为"人"字形铺砖。过道底部与后室底齐平，但高出前室底0.38米。前端与前室相连砌有六级台阶。

后室长4.28、宽1.84、高2.72米。三隔错缝平叠，三重券顶，部分毁塌。后室四角距底1.32米处砌灯台。底部为"人"字形铺砖。后壁距底部0.42米处砌直棂假窗，高0.36米，以竖砖砌10道直棂，上下两端砌9个菱角牙子。后壁上部砌假柱，下二上一呈"品"字形。

墓砖多为红黄色，有长方形砖、斧形砖、刀砖、委角砖等，规格一般为长38~39、宽18~19.5、

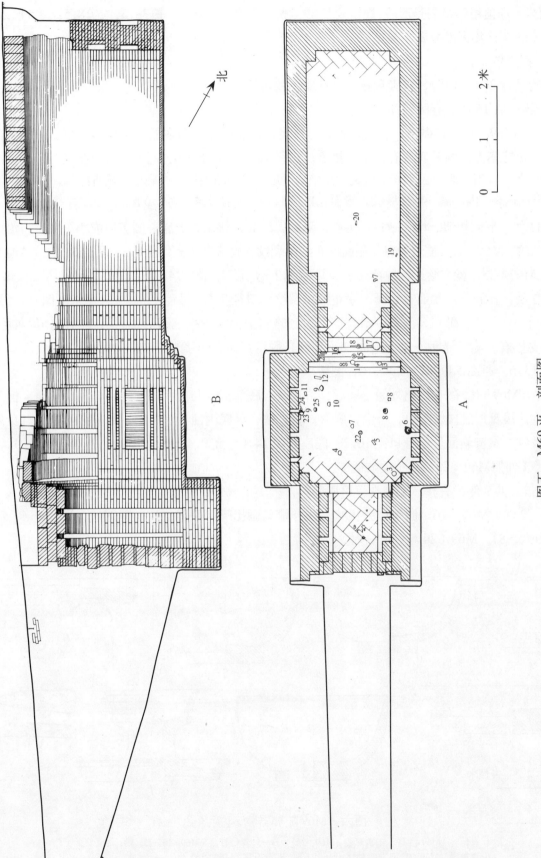

图五 M69 平、剖面图

A.平面 B.剖面
1.滑石买地券及砖函 2~4.灯盏 5.滑石符牌 6.灯 7.灯盏 8.铁镜 9.砚 10.灯盏 11、12.滑石符牌 13~15.灯盏
16.滑石猪 17.碗 18.灯盏 19.滑石猪 20.滑石器 21.滑石符牌 22.碟 23.滑石符牌 24、25.灯盏（除注明质地
的器物外，余均为青釉器）

厚5.5~6厘米；券顶用砖多为斧形砖，规格为长39、宽19、厚5.5厘米，长38.5、宽18.5、厚5厘米。墓内出土随葬器物大部分置于前室。

（二）随葬器物

随葬器物共计26件（套），有青釉器、滑石器、铁器等。

1. 青釉器　共16件。有碗、杯、灯盏、灯、碟、砚等。

碗　1件。M69：17，口微敛，尖唇，弧腹，饼足，内底近平。黄灰胎。釉脱落殆尽。口沿外部施一道弦纹，余皆素面。内外底各有三个支垫痕。口径14.8、足径7.6、高8厘米（图六，1）。

盘　1件。M69：22，敞口，尖唇，浅腹，弧壁，饼足，足心略内凹，内底平。施青绿釉，釉面遍布细小裂纹，严重脱落。内底施一圈凹弦纹，素面。口径11.4、足径5.4、高2.6厘米（图六，2）。

灯盏　11件。形制相似。均为敞口，尖唇，弧壁，深腹，饼足，内底一圈下凹成小平底，口沿外部施一道凹弦纹。M69：15，施青绿釉，釉面遍布细小裂纹，脱落严重。口径8.2、足径3.2、高4厘米（图六，3）。M69：25，黄灰胎。釉脱落殆尽。口径8.2、足径4、高4.4厘米（图六，4）。M69：18，内壁及内底存釉，青绿釉，釉面有光泽，遍布细小裂纹。口径7.6、足径4、高4.4厘米（图六，5）。

砚　1件。M69：9，敞口，圆唇，斜直壁，内底略向上凸，下接三蹄形足，足心内凹。黄灰胎。内底有三个支垫痕。施青绿釉，釉面遍布细小裂纹，脱落严重。外壁腹部饰一道凸棱。素面。口径15.6、底径13.6、通高5厘米（图六，6；图版一一）。

灯　1件。M69：6，敞口，略外撇，圆唇，斜直壁，底部折收与柄相连，内底与柄心相通。柄为圆柱状，中空。浅盘形底座，敞口，折沿，圆唇，斜直壁，平底内凹。黄灰胎。釉脱落殆尽。灯身外壁饰三道凹弦纹，余皆素面。灯身口径10.2、底座底径14.6、高9.4厘米（图六，7；图版一〇）。

鸡首壶　1件。M69：26，残。仅余柄部。

2. 滑石器　共9件。有猪、买地券、符牌等。

滑石猪　2件。M69：16，圆雕作卧伏状，浅浮雕勾画出嘴、头等部位，尾部残。通长4.4、高0.8厘米（图六，8）。M69：20与之成一对。

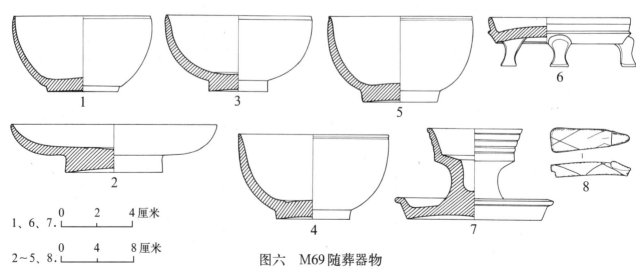

1、6、7.　├─0──2──4厘米┤

2~5、8.　├─0──4──8厘米┤

图六　M69随葬器物

1.青釉碗（M69：17）　2.青釉盘（M69：22）　3~5.青釉灯盏（M69：15、25、18）
6.青釉砚（M69：9）　7.青釉灯（M69：6）　8.滑石猪（M69：16）

买地券　1件。M69：1，出于墓道上部近封门处，置于砖函内。方形。长18.5、宽17.9、厚0.9厘米。表面打磨光滑。在表面划出小方格后阴刻文字，字体介于隶楷之间，刻写较随意（图七；图版一二）。共214字，全文如下：

元嘉廿七年三月廿四日南海郡番禺／縣都鄉宜貴里地下死人蒿里父老墓／鄉右袟左右冢侯丘丞墓伯地下二千／安都丞武夷王等共賣此地縱廣五畝／与南海郡番禺縣都鄉宜貴里州從事／史男死人龔韜得錢九万九千九百九／十九枚即日畢了承玄都鬼律地下女／青詔書從軍亂以來普天下死人聽得／隨生

图七　M69出土滑石买地券拓片

人所居郡縣鄉里亭邑買地葬埋／於此地中掘土作冢藏埋韜尸喪魂魄／自得還此冢廬隨地下死人之俗五䐏／吉日月晦十五日休傲上下往來不得／留難有所存問左右比居他人妄仍奪／取韜地時人張堅固李定度沽酒各半／共爲券莂

符牌　5件。均残断。表面经过打磨。M69∶5，残长11.3、宽4.1、厚0.9厘米。一面阴刻字符。M69∶23，残长9.6、宽4.2、厚0.9厘米。一面阴刻字符，背面刻"西南……"字。M69∶21，残长9、宽4.2、厚1.1厘米。一面阴刻字体，可辨"廿二日"、"东北角"六字。M69∶11，残长8、宽4.2、厚1.1厘米。一面阴刻字符。M69∶12，残长13.4、宽4.2、厚1.1厘米。一面阴刻字符（图八；图版一三）。

3.铁镜　1面。M69∶8，严重锈蚀，残破成数片，不可复原。

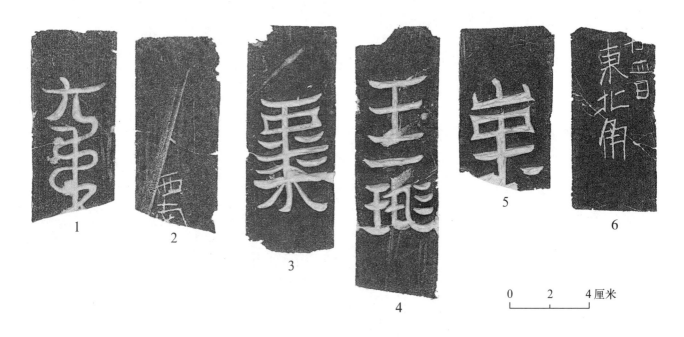

图八　M69出土滑石符牌拓片

1.M69∶23（正面）　2.M69∶23（背面）　3、M69∶5　4.M69∶12　5.M69∶11　6.M69∶21

三　结　语

M68、M69两墓葬位置毗邻，墓向一致，墓砖、砌筑方法以及出土器物风格均类同，仅结构上略有差异，应属同一时期，也可能是一处家族墓地，两墓的主人为同一家族成员。除了M69甬道底砌渗水井，并砌有象征性排水孔之外，两墓室内都加砌承券，墓壁砌直棂假窗，后壁出假柱，前室设祭台等，为广州地区南朝砖室墓的主要特征。

M69出土的滑石买地券为确定墓葬年代提供了重要依据。根据买地券的内容得知，M69墓主为龚韬，生前任州从事史，葬于元嘉二十七年，即公元450年，为刘宋初年，属南朝早期。从买地券内容还可知墓葬所在地在南朝时属南海郡番禺县都乡所辖的宜贵里。

在买地券中提及许多地下神灵的名字，如"丘丞墓伯"、"安都丞"、"武夷王"、"女青"、"张坚固"、

"李定度"等，这些都是道教中的神仙。其中武夷王等是掌管丘墓的小神①，女青是道教大神的使者②，而张坚固、李定度则是在买地券中充当保人或知见的冢墓专职神仙③。因此，墓主龚韬生前应该是一位信奉道教的官吏，墓中随葬的滑石符牌可能就是道教的符箓。

M68 墓中未见买地券和符牌随葬，但其用砖中多有饰莲花纹的长条砖，有的墓砖上面并列模印三朵莲花，这可能与墓主人生前信奉道教有关联。

迄今为止，广州地区发掘的南朝墓数量不少，但大多受到盗扰或毁坏。20 世纪 50 年代在黄埔大道和东郊塘望岗、茶亭等地发掘的多座南朝墓与这两座墓在结构上类同④。近几年发掘的南朝墓多为形制简单的长方形砖室墓，也是受到不同程度的破坏，都未见有绝对纪年的墓例。中星小学工地发现的这两座南朝墓，墓室结构保存基本完整，又有绝对纪年，实属难得，为研究广州地区六朝墓葬形制及葬制的变化提供了重要材料。

附记：对中星小学建设工地的考古发掘得到建设单位广州华鸿房地产开发有限公司的大力支持和积极配合，发掘结束后，该公司还根据文物部门的意见，对两座墓葬实施回填原址保护。

本次发掘领队为冯永驱，参加发掘和整理的有冯永驱、马建国、易西兵、朱汝田等，线图清绘和描图由陈春丽、易西兵、熊伟、韩建军负责，拓片由黄兆强、韩继普负责，马建国、关舜甫摄影。

执笔：易西兵、马建国

注　释

① 陈进国《福建买地券与武夷君信仰》，《台湾宗教研究通讯》2002 年第 3 期，台湾宗教文化研究会，2002 年 4 月。
② 黄景春《早期道教神仙女青考》，《中国道教》2003 年第 2 期。
③ 黄景春《地下神仙张坚固、李定度考述》，《世界宗教研究》2003 年第 1 期。
④ 广州市文物管理委员会《广州六朝砖室墓清理简报》，《考古通讯》1956 年第 3 期；又载《广州考古五十年文选》，第 700~708 页，广州出版社，2003 年。

M68、M69 随葬器物登记表

墓号	青釉器	滑石器	其他	合计
M68	盘 4；盆 1；盏 3；盘底三足炉 1；四耳罐 1；钵 1；碗 2；鸡首壶 1	猪 4	铜手镯 2；铅饰 1；铜铜钱 2；黑釉盏 1	24 件
M69	碗 1；灯盏 11；鸡首壶 1（残）；灯 1；砚 1；碟 1；	猪 2；买地券 1；符牌 5；不明器形者 1	铁镜 1	26 件（套）

图版一　M68、M69 全景（北—南）

图版二　M68 封门（南—北）

图版三　M68 券顶（北—南）

图版四　M68 墓室（南—北）

图版五　M68 祭台（南—北）

图版六　M69 出土买地券及砖函

图版七　M69 全景（北—南）

图版八　M69 前室及过道（南—北）

图版九　青釉盆（M68：2）

图版一○　青釉灯（M69：6）

图版一一　青釉砚（M69：9）

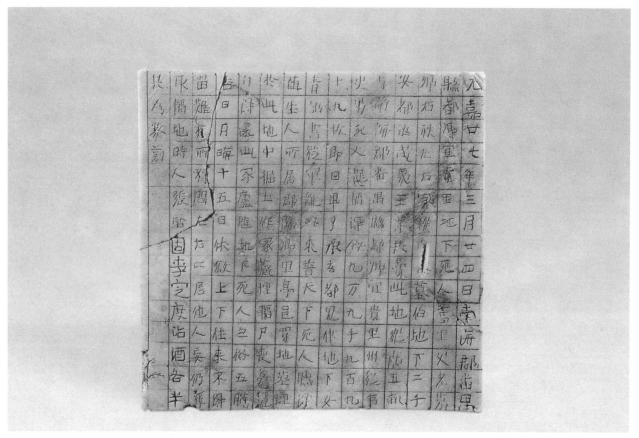

图版一二　滑石买地券（M69：1）

图版一三　滑石符牌（M69 出土）

执信中学隋唐墓发掘简报

广州市文物考古研究所

执信中学位于广州市东山区，属广州古城东北郊（图一）。根据出土的清代墓志记载，该处山岗土名大眼岗。这一带岗阜相连，原是一处古代墓葬较为集中的区域。2003年2～7月，广州市文物考古研究所为配合执信中学运动场扩建工程，对工程建设范围进行了考古勘探和发掘。共清理墓葬490座，其中西汉墓21座，东汉墓11座，三国—南朝墓17座，隋唐墓36座，宋—清墓405座。

36座隋唐墓散布于山岗各处，方向各异。除一座为土坑墓外，其余均为砖室墓。不少墓已遭盗扰或基建破坏。部分墓葬破坏严重，器物无存，墓砖被撬。其中保存较好或墓葬形制独特、具有代表性的有12座，分别是M20、M24、M26、M28、M49、M59、M79、M88、M90、M93、M123、M0321。本文主要报告这12座隋唐墓的发掘情况。

一 隋至初唐墓

（一）墓葬形制

1. 长方形券顶砖室墓　5座，包括M49、M79、M88、M90、M123。墓室狭长，内分前后室。前室正中设方形渗水井，后室高起，与前室有5～9级阶梯相连。两侧壁腰部对称设置多个凸字形小龛，后壁上部设券拱形小龛，下部用弧形砖砌成壶门。墓壁多单隅，也有双隅。封门一般在下部平铺数层顺砖，然后在上顺丁封砌。墓砖全为素面，多呈红皮黑心，少量青灰色，有长方形平砖与刀砖两种，平砖长36～38、宽16～18、厚5～6厘米，刀砖薄边厚3～4厘米。

M49　方向160度。壁砌双隅。墓内总长3.76、宽0.88、高1.6米。前室长0.76米，底砖纵横交错铺砌，中有方形渗水井，井壁分2级，井口边长28、底边长16、深24厘米。后室长3米，比前室高5级，前端纵铺一行平砖，后铺

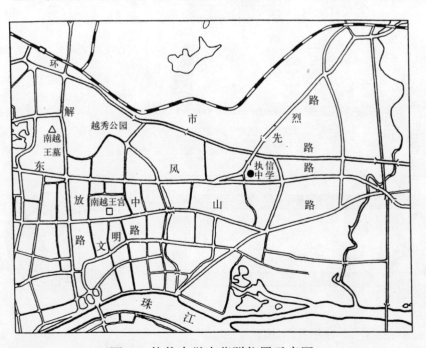

图一　执信中学古墓群位置示意图

成"人"字形。两侧壁中上部各设置2个"凸"字形小龛，宽18、高11厘米。后壁上部有券拱形浅龛，宽38、高36、深11厘米，下部用特制单边弧形砖砌出壸门，宽45、高34、深6厘米。墓壁下半部平砖错缝叠砌，砌法为两层单列顺砖间一层横砖，发券后砌双券。封门底下八层横砖平铺，以上丁顺封砌。封门底部正中留出"凸"字形出水口，通往门外窄长的排水沟。排水沟横截面呈方形，残长9.2米，用顺砖平铺，砌法为底铺一层单列砖，其上压一层双列砖，中间留出6厘米宽的空间以通水，再上用一层砖封盖，然后用断砖压于接缝处。后室有一大片灰黑炭痕，是棺木的板灰。随葬品4件，前室左后角出碗、六耳罐各1件，后室前部出1件细长条形铜器，已朽成粉，器形莫辨，紧贴后壁底出1件碗。墓砖红黄色，素面，质硬，平砖长36~38、宽16~18、厚5.5~6厘米；刀砖长宽同平砖，薄边厚3~4厘米（图二）。

M79　方向60度。壁砌单隅。墓内总长3.64、宽0.92、高1.46米。前室长0.66米，纵横交错铺砌底砖，正中有方形渗水井，井口边长23、底边长9、深24厘米，分4级渐收。后室长2.98米，高出前室5级台阶，前铺纵横砖各一行，后铺成"人"字形。两侧壁前后近发券处各设2个"凸"字形小龛，内置小盏，后壁上部为拱形壁龛，下为壸门。顺砖错缝结砌墓壁。封门下部12层青灰色平砖叠砌，上部一丁一顺封砌，封门顶部加一道衬拱。墓前有墓道，墓道底高出墓底0.5米，在封门前0.3米处起斜坡，坡度19度，残长1.7、底宽0.8米。随葬品4件，1件碗出于后室前端，3件盏置于侧壁小龛。墓砖红黄色及青灰色两种，素面，红黄砖为主，青灰砖仅用于封门及铺底。墓砖长33~35、宽16~17、厚4~6厘米。

M88　方向335度。壁为单隅，券顶已毁。墓内总长3.56、宽0.9、残高0.42~0.96米。前室长0.46米，底砖横铺，正中设渗水井，方形，直壁，边长34、深34厘米。后室长3.1米，高出前室5级台阶，前端横铺一行砖，后铺"人"字形。顺砖错缝平砌墓壁。封门下部叠砌八层平砖，上砌一丁一

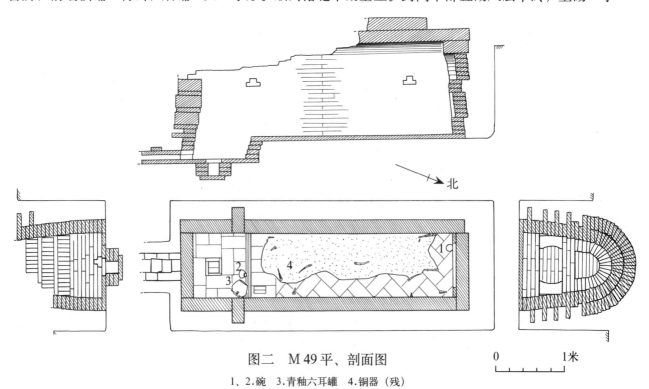

图二　M49平、剖面图

1、2.碗　3.青釉六耳罐　4.铜器（残）

顺。封门前有排水沟，横截面呈三角形，底铺平砖，两侧斜向封顶，残长1.56米、底宽0.34、高0.07米。随葬品3件。1件碟出于后室前部，1件杯出于前室左后角，1件四耳罐出于渗水井中。墓砖红黄色，甚软，平砖长38、宽18、厚5厘米。

M90　方向47度。壁砌单隔墙。墓内总长3.69、宽0.76米。前室长0.52、高1.26米，底砖纵横交错。正中有渗水井，方形，井壁分2级，井口边长24、底边长16、高24厘米。后室比前室高出9级台阶，前铺纵横砖各一行，后铺"人"字形。长3.17、高0.8米。两侧壁各设2个"凸"字形小龛，宽18、高11、深17厘米。后壁上为拱形壁龛，宽38、高36、深11厘米，下为壸门，宽45、高34、深6厘米。顺砖错缝平砌墓壁。封门下部平铺15层顺砖，隔一层竖砖后再顺砖平铺。封门前有墓道，残长0.74、底宽0.84米，距墓底1.12米起斜坡，坡度18度。随葬品无一幸存。墓砖较规整，多为长36、宽18、厚5厘米，皆素面，红皮黑心。

M123　方向321度。壁砌单隔墙，券顶已毁。墓内总长3.52、宽0.84米。前室长0.6、残高0.6米，平砖纵横相间铺底。正中有方形渗水井，2级内收，井口边长20、底边长14、深15厘米。后室长2.92、残高0.5米，高出前室28厘米，分五级递高，前铺纵横砖各一行，后部铺成"人"字形。后壁下部留存有壸门。封门上部已毁，下部平砖错缝横铺。残存随葬品仅见出于渗水井旁的1件青釉六耳罐带铜盖。墓砖红黄色，红皮黑心，规格有长36、宽18、厚5厘米，长35、宽16、厚5厘米两种。

2. "凸"字形券顶砖室墓　2座，包括M20、M26。墓室由甬道、前室和后室构成，前室宽于后室。甬道与前室底平，后室高出前室数级，有台阶相连。顺砖平铺错缝结砌墓壁，单隔。券顶，甬道、前室同券，后室另券，甬道内壁为二道衬券。甬道底部正中设方形渗水井，两侧壁及后壁设龛。

M20　顶部已毁，曾被盗。方向225度，墓内总长4.74米。甬道长0.88、宽1.04、残高1米，底砖横向平铺。中有方形渗水井，分5级渐收。井口长宽30、井底长宽9厘米。前室长0.46、宽1.4、残高1.3米，底砖铺成"人"字形。后室升高9级，前端铺纵横砖各一行作限坎，后铺成"人"字形，长3.4、宽1.04、残高1.08米。两侧壁腰部各设2个"凸"字形小龛，长宽18、高11厘米。后壁有浅龛，被毁。封门嵌入甬道内壁中，下部叠放12层平砖，以上顺丁封砌。由底砖上残留的灰黑色板灰及数枚棺钉判断，葬具为木棺。随葬品仅余3件，出于前室近台阶处，1件陶球、1件青釉四耳罐、1件残罐底。墓砖有平砖和刀砖两种，呈红黄色及灰黄色，素面，棱角分明，质地较硬。平砖长35~37、宽16~18、厚5~6厘米，刀砖薄边厚3~4厘米（图三）。

M26　方向164度。其上部遭施工破坏，前室被清代土坑墓M050打破，又将西汉木椁墓M27的前部打破。东面有南朝砖室墓M25相邻。

甬道、前室结构略有变形，底部歪斜、拱翘。分析原因，可能由于此墓前部压于M27之上，造墓时M27保存尚好，墓成之后，M27木椁朽塌，引起M26前部塌陷。

甬道长0.7、宽0.88、残高0.94米，底砖作两横一纵平铺。正中有方形渗井，井壁直，井口边长22、深25厘米。

前室长0.94、宽1.18~1.22、残高1.16米，底与甬道平，底砖铺成"人"字形。两侧壁均设上下两层龛。下层龛由底往上三层砖开始内凹，长78、深4（一块砖厚）、高28厘米（六层砖高）。左侧龛两边立单边弧形砖，砌出壸门。右侧龛中间立双边弧形砖，形成两个壸门，同中有异，富装饰效果。上层龛与下层龛间隔二层砖，左右两侧相同，长44、深16（一块砖宽）、高40厘米，券顶。

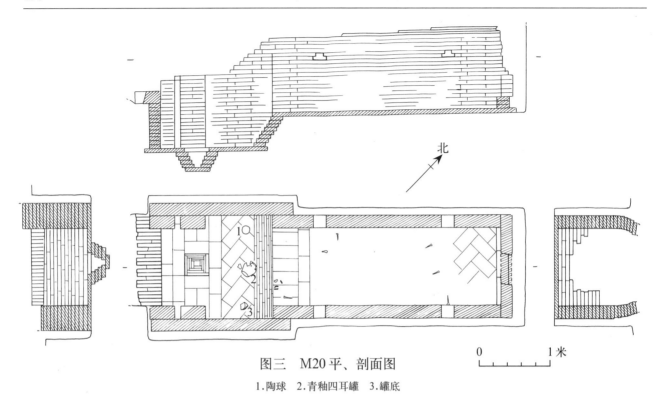

图三　M20 平、剖面图

1.陶球　2.青釉四耳罐　3.罐底

后室较前室高9层砖位，级与级之间缩进量极小，看上去是陡升，高差达0.46米。前端横铺一行砖作限坎，后铺成"人"字形。长3.2、宽0.86、残高0.76米。中部垫高一层砖作棺床。棺床长2.58、宽0.5米，一纵二横交错铺砌。木棺已朽，棺床上残留灰黑色板灰及炭痕，棺床周围散落锈蚀铁棺钉。在棺床后部靠后壁位置，出一块单边弧形砖，根据残存的后壁由底而上三层砖向后缩进4厘米（即一块砖厚）再叠砌的情况，推断后壁亦设龛。龛的形状应与前室左侧龛相同。

墓内上部含泥较少，填满砌墓所用墓砖，浅黄色，素面，有平砖及刀砖。平砖长37、宽18、厚5厘米。近底有一层约8厘米厚的淤积泥土，说明此墓坍塌较早，未被盗扰。墓室与墓坑间空隙用原坑山岗土回填。

M26出土随葬器物10件。其中3件出于前室，包括青釉六耳罐、碗、小杯各1件；7件出于后室棺床周围，棺床前面有青釉七足砚、唾壶，左前侧出2件小杯、右后侧出2件青釉碗、1件青釉小杯。

（二）　随葬器物

共24件。除1件陶球外，余皆青釉瓷器。

陶球　1件。M20：1，灰白胎，圆形实心。直径8.5厘米。

青釉瓷器　23件。以灰白胎为主，少数灰红胎。轮制。器里全釉，器表施釉不及底。玻璃釉质，釉色青绿或黄绿，釉层薄而不匀，常见流釉，胎釉结合不紧，多脱落。M79所出4件较为特殊，为黄褐釉，釉层较厚，保存较好。

碗　6件。依腹部及足部不同分2型。

A型　5件，分出于M26、M49。敞口，深腹，腹壁近直，饼足微外撇。饼足经修削，中心凹入。M26：3，口径13、底径5.8、高8.5厘米（图四，6；图版一）。M49：2，腹外壁饰一周凹弦纹，口径13.6、底径6、高8.4厘米（图四，1）。M49：1，器形较小，胎较厚，火候较低。口径10.6、底

图四　隋至初唐墓出土器物

1.A型碗（M49：2）　2.A型碗（M49：1）　3.B型碗（M79：1）　4.杯（M26：1）　5.杯（M88：3）　6.A型碗（M26：12）　7.Ⅰ式盏（M79：2）　8.Ⅱ式盏（M79：4）　9.碟（M88：2）　10.七足砚（M26：9）　11.四耳罐（M88：4）　12.六耳罐（M123：1）　13.六耳罐（M26：11）　14.四耳罐（M20：2）　15.七足砚（M26：8）　16.六耳罐（M49：3）

径5.6、高6.2厘米（图四，2）。

B型　1件。M79：1，敞口，浅腹弧收，饼足微外撇。腹内壁饰三道宽凹弦纹。黄褐釉，底足露胎。内底均匀分布五块垫烧疤。胎釉结合较好，釉层均匀。口径14、底径5.3、高6.5厘米（图四，3）。

杯　5件，分出于M26、M88。直口，圆唇，腹壁较直，饼足微外撇。M26：7，口微敛，口径6.5、底径2.9、高4.5厘米（图四，4；图版二）。M88：3，足底微凹，中间压一周凹槽，使中央形成小凸台。口沿外压一周凹弦纹。口径8.3、底径3.2、高4.8厘米（图四，5）。

四耳罐　2件。M20：2，侈口，圆唇，短领，鼓腹，台底。肩部附四个横耳并饰两组细弦纹，口沿外饰一道凹弦纹。薄施青绿釉，色发灰，大部脱落。口径11.6、腹径20、底径13.5、高19.5厘米（图四，14）。M88：4，器形较小，侈口方唇，短领，长腹，下部收束，近底外撇。平底内凹。肩部附四个横耳并饰一周凹弦纹，腹下部分饰两周凹弦纹。口径9.8、腹径14.2、底径10.6、高16.9厘米（图四，11）。

六耳罐　3件。M49：3，侈口，方唇，短领，鼓腹，平底微凹。肩附六个竖耳，耳呈双条拱形，一周弦纹从耳下穿过。腹上部饰两周细弦纹，近底部有一周细弦纹。口径13、腹径24.6、底径15、高21.7厘米（图四，16）。M123：1，侈口，圆唇，短领，丰肩，鼓腹，平底微凹。肩附六个竖耳并饰二道细弦纹。腹内壁轮制旋痕明显。口径11.4、腹径21.2、底径11.8、高19.6厘米。颈外套一铜盖残件，仅余口沿。口径12.8、残高1.6厘米（图四，12；图版三）。M26：11，侈口，短颈，溜肩，长腹，上部圆鼓，下部急收，近底外撇。平底边缘修直。肩部六个直耳，并饰二周凹弦纹。腹内壁有明显的盘筑痕，外壁可见细密的轮制旋痕。施青绿釉，外不及底，大部脱落。口径10.5、腹径18、底径11.5、高21.3厘米（图四，13；图版四）。

盏　3件，出自M79。分2式。

I式　2件。直口，圆唇，深腹弧收，小平底微起凸台。器身施黄褐釉，局部流釉，色泛蓝。外底露胎。M79：2，内底有一处墨绿色聚釉。口径10、底径3.8、高5.6厘米（图四，7）。

II式　1件。M79：4，口微敛，腹稍浅。口径10、底径4.2、高4.1厘米（图四，8）。

碟　1件。M88：2，敞口，浅腹，弧壁，圜平底。内外底皆饰两周凹弦纹。口沿内饰两周细弦纹。口径12.5、高1.4厘米（图四，9）。

七足砚　1件。M26：8，侈口，浅盘，口沿外起凸棱，外底内凹，下附七个乳状足。内底边缘有凹槽，中心微凹，并刻划细弦纹。口径15.8、腹径17.4、高5.厘米（图四，15；彩版二一）。

唾壶　1件。M26：9，盘口，束颈，扁垂腹，台足边缘经修削，中心压一周凹槽。釉脱尽。口径7.4、腹径12.2、底径7.6、高13.2厘米（图四，10；图版五）。

（三）小结

7座墓的墓砖与做法基本相同，随葬品也相似，应为同一时期的墓葬。与广州南朝墓相比，有同有异[①]。

首先，墓砖的规格、颜色与南朝墓基本相同，但不作装饰，则与南朝墓普遍使用的两面拍印网格纹砖有别，显示墓葬建造在用材方面趋于简化。墓砖质地多数坚硬，红皮黑心，火候较高。而南朝墓砖烧成温度较低，质地松软。

在墓葬形制方面，有长方形、"凸"字形两种，墓室狭长，长3.5～4.8、宽0.76～1.4米，长宽比约1：4。既保留有南朝墓常见的墓前修排水沟、墓内加衬券、前室留渗水井、后室高于前室、侧壁设多个小龛等特点，又出现了前后室落差较大，之间以多层台阶相连，以及壁龛用弧形砖砌成等新变化。

在随葬器物方面，随葬品数量较少，多的不过10件，少的仅1件，几乎全为青釉陶器，器形只有碗、罐、杯、盏、碟、砚、唾壶数种，承袭了南朝以来愈趋简朴的埋葬习俗。其中，M26所出腹下部剧收的青釉六耳罐，与1961年韶关市西河芙蓉山33号隋墓（出"大业六年"纪年砖）出土的六系青瓷罐极为相似②，杯与韶关西河南11号隋墓出土的相仿③，A型碗与广西钦州久隆M1出土的Ⅲ式碗④、香港大鬼湾出土的浅青釉高身碗相仿⑤，B型碗与英德浛洸镇隋墓出土的Ⅰ式青釉碗相同⑥。砚足也由南朝墓常见的蹄足变为乳状足。这些器物造型独特，具有鲜明的时代风格，是隋至唐初的典型器物。

二 中晚唐墓

（一）墓葬形制

1. 长方形土坑墓 1座（M0321）。方向23度。竖穴直壁平底，长2.32、宽0.6、残高0.13米。出1件黑釉六耳罐。

2. 长方形单室叠涩顶墓 1座（M93）。方向40度。前部被清代墓葬（M220）打破，封门不存。顶被揭。墓内不分室，长2.89、宽0.72、残高0.54米，墓壁顺砖错缝平砌。墓底两端横铺，两侧纵铺，中间一列平行横砖。墓内出不少铁棺钉，随葬品较为丰富，共15件，有青釉四耳罐、碗、器盖、鎏金鱼形铜头饰、银耳环、铜镜、铜叉形器、铁剪、铁刀各1件，"开元通宝"铜钱4枚，金箔2件。墓砖青灰色，长35、宽17、厚4~5厘米。

3. 长方形带耳室砖墓 3座，包括M24、M28、M41。内分前后室。前室宽短，一侧通一耳室。后室中部有高起的砖砌棺床，两侧壁近底部及后壁中部有小龛。墓砖规格特小，长24.5~28、宽13、厚2~3厘米。

M24 方向176度，墓壁砌双隔墙，券顶。前后室底平。墓室总长3.44，宽1.44米。前室长0.82、宽1.44、残高0.59米，底砖平铺成"人"字形。前方正中设方形渗水井，井口长宽12厘米，分5级渐收，井底宽4厘米。右侧通一券顶耳室，长74、宽62、高42厘米。后室长2.62、宽1.46、残高0.94米。中部有棺床，高出墓底4层砖，长2.22、宽0.75米，四周用砖包边，中填原坑土，面砖两横一纵交错平铺。棺床两侧墓底对称铺纵横砖各一列。在棺床前方左右两侧，分别横放一平砖，应为拜台。后室两侧壁近底部设小龛3个，皆为叠涩顶，后有侧立砖封挡。宽20、高24厘米。墓壁砌法：由墓底以上56厘米，叠铺平砖，纵横不拘，高56~66厘米，只在内侧顺砖平铺，外侧填以原坑土，66厘米处发券，双券，一纵一横交错迭砌。封门砌法：底下6层平砖，3层纵向3层横向，往上顺丁交错砌筑。木棺已朽，仅余数枚锈蚀铁棺钉。随葬品11件，有2件盏、7件小盂、1件带盖四耳罐，多数置于棺床前方，1件置于侧壁小龛内，1件置于后室右后角。墓砖小且薄，素面，质地坚硬，青灰、黄白、灰黄色皆有，为火候不同所致。长24.5~26、宽12.5~13、平砖厚3厘米，刀砖薄边厚1.8、背厚3.5~4厘米（图五）。

M28 方向180度。墓壁砌单隔墙，叠涩顶已毁。总长3.1、宽1.18米。前后室底平。前室长0.92、残高0.06米，底砖铺成"人"字形。中部偏右有方形小渗水井，分4级渐收。井口长宽14、井底长宽4厘米。左侧设耳室，宽54、深47、残高17厘米，顶不详。后室长218、残高55厘米。中部砌出棺床，直通后壁，高出墓底10厘米，长2.57、宽0.76米，三边围砌3层砖，中填以原坑土，面铺一层平砖，一纵二横交错排列。棺床两侧各铺一列横砖。后壁中部有1个小龛，距墓底9层砖高，宽

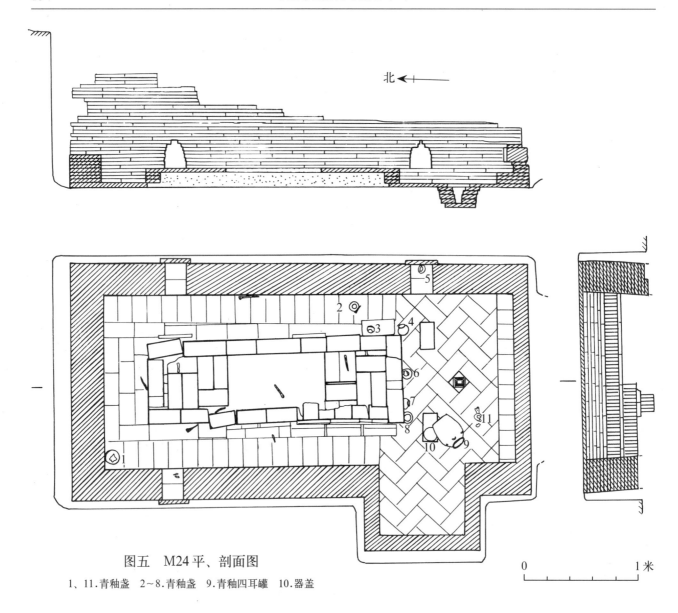

图五　M24平、剖面图

1、11.青釉盏　2~8.青釉盏　9.青釉四耳罐　10.器盖

26、残高17、深30厘米，龛坑是在墓坑壁中掏挖而成，两侧壁直，后壁由龛底往上渐收。顶不详。木棺已朽，仅余数枚锈蚀铁棺钉。随葬品15件，包括铜镜1件、红陶罐1件及青釉陶器13件（碗3件、盏9件、钵1件），2件出于棺床上，2件出于棺床两侧，其余出于棺床前方。墓砖青灰色，素面，长26~28、宽13、厚3厘米，质地坚硬。

　　M41　方向330度。墓壁砌单隔墙。顶已毁。墓室总长3.38米。前室长0.58、宽1.08、残高0.36米，底砖铺成"人"字形。正中有方形渗水井，3级内收，口宽14、底宽6厘米。右侧设耳室，掏挖而成，竖立砖砌壁，叠涩顶，长48、深42、残高18厘米。后室高出前室4层砖位，前铺一列纵向砖，后错缝平铺横砖。长2.7、宽1.02、残高0.42米。中部原有棺床，砌砖被毁，仅余印痕，长2.24、宽0.6米。两侧壁底部有3个小龛，形状相同，为叠涩顶，后有侧立砖封挡。宽28、高25厘米。后壁中上部有1个小龛，宽40厘米，上部被毁。棺床上残留散乱的棺钉，随葬品仅存1件小陶罐，出于后壁底部。墓砖青灰色，素面，长26~28、宽13、厚2~3厘米。

4. 长方形双室合葬墓　1座（M59）。方向295度。前部被毁。一侧被清墓 M0246 打破，一室中部被宋代魂瓶墓打破。残长2.8、通宽1.9、残高0.35米。墓底被两列竖砖对半分成左右二室，每室宽0.76米。二室皆中铺横向砖，两旁铺纵向砖相夹。墓内无遗物。墓砖有青灰色、灰黄色、褐色，长33、宽15、厚3～4厘米（图六）。

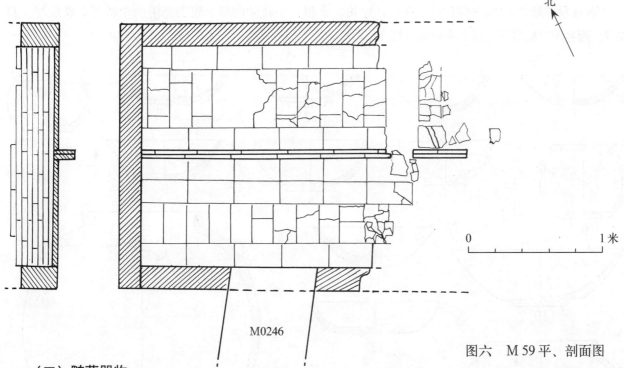

M0246

图六　M 59平、剖面图

（二）随葬器物

共41件。包括陶瓷器、铜铁器及金银器。

1. 陶瓷器　以青釉瓷器为主，少量黑釉瓷器及红陶器。器形有碗、盏、小盂、罐等。

青釉碗　5件。分3型。

A 型　2件，出于 M28。敞口，圆唇，腹弧收，饼足微外撇。口沿外一道凹弦纹。薄施青绿釉，脱落殆尽。M28：1，口径11.5、底径5、高5.1厘米（图七，8）。

B 型　1件。M28：8，形较小，敞口，腹弧收，饼足内挖出一周斜槽，使中央形成小凸台。外壁上部起凸棱一周。内壁上部压一周凹弦纹。施青釉，脱落。口径10、底径4.5、高4.4厘米（图七，7；图版六）。

C 型　2件。M93：10，敞口，浅腹斜壁，平底微起凸台。施青绿釉，外壁釉不及底。开细碎冰裂纹，有脱落（图七，9）。M28：15，大敞口，浅腹斜收，饼足经修削。薄施青绿釉，外不及底，有剥落。口径18.4、底径6、高5.7厘米（图七，10）。

青釉盏　11件。M24出2件，M28有9件。根据足部不同分2型。

A 型　4件。敞口，圆唇，浅腹斜收，弧腹壁，圜平底。M24：1，口径11.2、底径3.5、高3厘米（图七，1）。M28：6，腹下部压一周宽凹弦纹。口径10.5、底径2.8、高3.7厘米（图七，2）。

B 型　7件。饼足。全出于 M28。有3件饼足凸出。M28：10，口径11、底径3.8、高3.2厘米（图七，3）。另有4件在平底向内刮削出浅饼足。足部不规整，多倾斜。M28：11，口径11、底径3.6、高

3厘米（图七，4）。

　　青釉小盂　7件，皆出于M24。形制相同。侈口，圆唇，矮领，圆腹，平底。内底多见轮制旋痕。表里施青绿釉，外不及底，大多脱落。M24：8，口径6.8、腹径8.8、底径4.5、高5.7厘米（图七，5；图版七）。

　　青釉双耳罐　1件。M41：1，侈口，短领，垂腹，平底微内凹。腹上部附两个横耳。釉脱尽。口径7、腹径9、底径5、高7.4厘米（图七，6）。

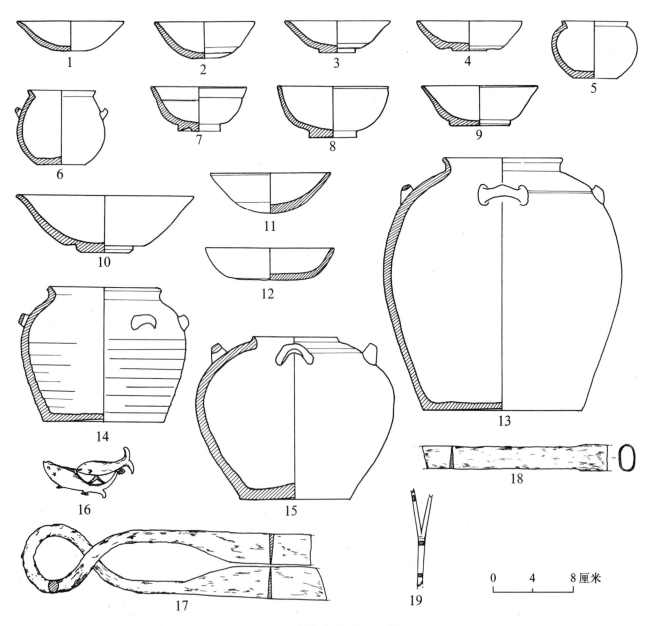

图七　中晚唐墓出土器物

1.A型盏（M24：1）　2.A型盏（M28：6）　3.B型盏（M28：10）　4.B型盏（M28：11）　5.小盂（M24：8）　6.双耳罐（M41：1）
7.C型碗（M28：8）　8.B型碗（M28：1）　9.D型碗（M93：10）　10.D型碗（M28：15）　11.器盖（M93：2）　12.器盖（M24：10）
13.青釉四耳罐（M24：9）　14.黑釉六耳罐（M0321：1）　15.青釉四耳罐（M93：1）　16.鱼形铜饰（M93：3）　17.铁剪（M93：8）
18.铁刀（M93：15）　19.铜叉形器（M93：11）

青釉四耳罐　2件。M24∶9，卷沿，小侈口，短直领，长圆腹，平底。肩附四个横耳，并压一周凹弦纹。施青釉，釉层不匀，有流釉，多脱落。口径12.2、腹径24.2、底径16.2、高25.1厘米（图七，13；图版八）。M93∶1，小口外卷，尖唇，隆肩，鼓腹较扁，平底。肩附四个横耳并饰二周细弦纹。釉已脱尽。口径8.8、腹径20.4、底径11.4、高16.2厘米（图七，15）。

青釉器盖　2件。M24∶10，平顶微凹，盖面漫圆，敞口，圆唇。釉脱尽。口径13.5、高3.2厘米（图七，12）。M93∶2，圆唇敞口，盖面漫圆。青灰胎，盖面挂半釉，青绿色，盖里及口沿露胎。盖里有四处支烧痕，盖顶有两处凸起的支烧疤（图七，11）。

黑釉六耳罐　1件。M0321∶1，敞口，折沿，短直领，扁圆腹，大平底微内凹。肩附六个横耳。腹壁可见盘筑痕。通体黑釉，口径11.8、腹径17、底径12.5、高13.4厘米（图七，14）。

红陶罐　1件。M28∶2，残余罐底，平底。

2．铜铁器

铜方镜　1件。M93∶9，素面凸缘，圆钮。钮左右各一兽，似为摩羯，首尾相对，作奔扑状。边长12厘米、厚0.15厘米（彩版二〇）。

铜八瓣菱花镜　1件。M28∶5，残碎。经拼合约存1/3，径约9厘米。圆钮，凸弦纹圈分为内外二区。大致可看出图案为雀绕花枝。边缘各瓣中均有一组花叶纹。

铜钱　4枚，皆开元通宝，质软如泥，出于M93。仅1枚完整。M93∶5，钱径1.9、孔径0.7、厚0.1厘米。

铜叉形器　1件。M93∶11，残断。扁平铜条制成，形如"Y"字，分叉处刻划二道平行细线。残长4.8、宽0.3、厚0.2厘米（图七，19）。

鱼形鎏金铜饰　1件。M93∶3，合范制成大小两尾鱼。大鱼在前，小鱼立于大鱼后背，嘴衔大鱼背鳍。二鱼腹背有鳍，尾呈浪花状。长4.8、宽0.9、高1.7厘米（图七，16）。

铁剪　1件。M93∶8，严重锈蚀，环首交股，双面直刃，刃边相对。残长32厘米（图七，17）。

铁刀　1件。M93∶15，锈蚀残断，单面直刃，靠柄部横截面为椭圆形。残长19、宽2.5厘米（图七，18）。

3．金银器

银耳环　1件。M93∶4，残断并扭曲成"S"形条状，残长2.3厘米，环体呈麻花状，厚0.2厘米。

金箔　2件。脆薄如纸。M93∶13，形如小叶片。M93∶12，皱成小团，形状不明。

（三）小结

M0321墓出土黑釉六耳罐，器体矮胖，通体黑釉，为唐代常见器物。从目前已发表的广东、广西两地隋唐墓发掘资料看，隋至初唐墓未见有黑釉瓷器随葬，初步推断此墓年代在唐中期以后。从墓葬形制来看，砖室墓在广州出现于东汉前期，从东汉后期开始成为墓葬形制的主流。在六朝至初唐，砖室墓盛行，土坑墓基本绝迹。至唐代晚期，随着薄葬之风愈盛，葬制愈简，土坑墓又再出现。执信中学64座东汉—唐代墓葬中，M0321是唯一一座土坑墓，似可证明这一点。

M24、M28、M41，墓室结构、砌墓用砖基本相同。多用灰黑色小砖砌成，墓前近封门处设方形小渗井，后筑棺床，棺床前有耳室，两侧壁及后壁有多个小龛，龛内置盏。20世纪50年代广州市横枝岗[7]、华侨新村[8]发掘有同类墓葬近20座，其中横枝岗第十号墓出土元和二年（807年）墓志一方；1998

年在广州市太和岗淘金家园也发掘了4座同类墓葬，其中一墓出土开成五年（840年）墓志一方⑨。在随葬器物方面，三座墓的器物组合基本相似，以青釉罐、碗、盏为主，其小盂与广东始兴晚唐墓赤南M13所出的青瓷小罐相似⑩，双耳小罐与广州建设新村姚潭墓所出相仿⑪。据姚潭墓墓志记载，墓主葬于大中十二年（858年）。因此，M24、M28、M41的年代应在中晚唐。

　　M59被宋代魂瓶墓打破，年代早于宋。该墓无随葬品出土，砌墓用砖以青灰色素面砖为主，与广州初唐墓常见的红皮黑心砖显然不同⑫，规格较小且薄；与前述三墓所用小型墓砖相比，又稍大稍厚一些。年代当介于初唐与晚唐之间。

　　M93出土开元通宝铜钱，铜方镜上的图案为隋唐时所见⑬。墓中所出青釉四耳罐及器盖与广州建设新村姚潭墓所出同类器物相似，推测M93的年代与之相距不会太远，当在晚唐。

　　附记：本次发掘领队为全洪，参加发掘工作的有廖明全、覃杰、陈春丽、邝桂荣、朱家振及中山大学王宏、石俊会、胡在强、张兴国、牛加明等。本文插图由邝桂荣绘制，照片由关舜甫拍摄。

执笔：邝桂荣

注　释

① 广州市文物管理委员会《广州六朝砖室墓清理简报》，《考古通讯》1956年第3期；《三年来广州市古墓葬的清理和发现》，《文物参考资料》1956年第5期；广州市文物考古研究所《广州市先烈南路晋南朝墓发掘简报》，《广州文物考古集》，文物出版社，1998年。

② 广东省文物管理委员会《广东韶关六朝隋唐墓清理简报》，《考古》1965年第5期。

③⑤ 广东省博物馆、香港中文大学文物馆《广东出土晋至唐代文物》，香港明爱印刷训练中心1985年 12月出版。

④ 广西壮族自治区广州工作队《广西壮族自治区钦州隋唐墓》，《考古》1984年第3期。

⑥ 广东省文物管理委员会《英德浛洸镇南朝隋墓清理简报》，《考古》1963年第9期。

⑦ 广州市文物管理委员会《广州市北郊横枝冈发现古墓三十余座》，《文物参考资料》1956年第3期；《广州市文管会1955年清理古墓葬工作简报》，《文物参考资料》1957年第1期。

⑧ 广州市文物管理委员会《广州华侨新村发现汉唐古墓十座》，《文物参考资料》1958年第5期。

⑨ 广州市文化局《广州文物志》，广州出版社，2001年。

⑩ 广东省博物馆《广东始兴晋—唐墓发掘报告》，《考古学集刊》第2集，1982年。

⑪ 广州市文物管理委员会《三年来广州市古墓葬的清理和发现》，《文物参考资料》1956年第5期。

⑫ 广州市文物管理委员会《广州市文管会1955年清理古墓葬工作简报》，《文物参考资料》 1957年第1期。

⑬ 周世荣《中华历代铜镜鉴定》，紫禁城出版社，1990年。

图版一　青釉碗（M26：3）

图版二　青釉杯（M26：7）

图版三　青釉六耳罐（M123：1）

图版四　青釉六耳罐（M26：11）

图版五　青釉唾壶（M26：9）

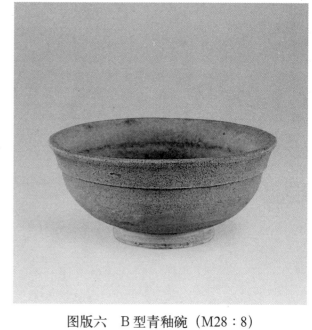

图版六　B型青釉碗（M28：8）

图版七　青釉小盂（M24：8）

图版八　青釉四耳罐（M24：9）

广州太和岗唐墓发掘简报

广州市文物考古研究所

1998年11~12月，为配合淘金花园商住小区建设，广州市文物考古研究所对该工地范围进行了考古勘探和发掘①。该地块位于广州市先烈中路黄花岗公园北侧的太和岗，属广州古城东北郊山岗地带（图一）。此次共清理4座唐代中晚期砖室墓（编号1998GTM1~M4），分布较集中，均位于太和岗近岗顶的西南坡地上，坡地海拔35.4~35.7米（图二）。现将发掘情况简报如下。

图一 太和岗古墓群位置示意图

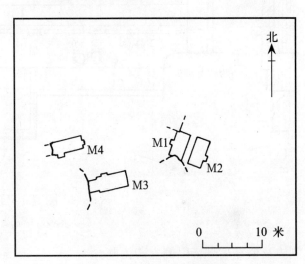

图二 墓葬位置关系图

一 墓葬形制

这四座砖室墓受早期盗扰及现代建筑基础影响，都有不同程度的残损，墓顶皆无存，墓室中葬具及墓主人骨架亦基本朽尽。

（一）一号墓（M1）

长方形土坑砖室墓，墓向202度。上部被毁，墓室西北角被原现代厂房基础打穿，封门和前室为盗洞打破。墓坑长3.15、宽2.08、残深0.31米。砖砌墓室贴坑而建，内分前室、后室、西耳室三部分（图三）。

前室长0.31、宽1.64米。后室长2.84米，宽与前室同，通过一道两层平叠砖起台与前室相隔。后室正中砌棺床，长2.84、宽1.1、高0.1米。棺床表面平铺砖，后端直抵墓室后壁，棺床下垫原坑土。棺床两侧各砌二排立砖，呈高低两级压边。后室西壁有小耳室，宽0.62、深0.38、残高0.14米。后室东壁与耳室对称位置有小壁龛，龛底高出墓底6厘米，龛宽0.24、深0.18、残高0.12米。耳室的三

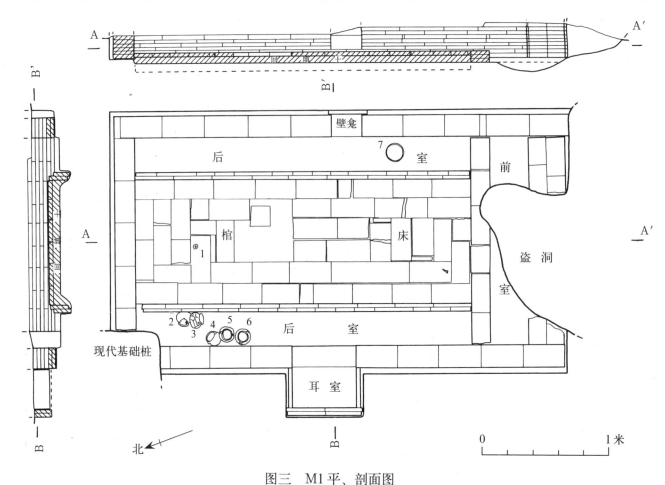

图三　M1平、剖面图

1.铜钱　2~6.青釉双耳小罐　7.青釉盏

侧边及壁龛后部皆以侧立砖为壁。

　　墓砖为青灰色长方形小砖，长30~34、宽14~17、厚2.8~3厘米。除封门采用双隅平砖错缝叠砌外，墓室其余诸壁皆为单隅错缝砌构。墓底不铺砖，只作简单平整。

　　葬具、人骨无存，棺床西南角有残铁棺钉1枚，后端有"开元通宝"铜钱2枚，西侧北端有青釉双耳小罐5件，东侧南端有青釉盏1件。

　　（二）二号墓（M2）

　　该墓上部被毁，墓坑长3.7、宽2.04、残深0.43米。墓向203度。二号墓与一号墓平行并列，两者间距0.6米，结构基本相同。二号墓的耳室、壁龛虽然相对位置与一号墓相同，但分布却正好相反，二号墓耳室居东，壁龛在西，与一号墓成对应关系（图四）。

　　前室长0.17、宽1.68米。后室长3、宽1.68米。棺床长2.98、宽1.2、高0.1米。西壁龛宽0.27、深0.17、残高0.16米，龛底高出后室墓底0.12米，后部侧立单砖为壁。东耳室宽0.58、深0.47、残高0.24米，耳室顶部叠涩顶，已毁不全。

　　葬具及骨架无存，仅余10件随葬器，包括有棺床东侧北端的青釉小罐5件、东侧中部的青釉灯盏1件、砖质墓志1件、叠压在墓志下的小滑石猪及青釉盏各1件、后室西南角的青釉盏1件。由墓志可知，该墓建于唐开成五年（840年），墓主为广州同节度副使王复元。

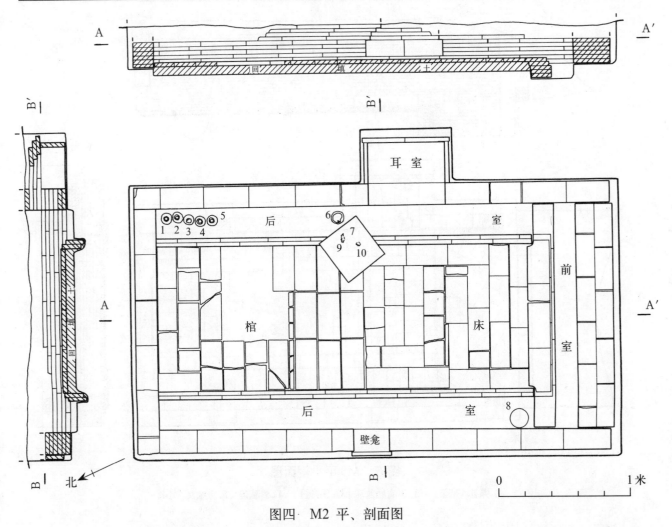

图四 M2 平、剖面图

1~5.青釉小罐 6.青釉灯盏 7.墓志 8.青釉盏 9.滑石猪 10.青釉盏（残）

（三）三号墓（M3）

位于一号墓西面，二者相距约6.5米。方向250度。该墓上部被现代建筑基础所打破和叠压。墓坑长3.96、宽2.2、残深1.2米。斜坡式墓道位于墓室西面，宽1.96米，清理部分长0.9米（图五）。

整个墓室由封门、前室、后室和北耳室构成。墓壁皆单隅。墓室内填土中出有近代墓志，属盗扰所致。封门已毁，残存底部四层平叠砖，横宽1.63、高0.14米。在封门与前室铺底砖之间有一段空位，推断该墓在封门砖后还有木质的内封门。

墓室内长3.62、宽1.6米。分前后两室。前室长0.7米，"人"字形铺底砖较墓道底端高出0.32米。两侧壁前端有对称的小壁龛各一，均长方形，宽0.13~0.14、纵深0.15、高0.15米，壁龛底部高出前室底面0.26米，应为置灯小龛。龛内均无器物残存。有砖质墓志1合，斜靠在后室砖台上，前室东南角有青釉碗1件。

后室全长2.92米。正中为长2.9、宽1.1米的棺床，升高一平砖高度（3厘米）。后壁已残，仅余底部高0.28米，两侧纵立一弧形砖如壶门，上部已毁无存。葬具及人骨无存，仅见青釉双耳小罐1件，位于棺床中部。

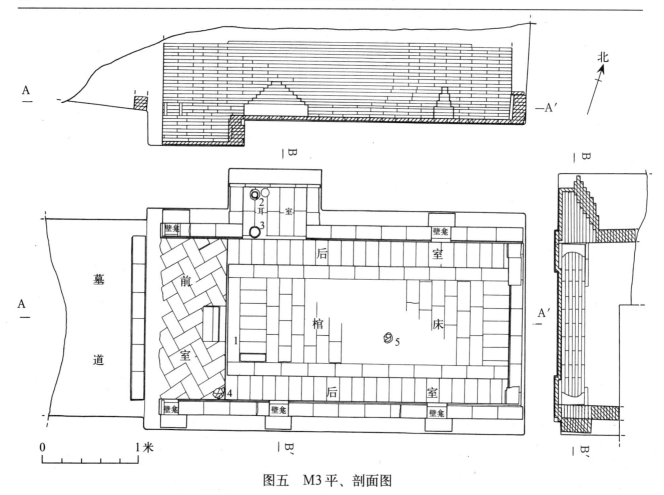

图五　M3平、剖面图

1.墓志（带盖）　　2、3.青釉双耳小罐（带盖）　　4.青釉碗　　5.青釉双耳小罐

后室南壁有小龛2个，北壁有小龛1个。三个小龛的结构与大小基本相同，皆宽0.2、深0.15、高0.33米，叠涩顶。后室北壁有耳室，宽0.66、深0.52、高0.44米，平面为横长方形，叠涩顶。内置2件带盖的青釉双耳小罐。

（四）四号墓（M4）

位于三号墓西北，相距约4米。方向250度，与三号墓相同。上部为现代建筑基础所打破。墓坑长3.83、宽1.66、残深0.75米。斜坡式墓道位于墓室西端，宽1.26米，长度不详（图六）。

墓室由封门、前室、后室和南耳室构成。墓顶已无存，墓壁皆单隅。封门已毁，仅余最底的八层砖平叠，残高0.44米。

墓室内长3.33、宽1.26米。前室长0.44米，底面以纵横交错的平砖铺就，与封门和墓道平齐。前室正中有呈三级逐级下收的小渗水井，平面略呈正方形，宽0.16、长0.15、深0.11米。前室近封门处及前室东北、东南二角分别有青釉小碗、青釉四耳小罐和青釉直口四耳罐各1件。其中青釉小碗或为壁龛中滑落的灯盏。

后室长2.84米，高出前室0.12米。中后部正中砌棺床，长1.24、宽0.76、高0.09米。葬具、墓主人骨架无存，棺床表面的一部分铺砖被盗墓者揭起，部分铁棺钉发现于上层填土中。后室南北两侧壁有5个小龛，龛底高出后室底面8厘米，五龛具体分布为：北壁之前、中、后部各1个，相互间距

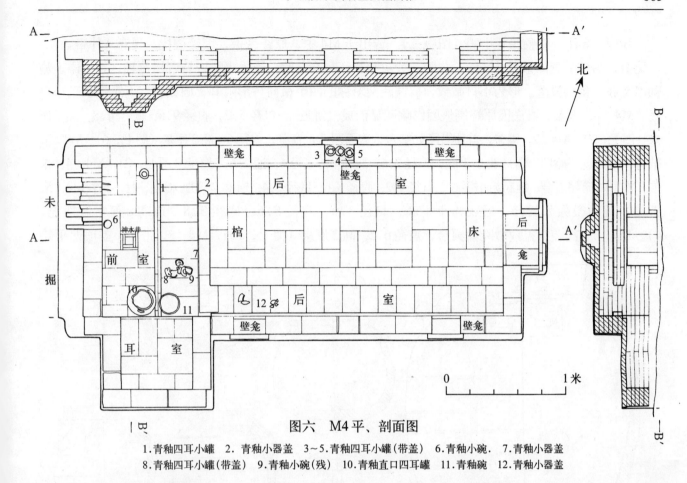

图六　M4平、剖面图

1. 青釉四耳小罐　2. 青釉小器盖　3~5. 青釉四耳小罐（带盖）　6. 青釉小碗．7. 青釉小器盖
8. 青釉四耳小罐（带盖）　9. 青釉小碗（残）　10. 青釉直口四耳罐　11. 青釉碗　12. 青釉小器盖

0.62米；南壁前、后各1个，相互间距1.38米，与北壁相应位置的小龛对称。壁龛顶皆无存，均宽0.24~0.26、深0.15、残高0.15米。除北壁中间的小龛内有3件青釉小罐外，其余无他物。后龛宽0.43、深0.3、残高0.25米。高出棺床3厘米，顶部已毁。

除上述结构外，在前室与后室之间的南侧有耳室1个。耳室底面分别高出前室和后室的底部0.23、0.11米，顶部亦毁。宽0.6、纵深0.6、残高0.19米，无遗物。

二　随葬器物

四座唐墓残存遗物包括釉陶器、砖质墓志、铜钱、滑石猪，共34件。

（一）釉陶器

30件。其中18件为较硬的灰胎及青灰胎，余者或黄灰胎，或呈由器底向上至器顶胎色逐步由砖红、黄灰变为灰色和青灰色的"杂色胎"。表里施釉，器表施釉多不及底，部分器"蘸釉"痕明显。釉色有黄绿、青绿两种，大多数的釉层已脱落殆尽。

1. 罐　22件。分4型。

A型　1件。M4：10，青釉直口四耳罐。器里表施青绿色釉，其中器表施釉不及底，釉层已脱落殆尽。直口微侈，方唇，溜肩。肩部饰两两相对的横向桥形附耳四个。圆鼓腹，下弧腹内收。平底。该器肩腹轮制痕明显。口径14.8、腹径23.2、底径17.8、高26厘米（图七，1；图版二）。

　　B型　8件。青釉四耳小罐（图版三）。皆出于M4中，原皆带盖，因受盗扰，现存4件带盖、1件无盖，另该类罐的散器盖3件。灰胎、黄灰胎及红灰杂色胎。器里表原皆施青绿色釉，其中器表施釉不及底，釉层脱落。形为小口微敛，肩饰两两对称的四个横向桥形附耳；圆鼓腹，下腹弧收至小平底。M4：1，无盖，器底因原烧制垫圈影响明显而成"饼足"，口径5.2、腹径9.6、底径4.8、高7厘米（图七，7）。M4：2，罐盖，盖顶微隆如圆台，盖面圆弧，直壁，盖径6、高2厘米（图七，6）。M4：3，带盖，盖顶近平略凹，器底为小平底，口径3.6、腹径8、底径4、通高6.7厘米（图七，2）。M4：4，带盖，盖顶微隆如圆台，罐底为小平底，口径4.2、腹径8.6、底径3.4、通高7.7厘米（图七，3）。M4：5，带盖，盖顶微隆如圆台，器底为小平底，口径3.6、腹径8.6、底径3.8、通高8厘米（图七，4）。M4：7，罐盖，盖顶微隆如圆台，盖径6.2、高2厘米（图七，10）。M4：8，带盖，盖顶近平略

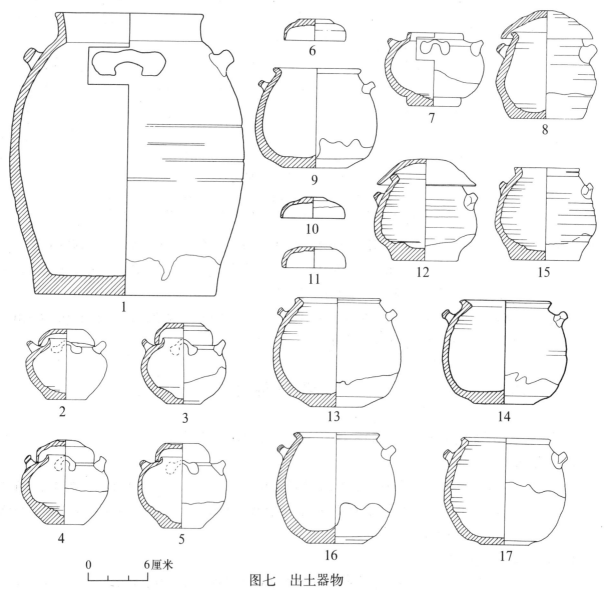

0　　　6厘米

图七　出土器物

1.A型罐（M4：10）　2.B型罐（M4：3）　3.B型罐（M4：4）　4.B型罐（M4：5）　5.B型罐（M4：8）　6.B型罐盖（M4：2）　7.B型罐（M4：1）　8.CⅠ型罐（M3：2）　9.CⅡ型罐（M1：2）　10.B型罐盖（M4：7）　11.B型罐盖（M4：12）　12.CⅠ型罐（M3：3）　13.CⅡ型罐（M1：3）　14.CⅡ型罐（M1：5）　15.CⅠ型罐（M3：5）　16.CⅡ型罐（M1：4）　17.CⅡ型罐（M1：6）

凹，器底为小平底，口径4.2、腹径8.8、底径4、通高8.1厘米（图七，5）。M4：12，罐盖，盖顶微隆如圆台，盖径6.2、高2厘米（图七，11）。

C型　8件。双耳小罐。分别出于M3和M1。有灰胎和黄灰胎。器表里原皆施青绿色釉，器表施釉不及底，多数釉层脱落殆尽。肩腹轮制痕明显。溜肩，肩部饰对称之横向桥形附耳两个，鼓腹微垂，下腹弧收至平底。依口部形态及带盖与否分为两个亚型。

CⅠ型　3件。皆出于M3。原皆带盖，盖如倒覆的浅盘盏，盖顶近平而盖面圆弧。小直口，方唇微侈。M3：2，带盖，口径7、腹径9.8、底径7、通高10.3厘米（图七，8）。M3：3，带盖，下腹内弧收至平底，口径7、腹径9.8、底径6.4、通高9.8厘米（图七，12）。M3：5，盖缺失，下腹内弧收至平底，口径6.4、腹径10、底径6.8、高8.8厘米（图七，15）。

CⅡ型　5件。皆出于M1。无盖，口部卷沿外侈且慢轮修整痕明显。M1：2，口径8.5、腹径11.8、底径6、高9.6厘米（图七，9）。M1：3，口径8.3、腹径12.4、底径5、高10.4厘米（图七，13）。M1：4，口径8.5、腹径11.8、底径5.5、高10.6厘米（图七，16）。M1：5，口径8.2、腹径12.1、底径5.7、高10厘米（图七，14）。M1：6，口径8.3、腹径12、底径4.8、高10.2厘米（图七，17）。

D型　5件。青釉小罐。出于M2。除一件为上红下灰的杂色胎外，余皆灰胎。器里表原施青绿色釉，器表施釉不及底，釉层脱落殆尽。特点为小口微敛微侈，溜肩，圆鼓或鼓凸腹下垂，下腹弧收至小平底。M2：1，口径4.1、腹径7.2、底径3.8、高4.8厘米（图八，1）。M2：2，口径4.5、腹径7.2、底径3.6、高5.1厘米（图八，4）。M2：3，口径4.4、腹径7.3、底径3.8、高4.9厘米（图八，7）。M2：4，口径4.1、腹径7.6、底径4、高5厘米（图八，10）。M2：5，口径4.4、腹径7.6、底径4、高5.2厘米（图八，13）。

2. 碗　4件。分出于M3与M4。除器底外器里表原遍施青绿色釉，多已脱落殆尽。依器形大小和腹部形态分为2型。

A型　2件。出于M4内。器形较小，敞口，深弧腹，外壁缓弧收接器底饼足。M4：6，口径9.4、底径5.8、高3.8厘米（图八，5）。M4：9，仅有口部残片，口径10厘米（图八，8）。

B型　2件。分出于M3与M4。器形相对较大，弧腹，外壁斜弧收接器底饼足。M3：4，口径14.6、底径6.6、高4.4厘米（图八，3）。M4：11，口径17.6、底径5.6、高5.4厘米（图八，2；图版四）。

3. 盏　3件。分出于M1与M2。器里表原遍施青绿色釉，现除M2：10外壁釉层保存较好外，余脱落殆尽。敞口，浅弧腹，外壁弧收接小平底。M1：7，口径12.7、底径4.6、高3.2厘米（图八，12）。M2：8，口径13.5、底径4、高3.5厘米（图八，6）。M2：10，出土时仅余一残片，口径13.8厘米（图八，9）。

4. 灯盏　1件。M2：6，原通体施青绿色釉，出土后釉层脱落。敞口，凹浅盘，盘内近盘缘处粘有一竖立的环状支钉以固连灯芯，外壁凹弧下收接平底。口径9.6、底径4、高3厘米（图八，11；图版五）。

（二）砖质墓志

共2合。

1. M3：1　青灰色方砖，志盖、志身同大，边长35、厚6厘米。出土时志盖与志身紧密扣合在一起斜靠在M3后室的砖砌台缘处，志身已碎裂。志文原用红朱书写，已基本剥离，只余几点印记，漫漶不清，已无法辨识。

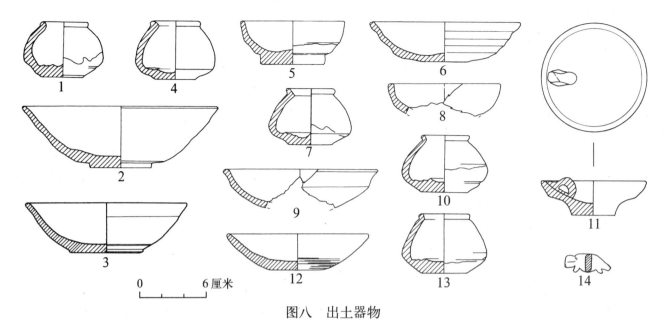

图八 出土器物

1.D型罐（M2：1） 2.B型碗（M4：11） 3.B型碗（M3：4） 4.D型罐（M2：2） 5.A型碗（M4：6） 6.盏
（M2：8） 7.D型罐（M2：3） 8.A型碗（M4：9） 9.盏（M2：10） 10.D型罐（M2：4） 11.灯盏（M2：6）
12.盏（M1：7） 13.D型罐（M2：5） 14.滑石猪（M2：9）

2. M2：7 砖质，青灰色，横长方形。位于M2后室棺床中东部。横宽36.8，长34.4，厚5厘
米。志文《太原王府君志铭》253字，楷书略有缺损。（图九、一〇；图版一）。

（三）**铜钱** 2枚，出于M1。铜质较差，一整一残。钱文"开元通宝"。径2.4、孔边长0.6厘米。

（四）**滑石猪** 1件。M2：9，长4.2，高1.7厘米。刻工较简，仅在方体上简单刻出四足和细尾，
头部仅见两个猪鼻孔，不见眼睛和耳（图八，14）。

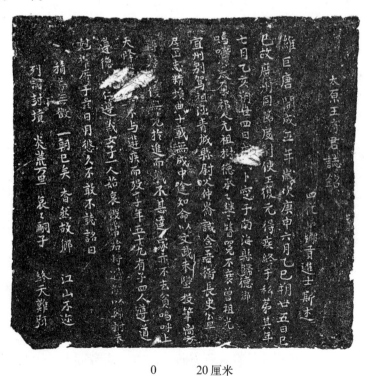

图九 墓志（M2：7）释文（依原字笔画抄录）　　　　图一〇 墓志（M2：7）拓片

三　结　语

（一）四座唐墓从分布和结构特点，可分为两组：一、二号墓为一组，两墓平行并列，方向、大小、形制几同，应为同茔异穴的夫妇合葬墓，据墓志可知二号墓主为王复元，则一号墓主当为王复元夫人；三、四号墓为第二组，这二墓方向亦保持一致，结构大致相近，两者间距约4米，大体是按照"昭穆制度"排列的，应属同一家族或有辈分早晚。

（二）四墓的基本情况，列简表如下：

1998GTM1—M4墓葬情况简表

分组	墓号	方向	墓道	分室情况	棺床	壁龛	耳室	随葬器物
第一组	1998GTM1	202°	不详	前室0.31×1.64米，后室2.84×1.64米	后室正中	后室东壁正中底龛1	后室西壁正中	罐CⅡ5，盏1，铜钱2
	1998GTM2	203°	不详	前室0.17×1.68米，后室3.0×1.68米	后室正中	后室西壁正中底龛1	后室东壁正中	罐D5，盏2，灯盏1，墓志，滑石猪
第二组	1998GTM3	250°	西壁正中	前室0.7×1.6米，后室2.92×1.6米	后室正中	前室前端对设壁龛2，后室底龛3	后室前侧北部	墓志1合，罐CⅠ3，碗B1
	1998GTM4	250°	西壁正中	前室0.44×1.26米，后室2.84×1.26米	后室正中	后室底龛5，后龛1	前室南部	罐A1，罐B8，碗A2，碗B1

（三）史学界目前将唐代历史分为初唐、盛唐、中唐和晚唐等四期，将中唐的起止时间分别定在"安史之乱"爆发的755年和黄巢起义开始爆发的875年。据此以上四墓可划分为：一、二号墓属中唐晚段，墓葬中已开始出现晚期唐墓的一些因素；三、四号墓属中唐早段，墓葬中还保留有一些早期的因素。

（四）由志文可知，M2墓主为曾任广州同节度副使的王复元，太原人，其祖辈曾任别驾、县尉等小吏。王氏早年丧父，本人发奋读书应试，可惜十载无成，不得已只好投笔离乡南下作节度使的属员。终其一生，王氏在仕途上始终郁郁不得志，家境亦始终未能摆脱贫困，于开成五年（840年）六月因病故去，享年59岁，七月葬于"南海县归德乡"。查《历代职官表》可知，"同节度副使"属从九品，在同一节度使麾下的"同节度副使"人数可同时达十人。太原王氏（也包括琅琊王氏）在唐代中期的"安史之乱"及藩镇割据诸因素打击下，已无法保持魏晋时期"王马共天下"的世族显赫地位，他们中不少人已家道中落，须凭自己的才识而非祖荫与寒族人士进行公平、艰难的竞争。这种局面一直持续到唐末黄巢起义，以世家大族的势力被彻底打破而告终。二号墓志的出土，为这一史实提供了一个佐证。

附记：发掘领队丁巍。参加发掘的有马建国、朱家振、关舜甫、丁巍，整理的有丁巍、张艳平、朱家振，器物修复董锋，绘图描图张艳平、朱家振、丁巍，摄影关舜甫，拓片黄兆强。

执笔：丁巍

注　释

① "淘金花园"现已改称为"淘金家园"商住小区一期住宅。

图版一　墓志（M2：7）

图版二　A 型罐（M4：10）

图版三　B 型罐（M4：1、3、4、5、8）

图版四　B 型碗（M4：11）

图版五　灯盏（M2：6）

广州市西湖路光明广场唐代城墙遗址

广州市文物考古研究所

2000年4~10月，广州市文物考古研究所配合工程建设，在西湖路光明广场工程建设范围发掘了一处西汉南越国时期的木构水闸遗址，并对该遗址实施了原址保护①。2001年3~7月，在水闸遗址南边30米处做进一步发掘，布东西长20米、南北宽6米的探沟(T5)，发掘面积120平方米，发现了一段南北走向的唐代城墙基址（图一）。现将唐代城墙基址的发掘情况介绍如下。

一　地层堆积

探沟的地层堆积可分为14层，时代自下而上从西汉延续到明清。唐代城墙基址位于探沟中部，开口于第4层下，打破第5、6、7层。现以探沟南壁为例，介绍地层堆积情况（图二）。

第1层：近现代层。灰褐色沙质泥土，较杂乱，厚1.25~2米。分布整个探沟，包含有大量的混凝土块、砖瓦碎片。开口于此层下的遗迹有建筑基址（F1）。

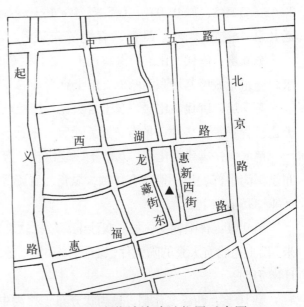

图一　唐代城墙遗址位置示意图

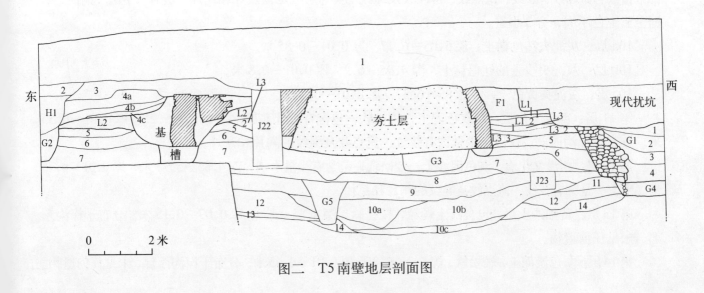

图二　T5南壁地层剖面图

第2层：明代文化层。灰褐色沙质泥土，深1.25～1.68、厚0.01～0.4米。仅分布于探沟的东部，出土青花、酱釉瓷片及砖瓦碎片等，见有"大明成化年制"底款的青花碗。开口于此层下的遗迹有水井（J18）、灰坑（H1）。

第3层：明代文化层。红褐色泥土，较疏松，包含有少量的沙和贝壳碎片，深1.3～2、厚0.01～0.45米。仅分布于探沟的东半部，出土有大量的厚胎瓦片、砖块及青花瓷片。开口于此层下的遗迹有水井（J19）、建筑基址（F2）。

第4层：唐末至北宋层。此层仅分布于探沟的东南部，呈坑状堆积，分3小层。

4a层：黄色泥土，较疏松，深1.7～2.3、厚0.01～0.45米。包含有碎砖瓦块。

4b层：深红色黏土，较疏松，深2～2.5、厚0.1～0.25米。包含有碎砖块、瓦片。

4c层：红黄色黏土，土质较纯净，深2.15～2.5、厚0.01～0.15米。开口于此层下的遗迹有沟（G2）。

第5层：唐代文化层。深灰土夹少量的红土颗粒，较疏松，包含有较多的贝壳，距地表深2.63～3.95、厚0.01～0.5米。分布于城墙基址东西两侧，包含有较多的贝壳，出土较多灰瓦片和少量的酱釉、黑瓷、青瓷等陶瓷片。开口于此层下的遗迹有沟（G3）。

第6层：唐代文化层。深灰色土，含沙，较疏松，含有少量的贝壳，深2.85～4.6、厚0.01～0.6米。分布于城墙基址东西两侧。出土有少量的酱釉、黑瓷、青瓷等陶瓷片。

第7层：唐代文化层。灰土含贝壳，较松软，深3.15～4.7、厚0.01～0.8米。出土遗物有酱釉、黑瓷、青瓷等陶瓷片，见有"开元通宝"铜钱。

第8层：唐代文化层。灰沙土，较松软，含有大量的木屑，深4.23～4.7、厚0.01～0.35米。分布于探沟中部。出土遗物有酱釉、黑瓷、青瓷等各类陶瓷片。开口于此层下的遗迹有灰坑（H2）、沟（G4、G5、G6）。

第9层：晋南朝文化层。灰沙土，较松软，含有大量的木屑及贝壳，深4.23～5.3、厚0.01～0.5米。出土遗物有大量的陶瓷片，器形有罐、碗、盏、钵、蒺藜、网坠等。开口于此层下的遗迹有灰坑（H3、H4、H5）。

第10层：西汉文化层。呈沟状分布于探沟中部，土质较松软，包含有大量的木屑及贝壳。出土有饰方格纹、戳印纹、弦纹、篦点纹、水波纹及绳纹的陶罐、三足盒残片和瓦片，还有"半两"铜钱。根据土质土色不同，分3小层。

10a层：灰泥夹红色黏土，深5.05～6.17、厚0.01～0.85米。

10b层：灰泥夹少量的红色黏土，深4.95～6.2、厚0.01～0.8米。

10c层：灰泥夹黄色土，深5.85～6.37、厚0.01～0.2米。

第11层：西汉文化层。深灰色泥土，较松软，包含有大量木屑，深4.75～5.25、厚0.01～0.35米。分布于探沟西部。仅出土少量饰有弦纹、篦点纹及绳纹的陶片和瓦片。

第12层：西汉文化层。灰色泥沙土，较松软，包含有少量木屑，深4.85～5.75米，厚0.01～0.75米。出土少量饰有弦纹、篦点纹及绳纹的陶片和瓦片。

第13层：黄细沙土层，包含红土颗粒，较松软，深4.85～5.9、厚0.07～0.15米。分布于探沟东部，未见任何遗物。

第14层：灰色淤泥土，较松软，深5.3～6.25、厚0.01～0.45米。分布于探沟西部，未见任何遗物。

第13、14层已属生土淤泥堆积，其下为松软纯净的河相深灰色泥。

二 唐代城墙基址

城墙基址开口于第4层下，被房址F2和水井J22等遗迹打破，并打破第5、6、7层，大致呈南北走向，方向347度。残存墙体的顶部距现地表深约1.9米。城墙遗址包括包砖墙体、壕沟（G1）、城内的活动面（L2）及位于城墙和壕沟之间的走道（L1、L3）等遗迹（图三；图版一；彩版二二）。

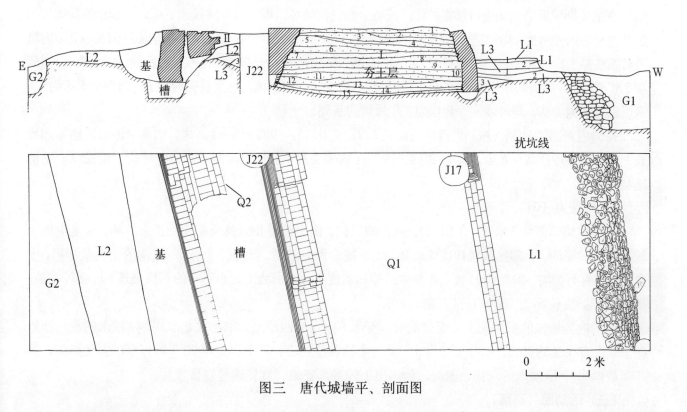

图三 唐代城墙平、剖面图

（一）城墙

发现的城墙主要是基础部分，均为砖包夯土墙结构，分两期建造，II期城墙是在I期城墙的基础上增建或是加厚（图版一，2）。经过挖基槽、填土夯实、包砌砖墙等步骤来完成整个城墙的修筑工程。

包砖墙用砖为灰黄砖、灰褐砖及少量的青灰砖。砖的规格主要有五种：①长27、宽13、厚2.5厘米；②长33、宽16、厚3厘米；③长35、宽17、厚4厘米；④长37、宽19、厚5厘米；⑤长46.5、宽24.5、厚6厘米。

I期城墙用前四种规格砖来修筑，其中第①、②、③种规格的砖主要用于城墙的内侧及底部，第④种规格的砖主要用于城墙的外侧。II期城墙五种规格的砖都用，以第⑤种砖为主。

1. 第I期城墙（Q1）

城墙剖面呈梯形，上窄下宽，揭露出的部分长6.2、上部宽6.25、底部宽7.25、残高1.55～2米。墙体中间用黄红土、灰黄土及灰泥土分层夯筑，东西两侧包砖。根据发掘的情况，应是边填土夯实边包砌砖墙。外包砖墙基下有宽0.7、深0.25米的沟状基槽，基槽内填较纯净的红黄色黏土，土质较紧密。

东侧包砖墙保存较好，砖墙宽1、残高1.4米，每一层用四块条形砖错缝横纵交错平铺，具体做法是：用砖内外错缝纵向平铺，中间横向平铺。西侧包砖墙损毁严重，砖墙宽0.45～0.6米，残高0.3～1.9米，用三块砖错缝纵向平铺。

夯土墙体上部宽4.77、底部宽5.9、残高2米。残存夯土墙体可分15夯层，夯层平均厚度约0.15米，土质以红、黄色黏土混合使用为主，少数夯土层掺杂灰色泥沙及贝壳碎片或灰土。

2. 第Ⅱ期城墙（Q2）

在第Ⅰ期城墙的东侧进行加宽扩建。城墙上部已被破坏，现存部分应属地下基础。加建的砖墙基础包括并排的内外两重，均砌筑于基槽内。基槽上宽下小，可分为上下两部分，下部剖面近似长方形，内填灰红黄色黏土作为外侧包砖墙的基础，宽1～1.25、深0.6米；上部剖面呈不规则梯形，宽1.25～4.55、深2米左右，在砖墙的东侧填包含有碎砖块的深红色黏土，西侧填灰色夹贝壳的泥土。西侧填土高约0.8米后砌筑内侧墙基，与外墙基一起作为Ⅱ期城墙的基础。

探沟内揭露的外侧（东）包砖墙基础长6.2、宽0.75、残高0.8～1.6米，内侧（西）砖墙基础残长1.55、宽0.9、高0.8米，共14层砖。内外砖墙砌法基本相同，用两块砖错缝横向平铺或纵向平铺逐层垒砌。

（二）壕沟（G1）

位于城墙以西约3米处（图版二）。从沟的层位、出土的遗物以及所处的位置来推测，应是附属于城墙体系的壕沟。上部已被现代扰坑破坏，受发掘面积的限制，仅揭开了局部。壕沟的剖面呈梯形，上宽下窄，有石护坡，斜度约65度。其整体结构和宽度不详。护坡用大小不一的石块垒筑，坡面较平整。揭露的石护坡长6.2、宽0.4～1、高1.6米。

壕沟内为松软的淤积泥土。根据土质、土色不同可分四小层。第1层是厚0～43厘米的灰色沙质泥土，含有少量的贝壳；第2层是厚5～50厘米的黄沙泥土；第3层是厚10～40厘米的灰色淤泥；第4层是厚50～73厘米的灰褐色淤泥。沟内出土较多黑瓷罐、青瓷碗等瓷器残片。

（三）活动面（路面）

指城墙东侧的城内活动面和城墙西侧介于壕沟之间的城外走道，两者都是在修建城墙时修筑。从目前发掘的结果来看，与Ⅰ期城墙同时修建的城内活动面（L2）保存相对较好，与Ⅱ期城墙一起修建的城内活动面已被破坏。城墙外走道（L1、L3）则保存较完整。

Ⅰ期城墙的城内活动面（L2）处于墙体的东侧，中部被Ⅱ期城墙的基础打破。城内活动面是用包含有贝壳的深灰色土经过平整夯实建成，厚约0.4米，层面较硬。受发掘面积所限，其分布及走向不详，在探沟内揭开部分南北长6.2米。应是修建Ⅰ期城墙时平整夯实作为当时的活动面。

城外走道位于城墙西侧，处于城墙与壕沟之间，层面较硬，经过平整夯实。揭开的路面长6.2、宽约3米，可分为上下叠压的二期。第一期走道（L3）是修建Ⅰ期城墙同时修筑；第二期走道（L1）建在一期走道（L3）之上，应是修建Ⅱ期城墙时一起修筑。

第一期走道（L3）垫土较为纯净紧密，基本上不见陶瓷器，根据土质、土色不同分3小层：第1层是灰色泥土，厚7～15厘米；第2层是黄色泥土，厚10～25厘米；第3层是红黄色黏土，厚约33厘米。第1、2层分布于Ⅰ期墙基的西侧，第3层分布于Ⅰ期墙基的底部两侧，既是走道垫土，也是墙基的护坡。

　　第二期走道（L1）垫土层结构紧密，较平整，上部被建筑基址（F1）和现代扰坑打破。残存垫土根据土质、土色不同分2小层。第1层为橙黄色黏土，厚5厘米，土质较为纯净，含少量的陶瓷片；第2层为灰褐色土，厚20~25厘米，夹木炭灰，含大量砖瓦。

三　遗　物

　　探沟出土的遗物较多，本报告仅对城墙基址与第5~8层出土的遗物作简要介绍。包括陶瓷器和少量的铜钱，器形有碗、盏、盘、罐、钵等，釉色有青釉、青黄釉、酱褐釉和黑釉瓷，胎色主要是灰白、灰黑色，少量为灰黄色。

　　1. 陶瓷器

　　碗　数量较多，仅复原11件。灰胎或灰白胎。内外施青釉，釉色青中泛黄，一般外壁近底和足部露胎。根据口沿与足的不同可分6型。

　　A型　2件。方唇，侈口，深腹，圈足。施青釉，外表施釉不及底。T5⑦:69，口径9、足径3.5、高5.9厘米（图四，1）。T5⑧:87，口沿处有二道弦纹。口径9.4、足径3.2、高5.6厘米（图四，2；图版三）。

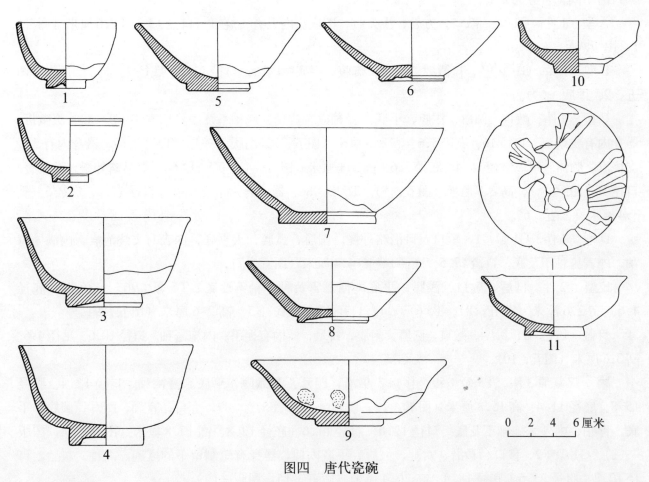

图四　唐代瓷碗

1.A型（T5⑦:69）　2.A型（T5⑧:87）　3.B型（T5⑦:73）　4.B型（T5⑧:90）　5.C型（T5⑦:70）　6.C型（T5⑦:71）
7.C型（L3①:1）　8.C型（G1③:6）　9.D型（T5⑥:56）　10.E型（T5⑦:75）　11.F型（Q1:1）

B型　2件。圆唇，敞口，深腹。外表施青黄釉不及底。T5⑦：73，平底内凹。内表有5个支烧疤痕。口径15.4、底径6.4、高7.9厘米（图四，3；图版四）。T5⑧：90，圈足。内表施釉。口径15.6、足径6.6、高8.8厘米（图四，4）。

C型　4件。敞口，斜壁。青黄釉，不及底。T5⑦：70，圆唇，饼足，器身内有近方形的支烧疤痕。口径15.5、足径5.6、高6厘米（图四，5；图版五）。T5⑦：71，圆唇，璧足。口径15.8、足径5.8、高5.2厘米（图四，6；图版六）。L3①：1，尖唇，饼足。口径20.6、足径8.6、高4.2厘米（图四，7）。G1③：6，圆唇，圈足。口径15.5、足径6.4、高5.3厘米（图四，8）。

D型　1件。T5⑥：56，圆唇，敞口略外撇，浅弧壁，饼足，内有5个支烧疤痕。施釉不及底。口径17.5、足径6、高5.8厘米（图四，9）。

E型　1件。T5⑦：75，圆唇，近直口，折腹，饼足。有釉流现象。口径10.8、足径4.2、高4.5厘米（图四，10）。

F型　1件。Q1：1，三瓣花口碗，敞口，尖唇，曲腹，圈足。青釉，内有窑变现象。口径13.2、足径5.4、高5.2厘米（图四，11；图版七、九）。

盘　数量多，仅复原9件。内外施青釉，釉色青中泛黄，一般外壁近底部露胎，黄白胎较多。根据口沿不同，可分为5型。

A型　1件。Q1：2，敞口，方唇，浅弧腹，圜底。内表有支烧痕。口径13、高2.6厘米（图五，1；图版八）。

B型　1件。G1②：5，口微敛，圆唇，弧腹，平底微内凹。口径13.2、底径7、高3.2厘米（图五，2；图版一〇）。

C型　4件。敞口，圆唇，浅腹，平底。青釉或青黄釉，施釉不及底。标本T5⑦：50，腹微折。器身内有支烧痕。口径16、底径5.6、高3.8厘米（图五，3；图版一一）。T5⑦：67，器身内有5个支烧痕。胎体较厚。口径14.4、底径5.6、高3.1厘米（图五，4）。T5⑥：66，口沿略外撇，浅弧腹。口径15、底径5.8、高2.8厘米（图五，5）。T5⑧：86，器内有六个支烧痕。口径17.4、底径5、高3.4厘米（图五，6）。

D型　1件。G1①：1，敞口，口沿略外撇，圆唇，弧腹，大平底，内表有支烧疤痕。内满施青釉，外表施釉不及底。口径17.5、底径8、高4.4厘米（图五，7）。

E型　2件。圆唇，敞口，浅腹，平底内凹。青黄釉，釉不及底。T5⑧：96，口径12、底径4.6、高2.6厘米（图五，8）。T5⑧：94，口径12.6、底径5、高2.6厘米（图五，9）。

灯盏　1件。G1②：4，敞口，圆唇，斜腹，饼足，器内有捉手。内施酱釉。口径10.6、足径4.6、高3.6厘米（图五，10）。

罐　仅复原3件。T5⑥：59，侈口，平沿，四耳，深弧腹，平底。酱褐釉。口径12.4、腹径15.8、底径11.4、高15.8厘米（图五，12；图版一二）。T5⑧：89，直口，直领，四耳，圆腹，平底。青釉，内外表施釉不及底。口径12.6、腹径17.6、底径12.8、高17.8厘米（图五，14；图版一三）。G1①：2，侈口，卷沿，六耳，鼓腹，平底内凹，器身有轮制留下的痕迹。黑釉，灰胎。口径17.2、腹径25.6、底径18.8、高20.4厘米（图五，15；图版一四）。

陶臼　1件。G1①：3，灰黄胎，较厚。侈口，尖唇，深弧腹，厚饼足。口径13、腹径14.4、足径14、高14.8厘米（图五，13；图版一六）。

钵　1件。T5⑦：74，敛口，圆唇，深弧腹，平底内凹，底部有凹弦纹。上腹部刻莲花瓣纹和弦纹。内、外器表施青釉，外釉不及底，器身有流釉现象。口径22、腹径25.6、足径10.4、高15.6厘米（图五，15；图版一五）。

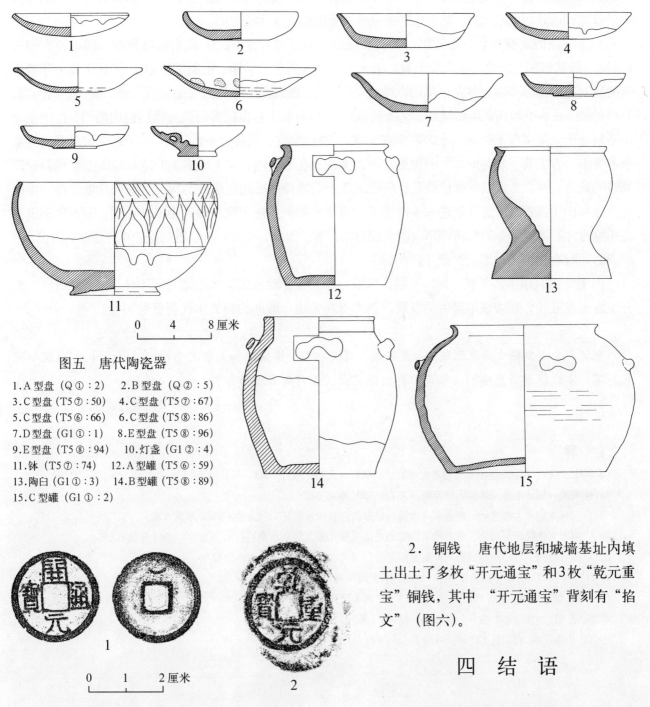

0　4　8厘米

图五　唐代陶瓷器

1.A 型盘（Q①：2）　2.B 型盘（Q②：5）
3.C 型盘（T5⑦：50）　4.C 型盘（T5⑦：67）
5.C 型盘（T5⑥：66）　6.C 型盘（T5⑧：86）
7.D 型盘（G1①：1）　8.E 型盘（T5⑧：96）
9.E 型盘（T5⑧：94）　10.灯盏（G1②：4）
11.钵（T5⑦：74）　12.A 型罐（T5⑥：59）
13.陶臼（G1①：3）　14.B 型罐（T5⑧：89）
15.C 型罐（G1①：2）

2. 铜钱　唐代地层和城墙基址内填土出土了多枚"开元通宝"和3枚"乾元重宝"铜钱，其中 "开元通宝"背刻有"掐文"（图六）。

四　结　语

0　1　2厘米

图六　唐代地层及城墙夯土层出土铜钱拓片

1.开元通宝（Q1：8）　2.乾元重宝（T5⑦：66）

T5第7层出有"乾元重宝"铜钱，这种钱始铸于唐肃宗乾元元年（758年）；而城墙夯土层内出土"开元通宝"铜钱，背刻"掐文"（又称月纹、新月纹、指甲纹），正面"开"字宽扁，"元"字首横加长，"通"字走部前三笔呈似连非连的顿折状，"宝"的背部中间双横加长，与左右两竖笔相衔接。此型"开元通宝"铜钱应属于中晚唐时期②。在壕沟出土的 D 型盘、城墙基址下第 6 层出土的 A 型酱釉陶罐、第 8 层出土的 B 型青釉陶罐和第 7、8 层出土的 B 型碗，在新会官冲唐窑③都有相类似的器形。第一期走道第 1 层（L3①）出土的 A 型碗、第 8 层出土的 B 型陶罐，与广东的唐代中期墓葬如唐代张九龄墓④、韶关始兴唐墓⑤等所出同类器物较类似。

至于城墙的废弃年代，在发掘中我们发现城墙被建筑基址（F2）三个磉墩打破。磉墩长宽超过 1.5 米，从其形制、做法及包含物来看，年代介于唐末到北宋早期。根据文献记载，"唐天祐末年清海节度使刘隐以南城尚隘，更凿平禺山以益之"⑥，名"新南城"⑦，"会城中故有二湖，其一，曰西湖，亦曰仙湖，在古瓮城西，伪南汉刘龑之所凿也。"⑧ 1954 年 5 月在越秀山镇海楼后面山坳间，位于东北山路斜坡上，发掘唐王涣墓出土的墓志志文载，"番山之左，越井之下，……"⑨即表明唐代番山就是今越秀山。古史有"北番南禺"的说法，那么禺山应在城区内。从工地施工的地层断面上发现靠近西湖路的地方，存在 2 米以下就已经是红色的风化土，地势明显北高南低的状况，说明此地原是一山岗地或是禺山山岗群之一。这就进一步印证了刘隐凿平的禺山应在现在的西湖路的位置，而五代南汉刘龑开挖的古西湖位于今天的西湖路与教育路这片区域。因此，可以初步推断刘隐、刘龑兄弟平禺山、凿西湖的同时也推平了城墙，扩建了广州城。

由于发掘面积小，获取的材料有限，目前只能初步推测唐代城墙始建时间不早于公元 758 年，废弃于唐末或五代。随着城市考古的发展，新的材料发现，城址的相关年代会更加明确。

附记：本次发掘由冯永驱领队，发掘人员有黄兆强、张金国和南京大学历史系考古专业 98 级研究生刘辉，本文插图苗慧绘制，拓片由黄兆强完成，关舜甫负责摄影。

执笔：覃杰

注　释

① 国家文物局《2001 中国重要考古发现》，第 92 页，文物出版社，2002 年。

② 徐殿魁《试论唐开元通宝的分期》，《考古》1991 年第 6 期。

③ 广东省文物考古研究所、新会市博物馆《广东新会官冲古窑址》，《文物》2000 年第 6 期。

④ 广东省文物管理委员会、华南师范学院历史系《唐代张九龄墓发掘简报》，《文物》1961 年第 6 期。

⑤ 广东省博物馆《广东始兴晋—唐墓发掘报告》，《考古学集刊》第 2 集，1982 年。

⑥ 《广州府志》卷六十四建置略一·城池。清光绪年版。

⑦ [清] 梁廷楠著、林梓宗校点《南汉书》，广东人民出版社，1981 年。

⑧ 陈樾《广州城防志》卷一，《广东丛书》第 3 集。

⑨ 《广州市文物志》，第 127 页，岭南美术出版社，1990 年。

图版一　唐代城墙遗址（北－南）

图版二　壕沟局部（南－北）

图版三　A型碗（T5⑧：87）

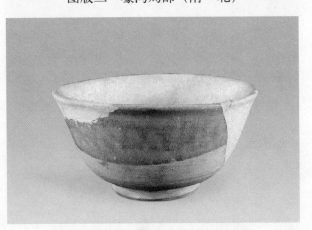

图版四　B型碗（T5⑦：73）

图版五　C型碗（T5⑦：70）

图版六　C 型碗（T5 ⑦：71）

图版七　F 型碗（Q1：1）

图版八　A 型盘（Q1：2）

图版九　F 型碗（Q1：1）

图版一〇　B 型盘（G1 ②：5）

图版一一　C 型盘（T5 ⑦：50）

图版一二　A型罐（T5⑥：59）

图版一四　C型罐（G1①：2）

图版一五　青瓷钵（T5⑦：74）

图版一三　B型罐（T5⑧：89）

图版一六　陶臼（G1①：3）

广州市北京路千年古道遗址的发掘

广州市文物考古研究所

2002年7~9月，广州市文物考古研究所配合北京路步行街整饰工程进行考古发掘。在繁华的现代商业街下发现了层层叠压、延续千年的古街道和古门楼遗址。按照文物保护与利用相结合的方针，广州市文化局与越秀区政府商定，千年古道和千年古楼遗址已得到原地保护展示。

北京路在各个历史时期有不同名称，是唐宋至民国初期广州古城的中轴线。2002年北京路步行街整饰工程北起中山路口，南至文明路口。路宽15米，两侧地下管线密布。考古工作只能对路中间宽约4米的范围进行有选择的重点发掘，对其他位置进行局部清理，发掘总面积约420平方米。

结合发掘对象的具体情况和保护展示的要求，考古发掘按照合理揭露、局部解剖的原则进行。合理揭露是指对发现较为完好的古街道路面或古门楼地面尽量作原地保留，对已受破坏的部分则向下发掘揭露下层路面或地面。局部解剖是指为全面了解古街道或古门楼的历史延续和所在历史地理情况，采取局部解剖或清理晚期打破断面的方式进行发掘。由于发掘对象为层层叠压的道路遗迹或建筑基址，所以道路遗迹或建筑基址均按文化层序列编号。现将考古发掘的主要收获，包括各个时期古道路面、门楼遗址及主要出土器物等分述如下。

一　千年古道

发现的千年古道遗址位于路北靠近中山路口的儿童书店门前。发掘探沟（T3）南北长44、东西宽3.8米。作原地保护展示的千年古道基本按照合理揭露的原则揭示，包括明代的路面和宋代的三层路面。为进行局部解剖，选取探沟南端南北长5.5米的范围进行深入发掘。经解剖发掘，在距现地表3米的深度内共发现层层叠压的11层古街道路面，其建造年代涉及唐代、南汉、宋代、明代、民国五个历史时期。唐代道路以下发现有唐代填土层、晋南朝时期淤泥层、汉代淤泥层、西汉建筑遗迹和更早期淤泥层。

（一）地层堆积

以探沟T3解剖发掘的南壁为例说明地层堆积情况（图一）。

表层为现代道路。上部沥青混凝土层厚约0.3米，下部灰色垫土层厚0.3~0.6米，土质致密。包含有混凝土块、现代瓷片、明清时期青花瓷片等。

第1层：民国道路。距现地表深约0.5、厚0.3~0.55米。

第2层：明代道路。距现地表深约1、厚0.1~0.3米。

第3层：宋代第四期道路。距现地表深约1.25、厚0.05~0.16米。

第4层：宋代第三期道路。距现地表深约1.4、厚约0.4米。

第5层：宋代第二期道路。距现地表深约1.75、厚约0.45米。

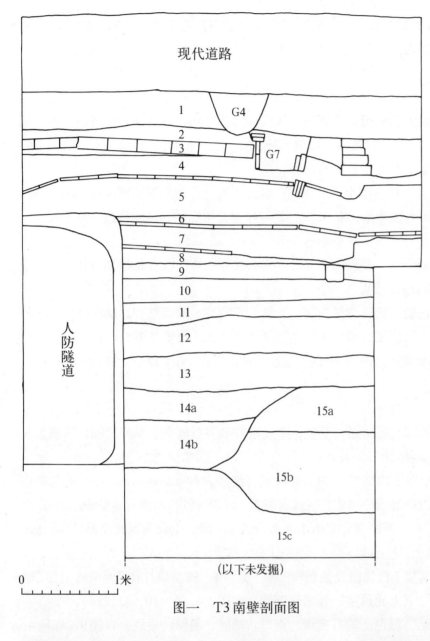

第6层：宋代第一期道路。距现地表深约2.15、厚约0.2米。

第7层：南汉第二期道路。距现地表深约2.3、厚约0.2米。

第8层：南汉第一期道路。距现地表深约2.5、厚约0.15米。

第9层：唐代第三期道路。距现地表深约2.6、厚约0.2米。

第10层：唐代第二期道路。距现地表深约2.8、厚约0.2米。

第11层：唐代第一期道路。距现地表深约3、厚约0.2米。

第12层：唐代填土层。距现地表深约3.2、厚约0.3米，可分交错叠压的5小层。土色灰黑，土质紧密。包含较多砖瓦碎块、石子。出土瓦片以布纹里的绳纹瓦片为主，另有少量乳点纹里的绳纹瓦片和布纹里素面厚瓦片。出土日用陶器碎片以紫红釉陶瓮罐类碎片最多，另出少量东汉陶罐碎片、晋南朝至唐代的青瓷碗罐类碎片等。该层堆积应是唐代在低洼地带的人为填土。

第13层：晋南朝时期淤泥层。距现地表深3.5、厚0.3米。

图一　T3南壁剖面图

在解剖发掘范围内均匀分布。土色浅灰，土质软。出土较多西汉乳点纹里的绳纹瓦片、东汉布纹里的绳纹瓦片和东汉后期的四耳罐陶片。另出有少量西汉方格纹罐陶片、晋南朝时期的青瓷片等。还有南越国时期戳印"衣"字的乳点纹里绳纹瓦片（图六，2）。该淤泥层的形成时代为东汉后期至唐代以前。

第14层：汉代淤泥层。距现地表深3.9、厚0.7米。在解剖发掘范围的东半部呈沟状分布。土色青灰，土质软，按灰色深浅不同和沉积界面可分为上下2层，上层厚0.3、下层厚0.4米。均出土较多西汉的乳点纹里的绳纹瓦片和布纹里的东汉绳纹瓦片。另出有少量西汉方格纹陶罐、东汉四耳罐、釉陶钵的残片等。也有南越国时期戳印"□孙"的方格纹罐残片（图六，7）。该淤泥层的形成时代为西汉至东汉后期。

第15层：西汉建筑遗迹。距现地表深3.9、厚2.6米，分3层。实际发掘深度距现地表5.6米，出土较多南越国时期的绳纹瓦片和少量陶生活用器碎片。

经勘探确定，深6.5～7.3米为灰黑色淤泥层，深7.3～7.5米为灰白色细沙层，深7.5～7.9米为黄白色膏泥层，深7.9米以下为致密的强风化红土层。表明该地段的早期地貌是低洼的河涌地段。

（二）千年古道

1. 民国道路

路面距现地表深约0.5米。路面大部分遭后期破坏，从残存部分可知，路面铺石，凹凸不平。铺路石块大小不一，颜色不同，包括红、黄、白色砂岩和麻石板，夹杂少量城墙砖（图版一）。路面下的垫土厚0.3～0.55米，属灰色杂填土，土质略显紧密。

在民国道路中间的路面下发现有当时埋陶水管的沟槽。结合其他位置的局部清理，确定民国路面宽度及走向与现北京路一致。路两侧有排水沟，宽0.38、深0.42米，用石块、砖块砌筑。为了向下发掘，局部残存的民国路面已被去除。

垫土层中出有青花瓷片、民国彩瓷片、酱釉陶片、红砂岩石构件残块、牡丹花纹瓦当和清代"康熙通宝"、"咸丰通宝"铜钱等（图四，1、2）。

青花瓷碗　标本T3①：3，白色胎，胎质细腻坚硬，外壁饰花卉纹，浓淡结合，层次分明，内外底露胎。敞口，圆唇，浅腹，平底下附圈足。口径12、底径6.6、高3.7厘米（图二，1）。

陶瓦当　标本T3①：2，泥质橙黄陶。内圈饰牡丹花纹，外圈饰变形万字纹带。直径11.6、厚1厘米。

2. 明代道路

路面距现地表深约1米。残存的铺石板路面较平整，中线用黄砂岩石板南北纵向平铺，两侧为东西向平铺（彩版二三）。石板颜色、规格统一，长0.4～1.1、宽0.4、厚0.06米。

路面下发现有排水暗沟。在北距现中山路口约70米处发现有红砂岩石条垒砌的基础，可能与牌坊类建筑的基础有关。结合其他位置的局部清理确定，明代道路宽8.9米（包括两侧有宽0.36米的排水沟），东距现北京路东边人行道3.7米，西距现北京路西边人行道2.4米，走向与现北京路基本一致。路面下的垫土厚0.1～0.3米，红褐色，土质紧密。

垫土层及排水沟内出土有较多青瓷、白瓷以及酱釉陶的碗、盘、杯、碟类残片和"元丰通宝"、"明道元宝"、"政和通宝"、"建炎通宝"、"宋元通宝"等宋代铜钱（图四，4、6、10、13、14）。

青瓷碟　标本T3②：2，青灰胎，釉色泛黄有光泽。直口，圆唇，斜壁，平底。口径9、底径4、高2.4厘米（图三，5；图版一六）。

青瓷盘　标本T3②：3，灰白胎，火候高，釉色青灰，光亮润泽，釉层均匀，有细小开片，外底无釉。敞口，尖圆唇，斜壁，平底。口径12.8、底径4.8、高2.8厘米（图二，5）。

青瓷碗　标本T3②：6，青灰胎，内外施釉，釉色青绿，光亮润泽，釉层较厚、均匀，外底露胎。敞口，沿外侈，尖圆唇，深腹，弧壁，平底附矮圈足。口径18、底径6.3、高7.4厘米（图二，18）。标本T3②：8，红黄胎，釉色青黄，圈足无釉。敞口，沿微侈，尖圆唇，深腹，弧壁外侧有凹凸相间的轮制旋痕，平底附矮圈足。口径16.6、底径6.2、高7.4厘米（图二，17）。

白瓷碗　标本T3②：7，灰黄胎，釉色白中泛黄有光泽，有细小开片，内外底均露胎。敞口，圆唇，弧腹，底附外撇矮圈足。口径16.8、底径6.2、高5.3厘米（图二，15）。标本T3②：9，褐黄胎，釉色白中泛灰无光泽，釉层不均匀。敞口，圆唇，弧腹，底附高圈足。口径12.6、底径5、高4.8厘米（图二，12）。

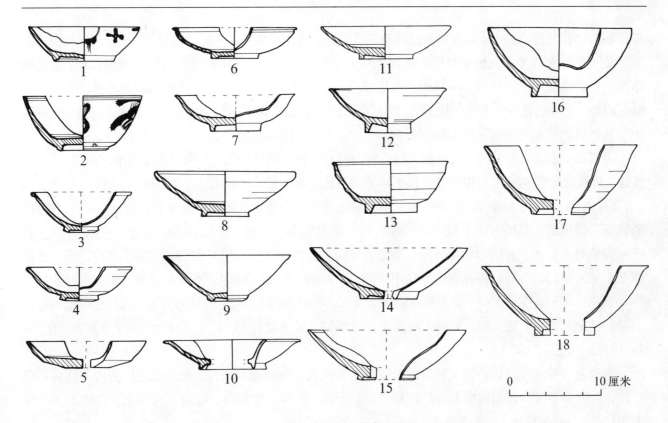

图二　出土器物

1.青花瓷碗（T3①：3）　2.青花瓷碗（T3②：16）　3.黑瓷盏（T3②：10）　4.青瓷碗（T3④：2）　5.青瓷盘（T3②：3）　6.青瓷盘（T3④：5）　7.青瓷盘（T3③：3）　8.青瓷碗（T3④：6）　9.青瓷盏（T3④：4）　10.白瓷盘（T3⑥：1）　11.青瓷盘（T3⑥：4）　12.白瓷碗（T3②：9）　13.青瓷碗（T3③：2）　14.青瓷碗（T3③：4）　15.白瓷碗（T3②：7）　16.白瓷碗（T3③：13）　17.青瓷碗（T3②：8）　18.青瓷碗（T3②：6）

　　黑瓷盏　标本 T3②：10，白色胎，釉色黑亮，釉层均匀，圈足及外底无釉。敞口，圆唇外有凸棱，弧腹，底附外撇矮圈足。口径 10.8、底径 4、高 4.3 厘米（图二，3）

　　青花瓷碗　标本 T3②：16，白色胎，釉色光亮润泽。外壁饰藤蔓纹，青花色泽浓淡明快，具有水墨画风格。近底部有针刺“元”字。敞口，圆唇，弧腹，底附矮圈足。口径 12.8、底径 5.6、高 5.8 厘米（图二，2）。

　　3．宋代第四期道路

　　路面距现地表深 1.25～1.35 米。路面呈中间高、两侧低的浅弧形，用青灰砖东西向侧放铺砌（图版二）。在探沟 T3 的西侧发现路面的西边。路边外侧沿用下层路面的石条路边，内侧增加两层南北向侧放铺砌的青灰砖拦边。路边石外侧有宽约 0.8 米的硬土路面，局部地段铺砖。残存铺砖路面最宽处 3.85 米。

　　大部分路面砖规格为长 34～36、宽 16～17、厚 4.5～5.5 厘米；探沟北部的路面砖规格较小，长 28～30、宽 13～14、厚 2.5～3 厘米。路面砖外表青灰，内胎灰黑。因路面砖为侧放铺砌，由于长期磨损，基本都已露出灰黑色内胎。路边的磨损较轻微，路中间的磨损严重，有的残宽仅 2～5 厘米。

　　宋代第四期路面是在第三期路面残破后重新修建的路面。垫土层厚薄不匀，有的路段直接在下层石板路面上垫土，厚不足 0.1 米；靠近路边的砖砌路面有的直接叠压在下面的石板路面上；有的路段下层石板路面已无存，垫土较厚，为较纯净的红黏土。路面砖规格不一，可能修补的时间有早晚差别。

垫土层出有较多浅灰色布纹里的素面瓦片、青黄釉陶盆罐类残片和青瓷圈足碗盘类残片。青瓷胎略厚，少数略显厚重，外釉多不及底。圈足矮直，足壁较厚，足外壁直、内壁略斜，内槽较深、旋挖略显粗糙。另出有南宋早期的"隆兴元宝"，北宋的"景德元宝"、"熙宁元宝"、"元祐通宝"、"元符通宝"和唐代的"乾元重宝"等铜钱（图四，3、5、7、9、15）。

青瓷碗　标本T3③：2，灰白胎，釉色青白略有光泽，釉层均匀，下腹及圈足无釉。敞口，尖唇，弧腹，外壁保留轮制的凹凸相间的瓦棱形痕迹，平底下附圈足。口径12.4、底径5.4、高5.5厘米（图二，13；图版一七）。标本T3③：4，灰黄胎，釉色青中泛灰黄，下腹及圈足无釉。敞口，尖唇，弧腹，圜底下附矮圈足。口径16.8、底径6、高5.5厘米（图二，14）。

青瓷盘　标本T3③：3，灰色胎，釉色青泛灰白，光亮润泽，釉层均匀，有细小开片，外下腹及圈足无釉。敞口，尖唇，浅弧腹，平底下附圈足。口径13、底径5.4、高3.8厘米（图二，7）。

青瓷钵　标本T3③：1，青灰胎，釉色青泛灰，光亮润泽如玉，釉层均匀，底及圈足无釉。敛口，尖圆唇已磨刮近平，深弧腹，圜底下附圈足。口径12、最大腹径12.4、底径6.4、高9.3厘米（图三，7；图版一八）。

青瓷盆　标本T3③：7，夹砂青灰胎，釉色青泛灰，内壁釉层较厚，釉面光滑，盆内壁饰褐彩草叶纹，外壁釉层薄，表面粗糙夹杂砂颗粒，盆底无釉。敛口，宽折沿，鼓腹，大平底。口径25.6、最大腹径28、底径22.4、高8.8厘米（图三，11）。

白瓷碗　标本T3③：13，灰黄胎，釉色白泛黄，釉层均匀略有光泽，有细小开片，下腹及圈足无釉。敞口，尖唇，弧腹，平底下附圈足。口径15.6、底径6.2、高7.4厘米（图二，16）。

绿釉碟　标本T3③：6，灰白胎，内壁施绿釉，外壁下腹及底无釉，釉层局部脱落。敞口，尖唇，平折沿，斜壁，浅腹，平底。口径8.8、底径4、高2.2厘米（图三，4）。

4．宋代第三期道路

路面距现地表深1.4米。残存路面平整，用灰白色砂岩石板铺成。石面磨损严重，均已残碎（图版三）。石板厚6～8、宽35～40厘米、残长30～60厘米，东西向平铺。路西边以南北向的石条拦边。路面位置、走向和残存宽度均与第四期路面相同。在第三期路面下发现有东西向的排水暗沟。

路面下的垫土厚约0.35米，分4层夯筑。最上面一层厚8～10厘米，为较纯净的红黏土，出少量陶瓷片。中间两层均厚10～12厘米，黄红色黏土，包含较多砖瓦碎片和陶瓷片。这三层在探沟南北两端解剖均有发现。在北端的解剖中发现最底下还有一层含大量贝壳的黄沙土层，厚约5厘米，较致密。

该期路面垫土出有大量浅灰色布纹里的素面瓦片、青黄釉陶盆罐类残片、青瓷圈足碗盘类残片和少量火候较高的黑釉、紫红釉陶罐残片，另出有北宋后期的"绍圣元宝"铜钱和南汉的"乾亨重宝"铅钱等（图四，8）。青瓷的釉色以青黄、青白为主，外釉不及底，多素面无纹。圈足底残片数量多，基本特征是圈足矮直，足外壁直、内壁较斜，内槽很浅，槽底较平。口沿残片中见有较多凸唇碗类残片和少量外壁刻划莲瓣纹的碗类残片。

青瓷碗　标本T3④：2，灰黄胎，釉色青黄，少光泽。下腹及底无釉。敞口，圆唇，弧腹，底附矮圈足。腹部有轮制旋痕。口径11、底径4.2、高3.6厘米（图二，4）。标本T3④：6，白色胎，釉色青白，光亮润泽。下腹及底无釉。敞口，尖圆唇，唇外有突棱，斜壁，平底附矮圈足。腹部有轮制

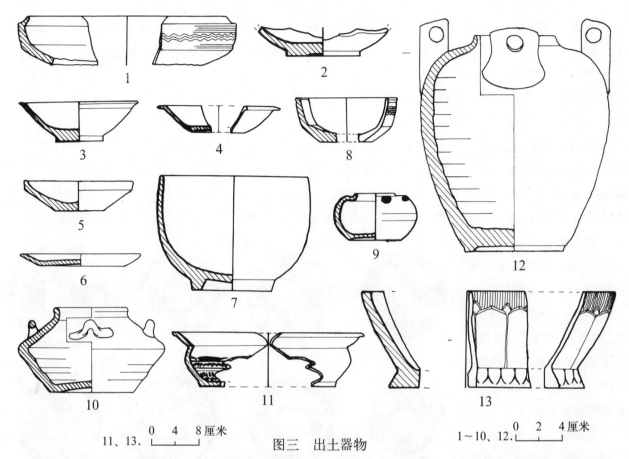

图三 出土器物

1.陶盒（T3⑮a：2） 2.青瓷碗（T3⑦：3） 3.青瓷碗（T3⑤：3） 4.绿釉碟（T3③：6） 5.青瓷碟（T3②：2） 6.陶碟（T3③：14） 7.青瓷钵（T3③：1） 8.陶碗（T3⑮b：2） 9.青瓷罐（T3④：1） 10.酱釉四耳罐（T6②：1） 11.青瓷盆（T3③：7） 12.青瓷夹梁盖罐（T6⑤：1） 13.青瓷盆（T3⑤：2）

旋痕。口径14.8、底径5、高4.8厘米（图二，8）。

青瓷盏 标本T3④：4，白色胎，釉色青泛灰白，光亮润泽。圈足及底无釉。敞口，尖唇，斜壁，底附矮圈足。口径13.6、底径4.2、高4.9厘米（图二，9）。

青瓷盘 标本T3④：5，白色胎，釉色青泛灰白，略有光泽。下腹及圈足无釉。直口，平折窄沿，尖唇，弧壁，底附矮圈足。口径13.2、底径5、高3.3厘米（图二，6）。

青瓷罐 标本T3④：1，白色胎，釉色青泛灰黄，略有光泽。肩部饰褐彩斑点。小直口，圆唇，扁鼓腹，平底。腹部有轮制旋痕。口径2.8、最大腹径6.8、底径4、高3.8厘米（图三，9；图版一九）。

5．宋代第二期道路

从该层以下的发现仅限于探沟南端的解剖发掘。

路面距现地表深1.75米，在探沟南北两端均有发现。路面铺砖，中间略高于路边，中间按"人"字纹平铺，侧边一排砖东西向平铺成集水沟，外侧砖南北向拦边（图版四）。路中间的铺地砖多残破，并有较多不同颜色、不规则的砖块修补。路边的部分铺地砖和集水沟的砖保存较好。完整的砖见有两种规格：长34、宽16、厚4厘米或长34、宽20、厚5厘米，后者多用于集水沟。路面西边在探沟西部，与第三期路面西边的位置接近，略偏西约0.2米。

路面下的垫土厚约0.4米，分4层。第1层厚约5厘米，由上部的细沙层和下部的红黏土薄层组成，分布于"人"字纹平铺的砖面下。第2层厚10～15厘米，属夯筑垫土层，土色红褐，土质致密。包含少量瓦片和陶瓷片。该层及以下两层的分布范围东西宽度超过砖铺路面。第3层为夯筑的垫土层，厚6～12厘米，土色灰褐，土质紧密，包含较多瓦片、贝壳和沙。出有少量陶瓷片。第4层为夯筑的垫土层，厚8～10厘米，土色灰，土质致密，包含较多砖瓦碎块。

该期道路垫土出有大量布纹里素面瓦片和少量具有五代至北宋特征的陶瓷片、莲花瓦当、玻璃碗残片及10余枚南汉"乾亨重宝"铅钱和个别北宋末期的"宣和通宝"铜钱（图四，11）。陶瓷片以青黄釉陶盆、罐类残片和火候较高的黑釉、紫红釉陶罐残片为主，另有少量青瓷、白瓷碗盘类碎片，瓷片特征与下层路面垫土所出类似。有一件青瓷碗底残片，釉下刻字，似为"官"字的下半部分。

青瓷碗　标本T3⑤：3，浅灰胎，釉色青灰，釉层厚薄不匀，釉质粗糙无光泽，有起泡现象，外底露胎。敞口，尖圆唇，浅弧腹，假圈足。内外底有支钉痕。口径10、底径4、高3.2厘米（图三，3）。

青瓷盆　标本T3⑤：2，紫灰胎，厚胎夹杂少量石英砂，釉色青黄，釉层厚且均匀，略有光泽，外底露胎。直口，方唇，浅弧腹，大平底成假圈足。口部外侧饰竖篦划纹，外腹部饰仰莲瓣纹，足部刻划覆莲瓣纹。口径46.4、底径40、高15.6厘米（图三，13）。

6. 宋代第一期道路

路面距现地表深2.15米。在探沟内未见路的两边。路面残存有零星的扁平大方砖（图版五）。砖边长42、厚5厘米。探沟东部宽约1米的范围被现代人防隧道打破，隧道由混凝土预制件套合，距现地表

图四　出土古钱币拓片

1.康熙通宝（T3①：7）　2.咸丰通宝（T3①：8）　3.景德元宝（T3③：24）　4.明道元宝（T3②：19）　5.熙宁元宝（T3③：23）　6.元丰通宝（T3②：20）　7.元祐通宝（T3③：18）　8.绍圣元宝（T3④：14）　9.元符通宝（T3③：19）　10.政和通宝（T3G7：15）　11.宣和通宝（T3⑤：9）　12.宋元通宝（T3②：18）　13.建炎通宝（T3G7：18）　14.开元通宝（T3⑨：2）　15.乾元重宝（T3③：17）　16.乾亨重宝（T3⑥：8）

深 2.15~4.75 米。从 2.15 米深度以下的发掘范围东边内缩 1 米。

垫土厚约 0.15 米，分两层。均为灰黑沙土，土质紧密，似经夯筑。上层厚约 5 厘米。下层厚约 10 厘米，包含较多砖瓦碎块。

该期道路垫土中出有大量瓷片、瓦片和 30 余枚"乾亨重宝"铅钱（图四，16）及个别"开元通宝"铜钱。瓦片以浅灰色布纹里素面为主，次为南汉高温青釉直边抹角板瓦片，另有少量南汉低温青黄釉瓦片、唐至南汉的泥质灰陶褶双唇花边滴水瓦片、莲花瓦当和汉代绳纹瓦片（图五，1、2）。

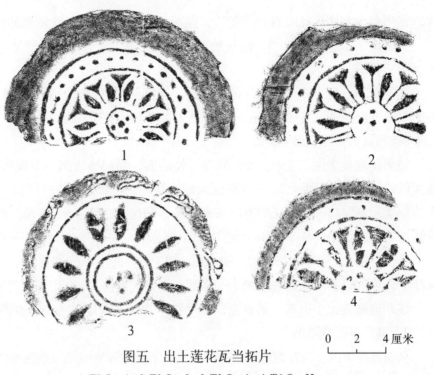

图五　出土莲花瓦当拓片
1.T3⑥:4　2.T3⑥:5　3.T3⑦:1　4.T6④:22

出土瓷片以宽矮圈足碗盘类残片为主，具有典型的五代至北宋初期特征，分青瓷、白瓷两大类。青瓷类按釉色可分青灰、青绿两种，青灰色釉的胎色青灰，青绿色釉的胎色浅青灰，釉面多有细密冰裂纹。青瓷类多数器物内外底均满釉，按圈足特征可分两种，一种是矮圈足，足壁窄而直，制作规整，多数仅足底无釉；另一种是平底外圈略凸起呈棱状圈足，足壁较宽，足底与器物内底多粘有砂粒团支烧痕迹。出土具有五代特征的青瓷夹梁盖罐碎片，并发现一件青瓷碗，外壁釉下刻"玉清观"三字。

白瓷类为白色胎、牙黄白釉，按圈足特征可分两种，一种是矮圈足，足壁薄而直，制作规整，足壁内侧与底无釉，应属碗底；另一种是圈足大而矮，足壁略厚，釉不及底，应属盘底。白瓷类口沿残片见有花口、葵口、凸唇等不同种类。

青瓷盘　标本 T3⑥:4，青灰胎，釉色青，光亮润泽，有细小开片，圈足无釉。敞口、尖圆唇，浅腹，斜壁微弧，平底下附矮圈足。口径 14、底径 5.6、高 3.5 厘米（图二，11）。

白瓷盘　标本 T3⑥:1，白色胎，釉色牙黄白，光亮润泽，外底露胎。敞口，尖圆唇，折沿，浅腹，斜壁微弧，平底下附矮圈足。口径 14.8、底径 7.2、高 3.2 厘米（图二，10）。

7. 南汉第二期道路

路面距现地表深 2.3 米。在解剖发掘范围内均发现铺砖路面，东西残宽约 3.2 米，略呈东高西低，但两侧均不到路边。铺地砖东西向对缝平铺，砖面磨损严重，多已残碎，有以残砖修补（图版六）。砖多青灰杂色，宽 17~20、厚 4~5 厘米。

路面下的垫土厚约 0.2 米，分 3 层。第 1 层为砖面下的细灰沙层，厚 3~5 厘米。第 2 层为灰黑土，厚 12~16 厘米，土质紧密，包含较多砖瓦碎块。第 3 层为灰沙土，厚 2~8 厘米，土质紧密。

该期道路垫土中出有少量唐至五代的青瓷片、黑釉陶与紫红釉陶瓮罐类残片、青黄釉陶盆罐类残片。另出有少量南汉高温青釉筒瓦片、莲花瓦当、厚0.8～1.5厘米的浅灰色布纹里素面瓦片等。

青瓷碗　标本T3⑦：3，浅灰胎，釉色青泛灰，釉层均匀。璧足，上部残。底径6、残高2.4厘米（图三，2）。

莲花瓦当　标本T3⑦：1，泥质灰陶，模制。外圈边廓刻划卷云纹，内圈可复原为十四莲瓣，中心为双线五籽莲蓬。直径13.8、厚1.8～2.4厘米（图五，3）。

8. 南汉第一期道路

路面距现地表深2.5米。局部残存砖铺路面，局部垫沙面上发现清晰的砖痕，东西向平铺，呈东高西低的浅弧形（图版七）。发现路面西侧的路边，外侧有包砖的红黏土台，应属路边其他遗迹。路西边的位置、走向与宋代第三期道路基本一致。铺地残砖厚4～5厘米。根据砖痕可知砖的颜色有青灰、灰红、灰黑，规格为长37～40、宽18～20厘米。

路面下的垫土厚3～15厘米，分2层。第1层为砖面下的细黄沙层，厚3厘米。第2层为红黏土掺灰沙土，包含较多砖瓦碎块，厚3～12厘米，夯筑致密。

该期道路垫土中出有少量青瓷、黑釉陶、紫红釉陶片和布纹里素面瓦片。

9. 唐代第三期道路

从该层路面以下的发掘范围西边内缩0.5米，实际发掘范围东西宽约2.6米。路面距现地表深2.6米。局部残存铺地砖，路面较平整，东边未到路边。路面以青灰砖东西向平铺，每隔2.47米用两排东西向侧砖间隔。路面西边有排水沟，排水沟以西有"人"字纹铺地砖，应属路边遗迹（图版八）。以排水沟西侧作为路边，其位置、走向与南汉第一期道路、宋代第二期道路基本一致。铺地砖规格为长34、宽16、厚3.5～4厘米。

路面下的垫土厚约16厘米，分两层。均为灰沙土，每层厚约8厘米，土质紧密。下层包含较多砖瓦碎片。

该期道路垫土中仅出有个别"开元通宝"铜钱，少量瓦片和青瓷、紫红釉陶与黑釉陶罐类碎片等（图四，14）。瓦片均为布纹里素面，厚约1.5厘米。

10. 唐代第二期道路

路面距现地表深2.8米。路面平整，平铺一层碎砖瓦、石子，碎砖瓦面磨损光滑。两侧均未见路边（图版九）。垫土厚约20厘米，分两层。均为灰沙土，每层厚约10厘米，土质紧密。下层出砖瓦碎片。

该期道路垫土中仅出有少量瓦片、青瓷片、紫红釉陶瓮罐类碎片。青瓷片中见有假圈足、小圆璧足，特点为足底微凹、多有一周旋凹槽。瓦片均为布纹里素面，灰黑色，厚约1.5厘米。

11. 唐代第一期道路

路面距现地表深3米。路面平整，平铺一层细石子及零星碎砖。两侧均未见路边（图版一〇）。垫土厚约20厘米，分两层。均为灰沙土，每层厚约10厘米，土质紧密。

该期道路垫土中出有较多紫红釉陶瓮罐类碎片，另出少量与上一层类似的青瓷片和瓦片。

（三）西汉遗迹

1. 形制结构

即第15层。遗迹表面距现地表深约3.9米，厚2.6米，内部结构分3层。该遗迹位于下部淤泥层上，上窄下宽，平面分布呈南北走向（图版一一）。由于解剖发掘面积所限，遗迹的全貌无法确定，性质未明。根据发掘所见，初步确定该建筑遗迹所在的地理环境是靠近相对静止或流速较缓的水域。现就其形制结构和时代进行分析介绍。

底下的15c层为灰红色黏土垫层，厚1.3~1.8米，土质紧密，经夯筑。其东部表面平整，叠压其上的是汉代淤泥层（第14层）；西部表面呈基槽形状，基槽深约0.5米，构筑其上是15a、15b两层垫土。垫土层与汉代淤泥层之间的界面是较规整的斜面。

中间的15b层为石块垫层，填灰黄色黏土和灰沙土，厚0.8米，土质紧密。包含大量大小不一的石块，并经简单垒砌。垫在基槽内的这些石块应是起加固基础的作用。该垫层的东侧边缘较陡。

上部的15a层为灰沙土层，厚0.5米，土质紧密。该垫层上窄下宽，表面平整致密，东侧边缘为较整齐的缓斜面。

在15c层的垫土中发现有填埋圆木、立木桩的现象。在基槽底部的垫土中发现有南北向放置的圆木及树枝，残存的直径3~4厘米。在东边汉代淤泥层底下的垫土中发现有东西向放置的直径约8厘米的圆木，在揭露的圆木西端有榫眼，用长约0.6米的削尖的细圆木斜穿过榫眼，打入下部垫土层中以固定。直立木桩的现象有两种，均分布于东边。一种是直径约10厘米的圆木桩，较深地打入下部垫土中，上部已腐朽残断，在淤泥层中的残存高度0.2~0.4米，应属从上往下打入。这种圆木桩发现有4

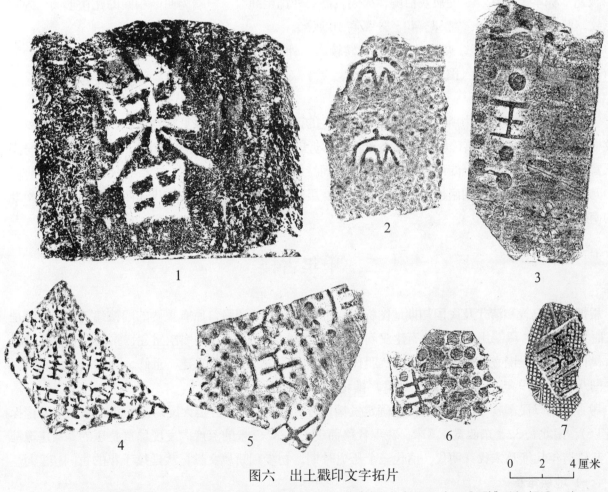

1.“番”字砖铭（T6③:1） 2.“衣”字瓦文（T3⑬:1） 3.“王”字瓦文（T3⑮c:4） 4.“工眭”瓦文（T3⑮a:3）
5.瓦文（T3⑭:3） 6.瓦文（T3⑮C:1） 7.“□孙”陶文（T3⑭:2）

图六 出土戳印文字拓片

0 2 4厘米

根，在东边略呈南北向直线分布。另一种是边长约0.8米的方木桩，底部平整无榫，下部垫有南北向的垫板，板长87、宽34、厚6厘米。方木桩上部已腐朽，接近淤泥层底部，下部填埋于15c层垫土中的深度约0.8米。方木桩应属构筑垫土层时同步"栽立"。这种方木桩仅发现1根，靠近探沟南壁，位于基槽西侧。初步认为平放或固定的圆木、树枝是起加固垫土层的作用。直立的圆木桩和方木桩大概属于护岸的构筑遗存。

2．主要遗物

在遗迹的垫土中出土有大量乳点纹里的绳纹板瓦、筒瓦残片，少量瓦片内侧有三角形瓦钉，少量绳纹筒瓦内侧素面并有泥片横向捏接痕迹，个别乳点纹里绳纹瓦片内侧有"王"、"工眭"等阳文戳印（图六，3、4）。另出有少量南越国时期铺地方砖碎块，方格纹、米字纹陶瓮罐类碎片，水波纹陶盒、碗碎片等。

陶盒　标本T3⑮a∶2，灰白胎，胎质坚硬。子口内敛，上腹壁较直，下腹壁折收，底残。腹饰弦纹与水波纹。口径16、最大腹径17.8、残高4厘米（图三，1）。

陶碗　标本T3⑮b∶2，紫灰胎，胎质坚硬。直口，方唇，上腹壁较直，下腹壁折收，平底。腹饰水波纹。口径8.4、底径4.4、高3.6厘米（图三，8）。

板瓦　标本T3⑮b∶4，泥质灰白陶，火候较高。外饰粗绳纹，一端为凹凸相间的瓦棱形面，内有乳点纹。胎厚1、残长50、宽38～40、外弧高10厘米。

筒瓦　标本T3⑮b∶5，夹砂青灰陶，火候较高。外饰粗绳纹，内侧素面。胎厚约1、残长22.5、宽16.4、外弧高8.2厘米（图版二〇）。

3．时代

汉代遗迹的三层垫土中所出土遗物，具有明显的西汉早期特征，未见晚期遗物。大型的乳点纹里绳纹板瓦、个别花纹铺地砖碎块显示该类遗物与邻近的南越国王宫建筑有密切关系。出土的瓦文与南越王宫遗址及东山龟岗出土的南越国时期瓦文相同特征[①]。米字纹、水波纹、方格纹加圆形或方形戳印纹的陶片等均具有西汉早期南越陶器特征。根据地层堆积与所出遗物，其年代属西汉前期，即岭南地区的南越国时期。

二　千年古楼

根据文献记载和清代及民国初期地图标示，北京路靠近西湖路口原有重要的门楼建筑。其渊源是南汉时期削平番、禺二山之交，叠石建双阙。宋代改双阙为双门，并经多次重建、重修。元代在楼上置古代计时器——铜壶滴漏。元代楼毁，明代洪武年间重建。清代又重建、重修，题匾名"拱北楼"。至民国八年（1919年），广州拆城开马路，拱北楼同时拆毁。

考古发掘以民国初期的地图为依据确定发掘位置[②]。在今广州百货大厦门前的北京路中间发掘探沟（T6），南北长32、东西宽4.7米。在现代路面下1.6～2.2米的深度内发现层层叠压的5层建筑基址，其建造年代涉及宋代、明代、清代三个历史时期，初步判断属文献记载延续千年的古门楼基址。

（一）地层堆积

以T6中部南北向的纵剖面为例说明地层堆积情况（图七）。

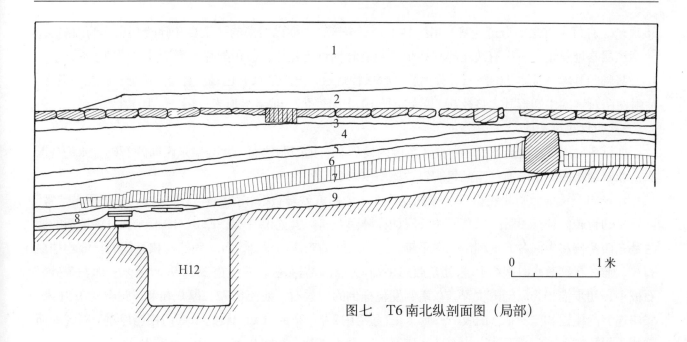

图七　T6 南北纵剖面图（局部）

第 1 层：现代路面与近现代垫土层。厚 0.56～1.66 米，垫土层中部薄，南北两端较厚。出有近现代瓷片、青花瓷片及碎砖瓦等。

第 2 层：清代建筑基址。距地表深约 0.6、厚 0～0.5 米。

第 3 层：明代建筑基址。距地表深约 0.9、厚 0～0.25 米。

第 4 层：宋代第三期建筑基址。距地表深约 1.1、厚 0.3～0.6 米。

第 5 层：宋代堆积层。距地表深 1.16～2.1、厚 0.05～0.2 米。褐灰土，土质结构紧密。出有较多瓦片和少量青瓷片、白瓷片。初步判断属下层建筑废弃后的堆积。

第 6 层：宋代堆积层。距地表深 1.2～2.1、厚 0～0.2 米。红褐色黏土，土质结构疏松。夹杂较多板瓦、筒瓦残片，并有白灰墙皮碎片和经火烧残留的木炭。出有莲花瓦当、青瓷片。初步判断属下层建筑废弃时的堆积。

第 7 层：宋代第二期建筑基址。距地表深 1.26～2.06、厚 0～0.3 米。

第 8 层：宋代堆积层。距地表深约 2.1、厚 0～0.1 米。分布于下层建筑基址的南部表面。黑灰土，结构疏松，出有较多木炭和砖瓦碎片。初步判断属下层建筑废弃时的堆积。

第 9 层：宋代第一期建筑基址。距地表深约 1.5～2.2、厚 0～0.2 米。

第 9 层以下大部分区域为红色或黄色山岗生土，局部发现有较薄的文化层和打破生土的灰坑或沟类遗迹，时代为唐至南汉时期。红黄色山岗生土距地表深 1.6～2.2 米，表明该地段的原始地貌是山岗地带。

（二）遗迹与遗物

1．清代建筑基址

即第 2 层。该层建筑基址已遭受严重破坏，残存部分为基址的下部夯土层，残存分布范围为南北长 17.2 米、东西宽 4.5 米。该层建筑基址采用了古代南方传统的打木桩加固地基的处理方法。原木桩均已腐朽无存，根据木桩口确定木桩直径为 12～17 厘米，间距 25～55 厘米不等。其建筑程序是先在原有地面上打入木桩，原为石铺地面的则先凿孔后打桩。木桩并非全部打入地下，多数高于原有地面 30～

36厘米。打好木桩之后夯筑地基，用红黏土分层夯筑，中间以较薄的沙土层和碎砖瓦层作为间隔层。

该层基址垫土层中出有砖瓦碎片和少量明清时期青花瓷片、酱釉陶片、青瓷片等遗物。

酱釉四耳罐　标本T6②：1，黄褐胎，胎质较疏松，上腹部饰酱色釉。直口，圆唇，折腹，凹底，肩附两两对称的半圆形耳。口径6、最大腹径12.2、底径7、高6.8厘米（图三，10）。

2．明代建筑基址

即第3层。该层建筑基址在发掘区范围内发现有石铺门洞地面，北端接东西向的石砌排水沟（散水）和砖铺路面，南端有往南倾斜的斜坡道路（彩版二四）。

建筑内石铺地面南北残长20、东西宽约5米，用黄砂岩石板和红砂岩石块铺成，局部用带"番"字铭文的青砖修补（图版一二）。黄砂岩石板，长84～101、宽32～34、厚8～10厘米。石铺地面的做法是东西两侧和中间各有一列南北向平铺，三列之间为东西向平铺。石板底部与相互间的接缝均抹白石灰。唯在石砌散水以南约13米处东西向平铺一列红砂岩石板，石板宽28、厚16厘米，面与黄砂岩石板平，初步推测为原门限位置。在南侧发现推倒的门鼓石，鼓径0.72、厚0.6米，底座高0.51米，底座连着门槛槽和门臼槽（图版一三）。门臼直径0.2米，据此推知门楼的木板门相当厚重。石铺地面的垫土层褐灰色，土质紧密，出有砖瓦碎片和少量青瓷片、釉陶片等。

基址北部发现东西向的排水沟，其性质应是建筑的滴水沟。沟宽58、深30～40厘米。沟壁用黄砂岩石条垒砌，沟底沿用下层基址的砖铺散水面。沟的北侧残存有青砖卧砌的路面，略呈东北至西南走向。该路面直接在下层路面上铺砌。按道路走向可推测其所对应的石铺地面是原建筑的西门洞位置。

基址南部发现有北高南低的斜坡道路，距现地表深1.06～1.66米。路面发现零星黄砂岩石板，推测原为铺石路面。斜坡道路的垫土层，上部为褐灰土，与基址的垫土类似，下部为夹杂较多砖瓦碎片的黄褐色黏土与红褐色黏土层。

垫土中出有少量陶片、青瓷片、青白瓷片。砖瓦中见有宋代"摧锋监造"、"□（广）州修城□（砖）"等铭文。

陶碟　标本T6③：14，黄褐胎，胎质较疏松。敞口，圆唇，平底微凹。口径10、底径7、高1厘米（图三，6）。

陶器盖　标本T6③：8，浅灰胎，胎质细腻坚硬，盖顶有薄层青灰色釉。平顶，直口。顶饰一周凹弦纹。顶径4、口径2.5、高1.5厘米。

"番"字铭文砖　标本T6③：1，长36.5、宽17、厚5.5厘米，青灰色，单面印阴文"番"字（图六，1）。

3．宋代第三期建筑基址

即第4层。发现有建筑基址内部大型的磉墩、建筑基址北边的砖铺散水、散水以北的砖铺路面、建筑基址南端的外包砖墙、建筑基址南边的斜坡漫道。

建筑基址南北长22.8、东西残宽5.4米。基址内部发现排列整齐的8个磉墩。磉墩平面基本为正方形，边长约2.7、残存深度1～1.5米。磉墩用一层红黏土一层碎瓦片分层夯筑，土层厚4～6厘米，瓦片层厚4～6厘米（图版一四）。多数磉墩上部周边已见拦砖，表明已接近原基址平面。磉墩位于发掘区东西两侧，东侧一列全部揭露，南北向共5个磉墩，按中心点间距计算，自北向南依次为3.96米、5.88米、4.56米、3.88米。西侧一列揭露北边3个，按中心点确定东西向间距约为6.4米。北端磉墩中心点距外包砖墙1.28米，包砖墙厚0.6米。南端磉墩中心点距包砖墙1.37米，包砖墙厚0.76米。含南北两端包砖墙在内，基址南北跨度约为22.3米。东西两列磉墩之间从上往下依次为深灰色沙土、灰色沙土、黄红色黏土的垫土层，结构紧密，但未见严格的分层夯筑现象。东列磉墩之间以青灰色土坯叠砌作为垫土，土坯结构致密，具有较强的隔水性能。西列磉墩之间则无此现象。

基址北侧散水面以青砖东西向侧放铺砌，南高北低，宽约2.1米。散水北接砖铺路面，按"人"字形平砖铺砌的路面已严重磨损，西侧有路边拦石，呈东北—西南向。按道路走向可推断，现发掘的东西两列磉墩之间的开间为原建筑的西门洞位置。

垫土层中出有较多青瓷片，多数为圈足碗底残片。圈足矮直，足内槽较浅。釉色有青灰、青黄等，外釉多不及底。并出具有南汉至北宋时期特征的青瓷罐、莲花瓦当和南汉"乾亨重宝"铅钱、唐代"开元通宝"铜钱等遗物。另出土有龙纹石构件残块，石灰岩质地，残长约1.1米。一端略近方形，正面其余部分雕凿成龙形，背面为凹形粗凿面，有一直径15、深4厘米的圆窝。正面龙纹清晰，但龙首已被破坏（图版一五）。

4. 宋代第二期建筑基址

即第7层。发现有砖铺门洞地面、石门槛、门枕石，北接砖铺路面（图版二六）。砖铺门洞地面南北跨度为11.88米，石门槛略居中，北段砖铺门洞地面长6.48米，南段长5米。门洞地面东西跨度约5.26米。砖铺门洞地面用青灰砖卧砌，北段较为平整，南段是北高南低的斜坡，落差约0.6米，坡度约为8度。砖铺地面磨损严重，北段有明显修补现象。石门槛残长3.44、宽0.4、高0.46米，多块拼接，内有暗榫扣合。门槛下部埋入地下，上部高于北段地面0.24米。门枕石长54、宽36、厚15厘米，中间门臼直径17、深6厘米，内有磨损痕迹。门洞砖铺地面北接按"人"字形平铺的砖铺道路，路面略低于门洞地面，有拦边砖。门洞砖铺地面南端发现碎瓦片垫层，南有拦边砖，北边局部残存有平铺砖，推测原为散水。门洞铺地砖下垫黄沙层。

上部废弃堆积和基址垫土层中出有较多板瓦、筒瓦残片与少量青瓷片、紫红釉陶片等。垫土中出有少量青瓷片、青白瓷片，多具有五代至北宋时期的特征。青瓷片多有冰裂纹，见有可复原的夹梁罐残片，造型与广州石马村南汉昭陵所出基本一致③。青白瓷片中见有凸唇碗口沿、出筋口沿残片。

青瓷夹梁盖罐　标本T6⑤:1，胎色青灰，胎质致密。外施青釉，有细密冰裂纹片，底部无釉。小直口，长圆腹，下腹渐收，平底微凹，边缘成一周浅凸棱。最大腹径偏上，肩腹丰满。肩部前后各附一个竖板耳，左右各附一对竖夹耳，均有孔。原有带梁盖，梁插入夹耳中。口径6.5、底径7.8、通高18.5厘米（图三，12；彩版二七）。

5. 宋代第一期建筑基址

即第9层。为原地保留上部建筑基址，仅能通过局部清理确定该层建筑基址。该层建筑基址南北两端残存有局部砖铺地面，中部残存薄层垫土。根据其铺砖位置，可初步确定原门洞地面南北跨度8.8米，东西向位置与宋代第二期建筑基址重合。以宋代第二期建筑基址的门槛为分界，北段长4.1米，较平；南段4.3米，也是北高南低约为8度的斜坡。基址门洞地面用青灰砖东西向平铺。北端接砖铺道路，用青砖南北向平铺，但破损严重，仅剩残砖。南端接散水，宽约2米。该层建筑基址垫土层厚4~12厘米，为结构紧密的褐红色土。

垫土层中出有少量青瓷片、莲花瓦当残块等遗物。

三　结　语

　　北京路千年古道、千年古楼遗址是广州古城发展历史的重要实物见证，遗址的发现确证北京路是广州古城的传统中轴线，为广州古城研究提供了重要的地理坐标和历史地理线索。

　　考古发现自唐代到民国时期层层叠压的11层路面真实地再现了广州古城中轴线的历史延续。中轴线的道路建设与广州古城的整体建设应具有密切的关系。本次发掘表明，广州古城中轴线的肇始时间约为唐代，历经南汉、宋代、明代和民国时期的多次重建，路面逐步抬升。尤其是建于宋代的道路多达四期，并以第二、三期道路垫土层最厚、构筑最为讲究，应与北宋中期到南宋时期广州城的大规模建设具有一定的对应关系[4]。本次发掘地段的宋代第四期道路延续使用时间应到元代，明代道路应延续使用到清代。

　　考古发掘表明，现北京路北段在西汉之前是低洼地带，沉积有较厚的淤泥。这种历史地理情况与中山路北侧原新大新工地发现的地层堆积一致[5]。由于发掘面积所限，未能确定西汉遗迹的整体面貌和性质，但发掘至少已表明当时在淤泥层上有重要遗迹，其构筑时代可能属南越国时期。

　　千年古楼遗址的发现，印证了文献记载广州古城中轴线上相关的标志性建筑，确定了这些阙与门楼建筑的位置和大致的建筑形式与规模[6]。龙纹石构件出于宋代垫土层，但从石灰岩质地、龙纹等特征分析，可能属于南汉"叠石建双阙"的遗物。而北京路是唐宋以来的广州古城中轴线，由于揭开了自唐代至民国拆城开马路之前的层层路面，已是不争的史实。

　　发掘后的千年古道与千年古楼遗址，纳入北京路步行街的整饰建设规划。周围加建防水的护墙，上面覆透明的平板钢化玻璃为盖，加设照明设施与防湿的抽风设施。原址原貌得到保护展示（彩版二五）。

　　附记：该遗址的发掘由冯永驱、朱海仁领队，参加发掘的有黄兆强、朱汝田、苗慧等。绘图由朱汝田、苗慧、胡晓宇完成，拓片由黄兆强负责，器物修复由陈淑庄负责，器物摄影由关舜甫负责，发掘摄影由朱海仁、黄兆强负责。

执笔：朱海仁

注　释

① 林雅杰、陈伟武、亚兴合编《南越陶文录》，天津人民美术出版社，2004年。

② 中国第一历史档案馆等编《广州历史地图精粹》，中国大百科全书出版社，2003年。

③ 广东省博物馆编《广东省博物馆藏品选》，文物出版社，1999年。

④ 广州市地方志办公室编《元大德南海志残本》，广东人民出版社，1991年。

⑤ 广州市文化局编《广州秦汉考古三大发现》，广州出版社1999年。

⑥ 朱海仁《广州千年古楼遗迹考略》，《岭南文史》2004年第2期。

图版一　民国路面

图版二　宋代第四期路面

图版三　宋代第三期路面

图版四　宋代第二期路面

图版五　宋代第一期路面

图版六　南汉第二期路面

图版七　南汉第一期路面

图版八　唐代第三期路面

图版九　唐代第二期路面

图版一〇　唐代第一期路面

图版一一　西汉建筑遗迹

图版一二　明代"番"字铭文砖

图版一三　明代门鼓石

图版一四　宋代第三期建筑基址磉墩断面

图版一五　宋代龙纹石构件

图版一六　青瓷碟（T3 ② : 2）

图版一七　青瓷碗（T3 ③ : 2）

图版一八　青瓷钵（T3 ③：1）

图版一九　青瓷罐（T3 ④：1）

图版二〇　筒瓦（T3⑮b：5）

广州市中山六路黄金广场汉六朝唐宋遗址

广州市文物考古研究所

黄金广场位于广州市中山六路北侧,西临海珠路,再往西是人民路,北邻东风路,南邻光塔路和惠福路,东邻解放路,周边现有光孝寺、六榕寺、光塔等著名古迹(图一)。这一带地处广州老城区西部,此前所进行的考古勘探和发掘工作不多,1998年在中山七路与人民路交界处曾发掘明代西城门瓮城遗址①。

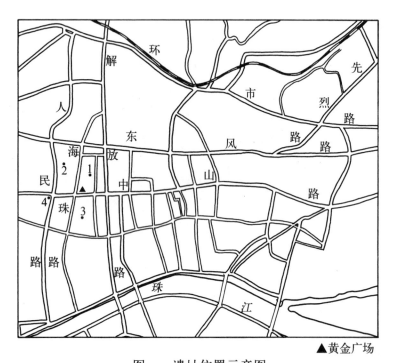

图一　遗址位置示意图

1.六榕寺　2.光孝寺　3.光塔　4.明代西城门瓮城遗址

2002年3~4月,广州市文物考古研究所对黄金广场建设工地施工范围进行了抢救性考古发掘,清理出东汉、晋南朝、唐、两宋及明清各时期文化层,出土了各时期相当丰富的文化遗物,以青瓷和青白瓷器最为丰富。现将本次发掘的汉、晋南朝、唐及两宋时期的遗迹和出土遗物报告如下。

一　地层堆积

本次发掘10×10米探方两个,面积200平方米,两个探方南北相距10米。在发掘过程中为安全需要,在一定深度两边放坡,发掘面积不断缩小。因地下水过多,T1、T2两个探方分别在距地表5.7、6.3米以下停止发掘。

两个探方的文化层堆积基本一致,各层堆积总体上由南向北略倾斜分布。明清时期的灰坑和建筑遗迹较多,两宋以前的遗迹相当少,这可能是因为发掘面积小,也可能是受晚期人类活动的破坏所致。

现以T2东壁为例将遗址地层堆积介绍如下(图二)。

第1层:近现代建筑废弃堆积。分2小层。

1a层:现代混凝土建筑堆积。厚0.5~0.7米。

1b层:近代建筑废弃堆积。深0.7~1.4、厚0.4~0.8米。出土近现代陶瓷、砖瓦等。

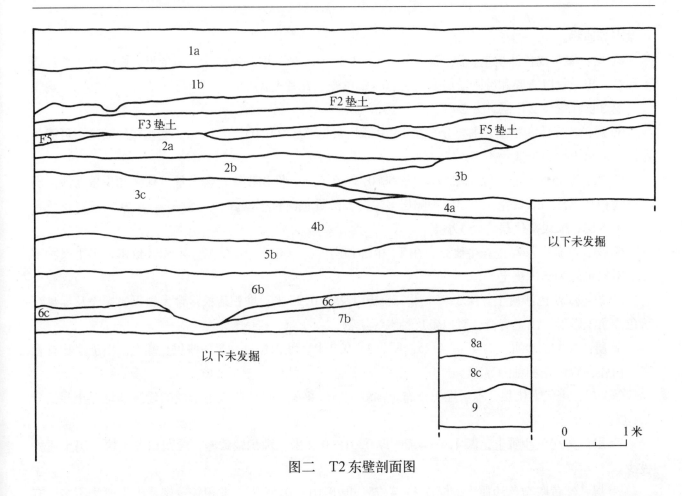

图二 T2东壁剖面图

1b层下有三座房基F2、F3、F5，存在明确的叠压关系。三座房基均破坏严重，仅残存局部墙基和垫土，垫土中出土遗物极少。

第2层：明清文化层。分2小层。

2a层：褐灰色沙质杂填土。深1.6～2、厚0.01～0.45米。松散，含较多贝螺壳。出土釉陶、青瓷和青花瓷等遗物。

2b层：灰褐色沙质土。深1.9～2.45、厚0.01～0.5米。松软，含红烧土颗粒和大量螺壳。出土青瓷、青花瓷、釉陶及瓦片等。

第3层：明清文化层。分3小层。

3a层：褐灰色沙质土。本层主要分布在T2西南部和T1北部。厚0.2～0.55米。堆积松散，含大量贝、螺壳。出土青瓷、青白瓷和青花瓷器。

3b层：灰褐色沙质土。深1.55～2.8、厚0.01～1.05米。堆积疏松。含大量瓦片，出土青瓷和青花瓷等。

3c层：黑灰色沙质土。深2.2～2.9、厚0.01～0.7米。堆积疏松，含大量贝、螺壳。出土少量青花瓷，其余多为青瓷和釉陶。

第4层：宋代文化层。分2小层。

4a层：灰黑淤泥质黏土。深2.6～3、厚0.01～0.35米。松软，含贝、螺壳。出土青瓷、青白瓷和釉陶等遗物。

4b层：深灰褐色沙质土。深2.7～3.5、厚0.3～0.8米。堆积疏松，含大量贝、螺壳及少量红烧土颗粒。出土物以青瓷和釉陶器居多，另有少量白瓷、瓦片及瓦当。

第5层：宋代文化层。分2小层。

5a层：黄红色沙黏土。主要分布在T1中部和东北部。厚0.05～0.15米。堆积较纯较硬，可能为建筑基址垫土。出土遗物不多。

5b层：灰色沙质土。深3.15～3.85、厚0.3～0.6米。堆积疏松，含大量贝螺壳和少量泥沙。出土遗物相当丰富，以青瓷、青白瓷釉陶居多，白瓷数量也比较丰富。

第6层：宋代文化层。分3小层。

6a层：红黄色沙黏土。主要分布在T1中部和南部。厚0.3～0.75米。堆积较致密，出土遗物不多。本层可能为建筑垫土。

6b层：深灰色沙质土。深3.75～4.75、厚0.25～0.95米。堆积疏松，含大量贝、螺壳及零星红黄色沙质土颗粒。出土青瓷、青白瓷及釉陶等遗物。

6c层：灰黑色沙质土。深4～4.25、厚0.1～0.2米。堆积松散，含一些贝、螺壳。出土遗物有青瓷、白瓷、青白瓷和釉陶等。

第7层：唐代文化层。本层堆积分布范围较大，较平整，可能为人工形成的建筑基址垫土层。分2小层。

7a层：黄红色沙质土。深4.4～4.7、厚0.01～0.4米。堆积较致密，含灰白黏土块。出土遗物极少。

7b层：红黄灰杂色沙质土。深3.1～4.75、厚0.01～0.55米。堆积较致密。出土遗物不多，有青瓷和釉陶器。

第8层：晋南朝文化层。分3小层。

8a层：深灰色沙质土。深4.55～5.7、厚0.4～0.55米。堆积中含大量贝、螺壳，疏松。出土青瓷和陶器，数量不多。

8b层：黑灰色淤泥土。主要分布在T2西南部和T1内。厚0.01～0.3米。堆积松散，含大量螺壳。出土较多青瓷和陶器。

8c层：灰色沙质土。深5.25～5.75、厚0.35～0.6米。堆积中含大量贝、螺壳。出土少量青瓷和陶片。

第9层：东汉文化层。灰黑色淤泥质黏土。距地表最浅5.6米，因地下水过多，本层未清至底。堆积松软，含少量螺壳。出土绳纹、方格纹陶片和瓦片等遗物。

距地表6.3米以下停止发掘。

二　遗　迹

本次发掘过程中考虑到安全需要，不断缩小发掘面积，由于揭露面积小，加上晚期人类活动的破坏，遗址内房址等建筑遗迹难以观察。此次发掘，仅在两个探方清理出宋代灰坑4个，晋南朝时期灰坑1个。

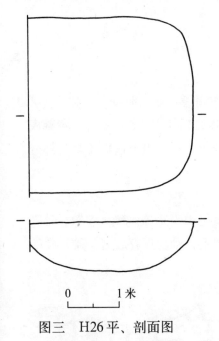

图三　H26平、剖面图

H26　宋代。位于T1西部，向西延伸入探方壁内。开口于4b层下，打破5a层。平面近方形，最长3.4、最宽3.25、最深0.9米（图三）。填灰色沙质土，较疏松。出土大量陶瓷器，以白瓷和青白瓷为主，此外还有红釉、绿釉和黑釉瓷器。器形有碗、盘、碟、盏、小盂、罐等。器物纹饰以刻花和划花居多。

H27　宋代。位于T1西北部，向西延伸入探方壁内。开口于5b层下，打破6a层。坑口平面不规则，最长1.45、最宽1.9、最深0.45米（图四）。坑内填深灰色砂质土，疏松，含贝壳。出土遗物不多，主要有青瓷和釉陶器，器类有罐、碗、碟等。

H28　宋代。位于T2西南部，向西延伸入探方西壁。开口4a层下，打破4b层。平面近方形，坑口最长2、最宽2.1、最深0.5米（图五）。坑内填灰黑色黏质土，含贝、螺壳残骸，较松散。出土青瓷、釉陶和青白瓷器。器类有碗、罐、碟等。

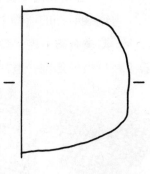

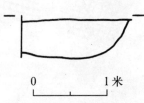

图四　H27平、剖面图

H29　宋代。位于T2中部，开口于4b层下，打破5b层。平面近方形，坑口最长0.88、最宽0.66、最深0.45米（图六）。坑边用砂岩砌筑，不太规整，圜底，不铺石。坑内填深灰色黏质土，含贝、螺壳，较疏松。出土青瓷、青白瓷和釉陶器，器形有碗、盘、罐等。

H30　晋南朝时期。位于T1东南部，南北均未清理到边。开口于7b层下，打破8a层。平面略呈长方形。长5、最宽2.9、最深0.75米（图七）。坑内填灰黑色沙质土，疏松，含较多贝螺残骸。出土青瓷和釉陶器，器类有青瓷碟、釉陶碗等。

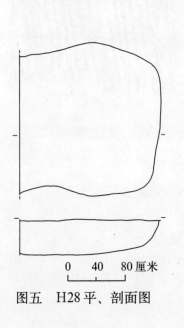

图五　H28平、剖面图

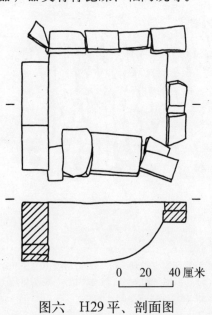

图六　H29平、剖面图

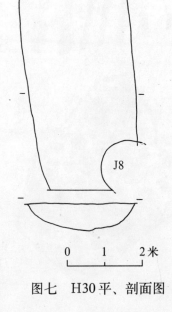

图七　H30平、剖面图

三　遗　物

本遗址出土遗物以两宋时期最为丰富，其次是晋南朝时期，唐代遗物不多。东汉时期的文化层（第9层）发掘面积小，出土遗物最少，主要是陶器和瓦片，缺乏完整器，器类有陶罐、釜、瓦等。陶器表面多饰方钉纹，少量为素面，瓦片多饰绳纹和乳钉纹（图八）。从纹饰分析，本层出土遗物相当一部分属西汉时期。

（一）晋南朝时期文化遗物

晋南朝时期的遗物主要出于第8层和H30，T1所出相对较丰富。遗物中青釉器占绝大多数，釉陶较少，器类有碗、碟、盘、盆等。青釉器多为平底或饼足，部分为矮圈足，釉层保存较好。碗、碟等器多在口沿外部饰一道凹弦纹，其余多素面。

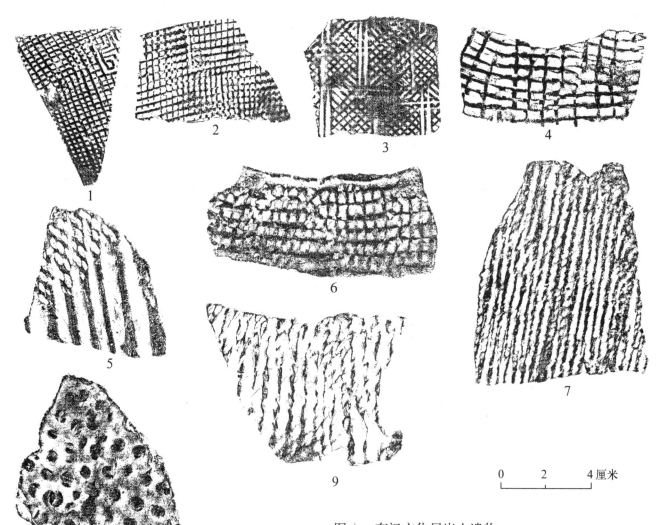

图八　东汉文化层出土遗物

1.方格纹和戳印纹（T2⑨：7）　2.方格纹（T2⑨：6）　3.方格纹和凹弦纹（T1⑨：6）　4.长方格纹（T2⑨：5）　5.绳纹和条纹（T1⑨：12）　6.方格纹（T2⑨：3）　7.绳纹（T2⑨：2）　8.乳钉纹（T1⑨：3）　9.绳纹（T1⑨：2）

1. 青釉器　有碗、碟、盘、砚等，碟的数量最多。

碗　均为素面。依足部形态分4型。

A型　3件。矮圈足。T1⑧b：39，敞口，圆唇，弧壁，内底一圈下凹成圜底。浅灰胎。通体施青绿釉，釉面遍布细小裂纹。口沿外壁饰凹弦纹一周。圈足底有5个支垫痕。口径16.8、足径9.2、高6.4厘米（图九，1）。T1⑧b：37，内外底均有支垫痕。口径17、足径9.6、高6.5厘米（图九，2）。

B型　3件。平底。依内底形态分2式。

Ⅰ式　2件。内平底。T1⑧b：35，敞口，圆唇，弧壁，平底略内凹，内平底。浅灰胎。通体施青绿釉。内底和口沿外壁各施一道凹弦纹。内外底均有支垫痕。口径13.4、底径7.2、高5.5厘米（图九，3）。

Ⅱ式　1件。T1⑧b：34，内圜底。敞口，圆唇，弧壁，平底略内凹。浅灰胎。施青绿釉。素面。口径13.2、底径8、高5.6厘米（图九，4）。

C型　4件。饼足。依口部形态分2式。

Ⅰ式　2件。敞口。T1⑧b：40，圆唇，弧壁，深腹，内圜底。浅灰胎。通体施青绿釉，釉面遍布细小裂纹。口沿外部和内底各饰一圈凹弦纹。内底有4个支垫痕，外壁底部有一圈17个支垫痕。口径20.8、足径10.6、高8.5厘米（图九，5；图版一）。T1⑧b：36，内底及外壁腹下部均有支垫痕。口径20、足径11.4、高7.5厘米（图九，6）。

Ⅱ式　2件。撇口。H30：2，圆唇，弧壁。浅灰胎。施青绿釉，外壁腹下部及足部露胎。内壁有多个支垫痕。口径14.4、足径4.4、高5.5厘米（图九，7）。T1⑧a：7，灰白胎。施青釉，外壁下部及足部露胎。口径16.8、足径6、高5.6厘米（图九，8）。

D型　1件。T1⑧a：11，假圈足。敞口，略外撇，圆唇，弧壁，足心挖去一圈。灰白胎。施青绿釉，外壁下部及足部露胎。口径9.2、足径5、高3.7厘米（图九，9）。

砚　1件。T1⑧b：25，砚盘为双圆盘式，内盘壁近直，平底略凸，外盘为敞口圆唇，斜直壁，平底略内凹。盘底原附三足，已缺失。浅灰胎。砚盘内壁及底面露胎，其余部分施青绿釉。仅在盘底施数道凹弦纹，余皆素面。砚盘高2.2、内盘口径10、外盘口径12、底径10厘米（图九，10）。

盘　6件。分2型。

A型　1件。T1⑧b：38，直口，深腹。圆唇，弧壁，平底略内凹，内底一圈下凹，中心略上凸。浅灰胎。通体施青绿釉，釉面遍布细小裂纹。口沿外壁饰凹弦纹三周，两浅一深。素面。外底有支垫痕。口径15.6、底径8.8、高5.3厘米（图九，11）。

B型　5件。敞口，浅腹。分2式。

Ⅰ式　4件。内平底。H30：5，圆唇，斜直壁，下部折收成小平底。浅灰胎，胎体较厚重。施青绿釉，腹下部及底部露胎。内底饰一圈凹弦纹。素面。口径14.8、底径5.6、高3.6厘米（图九，12）。

Ⅱ式　1件。T1⑧a：18，内圜底。敞口，圆唇，弧壁，下部折收成小平底。灰黄胎。施青釉，外壁大部及底露胎。素面。口径14.4、底径5.2、高3.6厘米（图九，13）。

碟　分两类（图版二）。

甲类　浅盘式碟。分2型。

A型　1件。T1⑧b：41，小平底。敞口，圆唇，浅腹，内圜底。浅灰胎。通体施青绿釉，施釉不均，有聚釉。口沿外壁及内底各饰一道凹弦纹，素面。口径9.4、底径4.8、高2厘米（图九，14）。

　　B型　1件。T1⑧b∶22，矮饼足。敞口，圆唇，浅腹，内底平。浅灰胎。通体施青绿釉，有聚釉。内底饰两道凹弦纹，口沿外壁饰一道凹弦纹。口径9.6、足径5、高1.4厘米（图九，15）。

　　乙类　小碗式碟。分2型。

　　A型　1件。T1⑧b∶16，敛口。圆唇，微折肩，弧壁，小平底，内底略凸。浅灰胎。通体施青绿釉。内底饰一圈凹弦纹。口径7.6、底径4、高3.2厘米（图九，16）。

　　B型　12件。敞口。依唇部形态分2式。

　　Ⅰ式　11件。圆唇。T1⑧b∶20，敞口，弧壁，小平底，内圜底。浅灰胎。通体施青绿釉。口沿外部和内底各饰一道凹弦纹。口径10、底径5.4、高3.2厘米（图九，17）。T1⑧b∶14，敞口，弧壁，小平底，内圜底。浅灰胎。通体施青绿釉。口沿外壁饰一道凹弦纹，内底饰两道凹弦纹。口沿部位有4个支垫痕，外底有3个支垫痕。口径8、底径4.2、高2.7厘米（图九，18）。

　　Ⅱ式　1件。T1⑧b∶10，凸唇。敞口，弧壁，小平底，内底略凸。浅灰胎，较厚重。通体施青绿釉。内底饰两道凹弦纹，口沿外壁饰一道凹弦纹。口沿部有4个支垫痕，底部有3个支垫痕。口径8、

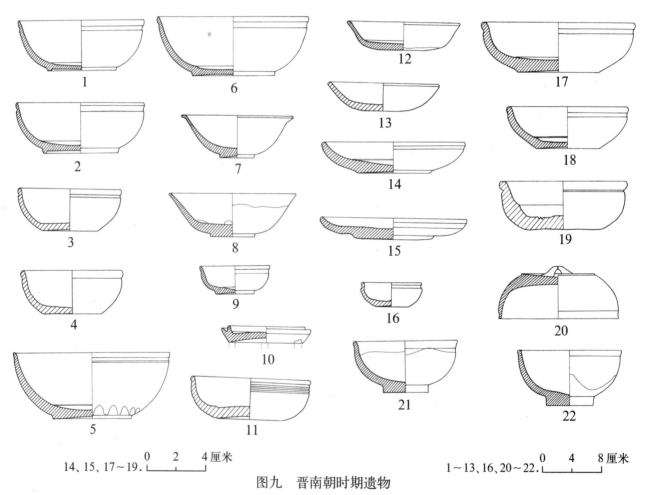

14、15、17~19.　0　2　4厘米　　　　　　　1~13、16、20~22.　0　4　8厘米

图九　晋南朝时期遗物

青釉器：1、2.A型碗（T1⑧b∶39、37）　3.B型Ⅰ式碗（T1⑧b∶35）　4.B型Ⅱ式碗（T1⑧b∶34）　5、6.C型Ⅰ式碗（T1⑧b∶40、36）　7、8.C型Ⅱ式碗（H30∶2；T1⑧a∶7）　9.D型碗（T1⑧a∶11）　10.砚（T1⑧b∶25）　11.A型盘（T1⑧b∶38）　12.B型Ⅰ式盘（H30∶5）　13.B型Ⅱ式盘（T1⑧a∶18）　14.甲类A型碟（T1⑧b∶41）　15.甲类B型碟（T1⑧b∶22）　16.乙类A型碟（T1⑧b∶16）　17、18.乙类B型Ⅰ式碟（T1⑧b∶20、14）　19.乙类B型Ⅱ式碟（T1⑧b∶10）　20.器盖（T1⑧a∶12）

釉陶器：21.A型碗（H30∶6）　22.B型碗（H30∶1）

底径5、高3.1厘米（图九，19）。

器盖　1件。T1⑧a：12，整件器物呈覆碗形，顶面平，中间附贴一桥形钮。弧壁，平口，外部一圈凹入。褐灰胎。通体施青绿釉。顶面饰一圈凹弦纹。顶面有5个支垫痕。口部直径16、顶面直径9.6、通高6.8厘米（图九，20）。

2. 釉陶器　仅出土2件碗。依口部形态分2型。

A型　1件。H30：6，撇口。圆唇，深腹，弧壁，饼足，内圆底。灰黄胎。口沿内外施酱绿釉，其余大部露胎。素面。口径13.2、足径6、高6.6厘米（图九，21）。

B型　1件。H30：1，直口，深腹。圆唇，深腹，弧壁，饼足，内圆底。灰胎。施黄绿釉，外壁腹下部及足部露胎。素面。口径13.2、足径6.2、高7.1厘米（图九，22）。

（二）唐代文化遗物

唐代遗物主要出于第7层。器物数量不多，以青瓷和釉陶为主，另有少量筒瓦、砖等建筑构件，多残。器类有碗、盘、碟、罐等，其中青瓷碗最为丰富，多达17件。

1. 青瓷器　数量相对丰富，多为素面，胎呈灰、浅灰或灰黄色。器形有碗、盘、碟、唾盂等。

碗　依足部特征分3型。

A型　4件。饼足。依口沿形态分3式。

Ⅰ式　2件。敞口，圆唇外展。T1⑦b：23，弧壁，内小平底。灰黄胎。仅在口沿及内壁施釉，釉色偏灰黄。素面。口径16、足径5.6、高5.5厘米（图一〇，1）。

Ⅱ式　1件。T1⑦b：22，敞口，圆唇。弧壁，浅腹，腹下斜收，内圆底。浅灰胎。施青绿釉，外壁腹下部及足部露胎。内底饰一圈凹弦纹。口径16.4、足径6.2、高5厘米（图一〇，2）。

Ⅲ式　1件。T1⑦b：3，撇口，折腹。圆唇，内圆底。浅灰胎。施青釉，外壁下部及足部露胎。釉面有光泽。腹上部饰一道凹弦纹。口径18、足径8、高7厘米（图一〇，3）。

B型　6件。矮圈足。分3式。

Ⅰ式　2件。撇口。T1⑦b：10，圆唇，弧壁，内圆底。浅灰黄胎，较疏松。施青绿釉，外壁腹下部及足部露胎。釉面有光泽。素面。口径17.2、足径9.2、高7.1厘米（图一〇，4）。

Ⅱ式　3件。敞口。T1⑦b：26，圆唇，斜直壁，浅腹，内圆底。浅灰胎。釉色偏黄。外壁下部饰一道凹弦纹。口径20.8、足径10.4、高6厘米（图一〇，5）。

Ⅲ式　1件。T1⑦a：11，口微敛。圆唇，弧壁，内圆底。灰白胎。施青釉，足部露胎。釉面偏灰。素面。圈足底原有墨书，不清晰。口径11.6、足径5.2、高6厘米（图一〇，6）。

C型　7件。璧底。分3式。

Ⅰ式　2件。敞口。T1⑦a：8，圆唇，弧壁，内平底。灰胎。通体施青釉，釉面有光泽。素面。口径16.4、足径7.6、高6厘米（图一〇，7）。T1⑦b：11，内圆底，釉不及底，素面。口径17.6、足径7.6、高5.8厘米（图一〇，8）。

Ⅱ式　4件。撇口。T1⑦b：1，弧壁，内平底。灰胎。通体施青绿釉。素面。口径20、足径9、高6.6厘米（图一〇，9）。

Ⅲ式　1件。T1⑦b：14，口微敛。圆唇，弧壁，内圆底。浅灰胎。施青绿釉，外壁下部及足部露胎。素面。口径16.8、足径5.6、高6.3厘米（图一〇，10）。

盘　4件。分2型。

A型　3件。璧底。T1⑦b：13，圆唇，弧壁，内圜底，内壁中部一圈下凹。浅灰胎。施青釉，内底、外壁下部及足部露胎。内底露胎部位呈四边形。口径15.6、足径6、高3.5厘米（图一○，11）。

B型　1件。T1⑦b：21，平底。敞口，圆唇，斜直壁，腹下斜收至底。浅灰胎。施青釉，外壁下部及底部露胎。素面。口径10.8、底径5.6、高3.3厘米（图一○，12）。

器盖　1件。T1⑦b：17，顶面近平，大口，方唇。灰胎。施青釉。素面。口径16、高2.8厘米（图一○，13）。

唾盂　1件。T1⑦b：18，口部残缺。鼓腹，平底。浅灰胎。施青釉，底部露胎，釉色偏黄，有光泽。素面。腹径10.8、底径10.2厘米（图一○，14）。

2．釉陶器

罐　2件。T1⑦b：34，双耳罐。喇叭形口，圆唇，垂腹，平底。浅灰胎。施青釉，底部露胎。肩部附贴双耳。口径5.2、底径4.8、高10厘米（图一○，15）。T1⑦b：33，敛口，圆唇，溜肩，垂腹，平底。黄红胎，施青釉，口沿及底部露胎。素面。口径4.4、底径5、高6.8厘米（图一○，16）。

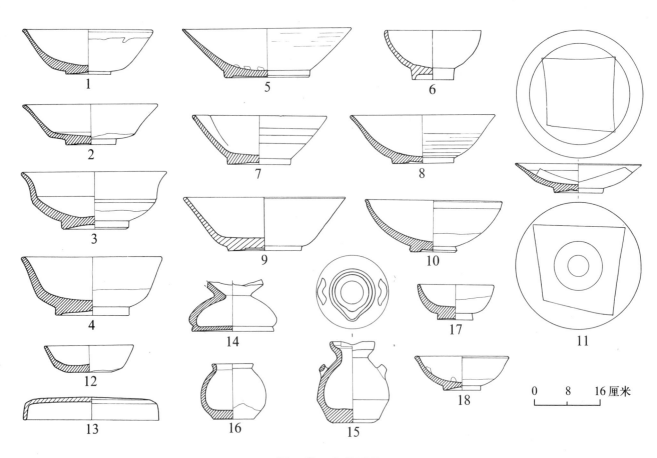

图一○　唐代遗物

青瓷器：1.A型Ⅰ式碗（T1⑦b：23）　2.A型Ⅱ式碗（T1⑦b：22）　3.A型Ⅲ式碗（T1⑦b：3）　4.B型Ⅰ式碗（T1⑦b：10）　5.B型Ⅱ式碗（T1⑦b：26）　6.B型Ⅲ式碗（T1⑦a：11）　7、8.C型Ⅰ式碗（T1⑦a：8；T1⑦b：11）　9.C型Ⅱ式碗（T1⑦b：1）　10.C型Ⅲ式碗（T1⑦b：14）　11.A型盘（T1⑦b：13）　12.B型盘（T1⑦b：21）　13.器盖（T1⑦b：17）　14.唾盂（T1⑦b：17）　釉陶器：15、16.罐（T1⑦b：34、33）　17.小碗（T1⑦b：29）　18.灯盏（T1⑦b：25）

釉陶小碗　1件。T1⑦b：29，敞口，圆唇，弧壁，饼足，内底近平。灰黄胎。施酱黑釉，外壁下部及足部露胎。素面。口径9.2、足径4.4、高4.3厘米（图一〇，17）。

灯盏　8件。制作简单，平底或小饼足。T1⑦b：25，敞口，圆唇，弧壁，小平底，内圜底。灰胎。施青釉，外壁下部及足部露胎。素面。内壁附贴器柄。口径11、足径4.6、高4.2厘米（图一〇，18）。

（三）两宋时期文化遗物

本遗址两宋时期文化层堆积最厚，平均厚度达1米，局部超过1.5米，根据文化层堆积特征可分为3大层7小层，具有明确的层位叠压关系。遗迹方面清理出4个灰坑。这一时期的遗物也最为丰富，包括青瓷、青白瓷、白瓷、绿釉瓷、青釉器、黑釉器、釉陶器及瓦当等。

根据各文化层堆积和遗迹之间的层位关系，可将遗址出土两宋时期遗物分为三段：第一段包括第6层出土遗物；第二段包括第5层及H26、H27、H29等遗迹出土遗物；第三段包括第4层及H28所出遗物。以下对三段遗物分别介绍。

第一段　本段遗物以青瓷器为主，其次是青白瓷器和釉陶器，还有白瓷器、绿釉器、青釉器、酱釉器等，此外还出土有少量木榫、木碟、陶球、石球等遗物。器类以碗最多，又以青瓷碗最为丰富。

1．青瓷器

碗　68件。分素面和刻花两类。

甲类　素面碗。52件。依口部特征分8型。

A型　5件。撇口，矮圈足。分2式。

Ⅰ式　2件。深腹。T1⑥c：42，弧壁，内圜底。浅灰胎。施青釉，圈足部位露胎。釉面遍布细小裂纹。口径12.4、足径5、高5.5厘米（图一一，1）。T1⑥b：13，灰白胎。釉色偏白，外壁下部及圈足露胎，釉面遍布细小裂纹。口径12.6、足径5.6、高5.8厘米（图一一，2）。

Ⅱ式　3件。浅腹。T1⑥c：2，弧壁，内圜底。浅灰胎。施青釉，外壁下部及足部露胎。内底饰一道凹弦纹。口径13.2、足径5、高4.9厘米（图一一，3）。T2⑥b：20，口径12.4、足径4.8、高4.2厘米（图一一，4）。

B型　8件。敞口，圆唇，圈足。分2式。

Ⅰ式　5件。深腹。T1⑥c：36，弧壁，内圜底。浅灰胎。施青釉，足部露胎。素面。口径14.4、足径5.8、高6.8厘米（图一一，5）。T2⑥b：18，弧壁，内圜底。黄灰胎。施青釉，圈足露胎。釉色偏灰。口径16、足径6.4、高7.4厘米（图一一，6）。T2⑥b：8，圆唇，深腹，外壁下部斜收，内底一圈下凹，矮圈足。灰白胎。施青釉，外壁底部及圈足露胎。口径12、足径5、高6.2厘米（图一一，7）。

Ⅱ式　3件。圆唇外展，圈足较高。T2⑥b：2，内底近平，弧壁。浅灰胎。施青釉，圈足露胎。釉色偏灰。口径11.2、足径4.8、高5.4厘米（图一一，8）。T1⑥c：34，内底近平。浅灰胎。口径12.4、足径4.8、高6.8厘米（图一一，9）。

C型　5件。口微敛，圈足。依唇部形态分2式。

Ⅰ式　1件。T1⑥c：60，平唇。弧壁，内平底。灰白胎，细腻致密。圈足内底露胎。釉色偏灰白，有光泽。口径11.2、足径5.2、高6.3厘米（图一一，10）。

Ⅱ式　4件。圆唇，弧壁。T1⑥c：25，内圜底，矮圈足。灰白胎。施青釉，外壁下部及足部露胎。口径12.4、足径4.8、高6厘米（图一一，11）。T2⑥b:12，浅灰胎。施青釉，外壁及圈足露胎。釉色偏灰。口径13.6、足径5.2、高5.9厘米（图一一，12）。

D型　5件。凸唇，圈足。T1⑥c:27，弧壁，内圆底。灰白胎，细腻致密。外壁下部及足部露胎。釉色偏灰。口径17.2、足径6.8、高6.5厘米（图一一，13）。T2⑥b:1，外壁近斜直，圜底，矮圈足，足心较浅。浅灰胎。施青釉，圈足露胎，釉色偏米黄。内底饰一圈凹弦纹。口径16.6、足径7.2、高6厘米（图一一，14）。

E型　13件。敞口，折沿，圈足。分3式。

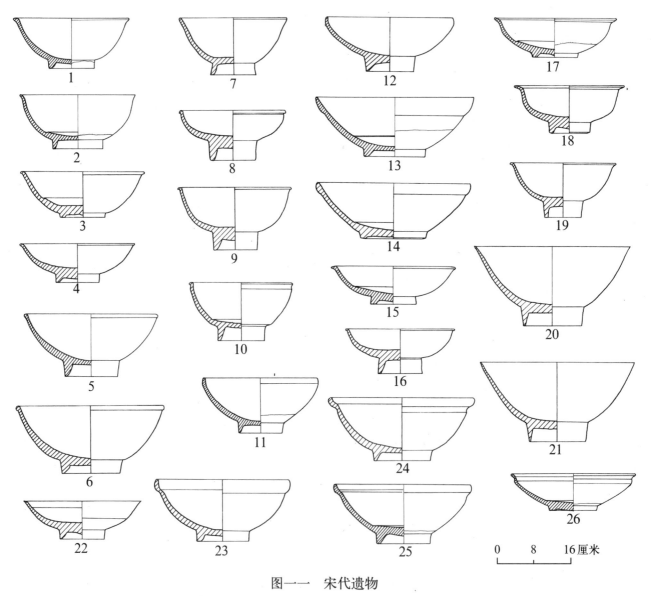

图一一　宋代遗物

青瓷器：1、2.A型Ⅰ式素面碗（T1⑥c:42；T1⑥b:13）　3、4.A型Ⅱ式素面碗（T1⑥c:2；T2⑥b:20）　5~7.B型Ⅰ式素面碗（T1⑥c:36；T2⑥b:18；T2⑥b:8）　8、9.B型Ⅱ式素面碗（T2⑥b:2；T1⑥c:34）　10.C型Ⅰ式素面碗（T1⑥c:60）　11、12.C型Ⅱ式素面碗（T1⑥c:25；T2⑥b:12）　13、14.D型素面碗（T1⑥c:27；T2⑥b:1）　15、16.E型Ⅰ式素面碗（T1⑥c:39；T2⑥b:15）　17、18.E型Ⅱ式素面碗（T1⑥b:14；T2⑥b:36）　19.E型Ⅲ式素面碗（T2⑥b:16）　20、21.F型Ⅰ式素面碗（T1⑥c:1；T1⑥b:79）　22.F型Ⅱ式素面碗（T2⑥b:25）　23、24.G型Ⅰ式素面碗（T1⑥c:47；T1⑥b:2）　25.G型Ⅱ式素面碗（T1⑥c:48）　26.H型素面碗（T1⑥c:18）

Ⅰ式　7件。小折沿。T1⑥c：39，弧壁，内圜底。浅灰胎。外壁下部及足部露胎。釉色偏黄。内底饰一道凹弦纹。口径12.8、足径5、高4.1厘米（图一一，15）。T2⑥b：15，内底近平，弧壁。灰白胎。施青釉，足部露胎。釉色偏灰白，有光泽，釉面遍布细小裂纹。口径11.4、足径4.8、高4.9厘米（图一一，16）。

Ⅱ式　4件。宽折沿。T1⑥b：14，弧壁，内圜底，矮圈足。浅灰黄胎。施青黄釉，外壁下部和圈足露胎。釉色较纯正，有光泽。内底饰凹弦纹一周。口径13.2、足径5、高4.3厘米（图一一，17）。T2⑥b：36，口沿略向上折，弧壁，内圜底。灰白胎。足部露胎。釉色偏黄，釉面遍布细小裂纹。口径12、足径4.4、高5.2厘米（图一一，18）。

Ⅲ式　2件。深腹，圈足较高。T2⑥b：16，弧壁，内底近平。胎体洁白，较细腻。施青釉，足部露胎。釉色偏灰绿。口径11.2、足径4、高6厘米（图一一，19）。

F型　4件。敞口，尖唇，圈足。分2式。

Ⅰ式　3件。深腹。T1⑥c：1，弧壁，内圜底。灰白胎。仅圈足内底露胎，釉色偏灰白，釉面遍布细小裂纹。口径17、足径6.4、高8.6厘米（图一一，20）。T1⑥b：79，灰白胎，釉色偏灰白，有细小裂纹。口径16.8、足径6.2、高8.6厘米（图一一，21）。

Ⅱ式　1件。T2⑥b：25，浅腹。弧壁，矮圈足。浅灰黄胎，施青釉，足部露胎。釉色偏米黄。口径13、足径5、高4.2厘米（图一一，22）。

G型　11件。敞口，口部下折上敛，圈足。分2式。

Ⅰ式　7件。内圜底。T1⑥c：47，弧壁，深腹。浅灰胎。施青釉，外壁下部及足部露胎。口径14.8、足径5.8、高6.7厘米（图一一，23）。T1⑥b：2，釉色偏黄，有细小裂纹。口径15.6、足径6、高6.8厘米（图一一，24）。

Ⅱ式　4件。内平底。T1⑥c：48，弧壁，深腹。浅灰胎。施青釉，外壁下部及足部露胎。口径15、足径5.8、高6.5厘米（图一一，25）。

H型　1件。T1⑥c：18，口部下敛上折，圈足。弧壁，内平底。灰白胎，细腻致密。施青釉，外壁下部及足部露胎。釉色偏灰白。口径13.6、足径5.2、高4厘米（图一一，26）。

乙类　刻花碗。16件。分4型。

A型　10件。撇口。分2式。

Ⅰ式　2件。深腹。T1⑥c：24，弧壁，矮圈足，内圜底。灰白胎。施青釉，仅圈足内底露胎。釉色偏白。口沿内外壁各饰一道凹弦纹，外壁下部饰两道凹弦纹，外壁刻指甲纹。口径15.8、足径6.8、高9.2厘米（图一二，1）。T2⑥b：6，内小平底。浅灰胎，较细腻致密。施青釉，仅足部露胎。釉色偏灰绿。外壁刻竖条图案，内壁刻弧形线条图案，足底有墨书。口径15、足径4.8、高7.4厘米（图一二，2）。

Ⅱ式　8件。浅腹。T1⑥c：46，弧壁，矮圈足，内圜底。浅灰胎。外壁下部及圈足露胎。釉色偏灰。外壁刻花瓣纹。口径12.4、足径4.8、高5.4厘米（图一二，3）。T2⑥b：26，内底平。胎体洁白，细腻致密，施青绿釉，仅足底露胎。釉色偏灰绿，外壁刻竖条纹。口径11.6、足径4.2、高6厘米（图一二，4）。

B型　1件。T2⑥b：28，敞口。圆唇，弧壁深腹，矮圈足，内小平底。浅灰胎。施青釉，仅足部露胎。釉色偏灰绿，外壁刻竖条纹，内壁刻篦点和弧形线条图案。口径15.6、足径4.4、高6.6厘米（图一二，5）。

　　C型　2件。花口。T1⑥c:21，弧壁，矮圈足，内底平。灰白胎。施青釉，仅圈足内底露胎。外壁刻竖条纹。口径18.4、足径5.6、高6厘米（图一二，6）。T1⑥a:2，口径11.2、足径5、高5.8厘米（图一二，7）。

　　D型　3件。折沿，圈足。T1⑥c:7，弧壁，浅腹，矮圈足，内圆底。灰白胎。外壁下部及圈足露胎。釉色偏黄。内壁刻线条图案。口径13.2、足径5.2、高4.4厘米（图一二，8）。

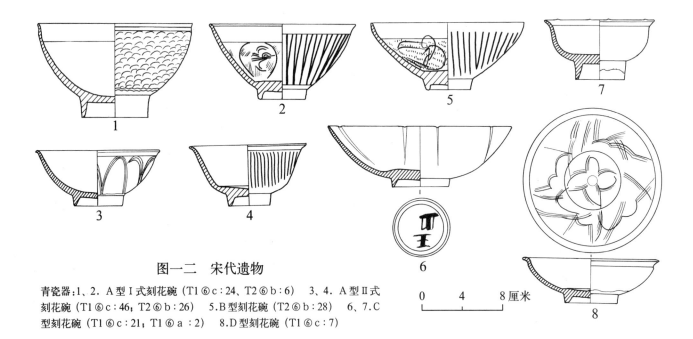

图一二　宋代遗物

青瓷器:1、2. A型Ⅰ式刻花碗（T1⑥c:24、T2⑥b:6）　3、4. A型Ⅱ式刻花碗（T1⑥c:46；T2⑥b:26）　5.B型刻花碗（T2⑥b:28）　6、7.C型刻花碗（T1⑥c:21；T1⑥a:2）　8.D型刻花碗（T1⑥c:7）

　　碟　分素面和刻花、剔花三类。

　　甲类　素面碟。分3型。

　　A型　6件。敞口，圈足。分2式。

　　Ⅰ式　1件。T1⑥a:4，叠唇。内圆底。灰白胎，施青釉。口径10.4、足径4、高4.2厘米（图一三，1）。

　　Ⅱ式　5件。圆唇。T1⑥a:7，内圆底，灰白胎，施青釉。口径9.4、足径3.6、高3.6厘米（图一三，2）。T2⑥b:62，弧壁，灰胎，施青釉，外壁下部及足部露胎。口径11.4、足径4.4、高3.2厘米（图一三，3）。

　　B型　1件。T2⑥b:35，撇口，圈足。浅腹，弧壁，圆底。灰胎。外壁下部及足部露胎，釉面遍布细小裂纹。口径10.8、足径4.4、高3.4厘米（图一三，4）。

　　C型　2件。敞口，平底。T1⑥a:14，弧壁，内平底。灰白胎，施青釉，釉色偏灰。口径10、足径3.6、高2.2厘米（图一三，5）。T2⑥b:40，斜直壁，腹下斜收成小平底，略内凹，灰白胎。腹下及底部露胎。口径10.4、底径3.6、高2.6厘米（图一三，6）。

　　乙类　刻花碟。分3型。

A 型　1 件。T1⑥a：6，撇口，圈足。灰胎。施青釉，圈足露胎。内壁刻花。口径 10.4、足径 4.2、高 3.2 厘米（图一三，7）。

B 型　1 件。T2⑥b：47，敞口，平底。灰白胎。底部露胎。口径 10、底径 3.2、高 2.2 厘米（图一三，8）。

C 型　1 件。T2⑥b：48，敞口，饼足。斜直壁，浅腹，腹下折收，内底近平，矮饼足。浅灰胎。釉色偏灰，内底釉下刻线条图案。口径 10.4、足径 4.2、高 2.4 厘米（图一三，9）。

丙类　剔花碟。1 件。T1⑥c：91，敞口，折沿，圆唇，浅腹，小平底内凹，内底平。浅灰胎，细腻致密。通体施青绿釉，仅底部露胎。釉色偏黄绿，纯正均匀，有光泽。口部呈葵口形，内壁及底部剔折枝牡丹花纹图案，线条清晰流畅。口径 10.2、底径 2.4、高 2.1 厘米（图一三，10；彩版三一）。

盘　3 件。T1⑥a：1，敞口，折沿，弧壁，浅腹，平底内凹。灰白胎，施青釉。外壁刻竖条纹。口径 12.8、底径 4.8、高 2.8 厘米（图一三，11）。

刻花盘　1 件。T2⑥b：22，敞口，圆唇，浅腹，矮圈足，内圆底。浅灰胎，较细腻。通体施青绿釉，仅圈足底部露胎。釉色纯正均匀，有光泽，釉面遍布细小裂纹。内壁刻牡丹花纹图案，外壁刻菊瓣纹。口径 18.8、足径 5.8、高 4.4 厘米（图一三，12；图版四）。

罐　2 件。T1⑥b：9，敛口，圆唇，短直颈，鼓腹，矮圈足。浅灰胎。施青釉，足部露胎。口径 8.4、足径 6.4、高 9 厘米（图一三，13）。T1⑥b：21，敞口。口径 4.2、足径 4、高 5.6 厘米（图一三，14）。

盂　1 件。T1⑥b：22，敛口，鼓腹，矮圈足。浅灰胎。施青釉，腹下部及足部露胎。口径 3.2、足径 5.6、高 6.9 厘米（图一三，15）。

盒　4 件。T1⑥b：19，子口内敛，直壁，腹下斜收，平底，施青釉，偏灰，底部露胎，外壁刻六道竖条纹。口径 6、底径 5.4、高 6.4 厘米（图一三，16）。T2⑥b：51，直口，平唇，弧壁，折腹，平底，内平底，灰白胎。外壁及底施釉，内壁露胎，釉色偏灰白，有光泽。外壁釉下刻数道竖凹弦纹。口径 11.2、底径 7.2、高 5.1 厘米（图一三，17）。

器盖　2 件。T1⑥b：71，顶面略弧，宽折沿，子口向下，圆饼状钮。浅灰胎，施青釉，偏灰。素面。口径 15.4、钮径 4.8、高 7.3 厘米（图一三，18）。T2⑥c：2，顶部漫圆，圆锥形钮，钮顶面施螺旋形凹弦纹。浅黄灰胎。施青釉，内壁露胎。釉色偏灰，釉面遍布细小裂纹。盖面饰两道凸弦纹，并刻划简单线条图案。口径 11.6、通高 8.2 厘米（图一三，19）。

炉　1 件。T2⑥b：57，撇口，圆唇，深腹，下部折收，喇叭状高圈足。浅灰胎，较细腻。施青釉，炉内底及圈足内底露胎。釉色偏灰。腹下部釉面刻划莲花瓣纹。口径 8.2、足径 4.4、通高 7.9 厘米（图一三，20；图版三）。

盏　3 件。分 2 型。

A 型　2 件。敞口，圈足。T2⑥b：14，内圆底，灰胎，外壁下部及底部露胎。口径 8.8、足径 4.2、高 3.6 厘米（图一三，21）。

B 型　1 件。T2⑥b：45，撇口，圈足。弧壁，浅腹，矮圈足，内圆底。灰白胎。施青釉，足部露胎。内底饰一圈凹弦纹。口径 11、足径 3.8、高 3 厘米（图一三，22）。

瓶　1 件。T2⑥b：68，喇叭口，颈较短，溜肩，弧腹，矮圈足。灰黄胎，施青釉，偏灰白，遍

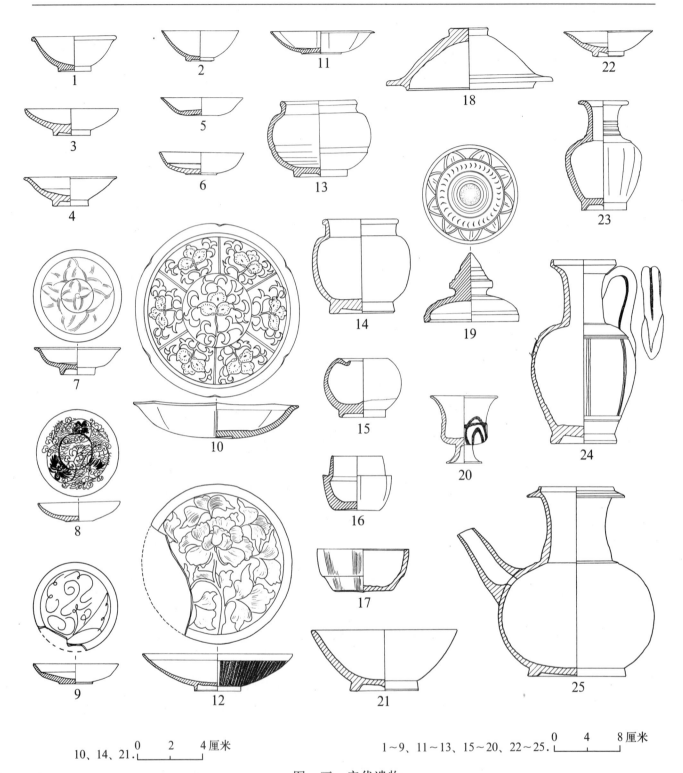

10、14、21. 0　2　4厘米

1~9、11~13、15~20、22~25. 0　4　8厘米

图一三　宋代遗物

青瓷器:1.A型Ⅰ式素面碟（T1⑥a:4）　2、3.A型Ⅱ式素面碟（T1⑥a:7；T2⑥b:62）　4.B型素面碟（T2⑥b:35）　5、6.C型素面碟（T1⑥a:14；T2⑥b:40）　7.A型刻花碟（T1⑥b:6）　8.B型刻花碟（T2⑥b:47）　9.C型刻花碟（T2⑥b:48）　10.印花碟（T1⑥c:91）　11.刻花盘（T1⑥a:1）　12.印花盘（T2⑥b:22）　13、14.罐（T1⑥b:9、21）　15.盂（T1⑥b:22）　16、17.盒（T1⑥b:19；T2⑥b:51）　18、19.器盖（T1⑥b:71；T2⑥c:2）　20.炉（T2⑥b:57）　21.a型盏（T2⑥b:14）　22.B型盏（T2⑥b:45）　23.瓶（T2⑥b:68）　24、25.壶（T1⑥b:28、78）

布细小裂纹。圈足露胎。颈部饰数道凹弦纹，腹外壁饰数道浅竖凹弦纹。肩部饰一圈凸棱。口径4.8、足径5.6、高12.9厘米（图一三，23）。

壶　2件。T1⑥b：28，盘口，细长颈，溜肩，圆腹，矮圈足，足壁外展。浅灰胎，施青釉，腹下及足部露胎。宽柄形把手，流缺失。肩部饰凹弦纹三周，腹部刻竖条纹，腹下部饰凹弦纹。口径7.6、足径8、高21.8厘米（图一三，24）。T1⑥b：78，子口内敛，宽沿，短颈，溜肩，鼓腹，矮圈足，斜直流。灰白胎。施青釉，偏灰。素面。口径8.8、足径12、高22.4厘米（图一三，25）。

2. 青白瓷器　不及青瓷器丰富，器类有碗、盘、碟、盒等。

碗　分素面和刻花两类。

甲类　素面碗。依口、唇及足部特征分3型。

A型　3件。敞口，尖唇，圈足。T1⑥c：23，弧壁，深腹，圆底。胎体洁白，细腻致密。通体施青白釉，仅圈足底心露胎。釉色纯正均匀，有光泽。口径16、足径5.6、高9.1厘米（图一四，1）。

B型　4件。敞口，折沿，圈足较高。T1⑥c：20，弧壁，内底近平。胎体洁白，细腻致密。通体施青白釉，仅圈足底心露胎。釉色纯正均匀，有光泽。口径14、足径5.4、高7.8厘米（图一四，2）。T2⑥b：11，口径10.8、足径4.6、高7.2、足高2.8厘米（图一四，3；图版六）。T2⑥b：10，口径11.2、足径4.8、高6.3厘米（图版七）。

C型　1件。T1⑥c：37，敞口，饼足。弧壁斜收，内平底。灰白胎。施青白釉，仅足底露胎。口径15.6、足径5.4、高4.2厘米（图一四，4）。

乙类　刻花碗。分2型。

A型　3件。花口。T1⑥b：38，敞口，深腹，弧壁，矮圈足，内小平底。胎体洁白，细腻致密。施青白釉，仅圈足内底露胎。釉色纯正均匀，有光泽，釉面遍布细小裂纹。口径14、足径6.4、高8厘米（图一四，5）。

B型　2件。撇口，圈足。T1⑥b：40，尖唇，浅腹，弧壁。内底近平。胎体洁白，细腻致密。施青白釉，仅圈足内底露胎，釉色纯正均匀，有光泽。内壁和内底刻花。口径15.6、足径4.6、高4厘米（图一四，6）。T2⑥b：146，内小平底。胎体洁白，细腻致密。通体施青白釉，仅圈足内心露胎。釉色纯正均匀，有光泽。内壁刻花，外壁素面。圈足内底有垫饼痕。口径20.8、足径6、高7.5厘米（图一四，7）。

碟　分素面和刻花两类。

甲类　素面碟。依足部特征分2型。

A型　3件。饼足。T1⑥b：33，花口，折沿，尖唇。胎体洁白，细腻致密。施青白釉，仅足底露胎，釉色纯正均匀，有光泽。口径12、足径4.2、高2.7厘米（图一四，8）。

B型　3件。平底。T2⑥b：43，敞口，弧壁，内底平，胎体洁白，细腻致密，通体施釉，仅底部露胎，釉色纯正均匀，有光泽，釉面遍布细小裂纹，内壁有六道凸棱。口径11.2、底径4、高2.4厘米（图一四，9）。

乙类　刻花碟。1件。T2⑥b：44，弧壁，内底略凸，外底略凹。胎体洁白，细腻致密，仅底部露胎，釉色纯正均匀，有光泽，遍布细小裂纹，内壁中部有一圈细小凸棱。内底刻花。口径10.8、底径3.6、高2.2厘米（图一四，10）。

　　盘　1件。T1⑥c：15，敞口，弧壁，下部斜收，小饼足，内平底。胎体洁白，细腻致密，较薄。施青白釉，仅足底露胎。釉色纯正均匀，有光泽，局部有细小裂纹。口径14.8、足径4.8、高4厘米（图一四，11）。

　　盒　1件。T2⑥b：52，子口，瓜棱形腹，平底略内凹。胎体洁白，细腻致密。通体施青釉，仅

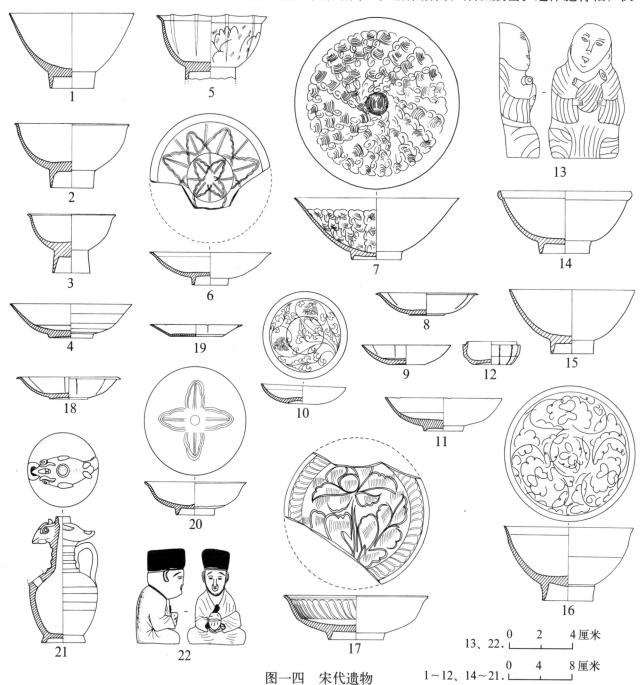

图一四　宋代遗物

青白瓷器：1.A型素面碗（T1⑥c：23）　2、3.B型素面碗（T1⑥c：20；T2⑥b：11）　4.C型素面碗（T1⑥c：37）　5.A型刻花碗（T1⑥b：38）　6、7.B型刻花碗（T1⑥b：40；T2⑥b：146）　8.A型素面碟（T1⑥b：33）　9.B型素面碟（T2⑥b：43）　10.刻花碟（T2⑥b：44）　11.盘（T1⑥c：15）　12.盒（T2⑥b：52）　13.水注（T2⑥b：54）
白瓷器：14.A型素面碗（T1⑥b：7）　15.B型素面碗（T1⑥b：39）　16、17.刻花碗（T1⑥a：5；T2⑥c：3）　18～20.盘（T1⑥a：3；T2⑥b：46；T1⑥a：19）　21.凤头壶（T2⑥c：1）　22.俑（T2⑥c：6）

口、底部露胎，釉面有光泽，素面。口径6、底径4.8、高2.8厘米（图一四，12）。

水注　1件。T2⑥b∶54，背残。青白瓷。胎体洁白，细腻致密。正面为一小童蹲坐，手捧佛手于胸前，右胸有管状斜直短流。面部刻画栩栩如生。通高8.2厘米（图一四，13；图版四、五）。

3．白瓷器　数量不多，主要有碗、盘、壶等。

碗　分素面和刻花两类。

甲类　素面碗。分2型。

A型　2件。敞口，口部下折上敛，圈足。T1⑥b∶7，弧壁，内圜底，矮圈足。灰白胎。圈足露胎。口径16.4、足径6.4、高7.7厘米（图一四，14）。

B型　1件。T1⑥b∶39，敞口，圆唇，矮圈足，内圜底。灰白胎。圈足露胎。口径15.8、足径5.4、高7.8厘米（图一四，15）。

乙类　刻花碗。2件。T1⑥a∶5，撇口，尖唇，弧壁，深腹，矮圈足，内圜底。灰白胎。施白釉，圈足内底露胎，釉色较纯正。内壁及底部刻花。口径16.2、足径6.4、高9厘米（图一四，16）。T2⑥c∶3，撇口，浅腹，腹下部折收，矮圈足，内底略凹。胎体洁白，细腻致密。通体施白釉，仅圈足内底露胎，釉色纯正均匀。内壁刻弧形线条图案，内底刻花。口径18.2、足径6.8、高5.4厘米（图一四，17）。

盘　3件。T1⑥a∶3，敞口，折沿，弧壁，浅腹，平底略内凹，内平底。胎体洁白，细腻。施白釉。内壁饰凸棱。口径12.2、足径4.8、高2.7厘米（图一四，18）。T2⑥b∶46，敞口，斜直壁，内外均为平底。灰白胎。通体施釉，釉面有光泽，素面。口径12、足径6.6、高1.4厘米（图一四，19）。T1⑥a∶19，撇口，矮圈足，内底近平。灰白胎。施白釉，外壁下部及足部露胎。内底刻花。口径13、足径4.8、高4厘米（图一四，20）。

凤头壶　1件。T2⑥c∶1，直口，颈较细长，溜肩，圆腹，矮圈足，灰白胎，施乳白釉，有杂质，肩、颈部附贴宽柄把手，颈部有四道凸棱，圈足外撇，流缺失。口径1.6、足径5.6、通高15.4厘米（图一四，21）。

俑　1件。T2⑥c∶6，灰白胎。为一和尚头戴僧帽，盘腿而坐，作敲木鱼状。通高11.6厘米（图一四，22）。

4．黑釉器

碗　5件。T1⑥c∶61，敞口，圆唇，弧壁，矮圈足，内圜底。浅灰胎。口沿部施青绿釉，其余部分施黑釉，圈足露胎。素面。口径15.2、足径5.6、高6.2厘米（图一五，1）。T2⑥b∶30，撇口，弧壁，矮圈足，内圜底。浅灰胎。施黑釉，外壁下部及底部露胎。口径11.2、足径4.6、高3.6厘米（图一五，2）。

盏　8件。T1⑥a∶8，撇口，弧壁，矮圈足，足心较浅，内圜底，浅灰胎，施黑釉，圈足底部露胎。釉色纯正。素面。口径11.2、足径3.6、高4厘米（图一五，3）。T1⑥a∶10，敞口，叠唇，弧壁，矮圈足，内圜底。浅灰胎，施黑釉，外壁下部及足部露胎。素面，釉面有斑驳。口径10.4、足径4、高4.2厘米（图一五，4）。

黑釉兔毫盏　4件。T1⑥c∶57，敞口，圆唇，弧壁，矮圈足，内圜底。褐灰胎，施黑釉，足底露胎。釉面有斑纹，口沿部釉色呈酱紫色。口径9.4、足径3.6、高4.6厘米（图一五，5）。T2⑥b∶32，敞口，圆唇，斜直腹，矮圈足，内凹底。褐灰胎。施黑釉，腹下部及圈足部分露胎。口沿内外釉面呈兔毫斑，口沿部位釉色显酱褐色。素面。口径12.8、足径3.6、高4.8厘米（图一五，6；图版一〇）。T2⑥b：29，撇口，圆唇，斜直壁，凹底，矮圈足。灰胎，施黑釉，外壁下部及足部露胎。釉面有兔毫斑纹，口沿部位釉呈酱紫色。足底原有墨书。口径12.8、足径3.6、高5.4厘米（图一五，7）。

5. 绿釉器　数量较少，出土碗、盏、瓶、碟、瓷枕等。

碗　1件。T1⑥b：10，口微敛，圆唇，弧腹，凹底，内圆底。灰白胎，胎质较细腻。施绿釉，釉不及底。釉色较纯正，有光泽，局部脱落。内底及外壁口沿下部各施凹弦纹一周。口径10.8、底径4.4、高5.4厘米（图一五，8；图版八）。

盏　1件。T2⑥b：34，敞口，略外撇，圆唇，腹部略弧，矮圈足，内凹底。灰白胎，较致密。内壁及外壁上部施绿釉，腹下部及圈足露胎。釉色纯正。内壁模印牡丹花纹，印纹清晰，布局匀称，线条流畅。口径10.6、足径3.6、高4厘米（图一五，9；彩版三〇）。

绿釉四管瓶　1件。T2⑥b：64，残。喇叭口，细长颈，溜肩，瓜棱形腹，矮圈足，圈足外壁有凸棱。灰黄胎。4个流口。施绿釉，釉色较纯正。口径6、足径6、高14.4厘米（图一五，10；彩版二九）。

6. 酱釉器　仅出碗1件。T2⑥b：23，撇口，尖唇，弧壁，深腹，圜底，矮圈足。灰白胎，细

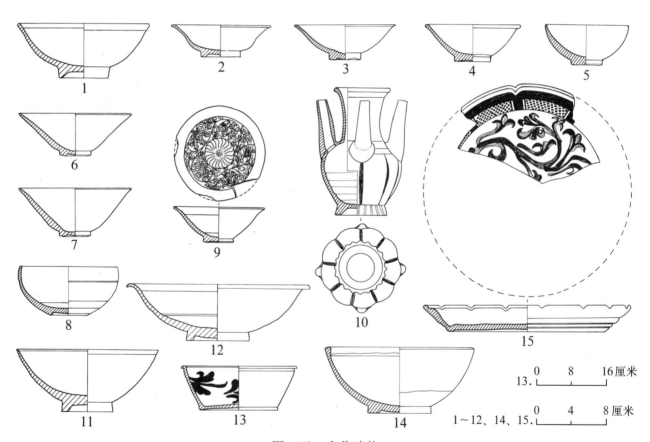

图一五　宋代遗物

1、2.黑釉碗（T1⑥c：61；T2⑥b：30）　3、4.黑釉盏（T1⑥a：8、10）　5～7.黑釉兔毫盏（T1⑥c：57；T2⑥b：32；T2⑥b：29）　8.绿釉碗（T1⑥b：10）　9.绿釉盏（T2⑥b：34）　10.绿釉四管瓶（T2⑥b：64）　11.酱釉碗（T2⑥b：23）　12.A型青釉盆（T1⑥b：12）　13.B型青釉盆（T2⑥b：109）　14.青釉钵（T1⑥b：16）　15.青釉彩绘盘（T2⑥b：110）

腻致密，通体施酱红釉，釉面均匀。素面。口径16.4、足径6、高7厘米（图一五，11；图版九）。

7．青釉器

盆 分2型。

A型 1件。T1⑥b：12，素身盆。敞口，沿外翻，弧壁，矮圈足，内圆底。浅灰胎。外壁下部及圈足露胎。内壁中部饰一道凹弦纹。口径22、足径7.2、高6.4厘米（图一五，12）。

B型 2件。彩绘盆。T2⑥b：109，敛口，圆唇外翻，斜直壁，平底。灰黄胎。内壁及内底施彩绘花卉图案。口径24、底径18、高10厘米（图一五，13）。

钵 1件。T1⑥b：16，敛口，平唇，弧壁，矮圈足，内圆底。灰胎。口沿及外壁上部施青釉。口径16、足径6.8、高7.4厘米（图一五，14）。

彩绘盘 1件。T2⑥b：110，花口，斜折沿，圆唇，斜直壁，大平底略内凹，内底平。浅灰胎。底部露胎。外壁下部施一道凹弦纹。内壁口沿施一道凹弦纹，内壁饰细小方格纹和竖条纹。口沿部位施一道粗彩，内壁饰竖条彩绘，内底饰彩绘花卉图案。口径23.2、足径18、高3厘米（图一五，15）。

8．釉陶器 数量较多，以罐、灯盏占多数。

盏 15件。制作粗糙，不规整，底部有割痕。T2⑥b：70，施青釉，外壁及底部不施釉，釉色偏灰，有细小裂纹。口径8.2、底径3、高2.2厘米（图一六，1）。

器盖 4件。T1⑥c：79，顶面漫圆，中间为圆饼状钮，折沿，子口。灰黄胎。施酱黄釉。素面。口径12.2、钮径2.8、高5.8厘米（图一六，2）。

炉 9件。依足部特征分2型。

A型 2件。实足。T2⑥b：94，敞口，宽沿。口径6.4、足径4.4、高7.2厘米（图一六，3）。

B型 7件。喇叭状圈足。T1⑥b：15，敞口，折沿，直壁，腹下折收，圈足，足下部外撇。浅灰胎。施酱黄釉，内底及足部露胎。素面。口径8.4、足径6.4、高11.2厘米（图一六，4）。T1⑥b：73，口沿外卷，圆唇，直壁，下部折收，接高圈足，内圆底。灰黄胎。口沿及外壁施黄绿釉，内壁及圈足底不施釉。外壁堆贴莲花瓣图案。口径8.8、足径5.6、通高10.6厘米（图一六，5；彩版二八）。

擂钵 1件。T2⑥b：100，敛口，圆唇，弧壁，平底。口径20、底径11.6、高8.2厘米（图一六，6）。

灯 2件。T2⑥b：105，灰胎。灯盏为敞口，斜直壁，凹底，下接圆柱形把，与浅盘形底座相连。底径12、高24.4厘米（图一六，7）。T2⑥b：104，高8厘米（图一六，8）。

烛盏 8件。分2型。

A型 6件。平底。T1⑥c：81，圆柱状中空烛插座，外有圆盘形托，子口略出，平折沿，斜直壁，平底外展。灰黄胎。口径13.2、底径9.2、高6.8厘米（图一六，9）。T2⑥c：10，圆盘形托，子口，平沿外展，柱状中空烛插。平底。黄红胎，素面。盘托口径13.4、底径10.2、通高5.4厘米（图一六，10）。

B型 2件。圈足。T1⑥c：80，柱状烛插座，外有圆盘形烛托，子口略出，平折沿，斜直壁。黄灰胎。口径10.4、残高4厘米（图一六，11）。

盆 6件。形制基本相似。T1⑥c：89，敛口，圆唇外展，斜直壁，平底略内凹，内底略凸，灰黄胎，施青绿釉，内底印花。口径26.4、足径19.2、高7.6厘米（图一六，12）。

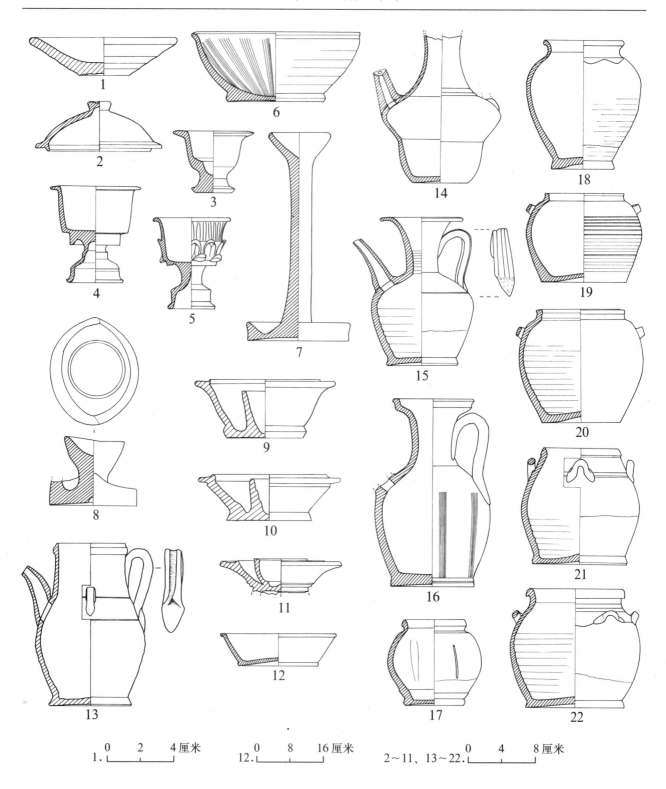

图一六 宋代遗物

釉陶器：1.盏（T2⑥b：70） 2.器盖（T1⑥c：79） 3.A型炉（T2⑥b：94） 4、5.B型炉（T1⑥b：15、73） 6.擂钵（T2⑥b：100） 7、8.灯（T2⑥b：105；T2⑥c：104） 9、10.A型烛盏（T1⑥c：81；T2⑥c：10） 11.B型烛盏（T1⑥c：80） 12.盆（T1⑥c：89） 13.A型壶（T2⑥b：123） 14.B型壶（T2⑥b：127） 15.C型壶（T2⑥b：121） 16.D型壶（T1⑥c：73） 17.A型罐（T1⑥A：11） 18.B型罐（T2⑥b：119） 19.C型罐（T2⑥b：113） 20.D型Ⅰ式罐（T2⑥b：112） 21.D型Ⅱ式罐（T2⑥b：116） 22.D型Ⅲ式罐（T2⑥b：115）

壶　4件。分4型。

A型　1件。T2⑥b：123，直口，尖唇外凸，短直颈，溜肩，弧腹，平底外展。黄灰胎。施黄绿釉，腹下及底部露胎。肩颈部贴宽柄形把手，对应一侧为短曲流。肩部对称堆贴两桥形耳。肩下部饰一道凹弦纹。口径8、底径10、高18.8厘米（图一六，13）。

B型　1件。T2⑥b：127，口部缺，细长颈，丰肩，下部折收，小平底。黄灰胎。施酱紫釉，釉不及底。把手缺。斜直流。颈、肩部饰凹弦纹。残高17、底径6.4厘米（图一六，14）。

C型　1件。T2⑥b：121，喇叭口，细长颈，溜肩，弧腹，平底外展，底略内凹。浅灰胎。施酱黄釉。腹下部及底部露胎。贴宽柄形把手，细长流。口径7.6、底径8.4、高17.2厘米（图一六，15）。

D型　1件。T1⑥c：73，盘口，细长颈，溜肩，圆腹，矮圈足，肩颈部附贴宽柄形把，流缺失，施酱釉，腹下及足部露胎。肩部饰凹弦纹，腹部刻竖条纹。口径8.4、足径9.6、高21.8厘米（图一六，16）。

罐　15件。分4型。

A型　3件。瓜棱形腹。T1⑥b：11，敛口，尖唇外折，溜肩，鼓圆腹，平底。灰黄胎。施酱釉。素面。口径6.8、底径6.8、高10厘米（图一六，17）。

B型　5件。素身罐。T2⑥b：119，敛口，圆唇外展，溜肩，斜弧腹，平底。灰黄胎。施黄绿釉，腹下部及底部露胎。肩部饰一圈凹弦纹，肩部饰一道不连续波浪形凹弦纹。口径9.2、底径7.4、高15厘米（图一六，18）。

C型　1件。T2⑥b：113，双耳罐。敛口，平唇，短直颈，溜肩，弧腹，平底。褐灰胎。施黑釉，底部露胎。肩部横向堆贴双桥形耳，肩部以下施数道凹弦纹。口径8.2、底径10、高10.4厘米（图一六，19）。

D型　6件。四系罐。分3式。

Ⅰ式　2件。敞口，平唇，短直颈。T2⑥b：112，溜肩，平底。褐灰胎。施黑釉。底部露胎。肩部对称横向堆贴四桥形耳。素面。口径9.2、底径9.4、高13.2厘米（图一六，20）。

Ⅱ式　2件。敛口，折尖唇。T2⑥b：116，溜肩，弧腹，平底。灰胎。施褐绿釉，腹下及底部露胎。肩部堆贴四耳，饰凹弦纹一周。口径8.6、足径11、高13.6厘米（图一六，21）。

Ⅲ式　2件。敛口，圆唇外展。T2⑥b：115，溜肩，弧腹，平底外展。灰褐胎。施黄绿釉。腹下部及底部露胎。肩部堆贴两组四个桥形耳。口径10.4、底径11.8、高13.8厘米（图一六，22）。

9．瓦当　47件。有莲花纹、花草纹、双凤纹、"大吉"文字瓦当四种类型（图一七）。

第二段　与第一段相比，器类和数量均更加丰富，特别是青白瓷器的数量明显增多，仅次于青瓷器，瓷器纹饰也较第一段丰富。H26出土1件绞胎瓷器残片，是本遗址出土的唯一一件，器形不明。

1．青瓷器　数量仍然最丰富，其中又以碗占多数。

碗　分素面和刻花两类。

甲类　素面碗。依口、唇部和足部特征分9型。

A型　19件。撇口，圈足。分3式。

Ⅰ式　15件。浅腹。H26：20，内平底略凹。浅灰胎，施青釉，外壁下部及足部露胎，釉色偏灰。

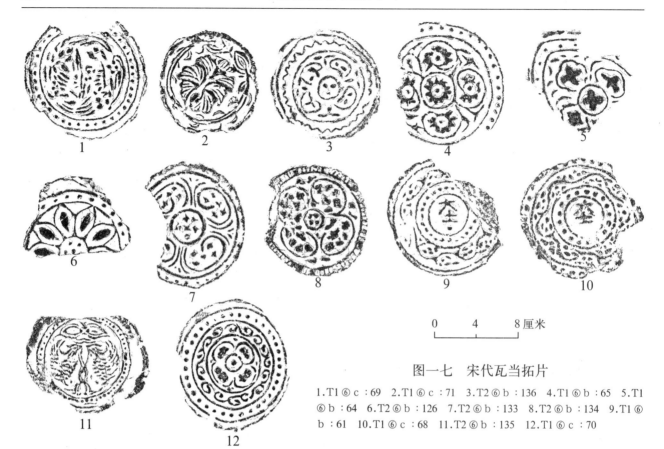

图一七　宋代瓦当拓片

1.T1⑥c：69　2.T1⑥c：71　3.T2⑥b：136　4.T1⑥b：65　5.T1
⑥b：64　6.T2⑥b：126　7.T2⑥b：133　8.T2⑥b：134　9.T1⑥
b：61　10.T1⑥c：68　11.T2⑥b：135　12.T1⑥c：70

口径14、足径5、高4.5厘米（图一八，1）。T2⑤b：9，弧壁，浅灰胎，内平底略凹。施青釉。外壁下部及圈足露胎，釉色偏灰。口径13.2、足径5.2、高4.2厘米（图一八，2）。

Ⅱ式　2件。深腹。T1⑤b：66，矮圈足，内圜底。釉色偏灰。口径15、足径6.2、高7.2厘米（图一八，3）。

Ⅲ式　2件。浅腹，圈足较高。T1⑤a：21。浅灰胎。口径12.2、足径5.4、高6厘米（图一八，4）。

B型　6件。敞口，圆唇，圈足。分2式。

Ⅰ式　3件。圆唇外展。T1⑤b：159，弧壁，内底略凹，圈足较高。灰白胎。釉色偏灰。口径11.6、足径5.2、高5.8厘米（图一八，5）。T1⑤b：28，口径11.6、足径5、高5.6厘米（图一八，6）。

Ⅱ式　3件。圆唇。T1⑤b：161，深腹，内圜底。浅灰胎。釉色偏灰。口径15.2、足径5.2、高7厘米（图一八，7）。

C型　13件。口微敛，圈足。分2式。

Ⅰ式　2件。平唇，弧壁，内平底。H26：9，灰白胎，细腻致密。圈足内底露胎。釉色偏灰白。口径9.6、足径4.8、高6.2厘米（图一八，8）。T1⑤b：29，口径11.6、足径6.2、高7厘米（图一八，9；图版一二）。

Ⅱ式　11件。圆唇，弧壁，内圜底，矮圈足。H26：5，灰黄胎，施青釉，腹下及足部露胎。釉色偏灰黄。口径14.4、足径5.2、高6.8厘米（图一八，10）。

D型　4件。凸唇，圈足。

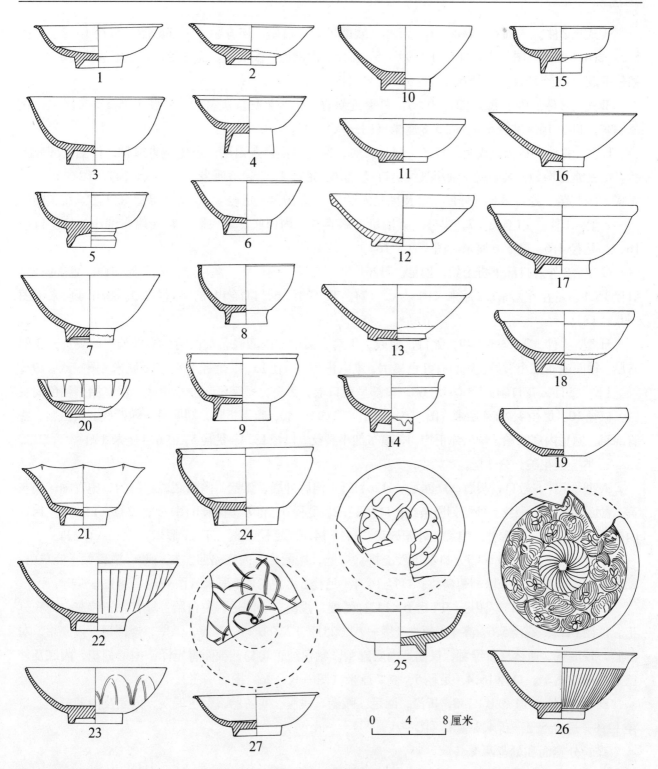

图一八　宋代遗物

青瓷器：1、2.A型Ⅰ式素面碗（H26：20；T2⑤b：9）　3.A型Ⅱ式素面碗（T1⑤b：66）　4.A型Ⅲ式素面碗（T1⑤a：21）　5、6.B型Ⅰ式素面碗（T1⑤b：159、28）　7.B型Ⅱ式素面碗（T1⑤b：161）　8、9.C型Ⅰ式素面碗（H26：9；T1⑤b：29）　10.C型Ⅱ式素面碗（H26：5）　11、12.D型Ⅰ式素面碗（H26：6；T2⑤b：5）　13.D型Ⅱ式素面碗（T2⑤b：7）　14、15.E型素面碗（H26：14；T2⑤b：41）　16.F型素面碗（T1⑤a：7）　17、18.G型素面碗（H26：55；T2⑤b：6）　19.H型素面碗（T1⑤a：49）　20、21.I型素面碗（T1⑤b：60；T2⑤b：40）　22、23.A型刻花碗（H26：21；T1⑤b：141）　24.B型刻花碗（T1⑤b：7）　25、26.C型刻花碗（T1⑤b：142；T2⑤b：1）　27.D型刻花碗（T1⑤b：143）

　　Ⅰ式　2件。内圜底。H26∶6，弧壁，矮圈足。灰白胎，施青釉，足部露胎。口径13.2、足径5.2、高4.6厘米（图一八，11）。T2⑤b∶5，弧壁，内圜底。浅灰胎。施青釉，外壁下部及圈足露胎，釉色偏灰。口径15.4、足径6.4、高5.4厘米（图一八，12）。

　　Ⅱ式　2件。内平底。T2⑤b∶7，外壁近斜直，内小平底。灰白胎。外壁下部及圈足露胎，釉色偏灰。口径16、足径6.4、高5.8厘米（图一八，13）。

　　E型　4件。折沿，圈足。H26∶14，弧腹，圈足较高。灰白胎。通体施青绿釉，仅圈足部分露胎。釉色纯正均匀，釉面遍布细小裂纹。口径11.6、足径4.6、高6厘米（图一八，14）。T2⑤b∶41，弧壁，浅灰胎。施青绿釉，外壁下部及圈足露胎。口径10.4、足径4.4、高4.8厘米（图一八，15）。

　　F型　1件。T1⑤a∶7，尖唇，矮圈足。斜直壁，内凹底。灰白胎。釉面遍布细小裂纹。口径16.2、足径4.6、高5.6厘米（图一八，16）。

　　G型　8件。口部下折上敛，圈足。H26∶55，弧壁，内圜底。灰白胎。釉色偏灰白，足部露胎。口径15.8、足径6、高7.2厘米（图一八，17）。T2⑤b∶6，口径14.8、足径6.2、高6.4厘米（图一八，18）。

　　H型　1件。T1⑤a∶49，敛口，凹底。折肩，弧壁，内圜底。灰白胎，施青釉，偏灰黄，底部露胎。釉面遍布细小裂纹。底心有红色墨书，难以辨识。口径13.4、足径4.8、高5厘米（图一八，19）。

　　Ⅰ型　5件。花口碗。T1⑤b∶60，口部呈葵口形，弧壁，矮圈足，内小平底。浅灰胎。釉色偏灰白。口径10、足径4、高4厘米（图一八，20）。T2⑤b∶40，腹下折收，矮圈足，内凹底。灰白胎。施青绿釉。圈足内底露胎。釉色纯正均匀，遍布细小裂纹。口径13.4、足径5、高6.4厘米（图一八，21）。

　　乙类　刻花碗。分4型。

　　A型　7件。敞口，圆唇，矮圈足。H26∶21，圆唇外展，弧壁，内圜底。灰白胎。施青釉，偏灰黄，釉面遍布细小裂纹。外壁刻竖条纹。口径17.2、足径6、高7.3厘米（图一八，22）。T1⑤b∶141，内底平。浅灰胎。施青釉，偏黄。外壁刻花。口径14.8、足径5.8、高5.9厘米（图一八，23）。

　　B型　1件。T1⑤b∶7，口部下敛上折。弧壁，矮圈足，内底略凹。灰白胎，施青釉，偏灰白，釉面遍布细小裂纹。外壁刻菊瓣纹。口径14.4、足径6.8、高8.1厘米（图一八，24）。

　　C型　6件。撇口，圈足。T1⑤b∶142，弧壁，浅腹，矮圈足。灰白胎。施青釉，偏灰。内底刻花。口径14.2、足径5.6、高4.6厘米（图一八，25）。T2⑤b∶1，深腹，弧壁，矮圈足，内底平。灰白胎，较细腻。通体施青绿釉，仅圈足内底露胎。釉色纯正均匀，釉面有光泽。内壁刻花，内底及外壁刻菊瓣纹图案。口径16.4、足径5、高7厘米（图一八，26；图版一三）。

　　D型　1件。T1⑤b∶143，折沿，圈足。弧壁，浅腹。灰黄胎，釉色偏灰，内底及内壁刻花。口径12.8、足径5.2、高4.3厘米（图一八，27）。

　　碟　分素面和刻花两类。

　　素面碟6件。T1⑤a∶19，敞口，弧壁，矮圈足。灰胎，釉色偏黄，外壁下部及足部露胎。口径9.4、足径4、高3.7厘米（图一九，1）。T1⑤b∶52，口径8.8、足径3.6、高3.6厘米（图一九，2）。

　　刻花碟1件。H29∶3，敞口，圆唇，斜直壁，腹下折收成小平底，内底近平。浅灰胎，较细腻。通体施青釉，纯正均匀，有光泽。遍布细小裂纹。内底刻花。外底有饼状支垫痕。口径12.8、底径4、高3.3厘米（图一九，3）。

盏　1件。T1⑤a:20，敞口，斜直壁，矮圈足，内小平底。灰黄胎。釉色偏灰，外壁下部及足部露胎。素面。口径10.8、足径4.4、高4.2厘米（图一九，4）。

瓶　2件。T1⑤a:15，敞口，宽折沿，细长颈，溜肩，瓜棱形腹，矮圈足外撇。浅灰胎，施青釉，偏灰白。釉面遍布细小裂纹。颈部饰数道凹弦纹。口径2.8、足径3.6、高10.8厘米（图一九，5）。T1⑤b:90，小口瓶。敛口，短颈，鼓圆腹，腹斜收，平底。浅灰胎。腹部以下露胎。釉色偏黄。口径2.4、足径7、高14.2厘米（图一九，6）。

盂　1件。T1⑤b:93，敛口，卷唇，扁圆腹，矮圈足。灰黄胎，腹部以下露胎。口径5.6、足径6.4、高6.2厘米（图一九，7）。

杯　1件。T1⑤a:2，口微敛，弧壁深腹，喇叭状圈足，内圜底。灰白胎。釉色偏灰白。圈足底部露胎。口径6、足径3.6、高5.4厘米（图一九，8）。

器盖　1件。T1⑤b:45，平唇，直壁。浅灰胎。施青釉，内壁露胎。釉色偏黄，遍布细小裂纹。口径10.8、高4.4厘米（图一九，9）。

壶　7件。仅存口、颈部（图一九，10、11、12、13；图版一九）。

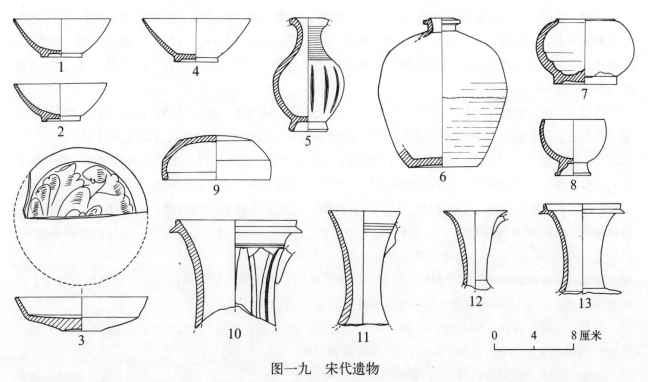

图一九　宋代遗物

青瓷器：1、2.素面碟（T1⑤a:19；T1⑤b:52）　3.刻花碟（H29:3）　4.盏（T1⑤a:20）　5、6.瓶（T1⑤a:15；T1⑤b:90）　7.盂（T1⑤b:93）　8.杯（T1⑤a:2）　9.器盖（T1⑤b:45）　10、11、12、13.壶（T1⑤b:22、2、34、3）

2. 青白瓷器

碗　分素面和刻花两类。

甲类　素面碗。依口、唇部和足部特征分4型。

A型　3件。撇口，圈足。T1⑤b:19，深腹，圈足较高，内圜底。釉色纯正均匀，有光泽。口径15.8、足径5.2、高8.6厘米（图二〇，1）。

B型　4件。折沿，圈足。T1⑤b：10，内平底，圈足较高，胎体洁白，细腻致密。口径12、足径5、高6.8厘米（图二〇，2）。T1⑤b：156，弧壁，圈足较高，内圆底，胎体洁白，细腻致密。施青白釉，仅圈足内底露胎。釉色纯正均匀，有光泽。口径11.2、足径4.8、高6.6厘米（图二〇，3）。T2⑤b：15，内平底。胎体洁白，细腻致密。通体施青白釉，仅圈足部分露胎。釉色纯正，施釉均匀，釉面有光泽，局部有细小裂纹。口径12、足径5.2、高6.6、足高2厘米（图二〇，4）。

C型　3件。敞口，饼足。H26：15，弧壁，内平底。胎体洁白，细腻致密。施青白釉，仅足底露胎。内底饰一道凹弦纹。口径16、足径5.4、高5.1厘米（图二〇，5）。T1⑤a：10，弧壁，内圆底，胎体洁白，细腻致密，通体施青白釉，仅足底露胎，釉色纯正均匀。口径14.8、足径5、高4.3厘米（图二〇，6）。

D型　3件。花口，矮圈足。T1⑤b：134。内圆底。胎体洁白，细腻致密。釉面有光泽。口径12.8、足径3.2、高3.6厘米（图二〇，7）。H26：1，弧壁，内平底。胎体洁白细腻，施青白釉，仅足部露胎，釉色纯正。内壁有凸棱。口径17.8、足径5.4、高5.4厘米（图二〇，8；图版一四）。

乙类　刻花碗。分5型。

A型　3件。撇口，圈足。H26：2，弧壁，深腹，内圆底，胎体洁白，细腻致密。釉色纯正均匀。外壁刻指甲纹。口径11.2、足径4.8、高7厘米（图二〇，9）。T1⑤b：126，浅腹，弧壁，矮圈足，内圆底。灰白胎。外壁下部及足部露胎。釉面遍布细小裂纹。内壁刻花。口径14、足径5.4、高4.5厘米（图二〇，10）。

B型　4件。敞口，尖唇，圈足。T1⑤a：11，弧壁，矮圈足，内底略凹，胎体洁白，细腻致密。施青白釉，仅足底露胎。内底及壁刻花。足底有垫饼痕。口径15.8、足径5.6、高5厘米（图二〇，11）。T2⑤b：17，弧壁，内圆底，矮圈足。胎体洁白，细腻致密。通体施青白釉，仅圈足露胎。釉色纯正均匀，有光泽。内壁口沿下部饰凹弦纹一周，内壁印曲折纹和花卉纹，圈足内底有垫饼痕。口径13.4、足径5、高6.2厘米（图二〇，12）。H29：1，弧壁，深腹，矮圈足，内圆底。胎体洁白，细腻致密。通体施青白釉，釉色纯正均匀，有光泽，釉面遍布细小裂纹。内壁刻卷云纹图案。圈足内底有垫饼痕。口径20、足径6.2、高8.2厘米（图二〇，13）。

C型　1件。T1⑤b：24，撇口，饼足。浅腹，弧壁，内平底。胎体洁白细腻。釉色纯正均匀。内底及内壁刻花。口径14、足径4.4、高3.8厘米（图二〇，14）。

D型　1件。H26：54，敞口，斜直壁，矮圈足。内凹底。胎体洁白。通体施釉，釉面遍布细小裂纹。内壁刻花。口径18.4、足径4.8、高6厘米（图二〇，15）。

E型　2件。花口。H29：4，尖唇，弧壁，矮圈足，足心较浅，内圆底。胎体洁白细腻。通体施青白釉，釉色纯正均匀，釉面遍布细小裂纹。内外壁均刻牡丹花纹图案。圈足内底有垫饼痕。口径19.2、足径5.6、高6厘米（图二〇，16）。H29：2，浅腹。内壁有明显转折，圆底。胎体洁白细腻。通体施青白釉，纯正均匀，遍布细小裂纹。内底刻花，内壁有六道细小凸棱。口径15.2、足径4.8、高3.8厘米（图二〇，17）。

盘　3件。T1⑤a：13，敞口，斜直壁，腹下折收成小平底，内平底。灰白胎，施白釉。仅底部露胎。釉面遍布细小裂纹。口径16、底径4.4、高2.8厘米（图二〇，18）。T2⑤b：47，敞口，略外

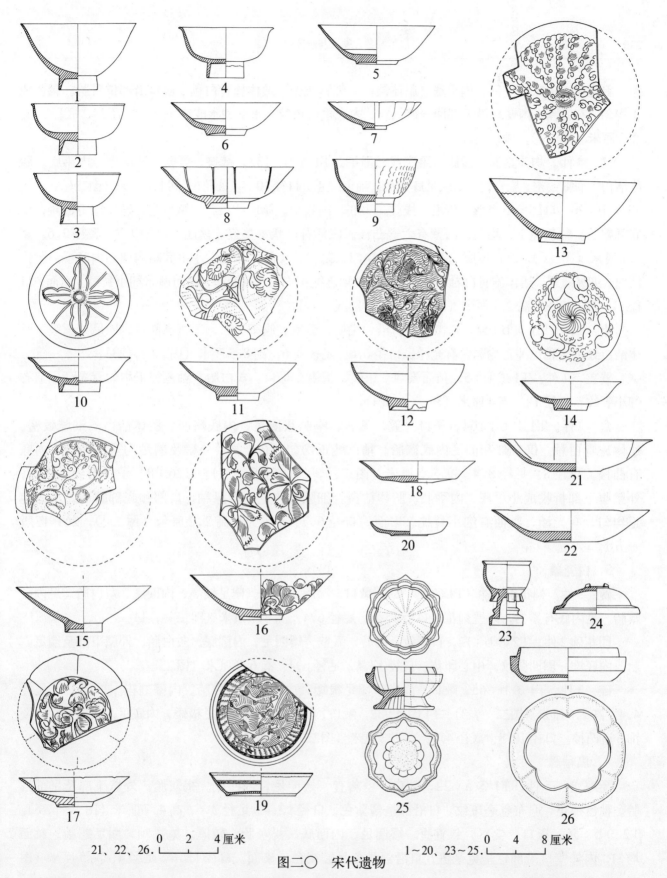

图二〇 宋代遗物

青白瓷器：1.A型素面碗（T1⑤b：19）　2~4.B型素面碗（T1⑤b：10；T1⑤b：156；T2⑤b：15）　5、6.C型素面碗（H26：15；T1⑤a：10）　7、8.D型素面碗（T1⑤b：134；T2⑤b：19）　9、10.A型刻花碗（H26：2；T1⑤b：126）　11~13.B型刻花碗（T1⑤a：11；T2⑤b：17；H29：1）　14.C型刻花碗（T1⑤b：24）　15.D型刻花碗（H26：54）　16、17.E型刻花碗（H29：4、2）　18、19.盘（T1⑤a：13；T2⑤b：47）　20~22.碟（T1⑤b：132；T1⑤b：20；T1⑤b：1）　23.盅（T1⑤b：54）　24.器盖（T1⑤b：5）　25、26.盒（T1⑤b：164；H26：8）

撇，斜直壁，平底略内凹，内平底。胎体洁白，细腻致密。通体施青白釉，仅口沿部位露胎。釉色纯正均匀，有光泽。内壁口沿下部印一道云纹，内底模印鱼纹、水草和水波浪图案。口径14、底径9.4、高3厘米（图二〇，19；图版一八）。

碟　4件。均为素面，浅腹，平底或矮圈足。T1⑤b：132，敞口，弧壁，矮圈足，内平底。胎体洁白，细腻致密。施青白釉，仅足底露胎。釉色纯正。口径10.4、足径5、高1.8厘米（图二〇，20）。T1⑤b：20，口部呈葵瓣形，折沿，浅腹，平底，内底平。胎体洁白，细腻致密。通体施青白釉，仅底部露胎。釉色纯正，均匀。内壁有六道凸棱。底部有饼状支垫痕。素面。口径9.7、底径3.6、高2.1厘米（图二〇，21；图版一七）。T1⑤b：1，敞口，尖唇，浅腹，小平底略内凹，内底平。胎体洁白，细腻致密。通体施青白釉，仅底部露胎。釉色纯正均匀，有光泽，釉面遍布细小裂纹。素面。口径11、底径3.8、高2.1厘米（图二〇，22；图版一六）。

盅　1件。T1⑤b：54，口微敛，折沿，尖唇，弧壁，腹下斜收，下接高圈足，圈足分三级。胎体洁白致密。釉色纯正均匀，有光泽。口径6.6、足径4.6、高8.5厘米（图二〇，23）。

器盖　1件。T1⑤b：5，顶面漫圆，钮残，折沿，母口。灰白胎。釉色纯正均匀有光泽，遍布细小裂纹。口径12、高4厘米（图二〇，24）。

盒　2件。T1⑤b：164，子口内敛，弧壁，喇叭状圈足，内底略凸。胎体洁白，细腻致密。通体施青白釉，仅口部和圈足内底露胎。釉色纯正均匀，有光泽。外壁及圈足均呈瓜棱状，内底有凸棱。口径8、足径8.4、高5.5厘米（图二〇，25；彩版三二）。H26：8，子口内敛，浅腹，外壁腹下部折收成小平底，内平底。胎体洁白，细腻致密。施青绿釉，口部和底部露胎。釉色纯正均匀，有光泽，釉面有细小裂纹。素面。口径6.7、底径6、高2.2厘米（图二〇，26；图版一五）。

3. 白瓷器

碗　3件。刻花碗1件（T1⑤b：33）。敞口，深腹，弧壁，圈足较高，内圆底。灰白胎。足内底露胎。足内底有墨书，外壁刻花。口径15.6、足径6.4、高8.7厘米（图二一，1）。

印花碗2件。T2⑤b：12，口微敛，圆唇，弧壁，矮圈足，内圆底。灰白胎。外壁下部及圈足露胎。内底饰一圈凹弦纹，中心印花。口径17.4、足径6.4、高6.8厘米（图二一，2）。

碟　3件。T1⑤b：65，敞口，弧壁，圈足极矮，内平底。灰白胎。内壁刻花。口径12、足径4.4、高2.6厘米（图二一，3）。T1⑤b：32，敞口，折沿，弧壁，圈足极矮，内底平。灰白胎，内壁饰6道凸棱。口径10.8、底径4.4、高2.2厘米（图二一，4）。

4. 黑釉器

兔毫盏　5件。T1⑤a：22，敞口，壁斜直，矮圈足，内凹底。褐灰胎。外壁下部及足部露胎。釉色纯正，遍布兔毫斑纹，口沿部呈酱紫色。口径12.4、足径3.6、高4.7厘米（图二一，5）。T2⑤b：56，撇口，尖唇，斜直腹，矮圈足，内凹底。褐灰胎，较厚。施黑釉，圈足露胎。釉面均匀，内外壁口沿部位呈兔毫斑，口沿部釉色呈酱褐色。素面。口径12.6、足径4、高5厘米（图二一，6）。

黑釉盏　4件。H26：32，敞口，略外撇，弧壁，矮圈足，内圆底。浅灰黄胎，施黑釉。口径10.8、足径4.4、高4厘米（图二一，7）。

5．酱釉器

碗　2件。T2⑤b：35，敞口，圆唇，斜直腹，矮圈足，内凹底。灰白胎，胎质细腻。通体施红釉，仅圈足底露胎。釉色偏褐，釉面均匀。素面。口径13、足径4、高4厘米（图二一，8；图版一一）。

碟　1件。H26：33，敞口，弧壁，腹下斜收成小平底，内平底。灰白胎。通体施酱红釉，仅底部露胎。素面。口径9.6、底径4.8、高2厘米（图二一，9）。

6．青釉器。

炉　2件。敞口，宽折沿，喇叭状圈足。T1⑤b：92，直壁，腹下折收。灰黄胎。足下部露胎，釉色偏灰。内底有墨书“约”字。口径14、足径8、通高12.8厘米（图二一，10）。

青釉彩绘盆　1件。T1⑤b：47，敞口，卷沿，弧壁，内圜底，矮圈足。浅灰黄胎。施青釉，圈足露胎。内壁彩绘花奔图案。口径21.6、足径7.2、高7厘米（图二一，11）。

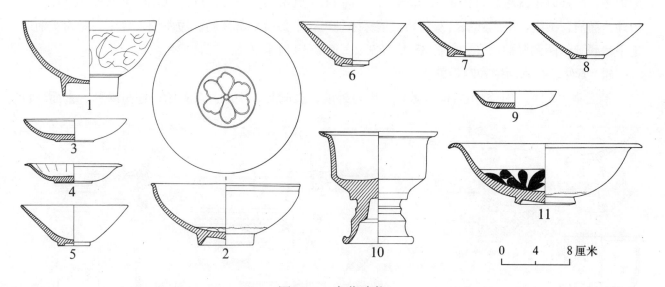

图二一　宋代遗物

1.白瓷刻花碗（T1⑤b：33）　2.白瓷印花碗（T2⑤b：12）　3、4.白瓷碟（T1⑤b：65、32）
5、6.黑釉兔毫盏（T1⑤a：22；T2⑤b：56）　7.黑釉盏（H26：32）　8.酱釉碗（T2⑤b：35）
9.酱釉碟（H26：33）　10.青釉炉（T1⑤b：92）　11.青釉彩绘盆（T1⑤b：47）

7．釉陶器

盏　1件。T1⑤a：29，敞口，略外撇，斜直壁，矮圈足，内凹底。褐灰胎，施酱釉，足部露胎。素面。口径13、足径4、高4.1厘米（图二二，1）。

灯盏　数量众多，形制基本相似。H26：28，敞口，方唇，斜直壁，小平底，内圜底。灰黄胎。口径8、底径3、高2.6厘米（图二二，2）。

盒　1件。T1⑤b：163，直筒形，平底。素面。口径7.8、底径6、高6.4厘米（图二二，3）。

碗　1件。H29：6，敞口，圆唇，弧壁，饼足，内底略凹。黄红胎。施酱黄釉。内底及外壁大部露胎。素面。口径13.2、足径6.8、高6.8厘米（图二二，4）。

器盖　1件。H26：19，顶面内凹，矮饼状钮。子口，釉色偏灰。素面。口径6.4、高2.2厘米（图二二，5）。

盆　4件。形制、釉色相似，多在内底印花。T1⑤b：112，敛口，圆唇，弧壁，平底。灰黄胎，施酱绿釉，外壁下部及底部露胎。内底印花。口径17.4、足径12.8、高5.6厘米（图二二，6）。

烛盏　9件。H26：46，圆柱状中空烛插座，外有盘形烛托，子口略出，宽折沿，斜直壁，高圈足。施酱黄釉。口径15.6、足径11.6、高11厘米（图二二，7；图版二〇）。T2⑤b：89，喇叭形烛插座，中空，下接盘形烛托，烛托为盘形，敞口，弧壁，腹部内折，小平底，内壁中部有凸棱。灰白胎。烛托口径14.8、高7厘米（图二二，8）。T1⑤b：113，外壁刻凹弦纹和波浪纹。口径22.4、足径12.8、高8.4厘米（图二二，9）。

灯　4件。T1⑤b：110，盘形灯盏，细长柱状柄，中空，下接托盘。口径8、底径10、高15.6厘米（图二二，10）。

执壶　8件。T1⑤b：118，直口，尖唇，短颈，溜肩，腹斜收，平底。短曲流，另一侧贴宽柄形把手。腹部以下露胎。口径5.8、底径6.4、高11.4厘米（图二二，11）。T2⑤b：87，子口内敛，短颈，溜肩，圆腹，平底外展。灰黄胎。施酱绿釉，腹下部及底部露胎。短曲流，对应一侧为宽柄形把手，残缺。两侧竖贴双耳。口径8、底径9.2、通高19厘米（图二二，12）。

罐　6件。分素面罐和四系罐。

素面罐　5件。T1⑤b：108，敛口，圆唇外展，鼓圆腹，平底。灰黄胎，施酱绿釉。素面。口

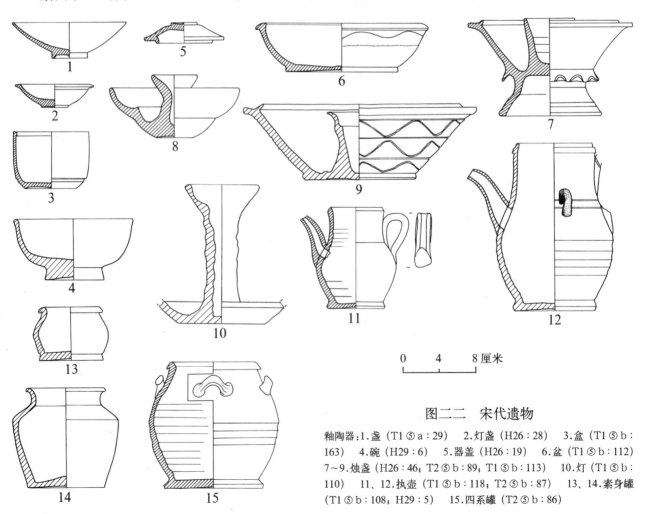

0　　4　　8厘米

图二二　宋代遗物

釉陶器：1.盏（T1⑤a：29）　2.灯盏（H26：28）　3.盒（T1⑤b：163）　4.碗（H29：6）　5.器盖（H26：19）　6.盆（T1⑤b：112）7～9.烛盏（H26：46；T2⑤b：89；T1⑤b：113）　10.灯（T1⑤b：110）　11、12.执壶（T1⑤b：118；T2⑤b：87）　13、14.素身罐（T1⑤b：108；H29：5）　15.四系罐（T2⑤b：86）

径6、底径7.4、高6厘米（图二二，13）。H29：5，敛口，折肩，斜直腹，平底。浅灰胎。施酱紫釉，腹下及底部露胎。素面。口径8.4、底径8.8、高11.2厘米（图二二，14）。

四系罐　1件。T2⑤b：86，敛口，尖唇，溜肩，鼓圆腹，平底，灰胎。肩部两两对称堆贴四桥形耳。施酱绿釉。口径9.6、底径11.4、高14.4厘米（图二二，15）。

8．瓦当　数量较多。其中莲花纹和花草纹、"大吉"瓦当与第一段所出相似，另有"大吉利"和"千秋万岁"文字瓦当出土（图二三）。

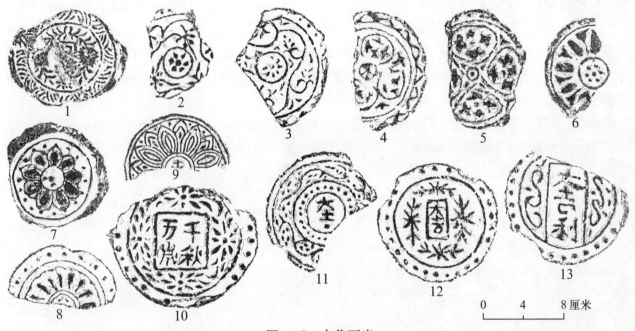

图二三　宋代瓦当

1.T1⑤a：61　2.H26：4　3.H26：60　4.T1⑤b：293　5.T1⑤b：84　6.T2⑤b：107　7.H26：37　8.T1⑤b：53
9.H26：39　10.H26：138　11.T1⑤a：31　12.T1⑤b：85　13.T1⑤a：33

第三段　本段遗物明显减少，器类也不及前两段丰富。

1．青瓷器

碗　分素面和刻花两类。

甲类　素面碗。依口、唇部和足部形态分5型。

A型　1件。T1④a：4，撇口，矮圈足。深腹，内平底。浅灰胎，胎体较厚重。足部露胎。釉色偏灰。口径16.4、足径5.4、高6.8厘米（图二四，1）。

B型　3件。敞口，圈足。T1④b：7，内小平底。浅灰胎。外壁下部及足部露胎，釉色偏灰。内壁饰一道凹弦纹。口径11.8、足径4.2、高5.2厘米（图二四，2）。T2④b：6，圆唇，斜直壁，腹下折收，矮圈足。灰白胎。通体施釉，釉色偏灰绿。口径13.6、足径7.2、高4.4厘米（图二四，3）。

C型　1件。T1④a：6，口部下折上敛，矮圈足。弧壁，内圆底。灰黄胎，施青釉，外壁下部及足部露胎。釉色偏黄绿，遍布细小裂纹。口径14.4、足径5.2、高5.5厘米（图二四，4）。

D型　3件。口微敛。T1④b：4，弧壁，矮圈足，内圆底。灰胎。釉色偏黄，外壁下部及足部露胎，釉面遍布细小裂纹。口径13.4、足径5.6、高5.8厘米（图二四，5）。

E型　1件。T1④b：3，折沿，矮圈足。弧壁，内圜底。灰白胎。釉色偏白。口径11.6、足径5.2、高4.2厘米（图二四，6）。

乙类　刻花碗。分3型。

A型　2件。敞口，圈足。T1④a：8，弧壁，矮圈足，内平底。红黄胎。釉呈黄绿色，外壁下部及足部露胎。内壁口沿下部及底部各饰凹弦纹一周，外壁刻斜竖条纹。口径12.4、足径4.8、高4.8厘米（图二四，7）。T2④b：8，弧壁，矮圈足，内小平底。浅灰胎，较致密。施青釉，外壁下部及足部露胎，釉色偏黄。外壁刻宽竖条纹，内壁刻线条图案。口径16、足径5、高6.9厘米（图二四，8）。

B型　4件。撇口，圈足。T1④a：22，弧壁，浅腹，矮圈足，内平底。浅灰胎。足部露胎，釉色偏黄绿，釉面遍布细小裂纹。内底刻篦点和线条纹。口径16、足径5、高4.2厘米（图二四，9）。T2④b：4，弧壁，矮圈足，内小平底。浅灰胎。通体施釉，釉色偏绿，纯正。釉面遍布细小裂纹，外壁饰凸棱。口径16.4、足径5.2、高7.2厘米（图二四，10）。

C型　2件。花口，圈足。T1④b：6，弧壁，矮圈足，内平底。灰白胎，釉色偏灰，有光泽，足底露胎。内壁及底部刻花。口径18.4、足径6、高6.6厘米（图二四，11）。H28：1，弧壁，矮圈足，

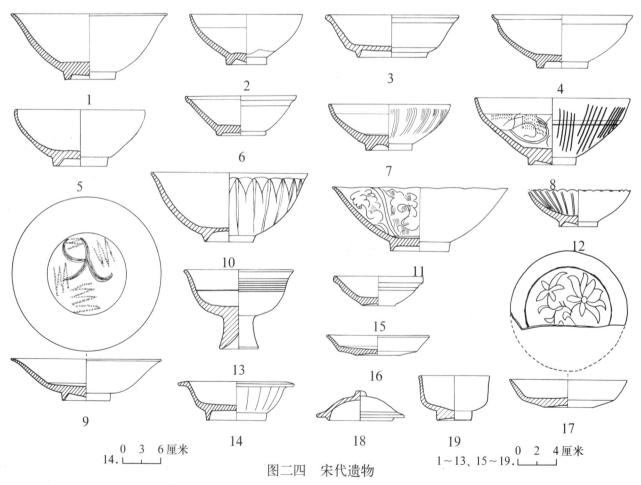

图二四　宋代遗物

青瓷器：1.A型素面碗（T1④a：4）　2、3.B型素面碗（T1④b：7；T2④b：6）　4.C型素面碗（T1④a：6）　5.D型素面碗（T1④b：4）　6.E型素面碗（T1④b：3）　7、8.A型刻花碗（T1④a：8；T2④b：8）　9、10.B型刻花碗（T1④a：22；T2④b：4）　11、12.C型刻花碗（T1④b：6；H28：1）　13.高圈足碗（T2④b：15）　14.盘（T1④a：9）　15.素面碟（T1④a：2）　16、17.刻花碟（T1④a：11；T2④b：9）　18.器盖（T2④b：13）　19.杯（T2④b：10）

内圆底。灰白胎。圈足内底露胎。釉色偏灰。内壁刻竖条纹。口径10.8、足径4、高3.8厘米（图二四，12）。

高圈足碗　1件。T2④b：15，敞口，弧壁，内平底。灰白胎。足底露胎。釉色偏黄。内底刻花，口沿外壁刻凹弦纹数周。口径11.4、足径4、高8.2厘米（图二四，13）。

盘　2件。T1④a：9，敞口，折沿，弧壁，矮圈足，内底近平。浅灰胎。通体施青釉，偏黄绿。内底饰双鱼纹，外壁饰凸棱。口径10.4、足径6.2、高4厘米（图二四，14）。

碟　分素面和刻花两类。

素面碟1件。T1④a：2，敞口，凸唇，斜直壁，小平底，内圆底。浅灰胎。釉色偏灰。外壁下部及底部露胎。口径9.2、底径3.6、高3厘米（图二四，15）。

刻花碟4件。T1④a：11，敞口，斜直壁，浅腹，腹下折收成小平底，略内凹，内底平。浅灰胎，底部露胎。釉色偏绿。内底刻篦点和线条纹。口径10.6、底径4.8、高2.1厘米（图二四，16）。T2④b：9，敞口，圆唇，斜直壁，腹下折收成小平底。灰白胎，细腻致密。全器施釉，仅底部露胎。釉色纯正均匀，有光泽。内底中心刻花。口径12.2、底径4.8、高2.8厘米（图二四，17）。

器盖　2件。T2④b：13，顶面漫圆，口部外折，子口，乳状钮。胎体洁白细腻。施青釉，口部露胎。釉色偏灰绿，有光泽，釉面有细小裂纹。口径6.8、高3.1厘米（图二四，18）。

杯　1件。T2④b：10，直口，圆唇，直壁，腹下折收，小饼足，内圆底。胎体洁白。施青釉，仅足部露胎，釉色偏灰绿。素面。口径6.8、足径3.6、高4.7厘米（图二四，19）。

2. 青白瓷器　数量较第一、二段大大减少，仅出碗、粉盒、杯共4件器物。

碗　1件。T1④b：2，敞口，圆唇，弧壁，矮圈足，内小平底。胎体洁白细腻。足底露胎。釉色纯正均匀。内壁及底部刻花，外壁刻细竖条纹。口径18、足径6.4、高7厘米（图二五，1）。

粉盒　2件。T1④b：12，直口，折腹，矮圈足。胎体洁白，细腻致密。施青白釉，口沿部露胎。釉色纯正。口径7.6、足径5.2、高3.8厘米（图二五，2）。

杯　1件。T1④b：11，撇口，弧壁，深腹，腹下斜收，矮圈足。灰白胎。外壁下部及足部露胎。釉色纯正，遍布细小裂纹。口径9、足径3.6、高4.4厘米（图二五，3）。

3. 白瓷器　仅出碗1件。T2④a：1，敞口，圆唇，弧壁，矮圈足，内平底。灰白胎。施乳白釉，内底及圈足露胎。釉面遍布细小裂纹。素面。口径15.2、足径6.8、高5.4厘米（图二五，4）。

4. 酱釉器　1件。T1④a：25，器盖。顶面漫圆，折沿外展，子口，乳状钮。灰胎。施酱红釉。口径8.4、高2.8厘米（图二五，5）。

5. 黑釉器

黑釉盏　1件。T2④b：18，敞口，圆唇，弧壁，矮圈足，内凹底。灰黄胎。施黑釉，外壁下部及圈足露胎。内壁口沿下部饰凹弦纹一周。口径10.8、足径3.4、高5.2厘米（图二五，6）。

兔毫盏　5件。T1④b：10，侈口，圆唇，斜直腹，矮圈足，内凹底。褐灰胎。施黑釉，外壁下部及足部露胎。釉色深黑凝重。素面。口径12、足径4、高5.8厘米（图二五，7）。T1④a：19，口部下敛上折，斜直壁，腹下折收，矮圈足，内凹底。褐灰胎。施黑釉。口沿部呈酱紫色，局部有兔毫斑纹。口径13、足径4.6、高6.2厘米（图二五，8）。

黑釉剪纸贴花碗　1件。T2④b：19，敞口，圆唇，斜直腹，圈足极矮，内凹底。灰白胎。通体施釉，仅足部露胎。釉面经窑变呈兔毫斑纹，内壁饰紫褐色朵梅剪纸贴花图案。口径14.4、足径3.6、高4.5厘米（图二五，9；彩版三三）。

　　6．釉陶器

　　碗　3件。矮圈足，局部施釉。T2④a：5，敞口，圆唇，浅腹，弧壁。黄红胎。仅口沿和内壁部分施釉。素面。高3.6、口径13、足径5.2厘米（图二五，10）。

　　香炉　1件。T2④b：22，敛口，腹较浅，下接三足。浅灰胎。施黑釉。高5.8、口径11厘米（图二五，11）。

　　擂钵　1件。T1④a：27，敛口，弧壁，平底。灰胎。口沿部施酱红釉。内壁刻槽。口径16.8、底径10、高8厘米（图二五，12）。

　　罐　5件。T1④b：22，敛口，尖唇，溜肩，圆腹，平底。红黄胎。施黄绿釉，腹下部及底部露胎。口径6、底径6.8、高9.8厘米（图二五，13）。T2④a：10，双耳罐。敛口，圆唇，溜肩，深腹，凹底。黄灰胎。口部施酱黄釉。肩部堆贴双桥形耳。素面。口径8、底径10.8、高18.6厘米（图二五，14）。H28：4，敞口，圆唇，短直颈，溜肩，弧腹，平底。黄灰胎。仅肩部以上施酱黄釉。肩部饰两道凹弦纹。口径7.2、底径5.6、高12.8厘米（图二五，15）。

　　7．瓦当　数量不多，有莲花瓦当、"大吉"文字瓦当和花卉纹瓦当，与第二段所出相似。

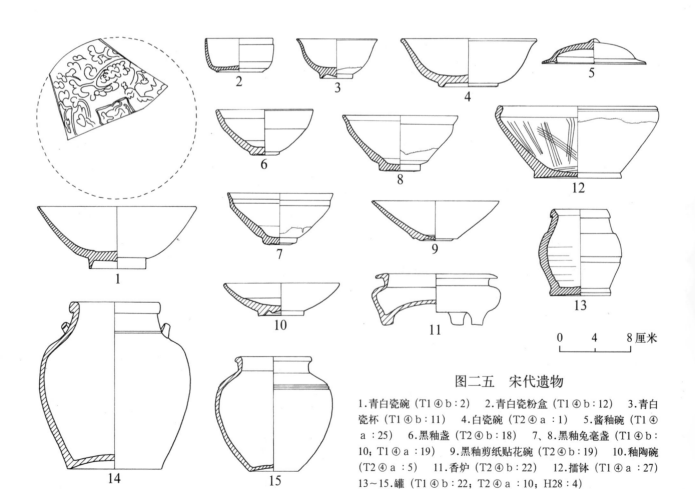

图二五　宋代遗物

1.青白瓷碗（T1④b：2）　2.青白瓷粉盒（T1④b：12）　3.青白瓷杯（T1④b：11）　4.白瓷碗（T2④a：1）　5.酱釉碗（T1④a：25）　6.黑釉盏（T2④b：18）　7、8.黑釉兔毫盏（T1④b：10；T1④a：19）　9.黑釉剪纸贴花碗（T2④b：19）　10.釉陶碗（T2④a：5）　11.香炉（T2④b：22）　12.擂钵（T1④a：27）　13~15.罐（T1④b：22；T2④a：10；H28：4）

四　结　语

（一）对遗址出土两宋时期陶瓷器的初步认识

遗址的第4、5、6层为两宋时期文化堆积，这一时期的遗迹包括H26、H27、H28、H29四个灰坑。两宋时期陶瓷器依层位关系可分为三段。

根据初步观察分析，第一段器物以青瓷和釉陶器为主，青白瓷和白瓷器不太丰富，此外出土一定数量的绿釉、青釉、黑釉、酱釉器物。这一段的青瓷器胎普遍较薄，施釉较均匀，圈足较窄，足壁近直或略向下斜收，釉色较浅，多偏灰白或灰黄，大部分圈足较矮，有一部分器物圈足稍高。这一段青瓷器大部分与广州西村窑所出相似[②]。

第二段遗物中青白瓷和白瓷的数量和种类均明显增加，纹饰也相对丰富。青瓷器方面与第一段相比变化不多，大部分仍与西村窑所出相似，青瓷凹底碗为新出器物，但仅见一件。器物形态方面，部分器物的圈足增宽，器底增厚，足心变浅，在器物纹饰方面则略显丰富，如菊瓣纹增多。

第三段器物明显不如前两段丰富，但在器形和风格方面与前两段相比有较多不同。首先是碗类器物的胎体增厚，显得厚重。其次是釉层增厚，釉色较前两段鲜艳凝重。纹饰方面则变化不很明显，器类方面，折腹双鱼纹盘、黑釉剪纸贴花碗为前两段所不见。

依层位关系和类型学分析，我们初步推断第一段遗物属北宋早期，第二段遗物年代略晚，可能为北宋晚期，应当不晚于南宋早期，第三段器物的年代可能在南宋晚期。

遗址所出两宋时期的遗物，从器形、胎质、纹饰等特征分析，其中的青瓷器大部分属广州西村窑的产品，如各型青瓷碗、盏、碟、壶、盂等，以及青釉器物，如青釉彩绘盆也属西村窑所产。T2第5b层出土1件青瓷碗窑坯（T2⑤b：27），仅余碗底，圈足下有垫饼，上部还残留有匣钵，这表明遗址所出器物有一部分就来自广州或附近地区。但有一部分青瓷器，如第一、二段所出口部下折上敛的素面和刻花碗、敛口凹底碗、折沿浅腹高圈足碗在西村窑不见，可能为其他窑口所出。

其他类型的器物，如青白瓷、白瓷、绿釉器、黑釉盏、酱釉碗等器物，从胎质、釉色等特征来看，可能多来自于其他地方。如，T1第6c层所出1件青瓷剔花碟，制作规整，线条流畅，与《宋代耀州窑址》中Na型Ⅱ式碟完全相同，应为耀州窑所产[③]。第一、二段的青白瓷器，胎体洁白，细腻致密，釉色纯正均匀，有光泽，刻花流畅，大部分与江西湖田窑所出相似[④]，当来源于该窑口。第6层出土的1件绿釉盏、1件绿釉碗，与江西吉州地区所出器物完全一样，应来源于该地区的窑口[⑤]。遗址所出兔毫盏，其胎质分浅灰和褐灰色两种，应当是分别来源于江西吉州和福建建阳地区的窑口。T1第4b层出土的1件黑釉剪纸贴花碗，也应是江西吉州地区的产品[⑥]。此外，在遗址出土的几件酱釉器，可能也属外地窑口所出。

（二）对遗址的初步认识

由于发掘面积小，此次发掘清理出的两宋以前的遗迹相当少，未见建筑遗迹。根据地层堆积来观察，本遗址至迟在东汉时期已开始有人类居住，到晋南朝时期人类活动增多，唐宋时期更加频繁，特别是宋代人类活动形成的文化层堆积厚达1米多，出土遗物也最为丰富。除陶瓷器外，还有大量瓦当等建筑构件，表明当时曾有相当多的房屋建筑。

在遗址出土的两宋时期陶瓷器中，大多数青瓷和部分青白瓷、白瓷碗、碟等器底均有墨写的"林"、"陈"、"顾"、"蒲"、"黄"、"周"、"梁"等字，它们可能是用以区别不同瓷器制造作坊的款识，也可能表明这些器物为不同居民所使用的日常生活用器。除此之外，还有相当一部分青白瓷和白瓷器十分精美，器底并无墨书或其他款识，它们应当是用于交换和贸易的手工业产品。这表明，遗址所在地当时可能是广州繁华的商业区所在。遗址所在地在宋时属西城所在，在今天的中山六路附近，还有六榕寺、光塔、光孝寺等建于唐宋时期的文物古迹，本次发掘出土大量来自不同窑口的陶瓷器，实与当时广州的交通发达、商业繁盛有关。

黄金广场汉六朝唐宋遗址的发掘，使我们对广州旧城区西部的文化遗存有了初步的了解，对于广州城建史的研究具有重要意义。与此同时，遗址发现的丰富的陶瓷器，也为研究古代尤其是唐宋时期广州的陶瓷器制造业及商业贸易发展史提供了重要的考古资料。有关遗址出土的文化遗物及其反映的历史文化信息，还有待进一步深入研究探讨。

附记：本次发掘领队为冯永驱，参加发掘的有冯永驱、张金国、易西兵，整理工作由易西兵负责，参加绘图、描图的有易西兵、陈春丽、熊伟、黄昌云，拓片由黄兆强、韩继普负责，修复由陈淑庄负责，摄影由关舜甫负责。

执笔：易西兵

注　释

① 黄兆强《广州市明代西城门瓮城遗址》，《中国考古学年鉴1999》，第263~264页，文物出版社，2001年。

② 广州市文物管理委员会、香港中文大学文物馆《广州西村窑》，香港中文大学中国考古艺术研究中心，1987年。

③ 陕西省考古研究所、耀州窑博物馆《陕西耀州窑址》，第231页，文物出版社，1998年。

④ 赵自强主编《柴窑与湖田窑》，广西美术出版社，2004年。

⑤⑥ 余家栋《江西吉州窑》，岭南美术出版社，2002年。

图版一　青瓷碗（T1 ⑧ b：40）

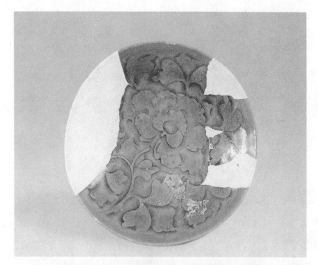

图版四　青瓷刻花盘（T2 ⑥ b：22）

图版二　青瓷碟（T1 ⑧层出土）

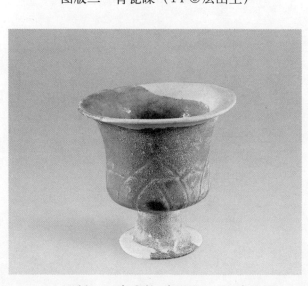

图版三　青瓷炉（T2 ⑥ b：57）

图版五　水注（T2 ⑥ b：54）

图版六　青白瓷碗（T2⑥b：11）

图版七　青白瓷碗（T2⑥b：10）

图版八　绿釉碗（T1⑥b：10）

图版九　酱釉碗（T2⑥b：23）

图版一〇　黑釉兔毫盏（T2⑥b：32）

图版一一　酱釉碗（T2⑤b：35）

图版一二　青瓷碗（T1⑤b：29）

图版一三　青瓷刻花碗（T2⑤b：1）

图版一四　青白瓷碗（H26：1）

图版一五　青白瓷盒（H26：8）

图版一六　青白瓷碟（T1⑤b：1）

图版一七　青白瓷碟（T⑤b：20）

图版一八　青白瓷印花盘（T2⑤b：47）

图版一九　执壶（T1⑤b：15）

图版二〇　烛盏（H26：46）

广州市中山四路致美斋南汉与宋代建筑遗址

广州市文物考古研究所

2003年5～7月，广州市文物考古研究所在中山四路与文德路交汇处的致美斋工地，配合建设工程进行了考古发掘。该地块位于中山四路南侧，与其相对的中山四路北侧是南越国王宫、南汉宫殿等重要遗迹的核心区。考古发掘面积约300平方米，在工地中部按正方向布东西并列的长方形探方两个（T1、T2），探方间距10米。T1位于西侧，南北宽10米，东西长为15米；T2位于东侧，南北宽9米，东西长为15米。其后根据需要局部扩方。主要发现了南汉、宋代的建筑遗址，出土了大量南汉建筑构件和宋代瓷器。现将发掘情况报告如下。

一　地层堆积

T1、T2的地层堆积基本相同。现以T2南壁剖面为例，结合两个探方的堆积情况具体说明如下（图一）。

第1层：近现代建筑层。混凝土建筑面及拆迁余泥堆积，现地表比中山四路人行道高约0.5米。现代建筑多数是在近代建筑基础上改建或加高地面形成。厚约0.25米，用机械清除。

第2层：明清文化层。灰色杂填土，夹杂有青砖、碎瓦、青花瓷片和贝壳碎片等。距现地表深约0.25、厚0.3～0.45米，用机械清除。发现有同时期的灰坑、水井等遗迹。

第3层：宋元文化层。褐色杂填土，结构疏松，夹杂大量贝壳碎片。该层堆积在两个探方均有分布。距现地表深0.55～0.7、厚0.1～0.6米。该层出土有少量青瓷片、釉陶片。

第4层：宋代建筑垫土层。黄褐土，结构紧密，夹杂少量贝壳碎片和碎砖瓦。距现地表深0.7～1、

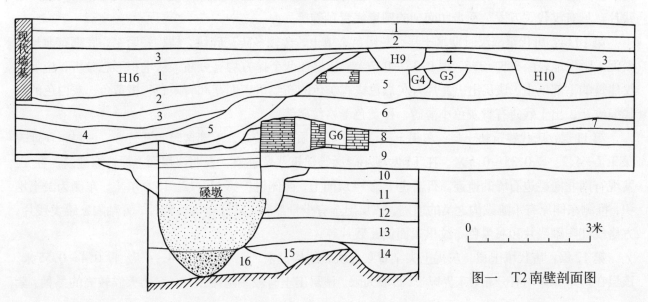

图一　T2南壁剖面图

厚 0～0.55 米。T1 在该层面上残留有建筑面遗迹，并有早晚改建情况，包括 F1、F2。T2 东部被大灰坑 H16 破坏。该层出土有较多南宋青瓷碗、青釉陶罐等器物残片，出土陶瓷器特点与 T2 东部 H16 出土遗物相似。

第 5 层：宋代建筑垫土层。红褐土，结构较紧密，夹杂较多碎砖瓦。距现地表深 1.1～1.5、厚 0.3～1.3 米。在该层上发现建筑基址的相关遗迹，即 F3。该层出土遗物以南汉青釉板瓦、筒瓦碎块为主，次为唐宋时期的青灰砖瓦碎块。另出有少量陶瓷片，包括黄绿釉陶盆、罐、执壶残片，青釉陶罐、碗残片，黑釉或紫红釉陶罐碎片等。

第 6 层：南汉瓦砾层。红褐土夹杂红烧土，结构疏松，夹杂大量南汉建筑废弃物，包括板瓦、筒瓦、瓦当、脊兽、铺地阶砖、灰岩等碎片残块。距现地表深 1.5～1.7、厚 0.4～1 米。其堆积可分上下两小层，在 T1 呈现较为水平的堆积，其上下层的区别是上层含土量大于下层。在 T2 仅分布于探方西部，堆积高低不平。该层堆积包含物为南汉建筑的废弃物，但从堆积形态分析应是经搬运填埋，经平整后利用为宋代建筑基址的下部垫层。该层出土陶瓷片极少，以青黄釉陶罐、盆残片为主，另有少量青釉陶罐、盆残片和青瓷碗盘等。出土具有五代至北宋时期特征的"官"字款青瓷盘底、葵口青瓷盘、凸唇青瓷盘和端砚等。

第 7 层：南汉路面堆积。灰黑沙土，结构紧密，包含物较少。距现地表深 2.15～2.4、厚 0～0.2 米。仅见于 T2 西部砖铺走道上，应属走道废弃后堆积。该层出土有南汉"乾亨重宝"铅钱。

第 8 层：南汉建筑垫土层。红黏土，结构紧密，表层土质较纯净，下部夹杂碎瓦片。距现地表深 2.5～2.7、厚 0.3～0.5 米。在该层发现大型的南汉建筑基址，包括磉墩建筑（F5）、砖铺走道、广场（F4）、八角形建筑基址（F6）等。该层出土遗物以瓦片为主，多为厚 1.3～1.5 厘米的素面布纹里青灰板瓦，次为汉代绳纹瓦。另出有少量陶瓷片，包括有青瓷、白瓷碗盘类瓷片和汉代瓮罐类陶片等。

第 9 层：南汉建筑垫土层。表层为灰褐土，下部为红黏土，较紧密，夹杂有碎砖瓦。距现地表深 2.7～2.9、厚 0.5～0.65 米。主要分布于 T2 西半部和 T1，垫土层表面平整。从第 9 层开始仅对探方中部作解剖发掘。该层出土遗物以瓦片为主，多为浅青灰色或灰白色的布纹里素面板瓦，次为汉代绳纹瓦。另出有少量陶瓷片，以黑釉、紫红釉、红褐釉陶罐残片为主，次为青釉陶罐碗残片和汉代红陶罐残片，见有汉代"万岁"瓦当和南朝的圆璧底青釉碗等。

第 10 层：唐代至南汉时期填土层。灰褐色杂填土，含较多砖瓦碎块，结构较紧密，底部有薄层灰淤泥。距现地表深 3.3～3.5、厚 0.35～0.7 米。该层在两个探方均有分布，从堆积形态分析，应属南汉建筑的下部填土。该层出土瓦片有灰黑色或青灰色的布纹里素面瓦和青灰色、橙黄色、灰白色的汉代绳纹瓦，出土残砖有青灰色小薄砖、橙黄色菱格纹砖等。

第 11 层：唐代建筑垫土层。灰褐土夹红黏土，土质土色较杂，下部含碎砖瓦较多。该层距现地表深 3.7～4.2、厚 0.35～0.5 米。在 T1 发现小磉墩等建筑残留迹象，表明该层面上原应有建筑。在 T2 发现有南北向拦边石墙的遗迹。石墙建于第 14 层面上，西侧拦护第 11、12、13 层填土，东侧为淤土堆积，推测东侧原有水池或沟之类的遗迹。该层出土有少量黑釉、紫红釉陶罐残片，青釉陶瓮罐类残片，方格纹红陶罐残片和灰黑色布纹里素面筒瓦残片等。

第 12 层：唐代填土层。灰褐土夹杂青灰泥块，结构紧密。距现地表深 4～4.7、厚 0.4～0.55 米。该层在两个探方均有分布，东界以 T2 石墙为限。该层出土有较多陶罐残片，多为火候较高的黑釉、紫红釉、红褐釉陶罐，另有少量青釉陶罐、圆壁底小碗残片。出土瓦片见有汉代绳纹瓦、唐代布纹里素面厚胎瓦及少量黄绿釉筒瓦。

第13层：唐代填土层。大量碎砖瓦石块夹杂灰泥。距现地表深4.5~5.2、厚0.5~0.7米。在两个探方呈现统一的堆积形态。该层出土遗物以砖瓦残块为主，另有少量日用陶瓷器残片。出土瓦片包括有板瓦、筒瓦，见有汉代的布纹里或乳点纹里绳纹瓦、唐代的布纹里素面厚胎瓦。出土陶片包括有唐代黑釉、紫红釉、红褐釉陶罐残片，汉代方格纹罐、盆残片等。出土青瓷片主要为罐、盆、碗类残片，釉色青绿或青黄，浅灰色胎。

第14层：晋南朝至唐代灰黑淤泥层。距现地表深5.1~6、厚0.4~1米。在两个探方均有分布。上部淤泥层包含物较少，近底部局部发现有较多木屑和晋南朝至唐代的砖瓦和陶瓷片。砖有菱格纹灰红色砖、楔形青砖、弧形青灰砖等。瓦片有厚1~1.3厘米的汉代乳点纹里或布纹里绳纹瓦，厚1.7~2.5厘米的唐代布纹里素面灰黑色筒瓦。陶片见有黑釉、紫红釉、黄绿釉陶罐残片和汉代方格纹罐残片等。青瓷片主要为浅灰胎青釉罐、盆、碗类残片。

第15层：东汉文化层。棕灰沙土，距现地表深4.85~5、厚约0.4米。仅见于T2东南角。出有少量汉代绳纹瓦片和方格纹陶罐片。

第16层：灰泥层。距现地表深4.9~5.25、厚约0.75米。仅见于T2东南角，未发现文化遗物。

发掘区的生土为强风化的红黏土层，层表高低起伏。T2东南角为第16层下见生土，其它区域均是第14层的灰黑淤泥层下即为生土。

二　主要遗迹

（一）宋代建筑基址

在发掘区内发现的宋代建筑基址有三个时期，包括F1、F2、F3。F1是在F2的基础上改建利用，F2是在F3的基础上改建。地层堆积的第4层即是F2的垫土层。F1、F2的残留遗迹均在T1发现，T2仅在西部发现该层垫土，东部被大坑（H16）打破。F1残留有方形铺地砖面、石砌排水沟，F2残留有青砖墙基，但残存遗迹均较为零散。

F3是较大规模的建筑群，此次发掘仅揭示其局部。自东向西包括有包砖墙基、土沟、砖铺地面、水井、磉墩建筑基址等遗迹。地层堆积的第5、6层应属F3的垫土。包砖墙基位于T2中部，呈南北走向，应是F3的东界。包砖墙基宽约1.1米，在探方内南北长约9米，内为红黏土夹杂碎砖瓦的夯土，两侧以

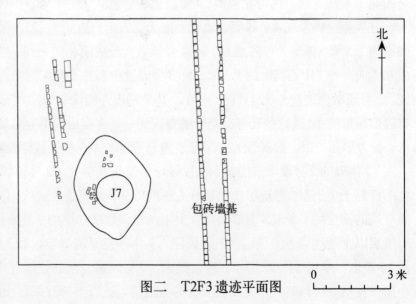

图二　T2F3遗迹平面图

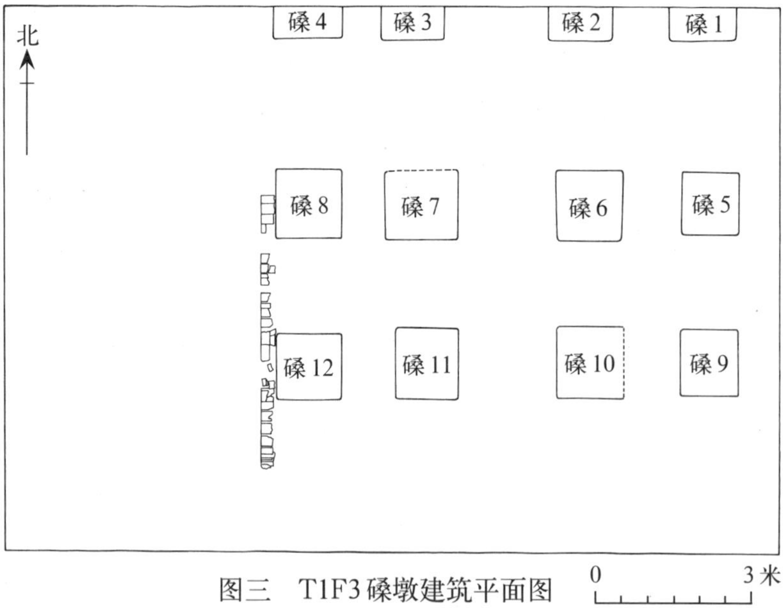

图三　T1F3磉墩建筑平面图

单砖包边。包砖墙基东侧被大坑（H16）打破，墙基西侧发现有土沟（G4、G5）、水井（J7）和残留的砖铺地面等遗迹（图二）。磉墩建筑基址在T1范围内发现，应是F3的主体建筑基址（图三）。已发现南北三排、东西四列共12个磉墩，基本按正方向分布。磉墩平面为正方形，边长1.1～1.3米，残存深度约1.3米。磉墩均以红黏土夹杂较多碎砖瓦分层夯筑，磉墩上部四周发现有以残砖或石块包边的迹象。在最西边的一列磉墩，其西边缘残留有包砖墙基，应是该磉墩建筑的西边缘。其余三面边缘未能确定，还在T1的外侧。东西四列磉墩的中心间距自西向东依次为2.3、3.3、2.3米，南北三排磉墩的中心间距自南向北依次为2.9、3.6米。

（二）南汉建筑基址

在发掘区内发现了大型的南汉建筑群基址，自东向西主要包括磉墩建筑基址（F5）、砖砌排水沟（G6）、砖铺走道、广场（F4）、多边形建筑基址（F6）等。地层堆积的第8、9层为南汉建筑群的垫土层，第10层为下部填土层。

1．南汉磉墩建筑基址

磉墩建筑基址（F5）位于T2的东半部，上部已被大坑（H16）破坏，仅残存磉墩与西侧包砖墙基（图四）。因发掘区域所限，未能确定该建筑的整体布局与朝向，暂以北为正方向。包砖墙基与磉墩均呈西北—东南走向，约为北偏西23度。包砖墙宽0.75～1米，平砖错缝叠砌，砌筑规整。

在发掘区内发现4个磉墩，磉墩平面为正方形，边长2～2.2米。1、2号磉墩成南北向一列，中心间距约7.5米，西侧为包砖墙基。3、4号磉墩大致成南北向一列，中心间距约5.5米。2、4号磉墩大致成东西向一排，中心间距约5.5米。1、3号磉墩中心并不在东西向直线上。南汉磉墩平面规整、构筑讲究。3号磉墩西边被大坑（H16）破坏，其余三边外侧均发现排列有序的方形或长方形桩孔，一角上还有近似圆形的小坑，这些孔可能是磉墩夯筑到一定高度后周围立桩版夯时留下的桩孔。方形孔边长20厘米，长方形孔长25、宽20厘米，深度多为15厘米左右，桩孔或紧贴磉墩外侧或距磉墩边线5～15厘米。

T2南壁的2号磉墩剖面显示南汉磉墩夯筑极为讲究。2号磉墩残存深度约3.4米，底部到达强风化的红黏土生土层。夯筑层次明显分上下两部分。底部是圜底坑，以碎灰石渣夯筑，结构极为致密。石渣夯筑的高度约1.8米，内部又可分上下两层，最底部厚约0.6米是用粗石渣、上部1.2米为细石渣。石渣层以上是红褐色夯土层，土质较纯，基本不见瓦渣等包含物。夯土层以厚层、薄层相间，薄层厚约15厘米、厚层厚约30厘米，夯筑致密。2号磉墩显示的建筑程序是先在第10层表按设计的磉墩大小向下挖坑，坑口略大；完成石渣层的夯筑后，进行上部红褐黏土的版夯；先回填坑口，再夯填建筑垫土层（图一）。

2．南汉砖铺走道、排水沟与广场

南汉砖铺走道与排水沟位于T2南汉碣墩建筑基址西侧，三者走向基本一致。经向西扩方发掘确定了砖铺走道的西界（图四）。

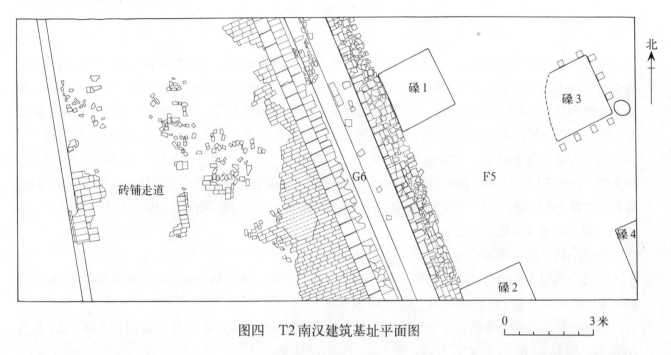

图四　T2南汉建筑基址平面图

0　　　　　　3米

排水沟与碣墩建筑基址的包砖墙基平行，间距约0.7米。排水沟底铺砖，两侧以平砖叠砌沟壁。沟内宽0.45、深 0.25 米。顶部原可能有砖盖，发掘时局部发现有下陷到沟内的断砖。沟内淤积灰黄泥。

砖铺走道东边紧贴排水沟西侧，西边在T2向西扩方后发现。走道东西两边不平行，在发掘区内呈北窄南宽，按延伸到探方壁剖面计算，北端宽8.2、南端宽10.5米。西边平铺两列浅灰黑色拦边砖，近沟的外侧多以长方形砖横铺，内侧以方阶砖平铺。东边发现有砌拦边砖的沟槽，局部残存有侧放埋砌的拦边砖。走道铺砖，为东西向平铺，破坏严重，仅靠近排水沟的边缘保留有局部完整的砖面。

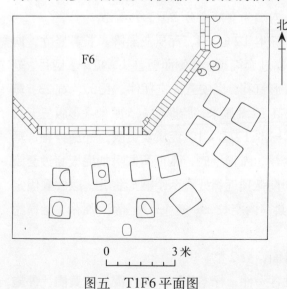

0　　　　　　3米

图五　T1F6平面图

走道以西至T1西壁的范围均为平整的红黏土面，即地层堆积的第8层表面。在红黏土面上发现有很薄的沙层。可能是该区域的广场类遗迹。

3．南汉多边形建筑基址

多边形建筑基址位于T1西北角的外侧，经向西扩方发掘发现。由于发掘面积所限，未能将建筑基址全面揭示，根据已揭出的迹象可初步判断为平面呈正八角形的建筑基址，边长约4.5米（图五）。砖砌墙基宽35～40厘米，以灰黑砖平铺叠砌。基址内部夯填红黏土夹杂碎砖瓦，上部局部残留有红粘土层。多边形墙基外侧发现较多方形或圆形桩孔，排列有序，因桩孔开口于第8层下，打破第9层，所以可能是搭架建造八角形建筑时留下的架桩孔。砖砌墙基开口于第6层下，打破第8、9层。由此显示其建造程序是先铺垫第9层的垫土，再建造八角形建筑基址，最后在建筑基址外侧铺垫第8层的垫土。

三 遗 物

遗址出土遗物较为丰富，最具特色的是出土大量南汉建筑构件和宋代陶瓷器。南汉建筑构件主要出于第5、6层，第6层以下未发现，第5层以上很少。第5层出土的较为残碎，尤以T1第6层出土数量大、种类多，并有较完整器物。出土的南汉建筑构件包括铺地方砖、长方形砖、脊兽、板瓦、滴水瓦、筒瓦、瓦当等。本遗址出土的陶瓷器将另文介绍。现先将第6层出土的南汉建筑构件报告如下。

铺地方砖　多为碎块，可复原2件。大小、纹饰基本一致，仅釉色有不同，包括有青黄、青绿、橙黄等。标本T1⑥：325，泥质橙红胎，正面施青黄釉，釉面有光泽。砖心为莲蓬，其外为复瓣莲花，共有八主瓣、八衬瓣，上下左右四出枝叶。四角各饰一朵折枝菊花纹。外有一周联珠纹和一周云纹。边长37、厚4厘米（彩版三四）。

长方形砖　数量不多，可分4类。

一类　高温青釉小薄砖。黄白胎，粉青釉，仅在露明的一侧施釉，表明这类砖是用于平铺叠砌。标本T1⑥：330，宽11.5、厚2.1、残长10厘米。

二类　低温绿釉小薄砖。与一类区别在于施低温绿釉。标本T1⑥：328，宽14.5、厚2.3、残长16厘米。标本T1⑥：329，宽11.3、厚2.5、残长14厘米。

三类　泥质青灰陶小薄砖。标本T1⑥：326，长23.8、宽11.3、厚3厘米。标本T1⑥：327，长27.5、宽10、厚2.3厘米。

四类　泥质灰黑陶大砖。标本T2⑥：331，长36、宽18、厚5厘米。标本T2⑥：332，宽22、厚4.3、残长34厘米。

脊兽　20件。分3类。

一类　套兽类。5件，另有部分残块。外端为竖鼻，内端为套筒。分2型。

A型　3件。龙首形，有泥质灰黑陶、素烧黄白陶。标本T2⑥：4，泥质灰黑陶。长鼻竖立，向外张嘴露牙。内侧作套筒，弧顶平底，弧顶两侧附加泥板高过套筒顶。外侧面塑兽头、獠牙、圆目，刻划鬃须，须眉飘扬，粗犷生动。套筒弧顶近鼻处有两个圆形钉孔，以安置固定插件。长37、宽23、鼻端高36、套筒高23厘米，套筒内空长27~31、宽15.6、高19.8厘米，胎厚约1.5厘米（彩版三五）。

B型　2件。象首形，有低温绿釉陶、素烧黄白陶。标本T2⑥：1，泥质灰黄陶，外施绿釉，釉层薄，属低温釉。象鼻斜向上竖起，末端外卷。内侧作套筒，弧顶平底，弧顶两侧附加泥板高过套筒顶。外侧面塑獠牙、圆目，刻划鬃须，线条卷曲生动。套筒弧顶近鼻处有两个圆形钉孔，以安置固定插件。长36.5、宽21.2、鼻端高37.4、套筒高18厘米，套筒内空长29、宽13.2、高14厘米，胎厚约1.5厘米（彩版三六）。

二类　垂兽类，即脊头瓦。4件。平面长方形，塑兽面。分2型。

A型　2件。圆目兽面，顶有一钉孔。施黄釉、绿釉各一件。标本T2⑥：6，泥质灰黄陶，外施低温黄釉。额上双角相牴，下为高鼻圆目，眼珠暴凸，龇牙咧嘴，长舌卷曲下垂，下部刻划鬃须，面目狰狞。额上中间有一个圆形钉孔，以安置固定插件。长方形底面高24、宽20、厚2.5厘米（图版一）。标本T1⑥：9，外施绿釉，兽面形态略有差异。长方形底面宽21、厚2.1、残长23.5厘米（图版二）。

　　B型　2件，均残。扁目兽面。双目以扁圆泥片贴附，上有弧形突出的泥片象征眉弓，顶附突出的半环形泥条。以粗犷的刻划纹表示须眉。素烧黄白陶、泥质灰陶各1件。标本T1⑥：7，泥质青灰陶。长方形底面宽17、厚1.3、残长18.5厘米（图版三）。标本T2⑥：8，素烧黄白陶。长方形底面宽20、厚1.8、残长18厘米（图版四）。

　　三类　走兽类。11件。在筒瓦一端贴附兽头。分2型。

　　A型　扁目兽头。7件，有素烧黄白陶、泥质灰黑陶，多残。标本T2⑥：10，泥质灰黑陶。筒瓦末端附加泥塑兽头。双耳折向后，以扁泥团贴塑双目，下部捏塑鼻嘴外形，戳点出鼻孔，并刻划出龇牙咧嘴的形态。兽头后部的筒瓦面上刻划鬃毛。筒瓦残长21.5、宽16.5、高6.5厘米，兽头高8.5厘米（图版五）。

　　B型　狮头。4件，有绿釉陶、素烧黄白陶、泥质青灰陶，均残。标本T1⑥：17，泥质青灰陶。双角竖立，圆目高鼻，刻划须毛。兽头内空，贴附于筒瓦上，兽头高约10厘米（图版六）。

　　板瓦　基本特征是上宽下窄，凸面光素，凹面布纹。带釉板瓦多为直边抹角。分3类。

　　一类　高温青釉板瓦。出土碎片数量多，较大块，但极少能复原。多为厚重青灰胎，火候很高，直边抹角，周施护胎釉，仅在露明瓦面施青釉，即凹面近窄端的2/3瓦面施釉，上端和两侧叠压部位无釉。釉厚且均匀，多有玻璃光泽。胎较厚，多为1.4厘米左右。标本T1⑥：45，釉色粉青，原应有光泽。长30、宽21～24、胎厚1.3厘米（彩版三七）。

　　二类　低温釉板瓦，有绿釉、黄釉两种。出土少量碎片，极少能复原。粉黄胎，火候较低，直边抹角，凹面从上到下施釉，仅两侧边叠压部位无釉。釉层薄，部分仍有光泽。胎较薄，多为1厘米左右。标本T2⑥：44，绿釉，长28、宽16～20.5、厚1厘米，窄端抹角较甚（彩版三八）。

　　三类　泥质灰陶板瓦。出土碎片多，极少能复原。胎厚多为1.3厘米左右，少数薄至1.1、厚达1.5～2厘米。标本T1⑥：47，长32.8、宽22～27、厚1.1厘米。

　　滴水瓦　分2类。

　　一类　联珠纹垂花边滴水瓦。均为高温青釉。出土数量多，完整者少。青灰胎，火候高，厚重。板瓦头上下两面均施青釉，釉层厚且均匀，多有玻璃光泽。板瓦头饰联珠纹。瓦头下附9连弧垂花边，内饰联珠纹弧带和竖条带。胎厚多为1.2厘米左右。标本T1⑥：53，粉青釉，瓦头宽29厘米（彩版三九）。

　　二类　双唇褶花边滴水瓦。有高温青釉、青绿釉和泥质灰陶三种。前两种仅见个别碎片，后者较多。均为在板瓦头下附加双层泥片，经轮修光滑后捏褶成双唇花边。标本T1⑥：52，板瓦头厚1.4、双唇花边厚1.8厘米（图版七）。

　　筒瓦　分4类。

　　一类　高温青釉筒瓦。出土数量大，多为较大块的碎片，基本完整的有10余件。多为厚重青灰胎，火候高。瓦筒外施青釉，釉层均匀，有玻璃光泽。瓦舌红褐色。内为布纹。少数灰黄胎，青釉偏黄，色泽略差。多为胎厚约1.3、瓦筒长约30、宽约14～16、瓦舌长约4.3厘米。标本T1⑥：30，青灰胎，胎厚约1.2厘米，瓦舌长4.3厘米，瓦筒长29.5、宽13.7～15、高8厘米（图版八）。标本T1⑥：29，青灰胎。外表粘附铁质渣粒。胎厚约1.3厘米，大小与T1⑥：30相同（彩版四〇）。标本T1⑥：23，灰黄胎。釉层较薄，釉色略泛黄，有光泽。瓦舌灰黄色。胎厚约0.9厘米，瓦筒长23.9、宽10.7～11、高5.2厘米，瓦舌长5厘米。

二类　低温釉筒瓦，有绿釉、黄釉两种。出土少量碎片，未能复原。胎釉情况与B型板瓦一致。标本T1⑥：41，黄釉泛青，胎厚约1.4厘米，瓦筒残长30、宽14.5～155、瓦舌长5厘米（图版九）。

三类　泥质黄白陶筒瓦。数量较少，多为碎片。胎厚重，有黄白色或偏红色。胎厚1.5厘米左右，瓦筒长30～33厘米。外为素面，内为布纹。标本T1⑥：34，黄红色，瓦筒长31、宽14～16、高85、瓦舌长4厘米。

四类　泥质灰陶筒瓦。出土数量大，大块碎片多，基本完整的有10余件。多为灰黑色、灰色，内为布纹。多为胎厚1.2、瓦筒长30～31、宽14～15、瓦舌长4.3厘米。少数胎厚达1.5厘米。标本T1⑥：32，瓦筒长31.2、宽14.5～16、高8、瓦舌长4.3厘米。

瓦当　200余件。总体特征是大小以直径约14、厚约1.1～1.4厘米为主，当面模印纹饰突起，边廓多与当面平齐，极少见边廓突起如边轮的现象。按当面主体纹饰不同，分4类。

一类　兽面瓦当。30余件。青灰胎，火候高，外施青釉。釉层厚且均匀，多有玻璃光泽，釉色有青灰、青绿、青黄。兽面略呈浮雕突起，外有一周联珠纹。兽面顶部为双角相牴，双耳竖立，竖眉圆目，龇牙咧嘴衔环，面目狰狞。直径12.5～14.5厘米，以14厘米左右居多。标本T1⑥：68，施青绿釉。直径14、厚1.2～1.4厘米（图六，1）。标本T2⑥：66，大小基本一致，釉色青绿（彩版四一）。

二类　双凤瓦当。7件。内圈为双凤纹，外为一周联珠纹，有边廓。按双凤纹饰不同，分3型。

A型　2件，有低温黄釉、泥质灰黑陶各1件。内圈为首尾相对的双凤纹，双翅扇起，三枝尾羽细长弯曲如水波纹。外圈为联珠纹。标本T2⑥：104，泥质粉白色胎，火候略低，正面施低温黄釉。边廓较宽。直径约14、厚1.4厘米（图六，2；图版一〇）。

B型　3件，有低温黄釉、绿釉和素烧黄白陶。内圈为首尾相对的双凤纹，双翅扇起，尾羽舒展，刻画精细，有浮雕感，栩栩如生。外圈为联珠纹。标本T1⑥：100，泥质黄白胎。边廓窄小。直径14、厚1.4厘米（图六，3）。

C型　2件，泥质灰陶、黄白陶各1件。内圈中间为一朵盛开的荷花，下为双枝交缠，两侧各有一凤（鸾）站立衔枝。外圈为联珠纹。标本T1⑥：98，泥质灰胎。边廓较窄。

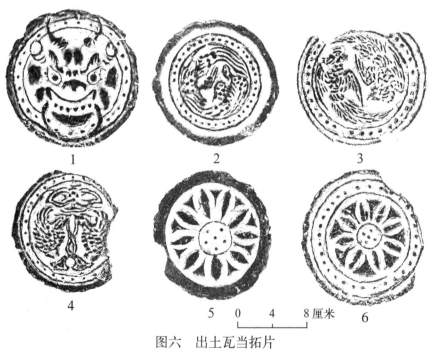

图六　出土瓦当拓片

1.兽面瓦当（T1⑥：68）　2.A型双凤瓦当（T2⑥：104）　3.B型双凤瓦当（T1⑥：100）
4.C型双凤瓦当（T1⑥：98）　5.A型莲花瓦当（T1⑥：180）　6.B型莲花瓦当（T1⑥：204）

直径13.5、厚1.4厘米（图六，4）。

　　三类　莲花瓦当。较完整的160余件。多数为泥质灰黑陶，次为素烧黄白陶或红黄陶，个别为高温青釉陶或低温绿釉陶。莲花纹饰多数为瘦长形单瓣莲瓣，间隔瓣多呈倒亚腰三角形或丁字形，中心为多籽莲蓬。按有无联珠纹及联珠纹的布局位置不同，分四型。

　　A型　无联珠纹。16件。多为泥质灰黑陶，少数为泥质红黄陶。当面中心为莲蓬，外为莲瓣，边廓略宽，个别边廓微突起。莲花纹饰主要有四籽八瓣、六籽九瓣、五籽十瓣。标本T1⑥：180，泥质灰黑胎。中心为六籽莲蓬，外为九瓣莲花，短三角形间隔。边廓较宽，略凸起。直径13～14、厚1.3厘米（图六，5）。

　　B型　联珠纹边廓。58件。多为泥质灰黑陶，次为素烧黄白陶。与C型的主要区别是边廓饰联珠纹。少数为复线的双圈莲蓬，在双圈之间饰联珠纹或长点纹。标本T1⑥：204，泥质灰黑胎。中心为五籽莲蓬，外为八瓣莲花。莲瓣瘦长，纹饰饱满，三角形间隔。边廓上饰一周联珠纹。直径14.5、厚1.1厘米（图六，6）。标本T1⑥：183，泥质灰黑胎。中心为双圈五籽莲蓬，双圈之间饰长圆点联珠纹带。外为八瓣莲花，双芽瓣形间隔。边廓上饰一周联珠纹，间以长圆点纹。直径12.5～13、厚0.8厘米（图七，1）。

　　C型　联珠纹外圈。约100件，另有残块约60余件。多为泥质灰黑陶，次为素烧黄白陶。基本特征是在莲瓣区外侧饰一周联珠纹带，多数边廓略窄无纹。莲花纹具体变化形式多样。莲蓬见有一籽、四至九籽不等，以五籽最多；莲瓣有七至十三瓣不等，以八瓣最多。少数为复线的双圈莲蓬，双圈之间或无纹或饰联珠纹。个别边廓有模印符号，个别莲瓣近似菱形，个别为高温青釉或低温绿釉。

　　标本T1⑥：235，泥质灰黑胎。六籽八瓣莲花纹，三角形间隔，纹饰较饱满。边廓略窄。直径14.5、厚1.1厘米（图七，2）。标本T1⑥：122，泥质灰黑陶。五籽八瓣莲花纹。外圈联珠纹，四等分处间以长圆点纹。边廓较宽，四等分处模印有符号。直径13.2、厚1.1厘米（图七，3）。标本T1⑥：121，泥质灰黑陶。中心为双圈五籽莲蓬，双圈之间饰联珠纹带，外为十三瓣莲花。外圈为一周稀疏的联珠纹。边廓很窄。直径12.5、厚1.4厘米（图七，4）。标本T1⑥：215，泥质灰黑胎。七籽十三瓣莲花纹，莲瓣与间隔均细长。边廓较宽。直径14、厚1厘米（图七，5）。标本T1⑥：245，泥质灰黑胎。四籽八瓣莲花纹，莲瓣略作上宽下窄的菱形，"丁"字形间隔。边廓略窄。直

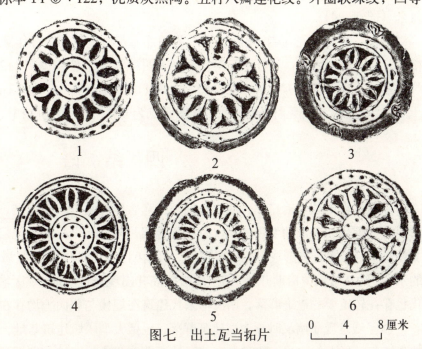

图七　出土瓦当拓片

1.B型莲花瓦当（T1⑥：183）　2.C型莲花瓦当（T1⑥：235）
3.C型莲花瓦当（T1⑥：122）　4.C型莲花瓦当（T1⑥：121）
5.C型莲花瓦当（T1⑥：215）　6.C型莲花瓦当（T1⑥：245）

径14.5、厚1.2厘米（图七，6）。
标本T1⑥：118，泥质粉白胎，外
施薄层低温绿釉。五籽九瓣莲花
纹，花瓣瘦小。外圈隐约有联珠
纹。边廓较宽。直径9.5、厚1.1
厘米（彩版四二）。

另有少量该型瓦当的莲瓣或
莲蓬纹饰特殊。标本T1⑥：115，
泥质浅灰胎。中心为五连弧花边
莲蓬，内为八出花蕊形莲籽。外为
八瓣莲花，亚腰形间隔。外圈为稀
疏的小联珠纹带。边廓很窄。直径
13.2、厚1.1厘米（图八，1）。标
本T1⑥：127，泥质灰黑胎。中
心为八籽莲蓬，外为十八瓣莲花，
两两相交成九组。外圈为一周联
珠纹。边廓很窄。直径13.5、厚

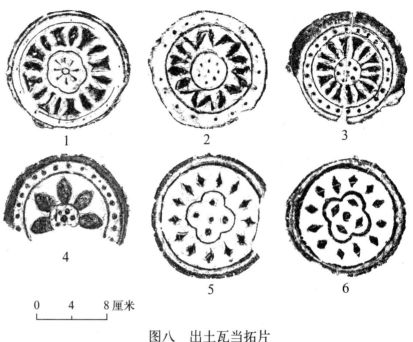

图八　出土瓦当拓片

1. C型莲花瓦当（T1⑥：115）　2. C型莲花瓦当（T1⑥：127）
3. C型莲花瓦当（T2⑥：123）　4. C型莲花瓦当（T2⑥：125）
5. 菱格莲花瓦当（T1⑥：112）　6. 菱格莲花瓦当（T1⑥：110）

1.2厘米（图八，2）。标本T2⑥：123，泥质灰黑胎。中心为七籽莲蓬，外侧莲瓣与间隔瓣不能准确区
分，共十五瓣。外圈为一周联珠纹。边廓较宽。直径13、厚1.2厘米（图八，3）。标本T2⑥：125，泥
质灰黑胎。中心约七籽莲蓬，外为椭圆形花瓣，约七瓣。外圈为联珠纹。边廓较窄。直径13.5、厚1.1
厘米（图八，4）。

四类　菱格莲花瓦当。8件。中心为四连弧花边莲蓬，莲籽作圆点形或菱格点形；莲瓣简化成菱
格形。有五籽十二瓣、五籽十三瓣、六籽十四瓣等。标本T1⑥：112，泥质青灰胎。五籽十三瓣莲花
纹，莲籽圆点形，外廓窄平，直径13.3、厚1.2厘米（图八，5）。标本T1⑥：110，泥质灰胎。五籽
十二瓣莲花纹，中心莲籽为圆点形，周围四点为菱格点形。外廓较窄。直径13、厚1.2厘米（图八，6）。

四　结　语

此次发掘的收获对广州古城中心区域的考古研究具有一定意义。首先是明确了该区域文化层堆积
情况及成因。T2东南角发现的东汉时期文化层是本区域最早的文化层堆积，其下部的灰泥层虽未发现
文化遗物，但可推测形成时代早于东汉。晋南朝至唐代前期，本区域为淤泥堆积，可判断当时为低洼
的水域。约从唐代中后期开始，该区域被填高并出现建筑基址。该区域南汉时期存在大型建筑群落，宋
代也存在较重要的建筑群落。南汉与宋代建筑在规模与朝向上均存在一定差异。

该区域发现了南汉时期大型建筑群落，包括大型磉墩建筑基址、砖铺走道、广场和可能是八角亭
的建筑基址。结合1999～2000年在该区域西侧府学电站工地的发掘情况，可初步确定宋代与南汉建筑
群落均向西延伸，规模较大①。结合地理位置与建筑规模，可以认定该建筑群落与中山四路北侧发现的

南汉皇宫区域建筑有密切关系。这里发现的南汉磉墩平面大小与对面南汉皇宫区发现的磉墩较为接近。

此次发现的大量南汉建筑构件则应是附近的南汉建筑，包括东侧的南汉磉墩建筑（F5）、西侧的八角形建筑（F6）等的上部构筑的遗物。至于多种形态的莲花瓦当显示应属不同的建筑或同一建筑的不同单元，也可能存在一定的早晚关系。从该层堆积形态显示，并非倒塌的自然堆积，而是经人为堆填，用作宋代建筑的垫层。因其出土数量大，堆积集中，为南汉建筑史研究提供了重要资料。

根据出土瓦当的数量比例可以推知，当时建筑屋顶用材总体是以灰黑色板瓦、筒瓦为主，瓦当纹饰以莲花为主。各类脊兽与大量高温青釉板瓦、筒瓦、花边滴水瓦、兽面瓦当和青釉铺地方砖等精美的带釉构件，应为个别重要的建筑所用。同时还发现有少量低温绿釉或黄釉的板瓦、筒瓦、小薄砖等构件。这些都充分显示了南汉皇宫建筑的多样性和建筑工艺的高超，文献记载南汉宫殿"玉堂珠殿"，从这里的发掘应可为印证[2]。

附记：该遗址的发掘由朱海仁领队，参加发掘的有张金国等。本报告绘图由朱家振、曾凡华完成，董锋、陈淑庄负责修复，黄兆强负责拓片，关舜甫负责器物摄影。

执笔：朱海仁

注 释

[1] 《广州中山四路宋代建筑基址》，《中国考古学年鉴2001》，文物出版社，2002年。

[2] 梁廷楠《南汉书》卷三"高祖纪二"，广东人民出版社，1981年。

图版一　A 型垂兽（T2⑥∶6）

图版二　A 型垂兽（T1⑥∶9）

图版三　B 型垂兽（T1⑥∶7）

图版四　B 型垂兽（T2⑥∶8）

图版五　A型走兽（T2⑥：10）

图版六　B型走兽（T1⑥：17）

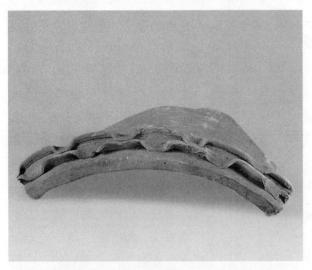

图版七　褶花边滴水瓦（T1⑥：52）

图版八　青釉筒瓦（T1⑥：30）

图版九　黄釉筒瓦（T1⑥：41）

图版一〇　A型双凤瓦当（T2⑥：104）

广州市大塘街宋代河堤遗址发掘简报

广州市文物考古研究所

大塘街地处广州旧城区，北临中山路和仓边路，东邻德政路，南邻文明路，西邻文德路，再往西是北京路（图一）。20世纪90年代，在德政中路曾发现唐代木构建筑基址和码头遗址①，在仓边路发掘出宋代城墙遗址②。

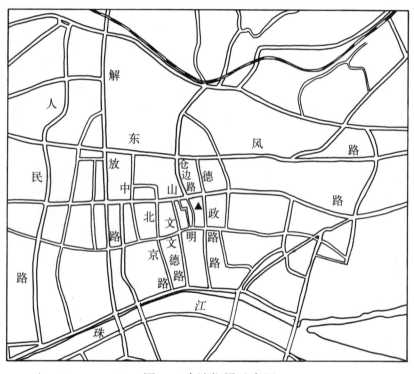

图一　遗址位置示意图

2002年9~11月，广州市文物考古研究所配合工程建设，对大塘街东侧一工地建设范围进行了抢救性考古发掘。发掘面积400平方米，揭露出东汉、六朝、唐、两宋及明清时期文化层堆积，清理出明清时期水井20余口，宋元灰坑30多个，以及宋元时期的房基、道路等遗迹，最重要的收获是发掘清理出一段宋代河堤遗迹，根据文献可确认为宋代清水濠，为研究广州历史地理提供了重要的考古学资料。现将发掘材料报告如下。

一　地层堆积

发掘时布10×10米探方3个，在清理出河堤遗迹后再扩大发掘10×10米探方1个。经发掘，遗址文化层堆积最深距现地表5.8米。东汉、晋南朝及唐代文化层集中分布在发掘区东部和东北部，发掘区西部主要是河道淤积堆积。现以T2、T3北壁为例将地层堆积介绍如下（图二）。

第1层：近现代建筑废弃层。厚1.5~1.8米。堆积松散，包含近现代垃圾及遗物。

第2层：明清文化层。可分6小层。

2a层：灰黑色沙黏土。厚0.01~0.4米。堆积较松散，出土少量青花瓷碗、碟和釉陶罐等遗物。

2b层：红褐色黏质土。厚0.01~0.5米。堆积较松散，含碎石颗粒及少量螺壳，出土遗物以釉陶罐、盆、钵为主，另有少量青花瓷碗、盘等。

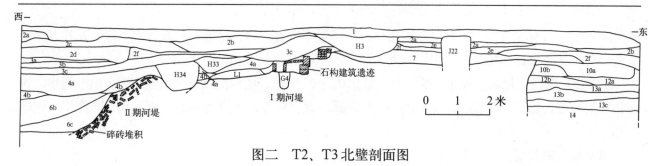

图二　T2、T3北壁剖面图

2c层：灰褐色沙黏土。厚0.01～0.2米。主要分布在发掘区西北部。堆积较松散，含大量贝螺残骸，出土极少量釉陶和青瓷器残片。

2d层：棕褐色沙黏质土。厚0.01～0.55米。堆积松散，含大量螺壳，出土少量青瓷和青花瓷碗、碟及釉陶罐、钵、盆等。

2e层：黄灰色亚黏土。厚0.01～0.25米。堆积松软，较纯，出土文化遗物极少。

2f层：灰褐色沙黏土。厚0.01～0.4米。堆积松散，含较多螺壳和粗砂颗粒，出土釉陶罐、盆和少量青花瓷器。

第3层：南宋至元代文化层。分3小层。

3a层：瓦砾层。厚0.01～0.2米。以灰黄板瓦为主，另有少量青灰瓦，此外出土少量青瓷器和釉陶器。

3b层：红褐色沙黏土。厚0.01～0.2米。堆积松散，出土少量釉陶罐和青瓷碗、碟等遗物。

3c层：灰褐色沙黏土。厚0.01～0.6米。堆积松散，含较多螺壳，出土青瓷和釉陶，器类有青瓷碗、碟、壶，釉陶罐、盆等。

第4层：宋代文化层。集中分布在发掘区西部，为河道淤积所形成。分2小层。

4a层：灰黑色沙黏土。厚0.01～0.65米。堆积松散，含大量螺壳，出土遗物以瓷器稍多，器类有青瓷碗、碟、器盖等，釉陶器有盆、执壶、罐等。

4b层：褐灰色沙黏土。厚0.01～0.25米。堆积松散，含大量螺壳，出土一定数量的青瓷和釉陶，器类有青瓷碗、碟、器盖，釉陶罐、钵等。

第5层：宋代文化层。灰红色沙黏土。厚0.01～0.35米。较疏松，出土少量青瓷、釉陶器等遗物。本层集中分布在发掘区西部。

第6层：宋代文化层。为河道淤积堆积。分3小层。

6a层：灰黑色砂质土。厚0.1～0.35米。堆积疏松，含大量螺壳，出土青瓷、青白瓷和釉陶器等遗物。本层分布于发掘区西部。

6b层：灰褐色贝螺堆积层。厚0.01～0.8米。堆积松散，出土遗物以釉陶为主，青瓷和青白瓷略少，器类有釉陶盆、罐、钵，青瓷和青白瓷碗、碟等。

6c层：深灰色贝螺堆积层。厚0.01～0.65米。堆积松散，出土大量青瓷、青白瓷器，器形以碗为主，另有杯、碟、壶、器盖等，釉陶略少，器类有罐、盆、器盖、灯台等。在堆积中顺河道方向埋藏两根大圆木，直径达15～20厘米，长度均超过5米。

第7层：宋代文化层。黄红色黏质土。厚0.01～0.35米。堆积较松软，含较多小螺壳，出土遗物以釉陶为主，另有少量青瓷、青白瓷和瓦片，釉陶器形有盆、钵、罐等，瓷器有碗、碟，瓦片多素面灰瓦，有少量布纹瓦和绳纹瓦。本层为人工活动形成的文化层堆积。

第8层：宋代文化层。灰黑色淤泥土。厚0.01～0.35米。堆积松软，含少量螺壳，出土遗物以青瓷和釉陶为主，器形有青瓷碗、碟、执壶，釉陶罐、盆、钵等。本层为河道淤积堆积，分布于发掘区西部。

第9层：宋代层。分2小层。

9a层：灰褐色黏质土。厚0.4～0.45米。堆积松软，含少量细沙，较纯，出土少量青瓷、釉陶和瓦片。

9b层：红褐色黏质土。厚0.3～0.35米。堆积松软，含少量细沙及棕红土斑，出土遗物以绳纹灰瓦和泥质灰陶为主，另有极少量青瓷和釉陶。

第10层：唐代文化层。集中分布在发掘区东北部。分2小层。

10a层：灰绿色沙黏土。厚0.01～0.3米。堆积较致密，含较多黏土颗粒及小螺壳，出土少量青瓷、酱釉陶、泥质红陶和灰陶及较多布纹灰瓦，青瓷有碟、碗等，陶器有泥质红陶罐等。

10b层：灰黑色沙黏土。厚0.01～0.3米。疏松，含较多螺壳，出土遗物同10a层。

第11层：唐代文化层。灰色沙黏土。厚0.01～0.3米。主要分布在发掘区东部，被河堤叠压，属河堤修建以前的河道淤积堆积。

第12层：晋南朝文化层。仅分布在发掘区东北部。分2小层。

12a层：深灰色沙黏土。厚0.01～0.45米。堆积松散，含较多贝壳和螺壳，出土遗物以泥质陶为大宗，另有极少量青瓷、青釉陶和绳纹灰瓦。陶器有红陶和灰陶两种，红陶居多，器表多饰方格纹，其余均为素面，器形有宽沿釜、敛口罐、盆、钵等。

12b层：灰黑色沙黏土。厚0.01～0.2米。堆积松散，含较多螺壳，出土少量青瓷和较多灰、红泥质陶片。

第13层：东汉文化层。仅分布在发掘区东北部。分3小层。

13a层：浅灰绿色沙黏土。厚0.15～0.25米。堆积松软，含较多贝、螺残骸，出土较多灰、红陶片，纹饰以方格纹为主，器形以罐、釜常见。

13b层：深灰绿色沙黏土。厚0.2～0.4米。含泥成分较多，含贝、螺较少，出土陶片不多。

13c层：灰绿色沙黏土。厚0.2～0.35米。堆积较松软，含贝壳，出土较多灰、红陶片。

第14层：深灰色淤泥堆积。纯净，没有文化遗物。

第14层以下为灰白色风化壳堆积。

二　遗　迹

本次发掘清理出的遗迹多为明清时期的灰坑和水井，水井均以青灰砖或黄红砖砌井圈，出土遗物以釉陶器为主。宋代遗迹有灰坑、路面、灰沟和河堤，其中灰坑和灰沟大部分开口于第4a层下，打破河堤，形状不规则，大小深浅不一，推测应为在河堤取土所形成。河堤属本次发掘清理出的最重要的遗迹。

（一）河堤遗迹

河堤位于发掘区中部，打破河堤顶面有一条同向的路面，被晚期地层及灰坑、水井、房基等遗迹

叠压打破。河堤方向326度，大致呈西北－东南走向。河堤顶面距现地表最浅2米，清理出露的部分宽
14.1～16.7、高0.6～2.5米（图三；图版一；彩版四三）。根据发掘可以判断分两期修筑。

第Ⅰ期河堤　以棕红色亚黏质山岗土堆填而成（图版三）。河堤横截面略呈不等边五边形，宽
11.7～13.2、最高2.5米。河堤东北部打破东汉、晋南朝和唐代文化层，其大部分叠压在第11层堆积

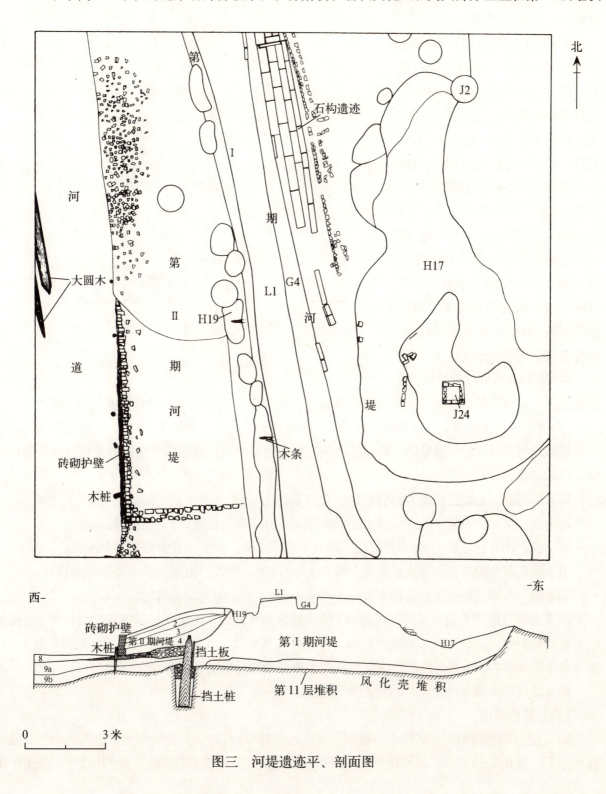

图三　河堤遗迹平、剖面图

上，再向下为灰白色风化壳堆积。河堤西侧临河面以木板和木桩筑成挡土结构（图四；图版二）。具体结构为：沿河边栽一排木桩，再紧贴木桩的东侧横置木板，挡土板高1米左右（图版四）。木板与木板之间及木板与木桩之间并没有以榫卯或铁钉固定。栽桩的土坑略为方形，深2、边长0.6～0.7米。木桩下端平头，长2.1～3.5、直径0.25～0.4米。坑内堆填石块和碎砖，以加固木桩（图版五）。木挡板一般厚5厘米，长1.9～2.1米。堆填的亚黏质山岗土较纯，偶含陶瓷片，解剖发掘表明为分层堆填而成，在山岗土中有一些横置的不规则的长条形木条，用以加固河堤。根据发掘推知，第Ⅰ期河堤修筑的步骤大致是：沿河边挖坑栽桩，贴着木桩横架挡板，然

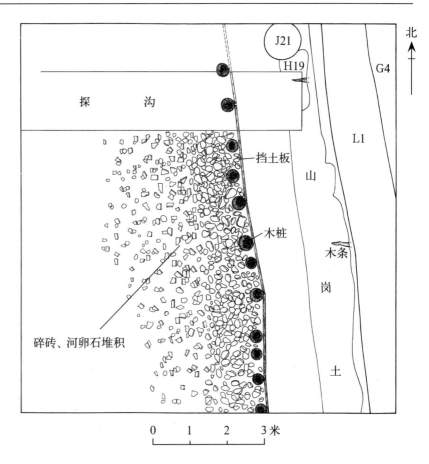

图四　第Ⅰ期河堤挡土结构图

后填土。基本上是就着原来地面的地势堆填棕红色山岗土，在填土中放置横向木头以加固。

河道位于河堤西部，第Ⅰ期河堤使用时的河道堆积分2层，即第8、9层。在两层淤积堆积之间有一层河卵石和碎砖层，紧贴第Ⅰ期河堤西侧，向西倾斜分布。我们推断为河堤使用过程人为堆积形成，以加固河堤。

第Ⅱ期河堤　紧贴第Ⅰ期河堤西侧修筑。以红黄色山岗土、贝壳堆积层相间夹杂碎砖瓦堆填。分4层。

第1层：黑灰色黏质土，含大量贝壳。厚0.25～0.3米。松散，出土遗物较多。

第2层：褐灰色黏质土，含少量贝壳。厚0.1～0.25米。出土少量青瓷器和釉陶器。

第3层：灰色黏质土，含大量贝壳。厚0.1～0.5米。松散，出土少量青瓷和釉陶器。

第4层：灰褐色黏质土，含较多贝壳。厚0.1～0.4米。出土少量遗物。

河堤西侧边缘用普通青灰砖砌成护壁，绝大部分为残碎砖，护壁底局部铺有一层竹片，可能是用以支撑砖砌护壁，防止下沉，护壁外侧树一排木桩支顶砖壁。Ⅱ期河堤低矮，顶面倾斜，高1～1.5、东西宽3.5米左右。本期河堤北段堆积散乱，为曾经倒塌后经随意修整堆砌而成。

第6层属第Ⅱ期河堤使用时的河道淤积堆积。

（二）其他遗迹

L1　位于河堤顶面，与河堤走向基本一致，路面被G4打破，并被晚期地层叠压和破坏。路面现存长约17、宽0.7～1.2米。路面垫土以灰褐色沙黏土夹大量螺壳夯筑而成，厚约0.1米。垫土中出土

少量青瓷、青白瓷和釉陶片，及少量碎瓦片（图三）。

G4 位于河堤顶面，与河堤基本平行，开口于第4a层下，打破L1和河堤遗迹（图三）。灰沟长17.5米，宽0.3~0.8米，深0.2~1.2米。灰沟内填褐灰色沙黏土，较松软，含较多螺壳和碎瓦，填土中出土少量青瓷、青白瓷和釉陶片。

H17 位于发掘区东部。开口于第2f层下，打破第3层、第Ⅰ期河堤及以下各层（图五）。灰坑平面大致为长条形，坑壁和底均不规则。灰坑南北最长13.8、东西最宽7.2、最深1.9米。坑内填土分为4层：第1层为黑褐色沙黏土，厚0.15~0.6米，土质松软，含碎青灰砖及贝螺残骸；第2层为灰黑色沙黏土，厚0.2~0.35米，松软；第3层为黑褐色沙黏土，厚0.15~0.25米，松软；第4层为灰褐色淤积土，厚0.1~0.15米。灰坑内出土遗物以釉陶、青瓷和瓦片为主，另有少量白瓷，器形有青瓷碗、盒，酱釉陶鼎足，白瓷高足杯等，另有陶球和"元丰通宝"铜钱出土。

第Ⅰ期河堤北部顶面还有一段石构建筑遗迹，打破G4，残损严重，其性质未明。

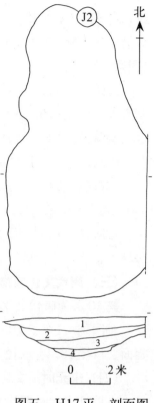

图五 H17平、剖面图

三 遗 物

遗址出土遗物以两宋时期的文化堆积最为丰富。唐以前的文化层仅见于遗址东北部，分布范围较小，东汉、晋南朝和唐代文化遗物少见，明清时期文化遗物不多。

（一）东汉时期文化遗物

东汉文化层（第13层）仅见于发掘区东北部，分布范围较小，出土遗物以陶片为大宗，另有少量绳纹灰瓦。陶器有泥质红陶和泥质灰陶两种，多为素面，部分饰方格纹，纹饰有粗、细之分，器形有敛口罐、宽沿釜等。瓦片绝大多数为灰瓦，多饰布纹，部分饰绳纹，以板瓦居多。遗物多残，不可复原。

陶罐 1件。T3⑬a：5，泥质红陶。敛口，尖唇，鼓腹，底略内凹。肩部遍施细小斜方格纹，并有一圈戳印，腹部以下素面。口径24、底径25.6、高27.2厘米（图六，1）。

釉陶钵 1件。T3⑬a：3，灰胎。敛口，口沿外撇，折肩，圆唇，足残。施青绿釉，腹部以下大面积脱落。残高6.8、口径15.6、腹径16.4厘米（图六，2）。

（二）晋南朝时期文化遗物

遗物较少，以青釉陶器多见，主要出于第12层。器形有釜、罐、碗、盆等。

陶釜 2件。T3⑫a：1，夹砂灰陶。宽折沿，鼓腹，圜底。颈部饰一圈凸旋纹，腹部以下饰粗绳纹。口径18、高14.4厘米（图六，3）。T3⑫a：7，夹砂灰红陶。敛口，宽斜沿，圆腹。素面。口径18、腹径24.2、残高12.2厘米（图六，4）。

陶盆 1件。T3⑫b：3，泥质红陶。敞口，斜沿，溜肩，腹下斜收，底略内凹。肩、腹转折处各施一圈弦纹，余素面。口径20、底径15.2、高9.8厘米（图六，5）。

陶罐 2件。T3⑫a：2，泥质灰红陶。敛口，尖唇，鼓腹长身，底略内凹。肩部饰两圈不规整弦纹，腹部以上施方格纹。口径9.6、底径11.6、高12.8厘米（图六，6）。 T3⑫c：2，泥质红陶。敛口，口沿略向外撇，底略向内凹，鼓腹。口沿及肩部饰弦纹，余皆素面。口径17、底径18.3、高24.7厘米（图六，7）。

　　陶碗　1件。T3⑫c：1，泥质红陶。敞口，圆唇，弧腹，假圈足微凹。素面，器内外均有明显轮制痕迹。口径9.6、底径11.6、高12.8厘米（图六，8）。

　　釉陶钵　1件。T3⑫a：5，敛口，圆唇，弧腹，平底。通体施青绿釉，素面，仅在口沿外部施一深一浅两道弦纹。口径15、底径8.4、高6.8厘米（图六，9）。

　　釉陶碗　2件。T3⑫a：6，泥质黄红陶。敞口，圆唇，束颈，折肩，台足。素面。口径12、足径5.6、高5.6厘米（图六，10）。T3⑫b：5，口径14、底径6.8 、高5.8厘米（图六，11）。

　　釉陶盆　1件。T3⑫b：2，泥质灰陶。敛口，斜折沿，平唇，折肩，腹下斜收，底略内凹。施青绿釉，脱落严重。口径19.8、底径14.8、高9厘米（图六，12）。

（三）唐代文化遗物

　　第10层为唐代文化层堆积，出土遗物不多。

　　釉陶碗　1件。T4⑩b：1，灰黄胎。敞口，圆唇，弧腹平底，口部不平整。器内及口处部施釉。素面。口径18.4、底径7.2、高4.8厘米（图六，13）。

（四）宋元时期文化遗物

　　本遗址宋元时期的文化层堆积最厚，主要形成于两期河堤使用的时期。出土遗物也最为丰富，以

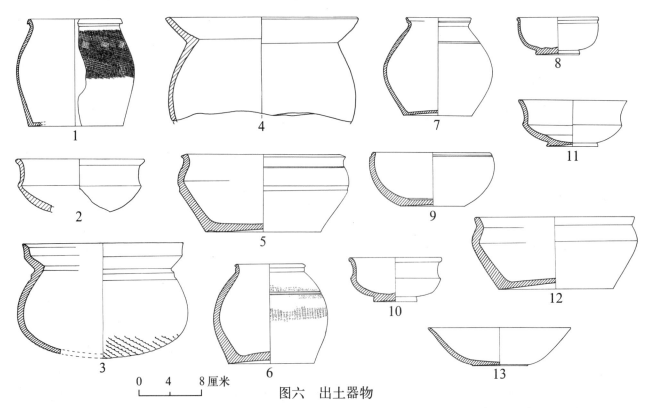

0　　4　　8厘米

图六　出土器物

1.陶罐（T3⑬a：5）　2.釉陶钵（T3⑬a：3）　3、4.陶釜（T3⑫a：1；T3⑫a：17）　5.陶盆（T3⑬b：3）　6、7.陶罐（T3⑫a：2；T3⑫c：2）　8.陶碗（T3⑫c：1）　9.釉陶钵（T3⑫a：5）　10、11.釉陶碗（T3⑫a：6；T3⑫b：5）　12.釉陶盆（T3⑫b：2）　13.釉陶碗（T4⑩b：1）

青瓷和釉陶器居多，另有少量青白瓷、白瓷。器类有碗、炉、高足杯、凤头壶、小罐、粉盒，酱釉罐、执壶、盆，此外还有莲花纹瓦当、石砚和铜钱等。

根据层位关系，宋元时期的文化层堆积和遗迹可分为三期。第一期为第Ⅰ期河堤使用时期形成的河道淤积堆积，包括第9、第8层；第二期为第Ⅱ期河堤使用后至两期河堤完全废弃前形成的堆积，包括第7、6、5、4层堆积，L1、G4及一些灰坑；第三期为河道完全废弃后人类活动形成的堆积，包括第3层，以及G1、G2和H17、H18、H22等灰坑。

依据上述层位关系，宋元时期的遗物也可分为三期，第Ⅱ期河堤填土中出土的遗物，可归入第一期遗物。以下分期进行介绍。

第一期遗物

以青瓷器和釉陶器为主，有少量青白瓷器、瓦当及其他遗物。

1. 青瓷器　数量最多，器形有碗、盏、罐、盆、炉、碟、盘等。

碗　7件。均为素面。依口部特征分4型。

A型　1件。Ⅱ期河堤①：1，敞口，尖唇，矮圈足，内平底。浅灰黄胎。施青釉，圈足露胎。釉色偏灰。口径12.8、足径5.4、高5.6厘米（图七，1）。

B型　1件。Ⅱ期河堤④：1，花口。斜直壁，折腹，矮圈足，内底平。口部被均分成十瓣。灰白胎，较细腻。通体施釉，釉色偏灰，釉面局部有细小裂纹。口径22.4、足径11.6、高8厘米（图七，2）。

C型　2件。敞口，叠唇。T1⑧：9，弧壁，内平底。灰白胎。釉色偏灰，釉面有细小裂纹。口径14、足径6.6、高4.4厘米（图七，3）。Ⅱ期河堤④：4，灰胎。外壁下部及圈足露胎，釉色偏黄，有细小裂纹。口径16.3、足径6.4、高5.7厘米（图七，4）。

D型　3件。敞口，口部下折上敛。Ⅱ期河堤②：4，灰胎。口径15.6、足径6.4、高6.6厘米（图七，5）。Ⅱ期河堤③：1，灰白胎，细腻。口径16.8、足径6.9、高6.5厘米（图七，6）。

盏　1件。T1⑧：3，撇口，斜壁，内底平，矮圈足。灰胎。釉色偏灰绿。素面。口径13.3、足径4.6、高3.6厘米（图七，7）。

碟　4件。依口部特征分3型。

A型　1件。T1⑧：4，敞口，圆唇，弧壁，内圜底，矮圈足。灰胎。外壁腹部大面积露胎。釉色偏灰褐。口径13.2、足径5.4、高3.5厘米（图七，8）。

B型　1件。Ⅱ期河堤④：10，敞口，卷唇，浅腹，内圜底，矮圈足。釉色偏灰白。内壁饰一道凹弦纹。口径11.2、足径5.6、高2.6厘米（图七，9）。

C型　2件。直口。Ⅱ期河堤④：7，圆唇，折腹。灰白胎，细腻。通体施釉，釉色偏灰。素面。口径12、足径6、高3.2厘米（图七，10）。

杯　1件。Ⅱ期河堤③：2，敞口，略外撇，圆唇，弧壁，矮圈足。灰白胎。施青釉，圈足露胎。釉色偏灰。素面。口径10.2、足径6.2、高5.4厘米（图七，11）。

器盖　1件。Ⅱ期河堤②：6，母口，顶部漫圆，"S"形钮。灰白胎，细腻。通体施釉，釉面有细小裂纹。环钮座饰一道凹弦纹。口径11.4、高3.8厘米（图七，12）。

盆　1件。T1⑨a：1，敞口，尖唇，壁略弧，饼足，内底平。灰黄胎。内壁通体施釉，外壁大面积露胎。内壁有支垫痕。釉色偏绿，釉面遍布细小裂纹。口径18.8、底径7.6、高7厘米（图七，13）。

罐　2件。T1⑧：1，敛口，口沿外撇，溜肩，鼓腹，底略内凹。灰胎。器腹大面积露胎，釉严重脱落。肩部饰一道弦纹。口径6.4、底径6.2、高8厘米（图七，14）。

2. 青白瓷器　器形有碗、鸡首壶等。

花口碗　2件。T1⑧：15，敞口，弧壁，圈足。口沿均分为十瓣。圈足以上部分施釉，施釉均匀，釉色较纯。口径16、足径7、高6.8厘米（图七，15）。Ⅱ期河堤②：2，敞口，弧壁，圈足。圈足及外壁下部露胎。口沿均分成十瓣。口径13.4、足径5.8、高6.6厘米（图七，16）。

素面碗　3件。均为素面。T1⑧：10，敞口，浅腹，圈足。通体施釉。口径13.4、足径6、高4.7厘米（图七，17）。Ⅱ期河堤④：11，浅灰胎。圈足部分露胎，釉面有细小裂纹。口径13.2、足径5.6、高4.3厘米（图七，18）。

青白瓷器还有鸡首壶残件、狗头饰等，均残，不可复原。

3. 白瓷器　数量极少。

碗　1件。T1⑧：2，唇口，弧壁，深腹，矮圈足。胎体灰黄，较细腻。通体施釉。素面，圈足内底有墨书"梁器"二字。口径16.6、足径6.2、高8厘米（图七，19）。

4. 釉陶器　不及青瓷器丰富。器形有罐、壶、盆等。

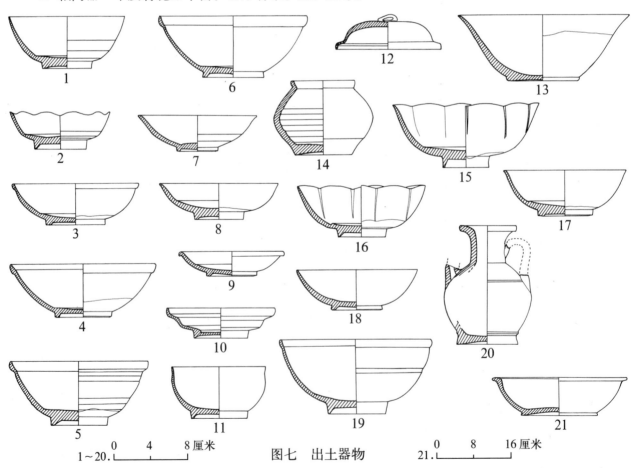

图七　出土器物

青瓷器：1.A型碗（Ⅱ期河堤①：1）　2.B型碗（Ⅱ期河堤④：1）　3、4.C型碗（T1⑧：9；Ⅱ期河堤④：4）　5、6.D型碗（Ⅱ期河堤②：4；Ⅱ期河堤③：1）　7.盏（T1⑧：3）　8.A型碟（T1⑧：4）　9.B型碟（Ⅱ期河堤④：10）　10.C型碟（Ⅱ期河堤④：7）　11.杯（Ⅱ期河堤③：2）　12.器盖（Ⅱ期河堤②：6）　13.盆（T1⑨a：1）　14.罐（T1⑧：1）　青白瓷器：15、16.碗（T1⑧：15；Ⅱ期河堤②：2）　17、18.碗（T1⑧：10；Ⅱ期河堤④：11）　白瓷器：19.碗（T1⑧：2）　20.釉陶执壶（Ⅱ期河堤④：5）　21.釉陶盆（Ⅱ期河堤④：6）

执壶　1件。Ⅱ期河堤④：5，喇叭形口，长颈，溜肩，圆腹，平底略内凹。流、把手均残。肩部饰一道凹弦纹，余皆素面。口径6.2、底径6.8、高12.6厘米（图七，20）。

盆　1件。Ⅱ期河堤④：6，敞口，折沿，弧壁，底略内凹。灰胎。施酱绿釉。内底印花。口径28、足径16.4、高8.2厘米（图七，21）。

本期遗物还有瓦当、陶球、陶蒺藜及坩埚残片等。

第二期遗物

数量较第一期明显增多，在器类上也更加丰富，主要有青瓷器、青白瓷器、白瓷器、青釉器、釉陶器等，还有瓦当和铜钱等遗物。

1. 青瓷器。种类和数量都较第一期增加。器类有碗、盏、碟、盂、盘等。

碗　数量最多，可分素面和刻花两类。

甲类　素面碗。依口部形态分7型。

A型　1件。花口碗。T1⑥c：29，敞口，弧壁，矮圈足，碗内底平。灰白胎，细腻。通体施釉。釉色偏白，有较强的透明感，釉面有细小裂纹。口径11.4、足径5.3、高4.1厘米（图八，1）。

B型　8件。敞口，凸唇。依内底形态分2式。

Ⅰ式　5件。内圜底。T2⑥c：53，弧壁，矮圈足，足内较浅。灰白胎，通体施釉。釉色偏黄，釉面有气孔。外壁下部露胎。口径16、足径7、高5.8厘米（图八，2）。T2⑥c：54，灰胎，有细小气孔。通体施釉。口径16.2、足径7.4、高6.6厘米（图八，3）。

Ⅱ式　3件。内平底。T2⑥c：52，斜直壁，矮圈足。灰胎。器外壁腹部以上施釉，釉色偏灰，釉面有细小裂纹。素面。圈足内底有墨书"梁"字铭款。口径16、足径6.6、高6厘米（图八，4）。T2⑥c：4，斜直壁，圈足内较浅。灰胎，有细小气孔。器外壁腹部以上施釉，釉色偏灰绿。口径16、足径6.8、高5.1厘米（图八，5）。

C型　6件。宽凸圆唇，口部下折上敛。依器内底特征又可分2式。

Ⅰ式　2件。器内底平。T2⑥c：50，弧壁，深腹。灰胎。圈足以上部分施釉。釉色偏绿，釉面局部有细小裂纹。口径16、足径6.4、高6.6厘米（图八，6）。T2⑥c：3，弧壁，深腹。圈足外壁近直。灰胎。圈足以上部分施釉。釉色偏绿，釉面局部有细小裂纹。口径16、足径6.4、高6.6厘米（图八，7）。

Ⅱ式　4件。器内圜底。T2⑥c：5，弧壁。灰胎。圈足以上部分施釉，釉色偏灰，釉面有细小裂纹。口径17.2、足径6.8、高7.5厘米（图八，8）。T1⑥c：15，灰胎。通体施釉，釉色偏灰。口径16、足径5.8、高6.8厘米（图八，9）。

D型　4件。小折沿。T2⑥c：29，弧壁，圈足内底较浅。灰胎。圈足以上部分施釉，釉色偏黄，釉面有细小裂纹。口径16.4、足径7、高6.6厘米（图八，10）。

E型　2件。卷唇。T2⑥c：23，弧壁，圈足。灰胎。通体施釉。釉色偏灰绿，釉面有细小裂纹。外壁饰四道凹弦纹。口径15.6、足径6.7、高7.4厘米（图八，11）。

F型　2件。撇口。T2⑥c：36，弧壁，圈足，内平底。灰胎。通体施釉。釉色偏灰，施釉不很均匀。口径13.4、足径5.6、高6.5厘米（图八，12）。

G型　3件。尖唇。T2⑥c：1，弧壁，圈足，内平底。灰胎。通体施釉。釉色偏黄，釉面有气孔和细小裂纹。口径14.6、足径6.5、高6.5厘米（图八，13）。

乙类　刻花碗。依口部形态分3型。

A型　2件。撇口。T2⑥c：75，浅腹，矮圈足。灰白胎。通体施釉，釉面有细小裂纹。内壁及底部刻花。口径15.2、足径5.8、高4.5厘米（图八，14）。

B型　2件。敞口。T2⑥c：77，尖唇，弧壁，腹下折收，内圜底。灰胎。腹部大面积露胎。釉色偏灰绿，釉面有细小裂纹。外壁刻花瓣图案，内壁刻线条纹饰。口径14.4、足径6.4、高4.2厘米（图八，15）。T1⑥c：2，圆唇，内底平。灰胎，含较多杂质。腹部大面积露胎，釉色偏灰绿，釉面有细小裂纹。外壁刻菊瓣纹。口径12.2、足径5.6、高5.2厘米（图八，16）。

C型　1件。折敛口。T1⑥c：17，弧壁，矮圈足，器内圜底。通体施釉，釉色纯正，有透明感。

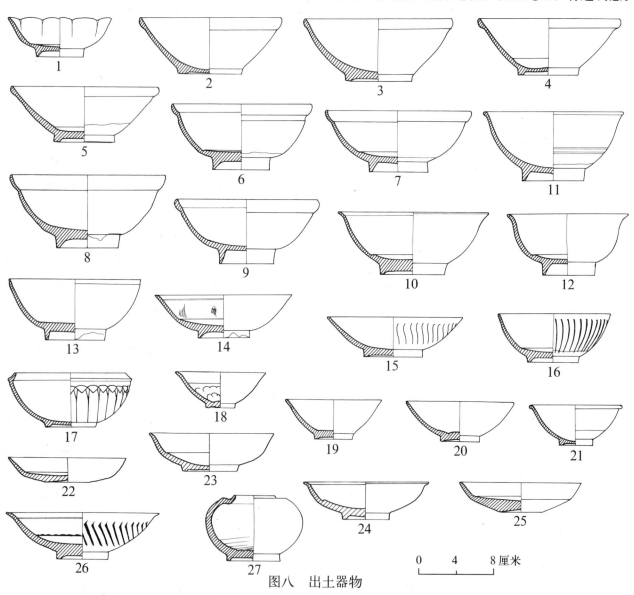

图八　出土器物

青瓷器：1.A型碗（T1⑥c：29）　2、3.B型Ⅰ式碗（T2⑥c：53、54）　4、5.B型Ⅱ式碗（T2⑥c：52、4）　6、7.C型Ⅰ式碗（T2⑥c：50、3）　8、9.C型Ⅱ式碗（T2⑥c：5；T1⑥c：15）　10.D型碗（T2⑥c：29）　11.E型碗（T2⑥c：23）　12.F型碗（T2⑥c：36）　13.G型碗（T2⑥c：1）　14.A型刻花碗（T2⑥c：75）　15、16.B型刻花碗（T2⑥c：77；T1⑥c：2）　17.C型刻花碗（T1⑥c：17）　18.刻花盏（T1⑥c：21）　19、20.A型素面盏（T2⑥b：8；T1⑥c：32）　21.B型素面盏（T2⑥c：72）　22.刻花碟（T2④a：4）　23.A型素面碟（T2⑥c：33）　24.B型素面碟（T2⑥c：55）　25、26.盘（T2④a：2；T2⑤：1）　27.盂（T2⑥c：41）

器外壁刻莲瓣纹。口径12.2、足径5.4、高5.6厘米（图八，17）。

盏　分素面和刻花两类。

甲类　刻花盏。1件。T1⑥c∶21，撇口，内底略凹，矮圈足。灰胎。外壁底部较大面积失釉。釉色偏绿，釉面有细小裂纹。口沿外部饰一道弦纹，内壁近中部饰一道凹弦纹，下部刻简单线条图案。口径10、足径3.3、高3.8厘米（图八，18）。

乙类　素面盏。分2型。

A型　4件。敞口，圆唇。T2⑥b∶8，壁略弧，矮圈足。灰胎。釉色偏灰绿，有细小裂纹。口径10.5、足径4.1、高4厘米（图八，19）。T2⑥c∶32，弧壁，内平底。灰胎。外壁下部大面积露胎。釉色偏灰，釉面有细小裂纹。口径11.9、足径4.2、高4厘米（图八，20）。

B型　2件。卷唇。T2⑥c∶72，弧壁，矮圈足，内凹底。灰胎。外壁下部大面积露胎，釉色偏灰，釉面有细小裂纹。口径10.4、足径3.8、高4.3厘米（图八，21）。

碟　分素面和刻花两类。

甲类　刻花碟。1件。T2④a∶4，敞口，浅腹，弧壁，内底平，外壁下部折收成小平底。灰白胎。通体施釉。釉色偏黄，有一定光泽和透明感。施釉均匀。内底刻花。口径12.6、底径4.8、高2.6厘米（图八，22）。

乙类　素面碟。依口沿、唇部形态分3型。

A型　2件。敞口，圆唇。T2⑥c∶33，灰胎。外壁腹部大面积露胎，釉色偏灰褐。釉面遍布细小裂纹。内壁中部饰一道凹弦纹。口径13.5、足径5.6、高4.2厘米（图八，23）。

B型　5件。小折沿。T2⑥c∶55，灰胎。外壁腹部较大面积失釉。釉色偏绿，釉面遍布细小裂纹。内壁近底部有一道弦纹。口径13.6、足径4.8、高4厘米（图八，24）。

盘　3件。T2④a∶2，斜直口，圆唇，底厚，略内凹。器内平底，灰白胎，细腻。除小平底外通体施釉，釉色偏绿，有较强的透明感。器内底部釉下刻花，线条流畅。口径13.4、底径4.3、高3.2厘米（图八，25）。T2⑤∶1，敞口，折沿，尖唇，弧壁，矮圈足，足外壁近直。灰胎，有细小气孔。通体施釉，釉色偏绿。外壁釉下刻花瓣图案，器内底刻花卉图案，内壁刻"S"线条图案。口径16.8、足径5.6、高5厘米（图八，26）。

盂　3件。T2⑥c∶41，小口，圆唇，宽肩，鼓腹，矮圈足。灰胎。器腹底部露胎。釉色偏灰绿，釉面有细小裂纹。素面。口径4.4、足径6、高7厘米（图八，27）。

2. 青白瓷器　数量不多。器类有碗、盘、杯等。

碗　3件。T2⑥c∶56，撇口，斜直壁，腹下斜收，矮圈足。胎体洁白细腻。通体施釉，釉面有细小裂纹。器外壁腹部饰两道弦纹。口径13.6、足径6.6、高6.7厘米（图九，1）。T2⑥c∶49，敞口，小折沿，弧壁，矮圈足。通体施釉，圈足露胎，釉面遍布细小裂纹。口径13.4、足径5.8、高6.6厘米（图九，2）。T1⑥c∶27，撇口，弧壁，浅腹，矮圈足。胎质细腻致密。通体施釉，釉色纯正、均匀，碗底及外壁刻花，碗底刻两只蝴蝶，圈足底部有垫饼痕。口径19.4、足径6.4、高4.9厘米（图九，3）。

盘　3件。T2⑥c∶76，敞口，小折沿，弧壁，矮圈足，足壁近直。灰白胎，细腻。通体施釉。釉面有细小裂纹，外壁素面，内壁及底刻花。口径13.2、足径4.2、高2.9厘米（图九，4）。

碟　1件。T2④a∶5，敞口，弧壁，平底。胎体洁白细腻。通体施釉，釉色纯正均匀。釉面有细小裂纹。器内底刻花。口径9.2、底径3.6、高1.8厘米（图九，5）。

杯　1件。T2⑥c：69，直口，弧壁，圈足。灰白胎。通体施釉，较细腻，圈足外壁有滴釉现象，釉面有细小裂纹。口径7.4、足径3.4、高5.3厘米（图九，6）。

3．青釉器　数量较少，主要有盆和炉。

盆　3件。分素面和彩绘两类。

素面盆　2件。敞口，宽沿略外卷，弧壁，矮圈足，内圆底。T1⑥b：7，浅灰胎。通体施釉，釉色偏灰黄。器内壁近底部饰一道凹弦纹。口径22、足径7.4、高6.4厘米（图九，7）。T2⑥c：65，口径21、足径7.6、高6厘米（图九，8）。

彩绘盘　1件。T1⑥b：1，敞口，折沿，弧壁，矮圈足，内圆底。灰胎。通体施釉。器内底釉下彩绘花瓣图案，内壁中部饰弦纹一周。口径22.8、足径7.2、高6厘米（图九，9）。

炉　2件。T1⑥c：16，敞口，宽沿略外卷，圆唇，深圆直腹。底座分三级，足底外卷。灰胎。外

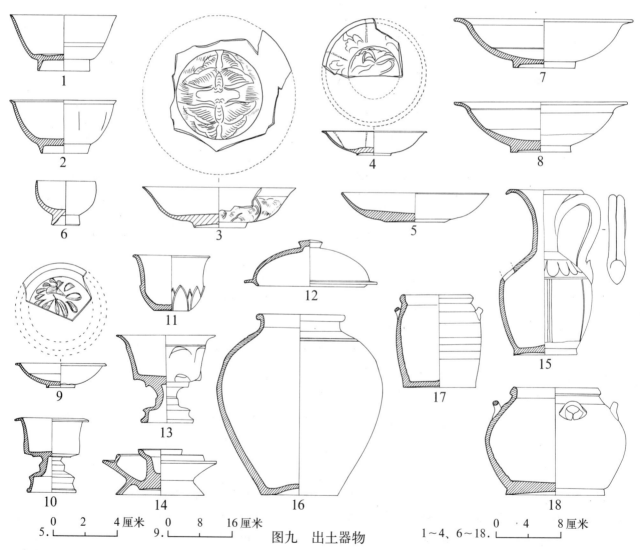

图九　出土器物

青白瓷器：1～3.碗（T2⑥c：56、49；T1⑥c：27）　4.盘（T2⑥c：76）　5.碟（T2④a：5）　6.杯（T2⑥c：69）　青釉器：7、8.素面盆（T1⑥b：7；T2⑥c：65）　9.彩绘盆（T1⑥b：1）　10、11.炉（T1⑥c：16；T2④a：3）　釉陶器：12.器盖（T2⑥a：2）　13.炉（T2⑥c：45）　14.烛盏（T2⑥c：60）　15.执壶（T1④a：10）　16.素身罐（T2⑥c：46）　17.双耳罐（T2⑥c：58）　18.四系罐（T2⑥c：9）

壁周身施釉，釉色偏黄。口径3.2、足径6、高9.2厘米（图九，10）。T2④a：3，底座缺失。撇口、直壁，腹下斜收。内圆底。灰白胎。周身施釉，内壁施釉不均，釉色偏灰。外壁腹部饰一圈莲花瓣纹。口径9.2、残高6.8厘米（图九，11）。

4. 釉陶器　数量较多，有罐、器盖、烛盏、壶等。

器盖　6件。T2⑥a：2，盖面隆圆上鼓，顶部有扁圆形立钮，宽平唇，下部为短斜子口。灰白胎。施褐色釉。盖面有几道弦纹。直径13.2、高5.8厘米（图九，12）。

炉　1件。T2⑥c：45，撇口，斜直壁，底座分两级。施黄褐釉。外壁饰莲花瓣纹。口径12.4、足径6.4、高10.8厘米（图九，13）。

烛盏　5件。宽沿，略上翘，上有斜直子口，中间为烛座，底座外撇成喇叭形圈足。仅在器外壁局部施釉。T2⑥c：60，口径20、足径11、高5.6厘米（图九，14）。

执壶　3件。T1④a：10，喇叭形口，细长颈，斜肩，圆腹，假圈足。把由两条泥条捏合而成。流缺失。施酱绿釉，腹下部有一圈失釉。肩部饰花瓣纹，肩、腹转折处饰两道弦纹，腹部饰五组竖条纹，每组两道，将器腹均分为五部分。底部有墨书"莫八"二字铭款。口径8.8、底径8、高20厘米（图九，15）。

罐　分素面罐、双耳罐和四系罐3类。

素面罐　3件。T2⑥c：46，敛口，圆唇外展，短颈，鼓腹，小平底。通体施釉，釉色偏黄褐。肩部饰两道弦纹。口径9.2、底径9.6、高21.8厘米（图九，16）。

双耳罐　3件。T2⑥c：58，敛口，沿外撇，近直身，平底。灰红胎。施釉，腹下部漏釉。肩部堆贴双耳。外壁饰数道弦纹。口径8.6、底径9、高11.3厘米（图九，17）。

四系罐　1件。T2⑥c：39，敛口，圆唇外翻，鼓腹，平底。肩部附贴四耳。素面。口径9.4、底径12.2、高13.4厘米（图九，18）。

瓦当　3件。分莲花纹和圆圈点纹两种，均残。

其他遗物　出土较多铜钱。计有太平通宝、皇宋通宝、祥符通宝、熙宁元宝、天禧通宝、开元通宝、元祐通宝等。

第三期遗物

本期遗物不多，主要有青瓷器和釉陶器。

1. 青瓷器　器类仍以碗为主，另有盘、碟、罐等。

碗　分素面和刻花2类。

甲类　素面碗。依口部形态分3型。

A型　8件。撇口。T3③a：7，灰黄胎。外壁下部大面积露胎，釉色偏黄。内底有四个支垫痕。口径16、足径6.4、高6.8厘米（图一〇，1）。G1：3，灰胎。通体施黄釉，釉色稍偏青，有光泽。口径19.2、足径6.8、高7.6厘米（图一〇，2）。

B型　2件。口略内敛。G2：5，矮圈足。灰胎，有层理。外壁下部大面积露胎。釉色偏灰。口径13.2、足径5.6、高7.2厘米（图一〇，3）。H18：2，内圆底。灰胎。外壁下部露胎。口径14.8、足径5.8、高7厘米（图一〇，4）。

C型　1件。H18：1，敞口，圆唇，弧壁，圈足，内平底。灰黄胎。外壁下部露胎。釉色偏灰白，釉面遍布细小裂纹。口径11.4、足径4.6、高4.4厘米（图一〇，5）。

　　乙类　刻花碗。分3型。

　　A型　2件。撇口。T3③a：5，弧壁，内底平，圈足内底有饼状支垫痕。胎体灰白致密。通体施釉，釉色偏青绿，有光泽。内壁有两道弦纹，中间刻花。余皆素面。口径20、足径7.6、高7.9厘米。（图一〇，6）

　　B型　1件。H13：1，敞口，尖唇，矮圈足，内平底。灰白胎。通体施釉，釉色偏黄，纯正有光泽。内壁及底部刻花。口径18.8、足径6.3、高6.3厘米（图一〇，7）。

　　C型　1件。T2③c：3，敞口，圆唇，矮圈足。胎体洁白致密。通体施釉，釉色纯正，釉面遍布细小裂纹。内壁刻花。口径14.8、足径6.4、高4厘米（图一〇，8）。

　　高足碗　2件。H17：5，撇口，圆唇，弧壁，内底近平。灰白胎。通体施釉，釉色偏绿，有一定

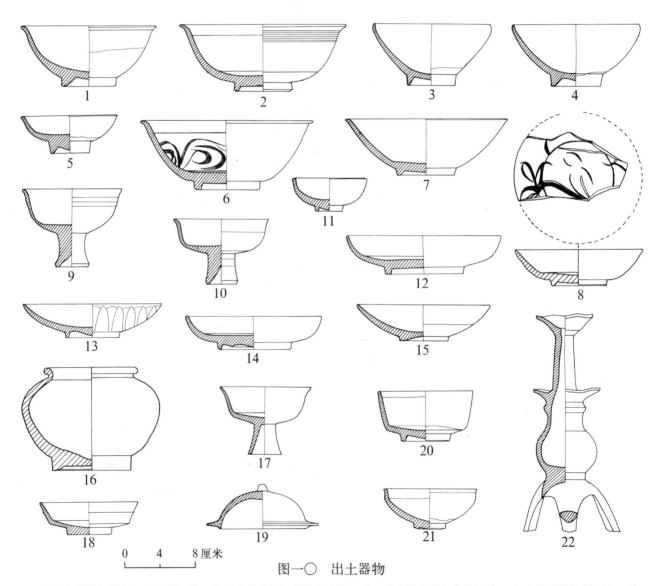

图一〇　出土器物

1、2.A型素面碗（T3③a：7；G1：3）　3、4.B型素面碗（G2：5；H18：2）　5.C型素面碗（H18：1）　6.A型刻花碗（T3③a：5）
7.B型刻花碗（H13：1）　8.C型刻花碗（T3③c：3）　9、10.高足碗（H17：5；T4③c：1）　11.碟（H17：4）　12.素面盘（H17：17）
13、14.A型刻花盘（H17：24、6）　15.B型刻花盘（T3③a：2）　16.罐（H22：1）　白瓷器：17.高足碗（H17：3）　18.碟（H17：20）
19.器盖（T1③b：1）　20.杯（T1③b：2）　21.黑釉兔毫盏（H13：2）　22.烛台（T3③a：1）

光泽。外壁上部饰两道凸弦纹。口径11.6、足径4、通高8.8、足高3.8厘米（图一〇，9）。T4③c：1，灰白胎。通体施釉，釉色纯正，釉面遍布细小裂纹。外壁饰凹弦纹。口径11、足径3.4、高7.3厘米（图一〇，10）。

碟　4件。敞口，矮圈足。H17：4，内圆底，矮圈足。灰白胎。通体施釉，釉色纯正，釉面遍布细小裂纹。素面。口径8、足径3.2、高3.6厘米（图一〇，11）。

盘　分素面和刻花两类。

甲类　素面盘。3件。H17：17，敞口，圆唇，弧壁，内平底，矮圈足。灰黄胎，有气孔。通体施釉，釉色较纯，有一定光泽，釉面遍布细小裂纹。口径17.6、足径8.8、高4.4厘米（图一〇，12）。

乙类　刻花盘。分2型。

A型　6件。矮圈足。H17：24，胎体洁白。通体施釉。釉色纯正，有光泽。外壁刻菊瓣纹。口径16、足径6.4、高3.8厘米（图一〇，13）。H17：6，胎体洁白致密。通体施釉，釉色青中泛绿，有光泽。内底中心刻花。口径15.6、足径8.4、高3.8厘米（图一〇，14）。

B型　1件。T1③a：2，饼足内凹。敞口，圆唇，弧壁，内圆底。外壁下部大面积露胎，釉脱落严重。内底刻花。口径15.5、足径5.5、高3.9厘米（图一〇，15）。

罐　1件。H22：1，敛口，圆唇，弧腹，矮圈足。灰胎。内外通体施釉，外壁下部局部露胎。釉面遍布细小裂纹。素面。口径10、足径9、高11.6厘米（图一〇，16）。

2. 白瓷器　数量不多。

高足碗　1件。H17：3，撇口，圆唇，弧壁，内底近平。胎体灰白，较致密。通体施白釉。素面。口径10.8、足径4、通高7.6、足高3.4厘米（图一〇，17）。

碟　1件。H17：20，敞口，圆唇，斜直壁，折腹，内圆底，台足。胎体洁白致密。通体施釉，釉色纯正。釉面遍布细小裂纹。外壁中部有一道凸棱。素面。口径11.4、足径5.2、高4厘米（图一〇，18）。

器盖　1件。T1③b：1，顶部漫圆，中间有乳状钮。宽折沿，短子口。胎体洁白致密。通体施釉，釉色纯正有光泽，釉面遍布细小裂纹。口径9.9、高4.9厘米（图一〇，19）。

杯　1件。T1③b：2，敞口，圆唇，直壁，折腹，内平底，矮圈足。灰白胎，致密。外壁及口沿内侧施釉。素面。口径11、足径5.6、高5.5厘米（图一〇，20）。

3. 黑釉兔毫盏　1件。H13：2，口略内敛，圆唇，弧壁，内凹底，饼足，足心略凹。褐灰胎。施黑釉，外壁大面积露胎。素面。口径10.8、足径3.5、高4.6厘米（图一〇，21）。

4. 釉陶器　数量较少，有盏、碟、罐等，制作简单。

烛台　1件。T3③a：1，莲花盘口，藕节形台柱，中空，分上下两节，中部以莲花口盘相接，下部为三瓦状足。灰胎，除足内壁外通体施青釉，釉色较杂，无光泽。通高24.9、足高6厘米（图一〇，22）。

（五）明清时期文化遗物

本遗址出土明清时期文化遗物较少，以釉陶为主，青花瓷器不多。

1. 青花瓷器　器形有杯、碗、盘、碟等。

碗　26件。依口部和足部特征分5型。

A型　11件。撇口，圈足。T3②a：5，口沿内部及外壁饰线条和花卉图案，内底中间为一只蝉图案，圈足外壁、器内壁中部各施两道条纹。口径12、足径5、高5.3厘米（图一一，1）。J15：3，弧壁，腹下折收。口沿内外及外壁底部各饰一道条纹，内底施两道条纹，中间绘人物图案。口径12.4、足径4.5、高5厘米（图一一，2）。J9：8，胎体洁白。内底有"大明宣德年制"铭款。口径11、足径4.1、高5.8厘米（图一一，3）。H3：1，胎体较厚。内底饰两道条纹，中间绘花，外壁绘不规则圆圈和圆点图案，圈足外壁饰一道条纹。口径12.4、足径5.4、高6厘米（图一一，4）。

B型　11件。敞口，矮圈足。T3②b：12，口沿内外及圈足外壁各饰两道条纹，内底饰一圈条纹，外壁饰花草、飞鸟图案。口径12.7、足径5.2、高6.3厘米（图一一，5）。T1②b：1，圆唇，内底饰条纹和草叶纹，外壁饰草叶和祥云图案。口径12.6、足径4.8、高5.8厘米（图一一，6）。H8：2，内底和圈足露胎。口沿内外、内底及外壁底部各施一道条纹，釉面遍布细小裂纹。口径11.5、足径4.6、高5厘米（图一一，7）。H6：5，浅腹，内底略凸。口沿及圈足外壁各饰一道条纹，口沿内侧施条纹和圆点纹，内底饰两道条纹，中间绘动物图案。口径12.2、足径5、高4厘米（图一一，8）。

C型　2件。敞口，口部下折上敛，深腹，弧壁，矮圈足。J25：1，口沿内外、内底各饰一道条纹，圈足外壁饰三道条纹，内底及外壁均绘夔龙纹，圈足内底有"富贵佳器"四字。口径12.2、足径4.8、高6厘米（图一一，9）。

D型　1件。J14：6，折沿，矮圈足。口沿内外、内底、外壁底部及圈足外壁各饰两道条纹，内

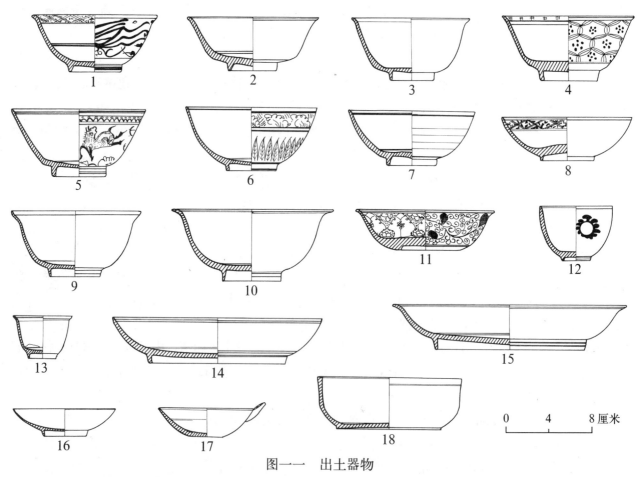

图一一　出土器物

青花瓷器：1~4.A型碗（T3②a：5；J15：3；J9：8；H3：1）　5~8.B型碗（T3②b：12；T1②b：1；H8：2；H6：5）　9.C型碗（J25：1）　10.D型碗（J14：6）　11.E型碗（T3②c：1）　12、13.杯（T3②f：2；J9：10）　14.A型盘（H3：3）　15.B型盘（H3：2）　16.碟（T3②a：2）　17.盏（T3②a：1）　18.釉里红瓷洗（J15：16）

底中部及外壁绘花卉纹。口径14.2、足径5.6、高6.6厘米（图一一，10）。

E型　1件。T3②c：1，撇口，凹底，内底平。口沿内外、外壁底部各饰两道条纹，内外壁绘花卉和条纹，内底绘柿叶纹。口径13、底径5.8、高3.7厘米（图一一，11）。

杯　4件。T3②f：2，敞口，尖唇，深腹。口沿内外各饰一道条纹，圈足外壁和内底各饰两道条纹，内底中心及外壁绘花卉图案。口径6.8、足径2.7、高3.1厘米（图一一，12）。J9：10，口略外撇，圈足。口沿内外、圈足外壁及内底各饰一道条纹，内底中间绘简单线条图案，外壁饰草叶图案。口径5.6、足径2.6、高4厘米（图一一，13）。

盘　4件。分2型。

A型　1件。H3：3，敞口，矮圈足。釉面遍布细小裂纹，线条图案均以两道为一组，内外壁均饰花卉图案。口径19.8、足径13.2、高4.2厘米（图一一，14）。

B型　3件。撇口，矮圈足。H3：2，釉面遍布细小裂纹，内底及外壁均饰飞禽图案。口径22、足径14、高4.2厘米（图一一，15）。

碟　1件。T3②a：2，敞口，矮圈足。内底饰枫叶图案，旁有"枫叶一落天下皆秋"八字。口径9.8、足径4、高2.5厘米（图一一，16）。

盏　1件。T3②a：1，敞口，平底，外壁及口沿部位不施釉。内壁饰一道条纹，底部饰简单线条图案。口沿部位有一小瓷柄。口径9.2、底径3.1、高2.6厘米（图一一，17）。

2. 釉里红瓷洗　1件。J15：16，直口，弧壁，平底。胎体洁白，质密。除底部外通体施青白釉，釉色纯正有光泽。内底饰釉里红花草图案，内壁底部饰祥云图案。口径12.4、底径9.6、高4.8厘米（图一一，18）。

3. 青瓷器　主要有碗、碟、器盖等。

碗　分素面和刻花两类。

甲类　素面碗。分3型。

A型　3件。撇口。T1②c：1，圆唇，弧壁，矮圈足。内底施一道凹弦纹。灰白胎。施青釉。口径18.8、足径6.6、高8厘米（图一二，1）。

B型　3件。凸唇。T2②d：5，弧壁，深腹，矮圈足。内底有六个支垫痕。釉色偏灰。口径13.6、足径6.4、高6.2厘米（图一二，2）。

C型　3件。敞口，圆唇。T2②d：3，红黄胎。仅口沿及内壁施釉，釉色偏灰。口径15、足径6.5、高5.9厘米（图一二，3）。

乙类　刻花碗。1件。T3②b：11，敞口，圆唇，弧壁，矮圈足。釉不及底，釉色偏褐。外壁刻条状花瓣纹。口径14.4、足径6.2、高5.6厘米（图一二，4）。

碟　1件。T2②c：1，圆唇，腹下折收，内平底，矮圈足。圈足露胎，釉色青绿。素面。口径12.6、足径5.3、高3.5厘米（图一二，5）。

杯　2件。T2②b：10，撇口，圆唇，外壁有凸棱，腹下折收，内平底，假圈足。内底心印花。釉不及底。釉面有细小裂纹。口径8、足径4.6、高4.6厘米（图一二，6）。

炉　1件。T2②f：8，敛口，折沿，圆唇，斜直壁，外腹下部折收，矮圈足。外壁附贴三足。内底略凹。灰胎。施青釉，内壁大面积露胎，釉面有光泽，遍布细小裂纹。外壁饰不连续宽带纹。口径

12.8、足径4.8、高6.6厘米（图一二，7）。

4．青白瓷器　仅出碟和盘。

碟　3件。T2②f：5，敞口，圆唇，弧壁，浅腹，矮圈足。内底略凹。胎体洁白。通体施釉，釉面有光泽。口径12、足径5.2、高3.4厘米（图一二，8）。

盘　2件。T2②e：1，撇口，圆唇，外壁腹下折收，矮圈足。内底平。釉不及底。口径14、足径4.6、高2.9厘米（图一二，9）。

5．白瓷器　数量极少。

杯　1件。T3②a：9，花口，外壁下部折收，矮圈足。通体施釉，内底有一圈露胎，圈足内底有墨书"福"字。口径7.4、足径3.1、高3.7厘米（图一二，10）。

盘　3件。T1②b：2，敞口，圆唇，弧壁，矮圈足。通体施釉，釉面有光泽。足底印"福"字。口径20、足径11.8、高4.2厘米（图一二，11）。

6．黑釉碗　3件。H9：1，撇口，圆唇，弧壁，内底近平，矮圈足。灰胎。施黑釉，圈足露胎。釉面有光泽。口径19.6、足径8.8、高9.5厘米（图一二，12）。

7．釉陶器　以罐居多，主要出于井中。

碗　6件。T1②a：2，撇口，弧壁，矮圈足。仅内壁腹部施酱釉。口径18.6、足径5.8、高5.6厘米（图一二，13）。

罐　数量相当丰富，有素面罐、双耳罐和四耳罐等。T1②a：1，素面罐，直口，方唇，丰肩，弧

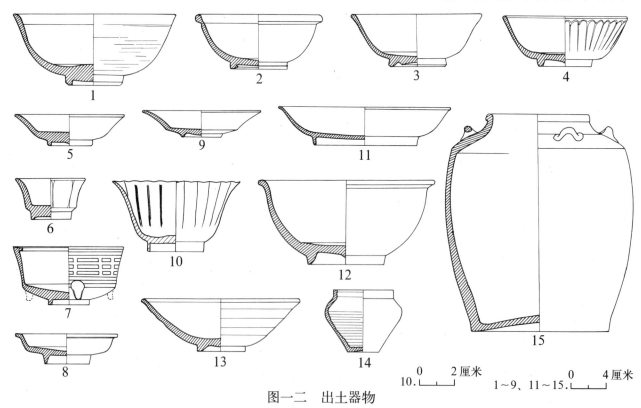

图一二　出土器物

青瓷器：1.A型素面碗（T1②c：1）　2.B型素面碗（T2②d：5）　3.C型素面碗（T2②d：3）　4.刻花碗（T3②b：11）　5.碟（T2②c：1）　6.杯（T2②b：10）　7.炉（T2②f：8）　青白瓷器：8.碟（T2②f：5）　9.盘（T2②e：1）　白瓷器：10.杯（T3②a：9）　11.盘（T1②b：2）　12.黑釉碗（H9：1）　13.釉陶碗（T1②a：2）　14、15.釉陶罐（T1②a：1；J2：14）

壁，小平底内凹，内壁腹部有螺旋痕。外壁施黑釉，釉不及底。口径6.8、底径3.5、高7.1厘米（图一二，14）。J2∶14，四耳罐。小口，卷唇，短颈，折肩，深圆腹，平底微凹，肩部附贴四桥形耳，通体施黄釉，釉面有光泽。口径11.8、底径15.8、高24.4厘米（图一二，15）。

四　结　语

（一）关于河堤的年代及性质

1. 河堤的始建与废弃年代

关于河堤的始建与废弃年代，可从层位关系及出土遗物进行分析。第I期河堤直接叠压在第11层堆积之上，其西部为河道淤积堆积，总厚度约1.2米，根据层位关系和出土遗物可以判断为三个不同时期的淤积层。第一期淤积堆积层包括第9、8层，其中第9层直接叠压在灰白色风化壳堆积层上，为褐色淤泥土，厚40~65厘米，为河道最早的淤积层。第8层为灰黑色淤泥土含较多河卵石和碎砖堆积，厚1~35厘米。这两层堆积形成于第I期河堤使用时期。第二期淤积层（第6层）为灰黑色贝螺堆积，厚50~60厘米，形成于第II期河堤使用时期。第三期河堤堆积包括第5、4层，属河堤使用时的最晚一期堆积，形成于第II期河堤逐步废弃之后。据此，从层位关系可以判断，第I期河堤的始建年代晚于第11层堆积，而早于第9层堆积形成时期。第II期河堤的始建年代晚于第8层淤积层的形成时期，第6层堆积为其使用时的河道淤积堆积。而第三期河道淤积堆积，即第5、第4层堆积则形成于第II期河堤废弃之后，第I期河堤继续使用时期。第3层及以上各层堆积和遗迹属于河堤完全废弃之后的人类生产生活形成。

第11层堆积较薄，出土遗物不多。从出土的瓦、釉陶器和青瓷器等遗物来看，其形成年代不晚于唐五代时期。

河堤西部河道中的淤积堆积出土遗物为推定河堤年代提供了重要依据。本遗址宋元时期出土遗物可分为三期。第一期器物以青瓷和釉陶为主，青白瓷和白瓷器极少，器类有碗、碟、盏、罐、器盖、执壶、灯盏等，本期器物在器形和风格方面均和广州西村窑相似[③]，应为西村窑所出。第二期器物数量和种类均较第一段有所增加，一是青白瓷和白瓷器增多，二是新出有青瓷和釉陶炉、青瓷盂、青釉彩绘盆、烛盏等器，青瓷碗的种类也更加丰富。从器形及风格分析，本期所出器物大多数仍产于西村窑，有少数器物可能来源于外地。此外，本段还出较多铜钱，大部分属北宋晚期。第三期器物在器类及风格上与前两段有较大区别，如，新出高圈足碗、黄釉碗和青釉灯台等器，器物胎体较厚重，釉色较前两段丰富、鲜艳。根据器物类型及风格，依层位关系分析，第一期属北宋早期；第二期所出大部分器物属北宋时期广州西村窑所出，部分器物可能稍晚，本期的年代当在北宋晚期至南宋早期；第三期器物的年代应当在南宋晚期到元代。

依上述层位关系和器物年代推断，第I期河堤的始建年代在北宋早期或略早，第II期河堤建于北宋中晚期。关于河堤的废弃时间，从河道堆积的时代来分析，第II期河堤在第5层堆积形成时已逐渐废弃，而整个河道到南宋晚期，迟至元代已完全废弃。

2. 河堤的性质

大塘街一带在宋代属广州城东城所在。从发掘的情况来看，此次清理出的河堤遗址为河道的东岸，河道大致为南北向，其主河道应该就在西侧的大塘街路面下。限于发掘面积，此次发掘并未能清理出整条河道，因此无从得知该河道的宽度。关于河堤所围河道的名称，历代文献无明确记载。元人陈大震纂《南海志》记载："清水濠，在行春门外，穴城而达诸海，古东澳也。濠长二百有四丈。阔十丈，岁久堙壅。嘉定二年，经略陈岘重浚。"④该书同时记载行春门即宋子城之东门。这一段元人关于广州城的记载应该是比较确凿的。清代和民国的有关文献也记录过这一带的河道，清仇巨川纂《羊城古钞》云："清水濠，即古东濠也。在南宋行春门下，穴城而达诸海，长二百有四丈，广十丈。《广州府志》谓凿自宋时，其起至广狭不详。"⑤民国黄佛颐编《广州城坊志》引《大清统一志》记载："东澳，一名清水濠，在旧子城东，穴城而达诸海。"⑥清光绪年间樊封撰《南海百咏续编》记载今长塘街北有文溪桥，并提及文溪⑦，但未详细记载文溪桥以南至珠江的情况。其他文献的记载不明确。据此，我们推断该河道就是宋时的清水濠，或称文溪，现发掘清理出的部分可能已接近与珠江的交汇口。

（二）关于遗址的历史面貌

从发掘的情况来看，遗址东北角原为低矮山冈，东汉时开始有人类在此活动，东汉文化层沿岗坡向西向南倾斜堆积。晋南朝时期人类活动范围基本未变。唐人的活动范围明显扩大，除了岗坡的堆积以外，河道底部灰黑色淤泥土也出土唐代风格的青瓷和釉陶器。及至北宋早期始在河边修筑河堤，北宋晚期对河堤进行修整加固。河道的淤积堆积厚达1米多，表明该河道经过长期使用，而属于宋代的河道堆积中埋藏长度超过5米、直径达0.2米的大圆木，也表明河道当时是颇具规模的。河道淤积层以上是就着堤坝的斜面人为活动形成的堆积层，其时代从宋元至明清时期，表明河堤可能在南宋晚期，迟至元代已经废弃。

从本次发掘出土的文化遗物来看，遗址中东汉至唐代的文化遗物不多，且绝大多数为日常生活用器。两宋时期的遗物以青瓷和釉陶器为主，青白瓷和白瓷器不多，器物种类及造型、工艺均较为常见，少见精美的瓷器，多产于广州本地窑口西村窑，这表明宋代广州东南城区并不属于繁华的商业区域，只是普通民居所在。这种格局一直延续至明清时期。

大塘街宋代河堤遗址的发掘，为广州历史地理研究提供了重要的考古学资料。河堤始筑于北宋早期，废弃于南宋晚期或元代，至今天完全消失，表明广州自宋代以来城市格局发生了很大变化，本遗址的发掘无疑对广州城建历史的研究具有重要意义。

　　　附记：本次发掘领队为全洪，参加发掘的有全洪、易西兵、廖明全、朱家振等。器物绘图和描图工作由陈春丽、易西兵、朱家振、熊伟负责，全洪、关舜甫、易西兵摄影。

执笔：易西兵

注　释

① 广州市文化局等编《广州文物志》，第28～29页，广州出版社，2000年。

② 广州市文物考古研究所《广州市仓边路发现宋代城墙遗址》，《广州文物考古集》，第300～303页，文物出版社，1998年。

③ 广州市文物管理委员会、香港中文大学文物馆《广州西村窑》，香港中文大学中国考古艺术研究中心，1987年。

④ 据广州市地方志编纂委员会办公室编《元大德南海志残本》卷第八，第48页，广东人民出版社，1991年。

⑤ （清）仇巨川纂、陈宪猷校注《羊城古钞》，第101页，广东人民出版社，1993年。

⑥ 黄佛颐编，仇江、郑力民、迟以武点注《广州城坊志》，第459页，广东人民出版社，1994年。

⑦ 转引自注⑤第63页。

图版一　河堤遗址（西南—东北）

图版二　第 I 期河堤挡土结构

图版三　第 I 期河堤（局部，西—东）

图版四　第 I 期河堤挡土板

图版五　第 I 期河堤挡土桩坑

番禺小谷围岛小陵山宋代家族墓

广州市文物考古研究所

前　言

2004年4月中旬至5月底，广州市文物考古研究所在番禺区新造镇小谷围岛小陵山清理了一处宋代家族墓地（图一），墓葬形制保存基本完整，在广州较为难得。

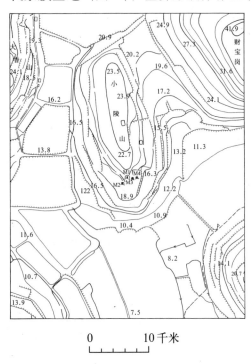

图一　小陵山宋墓地理位置示意图

小陵山又名横岗山，位于北亭村东南，为一南北向的缓坡山丘，海拔23.9米，西北为大香山，是南汉康陵所在地，东北为财宝岗，地势较高，正南面的地势则比较开阔，面对一片谷地。小陵山岗顶南部有一座清道光十九年（1839年）重修的墓，墓碑上刻有碑文"夫人姓列氏，讳阴纯，增城县人也。配七世祖忠简公，生子讳忠道，号鱼湾，官工部侍郎，郊祀覃恩，累赠太夫人，生于宋宁宗嘉定十年丁丑正月二十日子时，终于丙子年十二月二十六日，葬于小陵山午丁向之原。""嘉定"为南宋宁宗赵扩年号，"嘉定十年"为公元1217年，"丙子"年为宋恭宗德祐二年，即1276年。照碑文所说，南宋就有"小陵山"的名称，此时距离南汉灭亡即康陵可能被毁的时间并不太远。所以，推测"小陵山"的得名应该与南汉康陵有关。

墓地位于小陵山南坡，共4座单室墓，编号M1～M4。M1居中，M2在其西南部，M3、M4在其东部（图一）。四座墓形制结构相似，由地表坟茔圈和墓室组成，规模大小有别，细部结构也有所不同。

一　一号墓

四座墓以M1规模最大，坐北朝南，方向186度（图二）。虽然坟茔和墓室都被破坏和盗扰，但整体结构比较清楚，营造较为讲究。地理位置中心坐标为东经113°22′676″，北纬23°03′919″，高程20米。

（一）层位关系

叠压于M1之上的晚期地层共有3层。第1层分2小层。1a层，耕土层，北高南低随地势倾斜分布，疏松灰黑土，包含大量现代瓦片、碎砖、石块等杂物，厚约0.35～0.6米。1b层，主要见于坟茔地上椁室两侧，含沙性较强的红黄土，较致密，包含少许近代瓦片、瓷片等，厚约0.1～0.25米，含

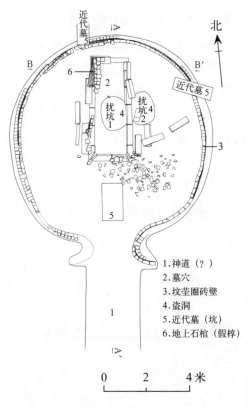

图二　M1第1层下遗迹平面图

1.神道（？）
2.墓穴
3.坟茔圈砖壁
4.盗洞
5.近代墓（坑）
6.地上石棺（假椁）

大量黄沙，应属近代的自然冲积层，盗洞就开口于这一层下，M1也主要开口于这层下。第2层，主要分布于坟茔北部，较致密的五花黏土和黄黏土，包含大量残砖和碎砖，厚0.2～0.38米。所包含的残砖与现存的墓室拱顶砌砖相同，应是晚期破坏地表石椁形成的堆积。第3层，局部分布于坟茔南部和墓室北部，较致密的红土，包含物少，仅少许碎砖屑，厚0.1～0.3米，应属使用当中或废弃后不久形成的自然堆积层（图三，1；图四，1）。

（二）墓葬形制

由坟茔圈、神道和中间的墓室三部分组成。南部近神道处埋置有一对魂瓶。建墓程序是先平整土地，确定墓穴、坟丘、墓道等的方位，然后挖墓穴，砌构墓室，平整地面，并掘出墓道，接着掩埋墓室，铺垫活动面，砌筑坟茔圈砖墙（图版一）。

1. 坟茔圈和神道

坟茔圈：先挖一圆形浅坑，坑口依山势北高南低，坑底经修整铺垫基本齐平。坟茔坑南北长（径）10.8米（南以墓道北端为界算起），东西宽（径）9.4米，南边接墓道处的西壁已残，坑底距坑口深0.4～0.66米，距现地表深0.9～1.2米。紧贴坟茔坑壁砌筑砖墙。砖墙底部较宽，贴近坑边用小平砖一横一竖相叠垒砌，并逐渐收分。砖墙内径约9米（不计南边开口向外弯曲部分），残高0.4～0.5米，原高度已不确。由于地表和晚期文化层中包含的砖并不多，周邻地带也少见，估计砖墙原来不会太高，可能与坑口大致齐平。砖有青砖和红砖两种，多为长26、宽13、厚2厘米。砖墙外与坑壁间填原坑土。坟茔坑和砖墙在南边正对墓室的部位开口并向两侧弧形弯曲，与墓道北端接为一体（图二；图三，2；图四，2）。

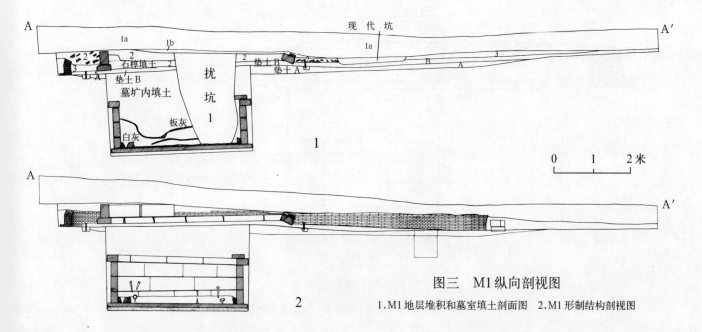

图三　M1纵向剖视图
1.M1地层堆积和墓室填土剖面图　2.M1形制结构剖视图

神道：地表之上的遗存基本都被破坏，只是在墓道北端与坟茔圈南边开口相接处的垫土面上还残留一对红砂岩的石狮座，可知原地表有"神道"结构。对应"神道"的地表下是向南延伸的墓道，残长3.2、宽2.6、距墓道口北端最深为0.24米。石狮坐于墓道底，但石狮座掩埋于原坑垫土中，也就是说放置好石狮后，再填埋一层原坑土盖住了石狮座，不是挖坑放置的。石狮座长54、宽29、高10厘米，残留的卧狮腿残高16厘米（图二）。

坟茔坑口所打破的面就应当是原来的地面，基本上近现代耕土层下就是这个"面"，即生土地面。

2. 墓室

位于坟茔圈中部偏北，由坟茔圈内原活动面下的墓穴和活动面上的砖石框（地上假椁）组成，被两个扰坑所打破。两个扰坑底部相连，实际上是一次所为，先后从不同部位盗扰墓室。1号扰坑位于墓

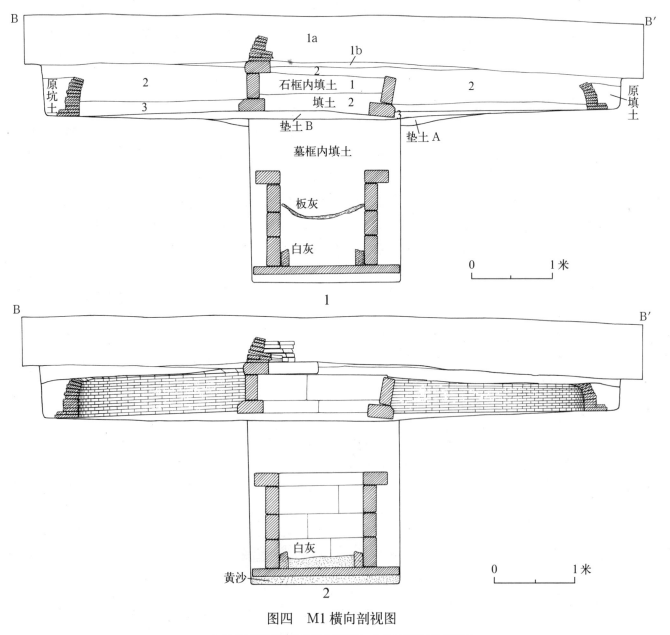

图四　M1 横向剖视图

1. M1 地层堆积和墓室填土剖面图　2. M1 形制结构剖视图

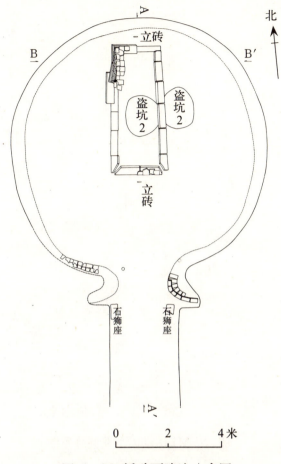

图五　M1活动面遗迹分布图

室中部，平面大致呈椭圆形，口径1~1.5、深1.9米，已打破棺室，木棺已被破坏；2号扰坑紧贴墓室东侧，平面也呈椭圆形，口径1.04~1.5、深1.2米，底部已与1号扰坑相连（图二）。

墓室的构筑程序比较复杂，挖好坟茔圆坑后，由于原地势是北高南低，依地势铺垫了一层厚0.2~0.4米的原坑土，东薄西厚，编号为垫土A（图三，1；图四，1），墓穴的开口即打破了这一层垫土和生土面。

墓穴为长方形竖穴土圹，长3.6、宽1.9、深1.98~2.06米，墓圹底北高南低，可能与墓主人葬式头北脚南有关。墓圹口距原地表深0.35~0.55米，距现地表深0.8~1.1米。墓圹内用长方形石板砌筑椁室，底部平铺黄沙，上平铺石板，石板长50~1、宽均34、厚均10厘米。四边框错缝立砌三层长方形石板，边框条石多为长70、宽34、厚16厘米。盖板应是石、木结合，南北两端各横向平铺一块石板，南端石板长60、宽30、厚8厘米；北端石板为长70、宽34、厚16厘米，其与立砌的边框石板间有约2厘米的空隙，应是木板朽遗（图版二）。石椁内长2.92、内宽1.02、内高0.96~1.08米，北高南低，顶距墓圹口深约0.8米，与墓圹边的缝隙用

原坑土填实（图三，2；图四，2；图六）。木棺至墓口的填土为红黄色的原坑土，含大量黄沙，土质疏松。

椁室底部紧贴四壁有填充的宽10~12、高约20厘米的石灰边框，四角并有圆形柱痕和环形棺钉（为系绳放棺所用），也就是在下棺后，在木棺和石椁间又填筑高约20厘米的石灰（图版三）。石椁底部有黑色的板灰痕，含大量红色漆皮，应为木棺底板。在距墓圹口1.65~1.75米的位置有一层厚约2~3厘米的黑色板灰痕，应为木棺的盖板，四周还见有大量木棺边板的痕迹。椁室内发现多枚棺钉，余无他物（图五）。

墓内回填土漫过了墓圹口，厚0.1~0.2米，编为垫土B。在这层垫土之上照应墓口用长方形石板围砌一个石框(假椁)，底边内长4、内宽1.36、残内高0.9米，石条规格一般为长100、宽32、厚14厘米。再砌成砖券封顶，已被破坏，偏北部保存稍好。石框用三层石板构成，最底一层平铺（外侧面修整成转角斜边），其上立砌长石条，再平置石板（位置偏里侧，外侧面打磨成弧状）。券顶所用砖为东汉墓砖和唐至南汉时期的墓砖，多为残砖，由此看来券顶不具备实际效用（图三，2）。石框与砖砌券顶暴露在活动面上，坟茔圈内举行祭拜仪式的活动面应该与石框最下层石板底面大致相平。垫土B的层面就应当是当时的活动面，参照其他墓，石框前应有祭台，现已无存。

在墓口南、北靠近石框的地方各立砌一块小平砖，下面挖有沟槽，开口于B层垫土下，打破C层垫土，砖面上还依稀可见朱砂痕（图三、六；图版四）。此立砖的寓意不明，推测是由于垫土盖过墓口，砌地表石框时为了确定墓口大致的方位而作的标志，因为石框与墓口的位置并不十分对应。

3．魂瓶

在坟茔坑南边开口大致对应墓道的地方埋置有一对塔式魂瓶，东西相对（图六；图三，2）。西边的魂瓶保存基本完好，仅塔刹尖略残，东边的盖顶的塔刹已残。魂瓶放置在长方坑内，坑长0.42、宽0.34、深约0.6米。魂瓶通高69厘米，估计当时魂瓶塔刹是出露于坑口上。从层位上看，放置魂瓶的坑应该是与竖穴墓圹同时挖好的，魂瓶内仅见少许淤土，放置于此的用意未明。

（三）随葬品

M1因遭盗扰，除了铁棺钉外别无他物。现将墓室南边的一对魂瓶介绍如下：

魂瓶　2件。陶质、陶色、硬度、形制大小都相同。M1∶1，浅灰胎，外表浅土黄色。宝塔形莲花座式盖，类似塔刹，顶端呈螺旋状，外纵贯对应四道鸡冠状脊饰，下面是一大一小两个仰莲座，盖口近直，弧腹。瓶体瘦身修长、圆唇、直口、深弧腹、平底，高圈足。肩部靠近口沿处围绕瓶盖有一圈鸡冠状泥条为栏，其外围肩上模贴一周线刻浅浮雕的神话人物（或供养人）和动物图像，有观音、菩萨、狮、猴等，部分残断，线刻精细，面容、衣纹

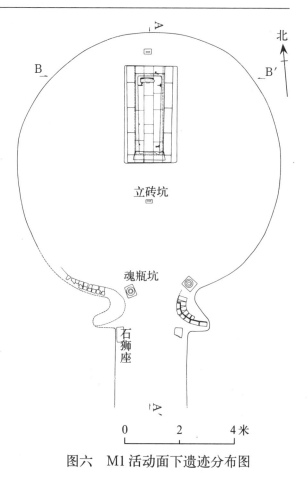

图六　M1活动面下遗迹分布图

都表现出来，大概分成四个单元，内容、造型相同，意在保佑被葬者羽化升仙。瓶身肩以下到圈足处贴饰五道花边状凸棱，可能是莲花的含义。腹部还有水波纹，圈足有四孔，轮制凸棱明显。盖口径15、瓶口径

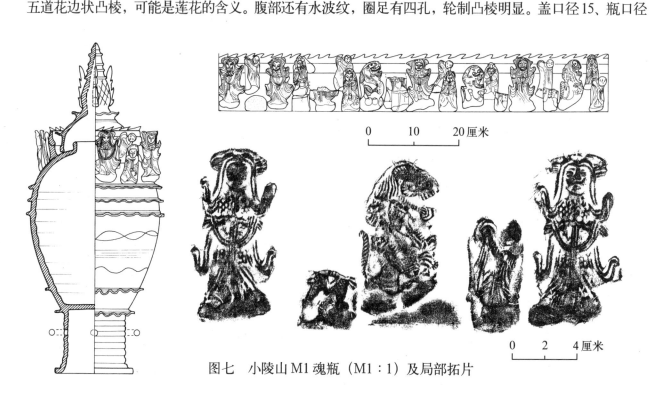

图七　小陵山M1魂瓶（M1∶1）及局部拓片

9.6、足径17.2、通高69厘米（图七；彩版四四、四五）。

魂瓶通常也称为"陶坛"①、"魂坛"②、"堆塑罐"③、"堆塑瓶"④等，考虑到M1所出的瘦长造型与常说的"坛"区别较大，另外肩部模贴的人物、动物造像表现的羽化升仙的寓意，在此称作"魂瓶"。这对魂瓶的造型与1985年在深圳宝安县葵涌采集的魂坛几乎完全相同⑤、与1972年在东莞市白泥坑山宋墓清理出的也比较接近⑥，后者时代比较明确，不会晚于北宋政和年间（1111～1118年），这也说明小陵山M1的魂瓶应为北宋时期。

二　二号墓

位于M1西南，形制与M1相近，但规模较小，结构也简单（图八，1；图版五）。地理位置中心坐标东经113°22′677″，北纬23°03′920″，高程19米，方向186度。

（一）层位关系

叠压于M2之上的晚期堆积共有3层。第1层分2小层。1a层，地表耕土层，随地势北高南低倾斜分布，疏松灰黑土，厚0.15～0.25米，包含物有少量瓦片，碎砖、瓷片等杂物。1b层，较疏松红灰土，分布于M2坟茔以南，由大量的红砂岩碎石堆积而成，厚约0.1米，包含物有少许近代瓦片，属近现代平整土地的堆积。第2层，含沙性较强的浅黄土，较致密，北高南低倾斜状覆盖M2，厚0.1～0.2米，包含有少许青花瓷片、酱釉瓦片等，应属明清时期自然形成的地层。第3层，较致密的浅红土，主要分布在坟茔坑的北部，南部有少许堆积，厚0.05～0.08米，包含物较少，仅少许釉陶片，估计是M2废弃之后形成的自然堆积层，属于M2的各种遗迹就开口在该层下（图九，1）。

（二）墓葬形制

1. 坟茔圈

南边开口，无神道标志，墓道也不明显。为大致圆形南边开口的浅坑，南北最长5.3（南端到开口尽头）、东西最宽5.1、坑底距坑口残深0.1～0.44米。靠近坑壁用小青砖一横一竖错缝垒砌一周围护砖墙，向上有所收分，内径4.4～4.6、残高0.08～0.28米，多用残砖、断

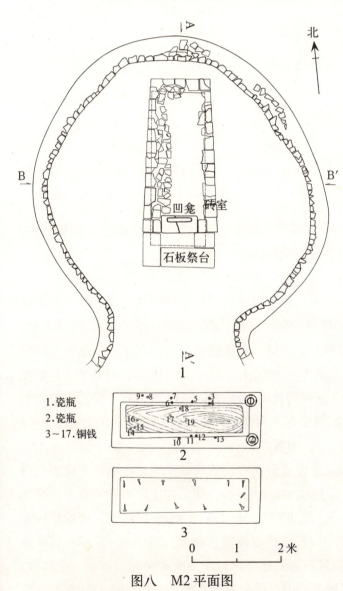

1.瓷瓶
2.瓷瓶
3～17.铜钱

图八　M2平面图

1.坟茔及墓室地表结构图　2.墓室底部随葬器物分布图
3.棺底棺钉分布图

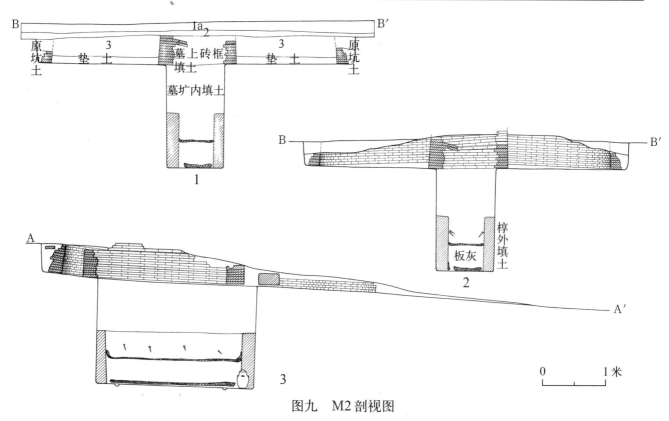

图九　M2 剖视图

1.M2 地层堆积和墓室填土横剖面图　2.M2 形制结构横剖视图　3.M2 形制结构纵剖视图

砖。推测其作用主要是坟茔外界的标志，围护着中间的墓室，原来高度估计可能与墓顶高度接近。砖墙内的坑底经过修整，铺垫有一层厚 0.05~0.3 米的致密原坑红土（图九，2）。

2. 墓室

墓圹长 2.54、宽 0.94、距墓口深 1.56 米。清理过程中发现有两层棺板板灰：第一层为棺盖板灰，距墓口深 1.15~1.2 米，厚 1~3 厘米；第二层位于墓室底部，距墓口深 1.5 米，厚 2~5 厘米。清理出两层棺钉，上层距墓口深约 1 米，钉帽均向上，下层分布于墓底，钉帽向下。根据板灰痕推测，木棺长约 2、宽约 0.5、高约 0.6~0.8 米。棺外有一周填土，宽 0.14~0.18、高 0.8 米，略经夯打，较坚实。墓圹底部还有两条宽约 6、深约 3 厘米的枕沟。随葬铜钱 17 枚，置于棺板底下，有"开元通宝"、"宋元通宝"、"太平通宝"三种。墓圹南端东西两角棺外填土中随葬带盖的青瓷瓶 2 件，盖已被压碎，瓶身保存完好（图八，2、3；图九，3；图版六）。

墓室的回填土稍漫过墓口后，拣选了一些东汉至唐或南汉时期的残断墓砖，在地面上围绕墓口砌一大致呈长方形的砖室(假椁)，内填红土（与墓室内回填土一致），然后向上向内逐渐收分，顶部已毁，估计是券顶。此砖室南宽北窄，南边宽 1.3、北边宽 1、长 2.55、残高 0.55 米。南端结构有所不同，现存部分两边各平砌两块断砖，中间是一块长方形石板（已断裂），长 60、宽 30、厚 8 厘米，上有一槽，槽长 44、宽 7、深 4 厘米。估计放置石板的这个部位上面未砌砖壁，形成一个凹龛，而石板上的槽是用于烧香或立碑的。在南边外围地面，用三块长方形石板（分别为长 92、宽 32、厚 16 厘米，长 54、宽 30、厚 15 厘米，长 36、宽 25、厚 14 厘米）平铺砌成一个小祭台，长 1.25、宽

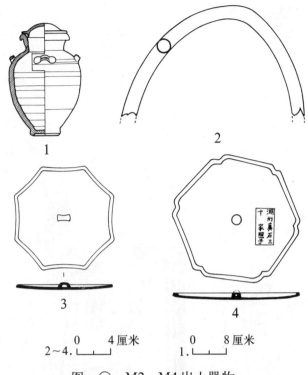

图一〇　M2～M4出土器物

1.青瓷瓶(M2:1)　2.银项圈(M3:3)　3.铜镜(M3:2)
4.铜镜(M4:2)

0.55、高0.2米，中间留一长方形槽，填以碎石与红土，原结构不详（图八、九）。

砖墙内的坑底经过修整，铺垫有一层厚0.05～0.3米的致密原坑红土，砖室和祭台的底部都被这层土叠压，这应该就是当时的活动面，后人的拜祭活动是在这个平面上举行。

（三）随葬品

青瓷瓶　2件。形制大小、釉色均相同，为一对。M2:1，瓶为圆唇，侈口卷沿，束颈，圆肩弧腹，平底假圈足，肩部有四个横桥耳，器身有轮弦痕。带盖，子母口，漫圆顶。口径7.9、腹径17.2、足径7.4、通高25厘米（图一〇，1；彩版四六）。

铜钱　17枚，其中5枚残碎，钱文不辨。其余4枚为"开元通宝"，5枚为"宋元通宝"，3枚为"太平通宝"，但都残锈比较严重。"宋元通宝"为宋太祖所铸，"太平通宝"为宋太宗所铸[⑦]，都属北宋早期流通的钱币（图版七、八）。

三　三号墓

位于M1东部略偏南，与M1和M2类似（图一一，1；图版九）。地理位置中心坐标东经113°22′675″，北纬23°03′918″，高程19.9米，方向186度。

（一）层位关系

叠压在M3之上的晚期堆积有2层。第1层为地表耕土层，南高北低覆盖M3及外围地面，厚0.4～0.5米，包含物有少许现代瓦片、砖头等杂物。第1层下已露出少量M3棺室石板。第2层为浅红杂土，含大量红色碎砖，基本覆盖M3，厚0.2～0.25米，属明清时期堆积。M3地面结构主要出露于该层下。

（二）墓葬形制

1. 坟茔圈

先挖一个略呈"几"字形的坑，平整坑底，然后周边砌筑砖墙，坑底随地势北高南低。坟茔坑南北长6.3、东西宽3.48～4.5、残深0.14～0.36米。砖墙砌筑比较规整，多用整砖，规格长25～26、宽14～15、厚3厘米，一横一竖错缝垒砌，向上有所收分。砖墙内长5.88、内宽2.6～3.7、残高0.14～0.36米，墙厚0.25～0.4米（图一一）。

2. 墓室

由地下墓穴和地上石棺（假椁室）构成。

墓穴　北窄南宽的长方形竖穴土圹，长3、宽2.35、深1.68～1.76米。墓口下约0.1米处的东、

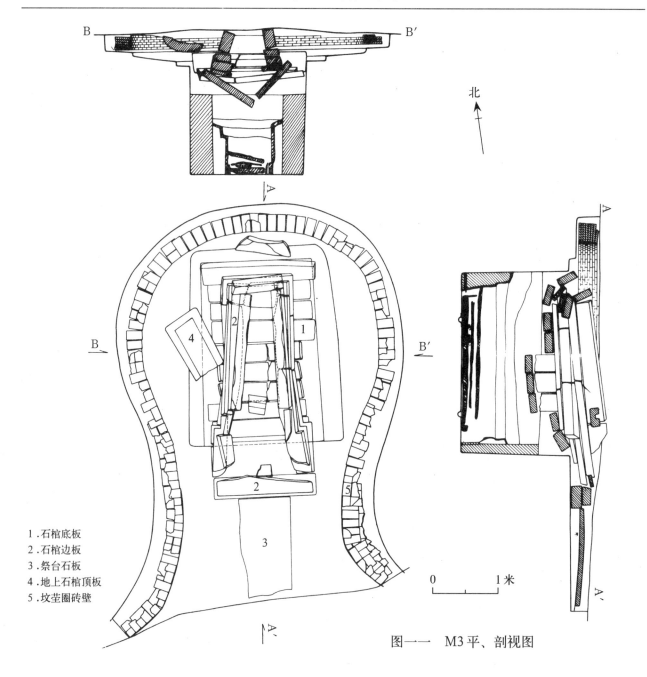

1.石棺底板
2.石棺边板
3.祭台石板
4.地上石棺顶板
5.坟茔圈砖壁

0　　　　　1米

图一一　M3平、剖视图

西、北壁形成一个宽0.2~0.3米的生土二层台。穴内有木棺，已朽，板灰痕保留明显（图一二，2；图版一〇）。根据板灰痕判断，木棺底板长2、宽0.56~0.62米，盖板长2.56、宽约1.1米，木棺高约0.7~0.8米。推测木棺原是北高南低，平面为北窄南宽，葬式应为头北脚南，仰身直肢。木棺底板下有两条枕沟，宽约8、深约4厘米。棺外填较致密的红黄相杂的五花土，高度为1.36米，墓室填浅红色的沙黏土，含少许五花土（图一一）。

棺内约当颈部有银圈1个，胸部有铜镜1面（图版一一），还发现有铁棺钉。棺外南北两端的填土中各出有墓志砖1方，南端墓志原位立置，北端墓志下葬时可能就已倒地（图一二，3）。墓志为浅黄色方砖，边长30、厚3厘米，朝向棺室的一面用朱砂写有铭文，多已脱落，无法辨认。

石棺　墓穴内填土与墓口基本齐平时，平铺一层长石条作盖板封住墓口（同时作为地上石棺的底板）。条石规格不一，长155～175、宽24～32、厚10～12厘米（图一一，1）。盖板之上又用长石条围砌成石棺，四周平砌三层，其上再立砌一层，并有所收分，缝隙用灰沙泥填充。封顶扣置弧面长方形石板，顶板的外面打磨成圆弧状，内面凿成凹状。石棺原内空，南段箱板有部分被毁。石棺（外边）长3.08米，超过墓口的长度，宽度是北窄南宽，为0.95～1.6米，边箱残高0.56米。石棺北窄南宽，所以南端平砌的三层石板的外边特意做成曲尺状的拐角以加宽边框。平砌的第二层石板侧面雕刻有卷云纹，最上一层石板的侧边凿出内曲状边棱。石棺前用一块厚约6厘米的石板作为祭台（图一一）。

（三）随葬品

铜镜　1面。M3：2，八边形，边轮微内曲，镜背中间有一桥形耳。出土时镜上留有包裹的布纹，清晰可见。直径11.2、边长5、边轮厚4厘米（图一〇，3；图版一二）。

银项圈　1个。M3：3，残断，出土时已压毁，锈黑，现存部分有少许变形。直径约18～21、孔径约1.4、壁厚约0.1厘米（图一〇，2）。

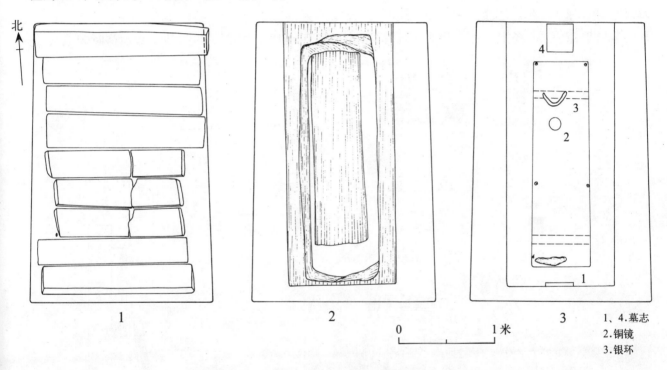

北

0　　　　　1米

1　　　　　　　　　　2　　　　　　　　　　3

1、4.墓志
2.铜镜
3.银环

图一二　M3墓室平面图

1.石棺底板平面图　2.棺室顶板平面图　3.墓室底部随葬器物分布图

四　四号墓

M4紧邻M3东侧，方向和墓葬形制几乎与M3完全相同（图一三）。地理位置中心坐标东经113°22′675″，北纬23°03′917″，高程19.9米。

（一）层位关系

地层堆积和开口层位与M3相同，已被盗扰，一盗扰坑紧贴石棺北壁，已盗到木棺。

（二）墓葬形制

1．坟茔圈

平面呈"几"字形，东部砖墙已被破坏，坟茔坑长5.3、宽3.9、残深0.08～0.2米。茔圈砖墙也是用小平砖一横一竖错缝垒砌（图一三）。

2．墓室

与M3相同，也是由地下墓穴和地上石棺（假椁室）构成。

墓穴为竖穴土圹，北窄南宽，平面略呈梯形。长3.4、宽1.4～1.7、深1.45米，北壁被扰坑破坏。根据棺外填土和墓底板灰痕判断，棺底板长约1.8、宽0.54～0.6米，顶板长约2.2、宽约0.72米，棺高约0.75～0.9米。棺底有三条枕沟，南端枕沟宽16、深8厘米；北端两条枕沟宽0.08、深0.05米。棺外填红黄相杂的五花土。墓室填土以浅红沙黏土为主，含少量五花土（图一三）。棺内约当墓主人腹部有一面铜镜，保存完好，装匣的朽木尚留（图一三五）。棺底有棺钉。一方砖志平置于棺外南侧，长32、宽20、厚4厘米。志文漫灭无存（图一四，2）。

墓口平铺一层长条形石板作为地上石棺的底板，现存10块（北端可能有2块石板被盗时起取），北

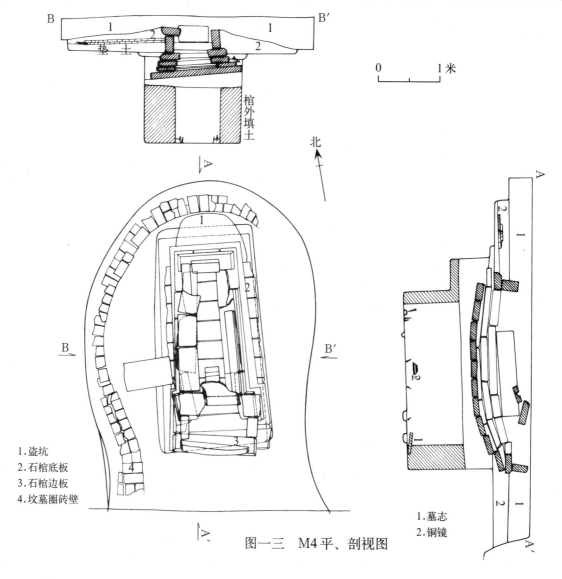

1.盗坑
2.石棺底板
3.石棺边板
4.坟墓圈砖壁

1.墓志
2.铜镜

图一三　M4平、剖视图

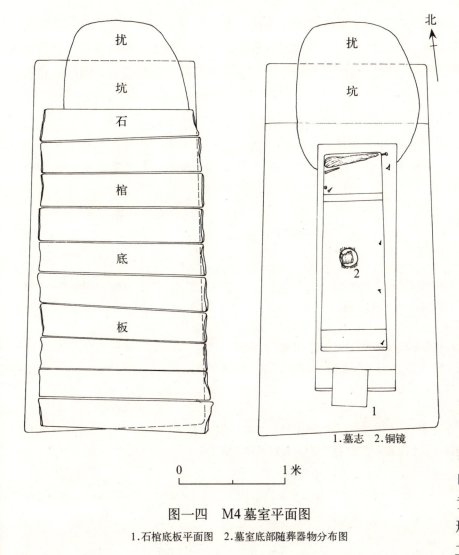

图一四　M4墓室平面图

1.石棺底板平面图　2.墓室底部随葬器物分布图

窄南宽,宽度为1.46~1.66米(图一四,1)。其上也用长条石板围砌成一石棺,砌法与M3完全相同,石棺长3.2、北宽1.05、南宽1.4米(图一三;图版一四)。

(三)随葬品

铜镜　1面。M4:2,六出棱边形,桥形小钮。周有边棱,棱上有凹槽,钮侧有竖行楷书印文"湖州真石三 十□家照子"10字。直径14.2、通高0.7、厚0.2~0.4厘米(图一〇,4,图版一五、一六)。"照子"即"镜"的代称,为避宋太祖祖父赵敬之讳,是宋镜时代特征。"湖州石家"是当时的名牌产品,"真"则强调其为正品,绝非假冒,是北宋时铜镜常见的广告词。1956年广州市东山马黄水岗宋墓中出土一面葵花八瓣形镜,镜背就有"湖州真石家 念二叔照子"印文⑧。

五　结　语

小陵山南坡这四座砖石合构墓排列方向一致,地表坟茔和墓室砌筑方式接近,显然同属一处有血缘关系的家族墓地。其中M2所出的铜钱有"开元通宝"、"宋元通宝"和"太平通宝"等北宋初年通行的货币,可以确定墓葬的年代,上限早不过宋太宗太平年间(977~984年)。其余3座墓的形制与M2相似,而 M1所出的魂瓶、M3和M4所出的铜镜同属北宋年间,所以可以确认这4座墓的年代属北宋。

从坟茔的规模和墓室的砌筑形式来看,M3和M4最为接近, M3坟茔坑的东壁与M4坟茔坑的西壁几乎相连,这至少说明二者是同时规划的,很可能就是同时砌筑的。四座墓中以M1的规模最大,结构也最复杂,从其排列看,它与M3、M4的关系似近于同M2的关系,可能有早晚关系差别。推测该墓地应是以M1为中心的。

一直以来,反映宋代丧葬习俗的墓葬材料不多见,尤其是经过考古发掘的材料更少,其中有几个方面的原因:第一,唐代开始埋葬方式的变革,在广东地区薄葬盛行,大型的砖室墓绝迹,火葬墓出现；第二，主观原因是，长期以来宋元以降的墓葬材料不受重视，尤其是广东地区，由于墓室结构简单，随葬品少，年代又偏后，因此对它的重视程度远不及汉唐墓葬。其实，珠江三角洲很多乡镇历史都是宋代开始的，所以宋墓的考古发现对考察珠江三角洲地区两宋时期的社会发展进程，同样是非常重要的。

　　附记：领队冯永驱。参加发掘的人员有张强禄、朱家振、熊伟、田茂生等。参与整理的人员有张强禄、熊伟、江海珠等，线图的清绘由朱家振和陈春丽完成，关舜甫负责摄影。麦英豪先生对报告的修改给予了悉心指正，特致谢忱。

执笔：张强禄

注　释

① 广东省文物管理委员会《广东佛山市郊澜石唐至明墓发掘记》，《考古》1965 年 6 期；广东省博物馆、东莞市博物馆《广东东莞北宋墓清理简报》，《考古》1991 年第 7 期。

② 深圳博物馆《广东深圳宋墓清理简报》，《考古》1990 年第 2 期。

③ 湖南省博物馆《湖南资兴隋唐五代宋墓》，《考古》1990 年第 3 期。

④ 江西省文物工作队、铅山县文化馆《江西铅山县莲花山宋墓》，《考古》1984 年第 11 期。

⑤ 见②图三 -19 和图版捌 -2。

⑥ 见①之 B 图一 -1、2。

⑦ 丁福宝编纂《历代古钱图说》之八十四，上海书店影印出版，1986 年第 7 月。

⑧ 广州市文物管理委员会《广州东山黄水岗宋墓清理简报》，《考古》1957 年第 2 期。

图版一 M1 发掘现场（南－北）

图版二 M1 清理完全景（北－南）

图版三 M1 石椁全景（北－南）

图版四 M1 地表石框北壁外立砖（东－西）

图版五 M2 发掘现场（南－北）

图版六　M2墓室（北－南）

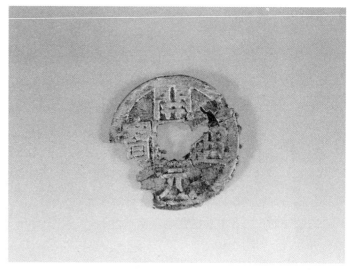

图版七　M2出土铜钱（M2：18）

图版八　M2出土铜钱（M2：16）

图版一〇　M3墓室板灰痕（北－南）

图版九　M3地表结构（南－北）

图版一一　M3 铜镜出土情况

图版一二　M3 出土铜镜（M3：2）

图版一三　M4 铜镜出土情况

图版一四　M4 地表石棺（南－北）

图版一五　M4 出土铜镜（M4：2）

图版一六　M4 出土铜镜（M4：2）铭文

华侨小学南宋墓发掘简报

广州市文物考古研究所

墓葬位于广州市区东北华侨新村玉子岗近顶二级阶地的西南坡缘(图一)。玉子岗东北为太和岗及黄花岗,西临淘金坑。新中国建立以来特别是20世纪50年代,为配合华侨新村的建设,文物部门曾在玉子岗进行过多次发掘,这里是广州古城东北重要的古墓区之一。2004年2~8月,广州市文物考古研究所对华侨小学第一期改造工程建设范围进行了抢救性考古发掘,计发掘南越国至清代各类古墓共33座。现将其中一座南宋墓的清理情况简报如下。

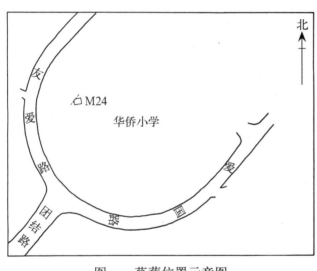

图一　墓葬位置示意图

一　墓葬形制

该墓为长方形单室合葬砖室墓(编号2004BYM24,以下简称M24)(图二;图版一;彩版四七)。墓葬直接开口于现代建筑基础下,墓坑打破生土。该墓原保存完好,但因后来墓上盖了建筑物,墓室上部已毁,发掘时墓室南部尚可见斜向横穿墓室之现代排水沟一条及现代扰坑一处,墓室西北被现代建筑墙基打破及底,少量器物被毁。

墓葬方向86度。墓口距现地表深0.35米,墓室东西长3.44、南北宽2.64、残深0.72米。墓室上部情况不详。无墓道。

墓室砖壁紧贴墓穴坑壁,墓壁单隅,墓底铺砖作二横一纵相间平铺。墓砖多呈青灰、黄灰及灰黄色,有平砖和刀砖,长27~38、宽12.8~18、厚1.5~6厘米。使用较为随意。多饰网格纹、叶脉纹及各种几何型组合纹,其中不少有"永嘉六年壬申宜子保孙"和"太宁二年甲申八月一日吉旦"铭记,据此可知墓砖多取自于附近的两晋墓葬。

墓底分别垫有木炭层和灰沙层,皆厚0.04~0.06米,砖室正中双棺纵向并列,发掘时均朽。据随葬品、棺具位置及残存遗骸[①],初步判断北侧(右)应为女性,南侧(左)为男性,为夫妇合葬墓。

在两棺外侧及两棺中间摆放34件石俑和2件石兽。俑多面朝外侧,唯二棺中间的7个俑有4个面朝北棺,3个面向南棺。南、北二棺的下(脚)部分别有釉陶四耳罐和魂瓶各1件;在南棺内的头(东)端放置石砚、黑釉瓜棱罐、青白瓷葵瓣碟、铜方镜、残铜器、铁剪、铁镊等,由其旁所出的带扣钉小铁环分析，上述在男棺头部的随葬品原皆可能置于漆或木匣中。北棺内中东部北缘见2块绿松石小饰品，可能属耳饰或头饰，已有移位。

木棺外围有二重保护层。紧贴木棺的是灰沙层，形成如椁状的保护层，厚薄不均，厚0.07～0.3米。可能经过三四次填充。灰沙将处于二棺之间的石俑、石狮一并填埋。灰沙层外侧竖置青灰色小薄砖作围蔽；灰沙层与墓室砖壁之间由泥土和炭屑相间充填。此二重保护层完成后，再以原坑土回填。

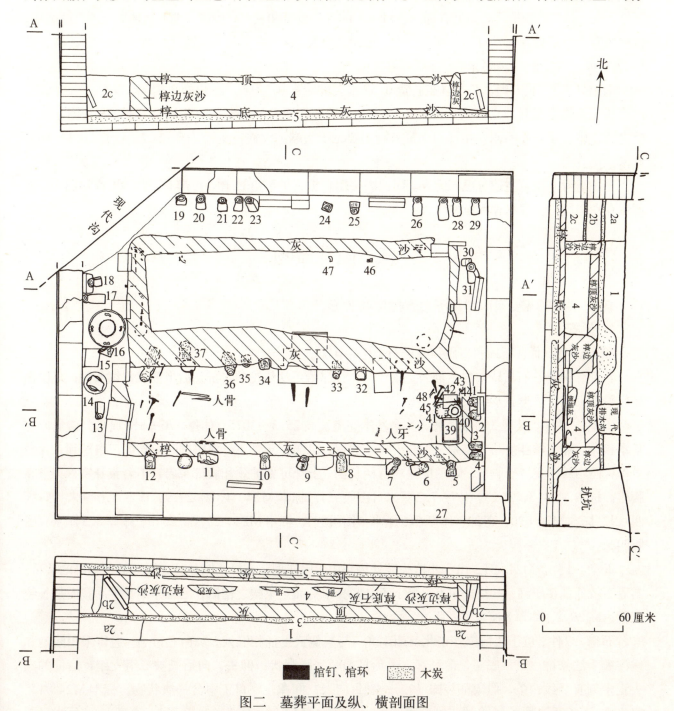

图二 墓葬平面及纵、横剖面图

1~13、17～29、31～38.石俑 14.釉陶四耳罐 15、30.石狮 16.陶魂瓶 39.石砚 40.黑釉瓜棱小罐 41.青白瓷葵瓣碟 42.铜方镜
43.残铜器 44.铁剪 45.铁镊 46.绿松石鸟形饰 47.绿松石兽形饰 48.小铁环及扣钉

二　葬具与遗骨

葬具　发掘时仅余零星木屑。根据灰痕和遗物的摆放位置，可推知其大致情况。

北棺（女）　其棺头端（东）较宽而脚端较窄，宽 0.58～0.71、长约 2.26 米，高不详。棺头端两侧见 2 枚带扣钉的铁棺环，并见有加固、封闭用的弯头侧钉和直钉；脚端（西）两侧则有 4 枚铁棺环。铁棺环有大小二种，皆有钉扣，环径 8.2～11.6、钉长 7.4～8.1 厘米。铁钉分弯头和直钉，前者长 18.2 厘米，后者长 14.4 厘米。

南棺（男）　长方形，头端（东）宽 0.52 米，脚端宽 0.57 米，棺长约 2.48 米，棺高无法判断。该棺头尾两端各见封口之圆头大钉 4 枚及 3 枚。两端两侧还有棺环各一对和短钉若干，弯头侧钉见于棺之头、中、尾三处两侧，扣钉和小钉条则主要见于头端。大铁钉头径 7.6～8.2、钉长 18.1～18.8 厘米。

墓主遗骨　女墓主遗骨已朽无存。南棺内头端有男墓主牙齿 11 颗，可辨有门齿、犬齿和臼齿；下部残存左腿胫骨、右腿骨残骸。

三　随葬器物

有石、釉陶、瓷、铜、铁等五类器物共 48 件套。

（一）石器

39 件。有石俑、石狮、石砚和绿松石小饰件 4 类。

石俑　34 件。石质皆灰白色砂岩。以线刻和浅浮雕手法修饰前半部，后半部仅修饰头部，余仅作相应简单平整。依形态及装束等分 2 型。

Ⅰ型　33 件。其中 3 件头缺失，其余基本完整。高 25.3～30.5、体厚 5.6～8.8 厘米。诸俑形态基本相同，唯高矮胖瘦略有差别。头戴平顶小圆冠，以绳束于颈下。双眼圆睁，嘴下三绺短须，表情肃穆，俑均双手交持于胸前，向下按握一有柄长剑。上身可见护颈和腰部束带；下着束身窄裤，半高腰靴。标本 M24：3，高 29、体厚 7.2 厘米（图版二）。标本 M24：4，高 29.9、体厚 5.6 厘米（彩版四八）。标本 M24：20，高 29、体厚 6.6 厘米（图版三）。标本 M24：26，高 25.3、体厚 8.3 厘米（图版四）。

Ⅱ型　1 件。M24：31，出于北棺头端外侧正中，因造型装束异于其他俑，疑为武士俑群的头目。其冠下较他俑多了细刻的后部束发，腰下不是紧身窄裤而是束腰之褶裙，足靴亦不是半高腰而是长统高靴。高 30.2、体厚 8 厘米（图版五、六）。

石狮　2 件。位于北棺椁外东北及西南角，与其他武士俑相混处。灰白色砂岩。通体采用线刻和线浮雕手法修饰。带平底座，前足直立，后足曲蹲呈蹲踞状；仰头，向后长披二组发绺；后仰的额头正中刻有竖线一条，似象征装饰（？）。眦目向天，仰鼻，阔口正中含一块状物。标本 M24：15，宽 4.6、长 6.8、通高 10.8 厘米（彩版四九）。标本 M24：30、宽 5.1、长 7.1、通高 11.4 厘米（图版七）。

石砚　1件。M24：39，端砚。紫色，石质细腻，制作精细。光平，线条流畅。平面长方形，因砚首、砚尾两端外壁均向下斜收，长截面呈梯形。砚面边缘线雕凸棱以隔开砚缘与砚堂。砚堂首端近平，向尾端弧倾成砚池。砚背呈弧收之流线形凹槽。长17.8、宽11.5、通高2.4厘米（图版八）。

绿松石小饰件　2件。鸟形饰（M24：46），刻工简朴，状如浮水之鸳鸯，喙、头部明显，身中有上下相通之穿孔，长2.1、高0.9、厚0.5厘米（图版九，左）。绿松石兽形饰（M24：47），刻工简朴，状如一短腿、长耳、凸唇之小兽，似兔。身中有上下相通穿孔。长2.1、高1.1、厚0.6厘米（图版九，右）。绿松石小饰件均出于北棺棺内之中东部北缘，或为女墓主首饰类饰件。

（二）釉陶器

魂瓶　1件。M24：16，带盖，盖呈外侧附加镂空的立式莲瓣状围栏的复杂结构，惜残，无法修复。器表原遍施黄绿色釉，除套烧接口处尚有部分釉层残留外，余皆脱落。全器分罐和座两部分。罐方唇，直口微敛。外侧附加镂空的立式莲瓣状围栏一周；溜肩微弧，肩部有四个桥形附耳，饰一周凹弦纹和阴刻网格纹；鼓腹，下腹斜收，平底。上、下腹饰莲瓣状附加堆纹各一周。莲台形器座，台面中空以卡接陶罐。高圈足外撇，圈足外壁分别附加三周围栏。整个器座外观如三级，二、三级围栏分别作镂空莲瓣和正反相间的蝙蝠图形。口径11.3、圈足径23.9、通高51.7厘米（彩版五〇）。

釉陶四耳罐　1件。M24：14，敛口，矮领，溜肩，长身，微鼓腹，下腹弧收及底。平底略内凹。器内外原皆施黄绿色釉，其中器表施釉不及底。原有两两并列相互对称之桥形竖耳二对，疑下葬时已残。口径8.5、腹径18、底径11.1、通高30厘米（图版一〇）。该罐以一残青灰砖为盖，因长期使用，砖与罐口接触面留有环形浅凹槽一周。罐内无物。

黑釉瓜棱罐　1件。M24：40，尖唇微侈，矮束颈，弧肩，鼓腹，下腹弧收接器底矮圈足。腹部作六瓣瓜棱状。除器底及圈足外，通体内外施黑釉，烧制略有变形。口径5.5、腹径8.9、底径4.8、高8.1厘米（图版一一）。

（三）瓷器

青白瓷葵瓣碟　1件。M24：41，出土时口略残。敞口，葵瓣状斜壁，平底。薄胎。通体遍施青白釉，底露胎，釉层冰裂纹明显。口径10.5、底径4.2、高2.4厘米（图版一二，彩版五一）。此器可能为湖田窑产品。

（四）铜器

铜方镜　1件。M24：42，残裂。正方形，镜背正中有小桥钮，背缘周边起棱。素面。镜表原涂层保存较好，镜面银亮。边长10.15、缘厚0.1厘米（图版一三）。

残铜器　1件。M24：43，由一段的曲柄前接圆弧平展的铜片构成。曲柄残长4.7、宽0.7厘米，铜片残宽2.7、残长2厘米。

（五）铁器

铁绞股剪　1件。M24：44，由两片长身三角形剪刃柄端斜交相连构成，出土时两片剪刃保存较好，但绞股之柄端已残失。刃长约11、残长14.2厘米。

镊　1件。M24：45，柄端完好，镊臂头端略有朽失。残长14.6厘米（图版一四）。

环　1件。M24：48，上环有一扣钉。由出土位置分析，可能是南棺头端漆或木匣上的扣环。环径4.8厘米（图版一五）。

四 小 结

广州地区中唐以降至于两宋墓，多有"魂坛"、"魂罐"出土。本次发现的魂瓶因墓葬相对保存较好，关系清楚，表明不仅是作葬具用途的。

墓中出土的端砚明显不同于唐砚，而呈现出宋砚的风格，为典型的宋代抄手砚[2]。青白瓷葵瓣碟为南宋湖田窑典型器物[3]。

墓中环列带有护卫含义的石武士俑和狮俑，目前广州地区尚未见第二例。但墓中放置成群石俑的做法与1999年成都二仙桥南宋墓颇有相似之处[4]。虽尚未证明本墓俑群与成都二仙桥南宋墓那样具有道教风格，然而，含有驱邪趋吉的寓意则是可以肯定的。

据此，本墓年代当为南宋时期。

附记：领队丁巍，参加发掘的有刘景岩、关舜甫等，整理丁巍、张艳平，摄影关舜甫，器物修复董锋，绘图描图韩建军、张艳平、丁巍。

执笔：丁巍、关舜甫

注 释

① 经中山大学人类学系李法军老师现场鉴定。

② 广东省博物馆、香港中文大学文物馆《紫石凝英——历代端砚艺术》，香港中文大学文物馆，1991年；刘演良《端溪砚》，文物出版社，1988年。

③ 赵自强《柴窑与湖田窑》，广西美术出版社，2005年。

④ 成都市文物考古研究所、成都市文物工作队《成都市二仙桥南宋墓发掘简报》，《考古》2004年第5期。

图版一　M24墓室全景

图版二　石俑正视（左，M24：3；右，M24：4）

图版三　石俑前侧视（M24：20）

图版四　石俑前侧视（M24∶26）　　　图版五　石俑前侧视（M24∶31）　　　图版六　石俑后侧视（M24∶31）

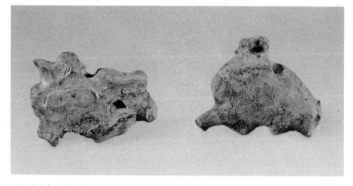

图版九　绿松石兽形饰（M24∶47）、鸟形饰（M24∶46）

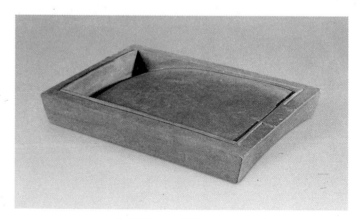

图版七　石狮（M24∶30）　　　　　　　　　　图版八　石砚（M24∶39）

图版一〇　釉陶四耳罐（M24：14）

图版一一　黑釉瓜棱小罐（M24：40）

图版一二　青白瓷葵瓣碟（M24：41）

图版一三　铜方镜（M24：42）

图版一四　铁镊（M24：45）

图版一五　小铁环及扣钉（M24：48）

广州大通寺遗址发掘简报

广州市文物考古研究所

　　2004年7月，为配合城市建设，广州市文物考古研究所对芳村大通寺遗址进行了抢救性发掘。遗址位于珠江南岸与花地河夹角的台地上，芳村大道从遗址的南部横过。从历史资料获悉，遗址的东南面有一条宽30～50米的古河涌，与珠江、花地河相通连（图一）。这里是羊城八景之一的"大通烟雨"遗迹所在地，于是采用了大面积布方发掘的形式进行。共布10×10米探方13个，（多个不完整），发掘面积约1000平方米。现将发掘情况简报如下。

图一　大通寺遗址位置示意图

一　地层堆积

　　在揭开了现代建筑地面后，已见到建筑遗址的基础，包括早晚期的建筑基础。以T7南壁为例（图二）。

　　第1层：灰土，硬结，厚0.2～0.3米。为明清时期建筑层，出土有该时期的青花瓷片、建筑砖瓦、瓦当等。该层下分布有宋代的建筑及瓦砾堆积。

　　第2层：灰土夹瓦砾，硬结，厚0.3～0.4米。出土宋代的青白瓷碗、盏及南汉时期的建筑材料，有青釉花纹方砖、滴水瓦、瓦当。该层下出现南汉时期的建筑基址。

　　第3层：为南汉时期的基础垫土层，主要分布于T1、T7、T8、T9内，其北部应有大面积的分布，可惜在建筑施工中被破坏。该层出土有少量的碎瓦、青瓷片、乾亨重宝铅钱。据土质、土色的不同分5小层。

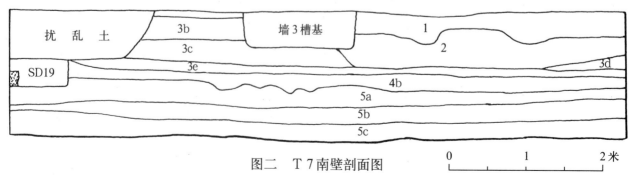

图二　T7南壁剖面图

0　　　　　1　　　　　2米

3a 层：灰泥土，深 0.1~0.15、厚 0.15~0.2 米。

3b 层：红黄黏土，深 0~0.35、厚 0.1~0.35 米。

3c 层：黄沙土，深 0.1~0.7、厚 0.15~0.35 米。

3d 层：浅灰泥土，深 0.5~0.9、厚 0.2~0.4 米。

3e 层：深灰土，深 0.6~0.8、厚 0.1~0.15 米。该层下出现唐代建筑遗迹。

第 4 层：为唐代建筑使用时期的垃圾堆积，出土有该时期的青釉瓷碗、盘、罐等遗物。分 2 小层。

4a 层：灰土蚌壳，土质疏松，深 0.15~0.55、厚 0.15~0.5 米。分布在 T1 内。

4b 层：灰土贝壳，深 0.4~0.75、厚 0.3~0.5 米。

第 5 层：唐代建筑层，出土有六朝、唐代的碗、罐、盘、碟、盆、钵等。分 3 小层。

5a 层：青灰沙土，深 0.6~1 米、厚 0.2~0.4 米。

5b 层：浅灰土，深 1~1.2、厚 0.1~0.2 米。

5c 层：红黄沙土，深 1~1.4、厚 0.2~0.6 米。

第 6 层：深灰泥土，为河床淤积层。

二 遗 迹

（一）唐代建筑遗迹

这一阶段的遗迹，均建筑于第 5a 层上，主要分布在 T1、T8 内。可见到直径 8~30、深 10~40 厘米的圆形柱洞 40 余个，柱洞的间隔 1~2 米，有多组组合关系，建筑类型是小型的棚式建筑。

（二）大通寺建筑遗迹

建筑基础上分布有一定排序的建筑磉墩，计 29 个。除建筑磉墩外，少有包边墙、道路等其他与之相关的遗迹发现，故对其形制的判断造成困难。现据磉墩的分布、层位关系、形制结构、构筑方法及磉墩间相互打破关系进行区分，大致可划分为三个不同时期（图三；图版一）。

1. 第一期

以第 3 层为代表的一组基础垫土，包括了建筑在其上部的 D17、D18 以及被 D24 打破的 D25 为代表的一组磉墩，同时包括了 D18 以东的 C1 遗迹（图四）。

D18 压于瓦砾层（第 2 层）下，在层位上早于其他的磉墩。构筑方法：用碎砖瓦夹灰黄黏土分层夯打而成，边长 1.4、深 1 米左右；D25 被 D24 打破，用料与构筑方法与 D18 同；D17 上压有 D16（略有错位），构筑有先后，构筑方法、用料与 D18 同。从磉墩的分布状况看，因其存量少，其建筑形制不明。我们认为这一阶段的建筑中心应在该组磉墩的西北部，但这一部分已遭施工毁坏。

C1 位于 D18 的东部，压于第 2 层下。平面为长方形，砖壁有收分，池底无地砖。砖墙一部分用半截砖砌筑。南北长 3、东西宽 2.25、深 0.3 米（图五）。

2. 第二期

在第一期建筑的基础上重建，但面积向南扩大（图六）。

这一基础层面上的磉墩分布有一定的规律，整体布局为东西 5 列，南北 4 排。按磉墩组合、构筑形式可以分为南北两部分。

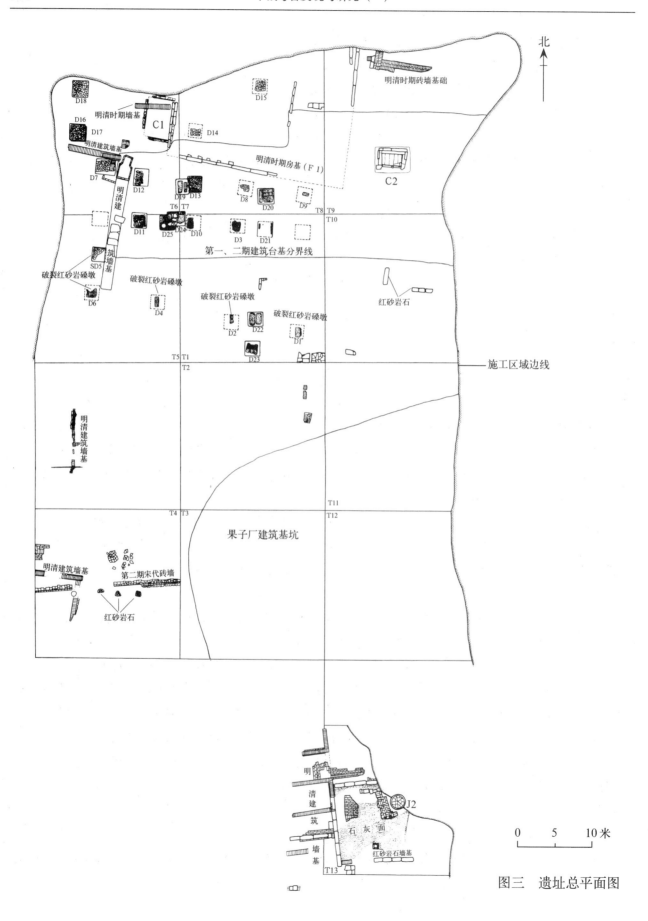

北

明清时期砖墙基础

D18

D15

明清时期墙基

C1

D16

D14

D17

明清建筑墙基

明清时期房基（F1）

C2

D7

明
清
建

D12

D19 D13

D8

D20

D9

T6 T7

T8 T9

D11

D25 D24 D10

D3 D21

T10

第一、二期建筑台基分界线

筑
墙
基

SD5

破裂红砂岩礩墩

破裂红砂岩礩墩

D6

D4

破裂红砂岩礩墩

红砂岩石

破裂红砂岩礩墩

D2 D22

D1

T5 T1

D23

T2

施工区域边线

明
清
建
筑
墙
基

T4 T3

T11

果子厂建筑基坑

T12

明清建筑墙基

第二期宋代砖墙

红砂岩石

明
清
建
筑
墙
基

J2

石
灰
面

红砂岩石墙基

T13

0　　　5　　　10米

图三　遗址总平面图

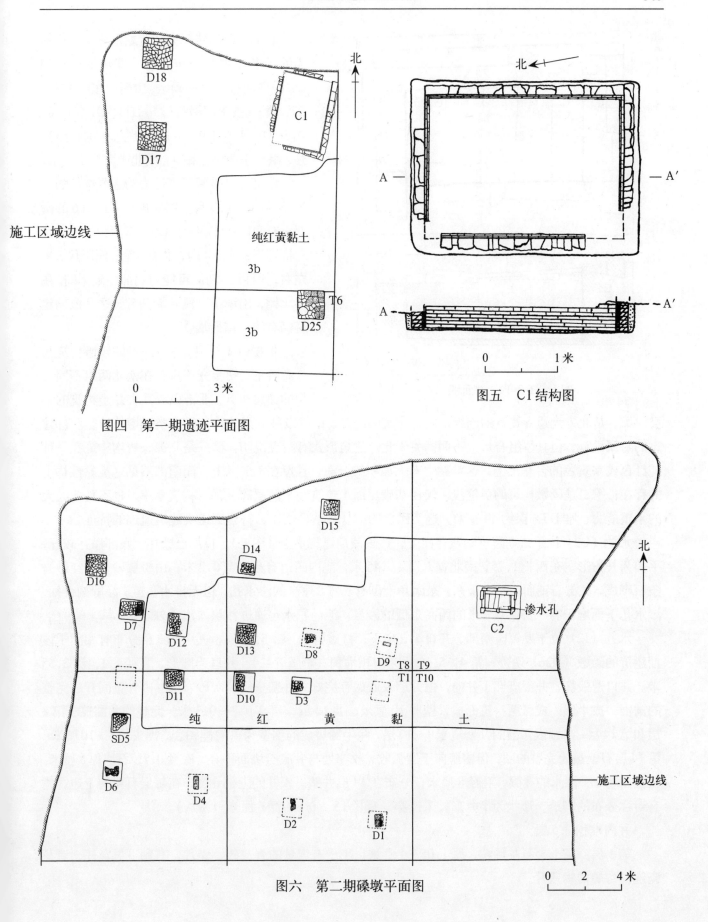

图四　第一期遗迹平面图

图五　C1结构图

图六　第二期磉墩平面图

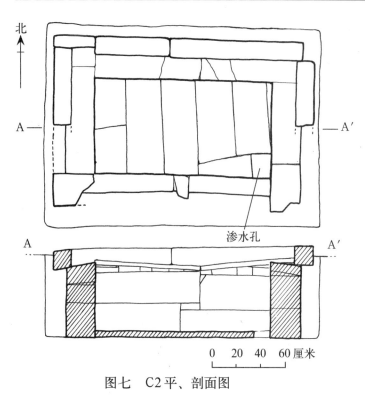

北

A ——————————————— A'

A' ——————————————— A'

渗水孔

0　20　40　60 厘米

图七　C2 平、剖面图

北部　以碎砖瓦夹红黄黏土分层夯筑形成的磉墩，主要分布在第一期建筑的基础上，出现两排排序的磉墩。由西向东组合有：D7、缺1（被水泥墩打破）；D11、D12；D10、D13；D3、D8；D9、缺1（被现代水沟打破），共5组。东西中心距4、南北中心距2.5米。

南部　以破裂状红砂岩为主要特征的一类磉墩，仅见有两排：一排在T1、T6的南部，有D1、D2、D4、D6，东西距5米；另一排则出现在T4内，共有3个，间距仅1米左右，无柱坑，功能可能与北部柱础不同。在其北侧，出现了一段砖墙基础，这是该期建筑仅有的一堵砖墙。

根据以上资料，这一时期的磉墩构筑与分布特征，初步分析应存在南北两组不同类型的建筑单元。北部以碎瓦夹黏土构筑的一类磉墩，是北宋大通寺建筑的南缘，或是建筑的内廊。南部以红砂岩为特征的一类磉墩估计是北部建筑的附属设施，但具体组合形式不明。关于北部建筑形式有两点说明：第一是北部磉墩均构筑在一种纯红色或灰黄色的台基土上，这类黏土有大面积的分布，且厚在1米以上，而南部不见这类黏性垫土的存在；第二是磉墩构筑的层位浅，仅在基础层面上垫筑一至两层碎瓦屑，构筑草率，也不具备太大的承重能力，唯D7，深约40厘米。这类磉墩的组合与结构明显，符合廊道类建筑遗迹的特征。

水池（C2）位于该期建筑的残存面上，打破该期建筑垫土（图七）。口部已毁坏，底部保存较好，平面为长方形。东西长1.75、南北宽1、深0.45米。池内四边有龛，宽0.2米。由粉质砂岩与红砂岩条石砌成，底部石铺面西稍高于东，东南角上砌有长宽8厘米的渗水孔，但无排水孔道。经解剖得知，渗水孔下面堆积有一层厚0.2米的西高东低的沙层，池内积水可通过沙层渗出于外。

水井（J2）位于发掘区南部，开口第2层下，打破第3、4、5、6层，其中第3层分布有相同于该期建筑的磉墩（D26）遗迹；第4、5、6层为河相堆积（彩版五二）。井口为圆形，直径1.1、深3.85米。井口遭毁坏，井圈废弃于井内，但井壁及底保存完好。井壁全用磷灰砂岩琢（内外皆同）成完整的圆圈，或半圆，或弧圆拼筑而成，壁厚10厘米，共14层，层高0.2~0.3米。完整的井圈筑于第8层和第14层，半圆或弧圆的井壁筑于9~13层，两半圆拼成的圈壁为单肩榫扣合，榫头长8~10厘米；第14层石壁虽为完整的圈，但圈壁向下圆弧收，收窄处与井底石块面平合，底径0.7、石块厚8厘米。壁上凿有3个渗水的孔眼，孔径8厘米，分布在14层井壁。水井的上部6层，在每层石壁的下边，凿有对称分布的脚踏，形状为半月形，未透穿，直径15、高8、深6厘米（图八）。

井内堆积分5层。

第1层：灰土夹石灰颗粒，厚1.05~1.2米。出土有大量的青灰砖，瓷片，有釉下黑彩杯、青花瓷碗、勺等器物残片。

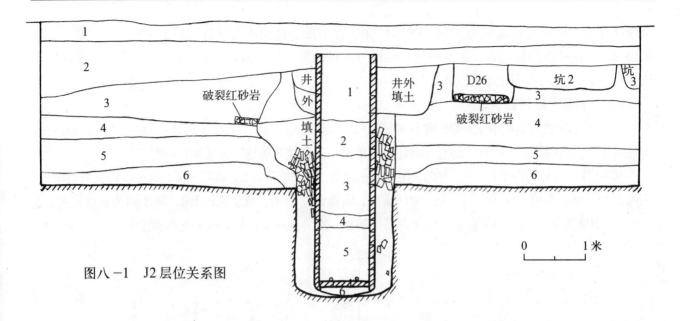

图八-1　J2层位关系图

第2层：黑泥土含较多的沙子，厚0.5～0.6米。主要包含有石灰井圈残块、残窗格、刻槽瓷盆、青花瓷碗的碎片、子弹3发。

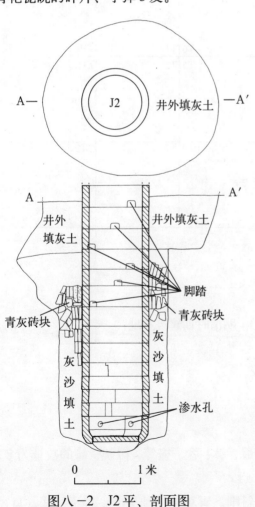

图八-2　J2平、剖面图

第3层：浅红黄土，厚0.9～1米。出土有较多的青灰砖，石灰井圈，少见青花瓷片。

第4层：石灰层夹灰土，厚0.2～0.25米。未见遗物出土。

第5层：灰沙泥层夹石灰颗粒，厚0.8～0.85米。为水井使用时期的沉积层。出土遗物有铜质烟斗1件、"乾隆通宝"3枚、"光绪元宝"2枚、"雍正通宝"1枚、"大清铜币"3枚、民国"十文"钱4枚。

井底石板下有一层黑泥土，厚0.1～0.15米。出土有青白釉划花碗、黄绿釉罐等器物碎片，"熙宁元宝"、"皇宋通宝"铜钱各1枚。堆积年代在北宋时期。

在J2正西20米处，也存在一口与J2类似的用磷灰岩砌筑的水井，已被毁，仅余井底局部石铺面，用料与J2相同，但具体结构不明。

3. 第三期

以长条状红砂岩石为代表的磉墩，包括D19～D24，共6个。按排序，可分为三组，D19、D24为第一组；D20、D21为第二组；D22、D23为第三组。每组两两相对，单组间距2米，组与组边距5米。这类组合形式不明。

该组磉墩边长1、深1.1米。构筑方法比较特殊，以D24为例，方法是：先挖坑，坑底用长条状红砂岩石平铺，形成柱底面。最大石长0.7、宽0.4、厚0.15米。在石面上选用灰或红黄色黏土铺垫，夯打紧密，厚0.15米；在此面上同样选用同型红砂岩作相反方向铺成第二层石面，又在上面用土夯筑，由于磉墩至该期建筑面无存，其形制不明（图九）。

（三）明清时期的建筑遗迹

这一时期的建筑仍利用了早期的建筑基础,在这一建筑残存面上,可见到零散的石墙与青灰砖墙残段。遗迹组合形态较明显的，仅在北部有一组建筑的单间房基和北宋始建一直延用至该时期的J2（图一〇）。

房基（F1）　分布在T7、T8、T9内，保存有东、南、西边墙基,仅保留有一层，用红砂岩长条石砌成，东西宽12.5米。东墙基础为双排并列，中间留空，墙基宽0.65米、留空宽0.2米；西墙同为双排并列，宽0.4米；南墙为单排，但内侧有等距离竖立石头帮宽，宽为0.4米。基础内垫有灰黄土与薄层灰沙。

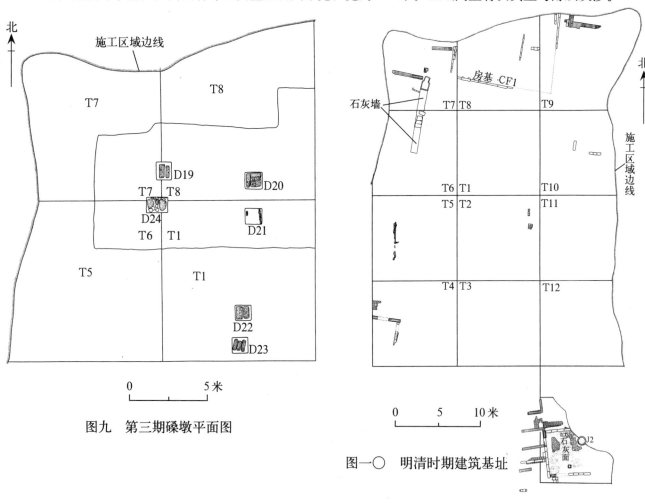

图九　第三期磉墩平面图

图一〇　明清时期建筑基址

三　出土遗物

（一）六朝、唐代遗物

出土遗物以陶、瓷器为主,种类有碗、小碗、盘、碟、罐、钵、盆、壶等。以碗、罐的数量为多，其次是碟、盆。

碗　13件。T9④b:6,敞口，弧腹，玉璧底，底边斜削。青灰釉，釉层薄，釉不及底。口径

18.2、足径6.2、高6.3厘米（图一一，1）。

小碗　12件。T7⑤a：2，直口，圆弧腹，平底。内底旋两道凹弦纹，口沿外一道弦纹。青釉，大部分已脱落。口径11.5、底径5、高3.8厘米（图一一，2）。

盘　9件。T9⑤a：3，弧腹，腹壁旋修刀痕清晰，小平底微内凹。内底有五块支垫印。青釉，釉面不匀，花斑状，釉不及底。口径15.4、底径4、高3.4厘米（图一一，3）。

碟　7件。T9④b：12，敞口，弧腹近直，饼足，足边有泥突。内壁一侧有环状捉手。灰黄胎。口径12、足径4.3、高4.2厘米（图一一，4）。

罐　3件。T9⑤a：2，矮直口，溜肩，肩附四横耳，两两相对，卵形腹，平底。青釉，花斑状，有流釉现象。口径13、底径14.3、高20.2厘米（图一一，5）。

钵　7件。T9④b：37，弧腹，平底。内底四圆形垫饼印。青釉泛灰绿，釉层均匀。口径18.4、底径13.6、高8.7厘米（图一一，6）。

盆　2件。T9④a：4，丁字口，斜直腹，平底。腹有多道宽浅的凹槽。口径26、底径21、高12.7厘米（图一一，7）。

器盖　2件。T9④b：11，子母口，盖面显弧曲，饼形钮。盖面旋纹清晰。青釉。口径10.7、钮径3.2、高4厘米（图一一，8）。

网坠　T9⑤a：6，扁圆形，上有"一"字形凹槽。灰陶。长径3.4、短径3.2、槽宽0.6厘米（图一一，9）。

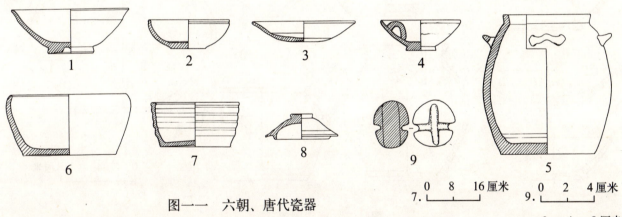

图一一　六朝、唐代瓷器

1.碗（T9④b：6）　2.小碗（T7⑤a：2）　3.盘（T9⑤a：3）　4.碟（T9④b：12）　5.罐（T9⑤a：2）　6.钵（T9④b：37）　7.盆（T9④a：4）　8.器盖（T9④b：11）　9.网坠（T9⑤a：6）

（二）南汉遗物

主要有碗、盏碗、碟、罐、盆之类器物（建筑材料单独介绍）。

碗　4件。底足不同，分2型。

A型　假圈足。T9③a：1，敞口，弧腹，足底旋一道斜宽槽，足边外凸。内底有六个直条状支钉印或泥突，并旋有一圈弦纹。青釉，烧成灰色，下腹底无釉。口径18、底径7.5、高6.5厘米（图一二，1）。

B型　3件。矮圈足，足微外张。T③b：17，弧腹，底微塌，上见一圈细长条状支钉印，灰白色。内底细线浅划缠枝花卉纹，纹理流畅，清晰。青釉泛褐色，釉层均匀，净洁，外底施釉。足径

7.3厘米（图一二，2）。

小碗　3件。足底不同，分2型。

A型　2件。饼足，足底旋削一圈斜宽槽，足边外突。T7③c:1，敞口，弧腹，青釉，内满釉，外半釉。口径12.3、足径6.4、高4.5厘米（图一二，3）。

B型　1件。T9③a:4，卧足。口微敞，弧腹。青釉，呈黄绿色，釉色莹润，开裂纹片。口径12.3、足径6.3、高4.5厘米（图一二，4）。

碟　4件。T9③a:5，敞口，曲腹，平底。腹部有青釉。口径6.2、底径3、高2.5厘米（图一二，5）。

罐　3件。口、底不同，分2型。

A型　2件。圆唇，外翻。T9③b:1，束颈，圆肩圆腹，平底，底边外凸。肩附半环状横耳。口径9、底径9、高14厘米（图一二，6）；T9③d:2，唇口中，沿面下凹，广肩，球形腹，形体显宽扁。肩上附圆环状竖耳，平底，足边外凸。青灰釉，泛灰白色。口径10.5、底径9.5、高14.5厘米（图一二，7）。

B型　1件。折沿。T9③c:1，矮颈，斜肩，圆腹，腹上附六横耳。齐耳处旋一道凹弦纹。黑瓷。口径10、底径10、高9.5厘米（图一二，8）；

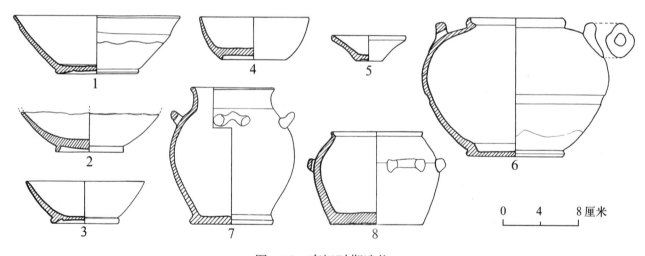

图一二　南汉时期遗物

1.A型碗（T9③a:1）　2.B型碗（T9③b:17）　3.A型小碗（T7③c:1）　4.B型小碗（T9③a:4）　5.碟（T9③a:5）
6.A型罐（T9③b:1）　7.A型罐（T9③d:2）　8.B型罐（T9③c:1）

熏炉　1件。T8③a:53，敞口，束腰，腰部出一道宽花边，高圈足外张。内底及足部镂有花状透孔，因残缺，形状不明。口径32.5、足径27、通高13厘米（图一三，1）。

盆　3件。形态相同，T9③d:1，丁字口，沿外一道凹槽，腹斜直，平底略内凹。青釉泛黄，花斑状，内满釉，外半釉。口径32.6、底径26.8、高13.9厘米（图一三，2）。

器盖　2件。形态不同，分2型。

A型　1件。T8③d:3，盖面弧圆，算珠状钮，钮下有一圆形台座。盖中部有四个桃形穿孔，作对称分布。黄绿釉施于盖面，口边及内壁无釉。钮径2.7、高6厘米（图一三，3）。

B型　1件。T9③b：18。口下切，盖面弧起，盖边压有花边。面部划花草纹。黄绿釉，花斑状。径15厘米（图一三，4）。

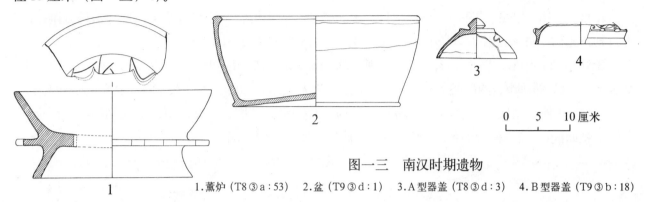

图一三　南汉时期遗物

1.薰炉（T8③a：53）　2.盆（T9③d：1）　3.A型器盖（T8③d：3）　4.B型器盖（T9③b：18）

（三）北宋遗物

以碗、小碗为最多，也有陶模具等。

碗　16件。圈足不同，分2型。

A型　13件，足外陡内斜。依形态、釉色的不同，分2式。

I式　T9②：39，敞口，圆腹，足轻盈，精致，外底显见密集等距离箆纹圈。青白釉，釉层不匀，但光润亮洁，玻璃质，圈足无釉。口径17.4、足径6、高7.3厘米（图一四，1）。

II式　8件。T9②：3，敞口，弧腹，内底塌成一个小圆形的平面。内壁上施一道细线凹弦纹，内外腹壁及底有箆划线纹，划纹随意。青白釉，显灰色，暗淡。口径18、足径6.7、高7厘米（图一四，2）。T9②：46，下腹弧收，圈足。外底用墨书"堂头"字款。内底划花，线细浅，模糊。青白釉，光亮，足底无釉。足径4.5厘米（图一四，3）。T9②：17，唇口，沿面凹弧状，圆弧腹。青灰釉，圈足无釉。口径14.8、足径5、高6.4厘米（图一四，4）。

B型　3件。假圈足。T9②：41，撇口，弧腹。外底墨书"上方"铭款。内底旋一周凹弦纹。青白釉，泛黄色，下腹及底无釉。口径15.7、足径5.9、高6.3厘米（图一四，5）。

小碗　13件。依足底的不同，分2型。

A型　10件。假圈足。依形态、釉色不同，分2式。

I式　4件。T9②：18，侈口，斜直腹，内底塌成尖圆状，外底有大块垫饼印痕，色微红。青白釉，光洁鲜亮，足底无釉。口径14.7、足径3.8、高5.1米（图一四，6）。T9②：19，斜直腹，内底修成一个小圆形的平面。外底用墨楷书"大通"二字款。青白釉，光洁鲜亮，开裂纹片，足底无釉。足径3.8厘米（图一四，7；彩版五三）。

II式　6件。T9②：32，敞口，沿微外翻，沿外一道凹槽，腹壁斜直。黑瓷，显见酱黄釉，下腹及底无釉。口径13.7、足径4.2、高5.5厘米（图一四，8）。T9②：29，侈口，斜直腹。黑釉瓷，釉光亮，下腹及底无釉。口径13.6、足径3.7、高4.5厘米（图一四，14）。

B型　3件。高圈足。T9②：40，六出口，荷花边，腹弧曲，足墙宽厚，外陡内斜。内底一周凹弦纹，圈内平坦。青釉泛灰，足无釉。口径12.7、足径4.5、高5.8厘米（图一四，9）。T9②：30，折沿，沿面近平，六出口，腹圆弧。内底一圈凹弦纹。青釉显灰色，暗淡，足无釉。口径12、足径4.3、高4.8厘米（图一四，13）。

盘　3件。足底不同，分3型。

A型　1件。卧足。T9②：33，敞口，上腹弧曲，腹中折收，足底有垫饼印痕。器壁旋削轻薄。青白釉，光洁，开裂纹片。口径17、底径4.3、高3.8厘米（图一四，10）。

B型　1件。圈足。T9②：15，侈口，弧腹。腹壁显见湿泥修坯的轮旋纹，胎体轻薄。内底细线浅划缠枝花卉，并缀以排列组合的篦点纹。青白釉，光洁，足底无釉。口径18、足径4.6、高4.1厘米（图一四，11）。

C型　1件。凹底。T7②：23，敞口，曲腹，口内沿有芒圈，胎壁轻薄。内底细线浅划植物纹。白瓷，釉面润泽，洁净。口径14、底径9.6、高2.7厘米（图一四，12）。

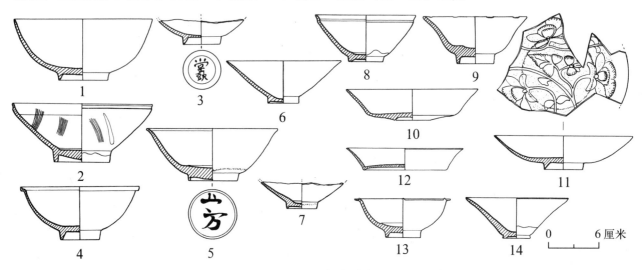

图一四　北宋遗物

1. A型I式碗（T9②：39）　2. A型II式碗（T9②：3）　3. A型碗II式（T9②：46）　4. A型II式碗（T9②：17）　5. B型碗（T9②：41）　6. A型I式小碗（T9②：18）　7. A型I式小碗（T9②：19）　8. A型II式小碗（T9②：32）　9. B型小碗（T9②：40）　10. A型盘（T9②：33）　11. B型盘（T9②：15）　12. C型盘（T7②：23）　13. B型小碗（T9②：30）　14. A型II式小碗（T9②：29）

小盘　3件。形制相同。T9②：25，敞口，腹圆折，小平底，内底平坦。青白釉。口径10.5、底径3.6、高2.4厘米（图一五，1）。T9②：26，上腹斜直，小平底。青白釉，光洁，开裂纹片。口径10.8、底径3.4、高2.1厘米（图一五，2）。

碟　14件。形态不同，分2式。

I式　13件。T9②：51，敞口，斜直腹，小平底。内底施黄绿釉，显褐色，外腹底无釉。口径8.1、底径3.3、高2.5厘米（图一五，3）。

II式　1件。T7②：13，唇口，上腹斜直，下腹圆折，圈足。青釉，釉面光洁，温润，肥厚。口径8.8、足径4、高2.8厘米（图一五，4）。

盆　1件。T9②：49，丁字口，圆弧腹，大平底，底边外凸。腹部旋多道凹槽，下腹一道波浪形凸棱。腹、内底局部施黄绿釉，下腹底无釉。口径22.8、底径16.3、高14厘米（图一五，5）。

盏托　1件。T7②：11，托盘为直口，八边形。长边为正方形，短边为斜边。短边上压成荷叶边。托口为圆形，位于托盘中部，高于盘口，口微内敛，盘下高圈足外张。器身光素。青白釉，温润。托口径4.4、盘口径8.5、足径5.9、高2.4厘米（图一五，6；图版六）。

盂　1件。T7②：12，颈较高直，扁腹，高圈足，较厚实，窄环状。青白釉，泛黄，釉面开细小冰裂纹片，足底无釉。足径5.9、残高8.5厘米（图一五，7）。

器盖　3件。形态不同，分3型。

A型　1件。T9②：22，子母口，内唇较凸出，盖面呈台状，上饰以荷花边，盖钮为圈足状。褐釉，釉面粗糙。口径15.7、钮径6.3、通高6.5厘米（图一五，8）。

B型　1件。T9②：37，子母口，沿出宽边，盖面圆弧，钮为蝴蝶结形状。盖面施酱褐釉。盖径14、高3.8厘米（图一五，9）。

C型　1件。T9②：21，双唇口，沿边旋一道凹槽，盖面弧形，盖钮残。青釉，烧成灰色。盖径18厘米（图一五，10）。

莲花尊　1件。T9②：3，喇叭口，上腹弧曲，下腹圆收，下腹与圈座间有花边状附加堆纹，墩形座较高，足外撇。腹划双重莲花纹。青釉，烧成灰色。口径19、足径12.6、高19.2厘米（图一五，11）。

模具　1件。T13②：50。为模具的一半。平面为桃形，上有一鸟形空腔。腔内鸟的头、喙、颈、胸、尾清晰可辨，尤其是颈、翅膀、胸部的羽毛清晰可见，栩栩如生。模背面有被火烧过的烟痕，磨合面不见咬合的榫眼和浇口。长8.2、宽6.2、厚2.3厘米；腔长5.8、高3.7厘米（图一五，12；图版八）。

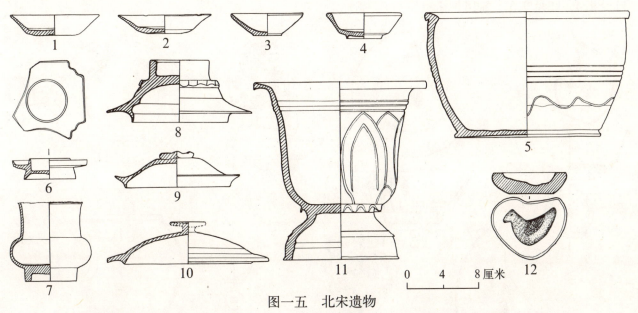

图一五　北宋遗物

1.小盘（T9②：25）　2.小盘（T9②：26）　3.Ⅰ式碟（T9②：51）　4.Ⅱ式碟（T7②：13）　5.盆（T9②：49）
6.盏托（T7②：11）　7.盂（T7②：12）　8.A型器盖（T9②：22）　9.B型器盖（T9②：37）　10.C型器盖
（T9②：21）　11.莲花尊（T9②：3）　12.模具（T13②：50）

（四）明清时期遗物

这一时期的建筑基础出土的遗物不多，主要为青花瓷片，有碗、盘、杯等，另有一些建筑材料（单独介绍）。

碗　14件。T13①：1，敞口，上腹斜直，下腹圆收，圈足，挖足微过肩。外底有青花植物形款，无边栏。内底绘兰草。祭红釉，内壁、底及外底施青白釉。口径12.8、足径5.3、高5.5厘米（图一六，1）。T14①：1，高圈足，厚实，胎壁厚重。腹绘兰草，色料偏蓝，艳丽；内底绘一片叶纹。淡青釉，洁净。口径13.7、足径6.2、高5.9厘米（图一六，2）。

盘　1件。T9①：2，敞口，弧腹，圈足较高，陡直。内壁底绘秋叶纹，内底赋诗"口口口芳落，一叶深秋意"。淡青釉，光洁。口径19.4、足径8、高5厘米（图一六，3）。T10①：2，大敞口，斜直腹，矮圈足。外底青花料"大清嘉庆年制"六字三行款，外无边栏。内底中部绘一朵花瓣，外围白描缠枝花卉纹，笔调流畅。淡青釉，光洁。口径19.6、足径11、高3厘米（图一六，4）。

盏盘　1件。T1①：5，敞口，弧腹，矮圈足。外底绿料行书"玉珍"二字款，外无边栏，内底绿釉篆书"寿"字款，外青花双圈，再绕以单圈。内壁红绿彩绘花卉纹，为一笔画花，简练流畅。淡青釉，光泽。口径10.5、足径6.7、高2.2厘米（图一六，5）。

杯　1件。T4①：1，敞口，弧腹，圈足。内底变形字款，单方框。腹豆青，内、外底施淡青釉。口径2.2、足径2、高2.8厘米（图一六，6）。T1①：3，撇口，弧腹，圈足，挖足微过肩。外底行书"大清丙午年制"六字双行款，外单圈。腹绘蜻蜓纹，色料浓艳。青白釉，光亮莹润。口径8.8、足径3.6、高4.9厘米（图一六，7）。

药罐　1件。T13①：11。敛口，肩腹部饰两道凸棱，管状捉手与"S"形流，位于器体的四分之一处，球形腹，平底。肩与底部印有阳文楷书"大新"二字单行厂名款，并在款的外围附有器物徽记。口径9.4、底径9.5、高14厘米（图一六，8）。

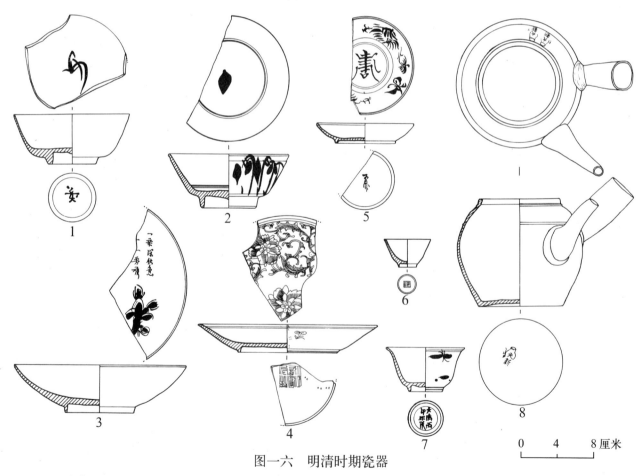

图一六　明清时期瓷器

1.碗（T13①：1）　2.碗（T14①：1）　3.盘（T9①：2）　4.盘（T10①：2）　5.盏盘（T1①：5）　6.杯（T4①：1）
7.杯（T1①：3）　8.药罐（T13①：11）

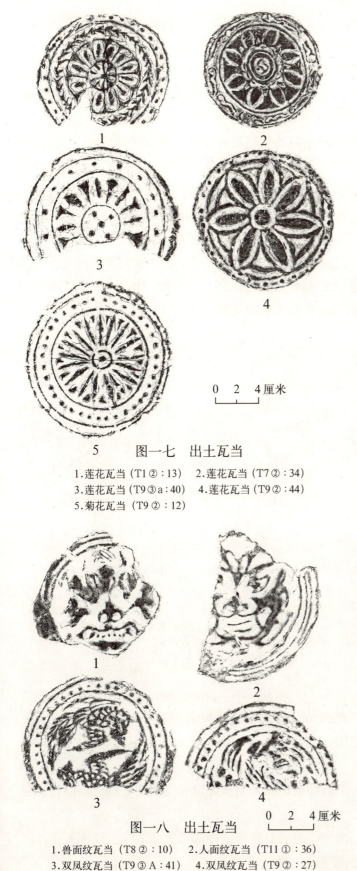

图一七 出土瓦当

1. 莲花瓦当 (T1②：13)　2. 莲花瓦当 (T7②：34)
3. 莲花瓦当 (T9③a：40)　4. 莲花瓦当 (T9②：44)
5. 菊花瓦当 (T9②：12)

图一八 出土瓦当

1. 兽面纹瓦当 (T8②：10)　2. 人面纹瓦当 (T11①：36)
3. 双凤纹瓦当 (T9③A：41)　4. 双凤纹瓦当 (T9②：27)

（五）建筑材料

主要为瓦当，另有少量滴水瓦、团花方砖、仿动物造型的陶构件、佛塔模型等。

瓦当　93件。有莲花纹、菊花纹、双凤纹、兽面纹、花草纹、文字等类。

莲花纹瓦当　20件。形制基本相同，T1②：13，缘面宽平，上饰一圈乳钉，内侧一圈麦穗状纹，当心轮状花纹，外一周莲花瓣，被花叶包裹。直径12.5、厚1.3厘米（图一七，1）。T7②：34，平缘上饰云气纹，当心为符号纹，外双圆圈及细线波浪纹，中部为莲花莲叶纹，花瓣小而叶大，花叶低平。直径11、厚1厘米（图一七，2）。T9③a：40，缘窄平，内侧一周稀疏的乳钉，较突显，当心五个乳钉作梅花状，外为莲花莲叶纹，莲瓣凸起较高。直径14厘米（图一七，3）。T9②：44，窄平缘上饰一圈乳钉，当心为圆形实钮，外单圈，中部莲花肥硕、丰满，荷叶成植物茎状三角形。直径12.5、厚1.3厘米（图一七，4）。

菊花纹瓦当　12件。形制相同。T9②：12，缘窄平，内侧一圈密集的乳钉纹，当心为乳钉状钮，单圈栏，外为细密长条状菊花纹。直径14、厚1.2厘米（图一七，5）。

双凤纹瓦当　9件。分有釉与无釉两种，有釉2件，无釉7件。T9②：27，缘窄平，内侧一圈乳钉，中部浅雕双凤纹，作盘旋状，首尾相对。黄绿釉，鲜亮，部分脱釉。直径14、厚1.6厘米（图一八，4；图版二）。T9③a：41，直径13.4、厚1.2厘米（图一八，3）。

人面纹瓦当　1件。T11①：36，圆形。宽缘较高，上旋三道凸棱，当面浅雕面像为横眉竖眼，怒目圆睁，鼻梁高耸，龇牙咧嘴，神态威严。青绿釉，光亮。直径14、厚1.6厘米（图一八，2）。

兽面纹瓦当　5件，形制基本相同。T8②：10，中部浅雕兽形纹。鬃毛竖起，头上长角，面部肌肉紧绷，鼻孔上仰，嘴大张，作吞食状，狰狞恐怖。草绿釉，光洁，面背施釉。残径13、厚1.3厘米（图一八，1；图版三）。

花草纹瓦当　27件。数量最多，年代从宋到明清都有出土。依花纹的不同，分3式。

Ⅰ式　2件。T7①：2，窄缘，内侧一圈乳钉，中区为变形花草纹，内区有阳文"大口"铭款，外长方框。长径12.6、短径10.7厘米（图一九，1）。

Ⅱ式　6件。采：3，圆形，缘上有斜行放射线，中枢为折枝花卉。直径11.8厘米（图一九，2）。T2①：33，桃形，无缘。火焰纹，纹不连接。残宽14.5、高13.2厘米（图一九，3）。

Ⅲ式　19件。T9①：77，窄缘，斜面。内圈为勾连回字纹，中部印突显的折枝花卉纹。直径12.6厘米（图一九，4）。T7①：6。缘中宽，上饰稀疏的小乳钉，中部印有藤蔓状花草纹。残径11.8厘米（图一九，5）。

字文瓦当　14件。T1①：76，边缘上饰一圈回纹。中部阳文篆书"寿"字款，字形较大，"寿"字两旁为阳文楷书"金玉"二字，字纹清晰。直径8厘米（图一九，6）。T6①：59，边缘上有两道凸棱。中部阳文篆书"听松"二字，字两侧饰菱格纹。直径8厘米（图一九，7）。

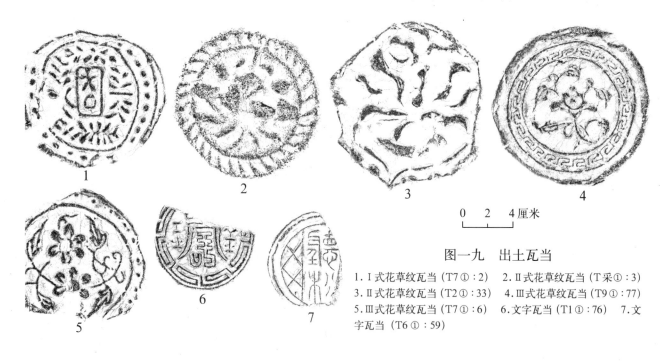

图一九　出土瓦当

1. Ⅰ式花草纹瓦当（T7①：2）　2. Ⅱ式花草纹瓦当（T采①：3）
3. Ⅱ式花草纹瓦当（T2①：33）　4. Ⅲ式花草纹瓦当（T9①：77）
5. Ⅲ式花草纹瓦当（T7①：6）　6. 文字瓦当（T1①：76）　7. 文字瓦当（T6①：59）

滴水瓦　7件。形态不同，分2式。

Ⅰ式　5件。形制相同，T9③d：50，瓦面弧形，口的下沿堆贴双层荷花边，两层花边为交错叠压，层次分明。青釉，显草绿色，釉层肥润，亮泽，面背有釉。胎厚1.6厘米（图二〇，1；图版四）。

Ⅱ式　2件。T13①：75，当面为半月形，下沿为花边状。当面饰以花草纹。表釉泛灰白色。宽22、高9.5厘米（图二〇，2）。

团花砖　1件。　T7②：37，方形，窄边，内侧一组卷草纹带，中部印大朵的花卉纹，外花叶陪衬，纹理清晰，规整。施黄釉，釉层部分脱落。残宽28、厚3.7厘米（图二〇，3；图版五）。

动物形构件　1件。T9②：46，仅剩眼、鼻、耳部分。大眼圆凸，眉为齿状线竖起。残高18.5，残宽18厘米（图二〇，4）。

香炉　T9②：57，器形由上下两部分组成。上部分为圆坛式，坛顶已残，顶下有一斜坡状披檐，沿边有齿状放射线与花边组合，坛身为球形，坛下有六边形龛边，龛面塑有四人物造像，惜仅存一人，且头、手已残损，台龛下沿有连续组合的帷幔（镂花）类边饰；下部分由六方形柱将这一部分分作六格，一格内均镂有花形窗饰，外以方框凹线栏隔，窗下有桃形穿孔两个，分布在窗的左右两边；另一格内镂有菱格式窗，其余部分无存。复原底径23、残高32厘米（图二一，1；图版七）。

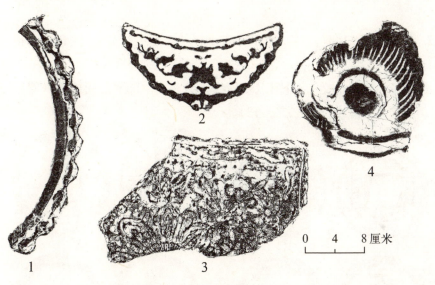

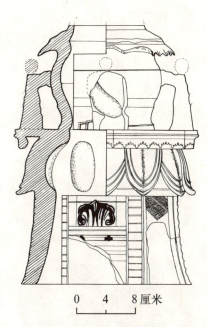

图二〇　建筑材料

1. I式滴水瓦（T9②：50）　2. II式滴水瓦（T13①：75）　3.团花砖（T7②：37）
4.动物构件（T9②：46）

图二一　香炉（T9②：57）

（六）钱币

遗址出土有不同时代的钱币，有唐代"开元通宝"铜钱；南汉"乾亨重宝"铅钱；宋代"绍兴元宝"、"天禧通宝"、"皇宋通宝"、"熙宁元宝"铜钱；清代"乾隆通宝"、"嘉庆通宝"、"咸丰通宝"铜钱，"光绪元宝"铜、银钱各1枚，"大清铜币"；民国"十文"铜钱等。

开元通宝　2枚。T9②：027，面背有廓，外廓宽厚。背面有指甲纹。直径2.5、孔径0.65厘米（图二二，1）。

乾亨重宝　3枚，均属铅钱。T1③a：023，面背有内外廓，缘宽平，穿孔不正。直径2.5、孔径0.8厘米（图二二，2）。

绍兴元宝　1枚。T8②：026，面背有廓，外廓细窄，无好廓。钱面不平，一侧仍存有茬。直径2.8、孔径0.9厘米（图二二，3）。

天禧通宝　1枚。T9②：02，面背有廓，外廓宽平，好廓方正，细窄。直径2.55、孔径0.65厘米（图二二，5）。

熙宁元宝　1枚。J2⑥：044，面背有内外廓，外廓宽厚，峻挺。四字楷书，旋读。字占位适中，字形规范。直径2.4、孔径0.6厘米（图二二，4）。

　　皇宋通宝　1枚。J2⑥：045，面背有廓，外廓宽而峻挺。直径2.4、孔径0.6厘米（图二二，6）。

　　乾隆通宝　7枚。J2⑤：036，面背有内外廓，外廓宽平，内廓呈线状。直径2.3、孔径0.55厘米（图二二，8）。

　　嘉庆通宝　6枚。J2⑤：018，面背有廓，不显，窄平。直径2、孔径0.6厘米（图二二，9）。

　　咸丰通宝　1枚。J2⑤：030，面背有廓，外廓宽平，内廓线状。直径2、孔径0.6厘米（图二二，7）。

　　光绪元宝　2枚。J2⑤：032，一面中部饰正面龙纹。直径2.8厘米（图二二，10）。J2⑤：028，银币。钱文见有"绪"、"宝"二字，其上方有小字"广东省"三字，余字难识。直径18、孔径0.5厘米（图二二，11）。

　　大清铜币　5枚。J2⑤：043，外圈有"户部"二字，其下方有小字"当制钱一文"。钱背面饰正面龙纹。直径2.9厘米（图二二，12）。

　　十文　4枚。J2⑤：047，钱面中部小楷"十文"，外附以麦穗纹。另一面中部附二面旗，外圈分上下小楷"中华民国开国纪念币"。直径2.9厘米（图二二，13）。

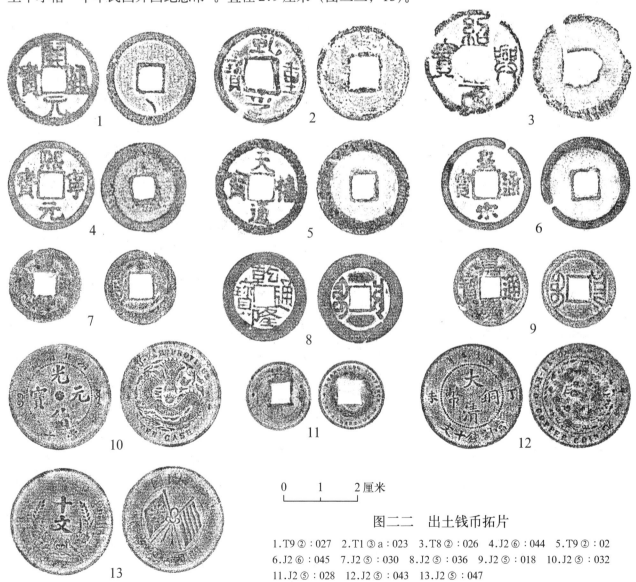

0　　1　　2厘米

图二二　出土钱币拓片

1.T9②：027　2.T1③a：023　3.T8②：026　4.J2⑥：044　5.T9②：02
6.J2⑥：045　7.J2⑤：030　8.J2⑤：036　9.J2⑤：018　10.J2⑤：032
11.J2⑤：028　12.J2⑤：043　13.J2⑤：047

四 结 语

宋代方信儒《南海百咏》咏《南七寺诗》第一句"井轸南宫焕宝光",说的就是宝光寺。《南汉书》有达岸禅师与宝光寺的记载:"僧达岸,名志清,姓梁氏,新洲人。……最后抵兴王府,住法性寺……一日,渡城河西,阻风,登南岸,爱其地僻,奏请移居。后主为发币藏,建宝光寺,使住锡焉。"上述史料记载宝光寺的方位与此次发掘发现的大通寺建筑基址的情况基本吻合。

考古材料显示,此次发掘的建筑遗迹曾经过多次重建或改建。建筑基础的第一期是在唐代建筑层面上始建的,其建筑规模较大,以红黄灰色黏性土为特征的台基址应与南汉时期始建的宝光寺建筑基址有关。第二期建筑是在第一期的基础上的重建,建筑面积有所扩大,建筑基址以南的J2是该期始筑南扩时的附属设施。第一期建筑基址上叠压的瓦砾层出土的几件青白瓷碗,外底用墨书"大通"二字,表明其为北宋大通寺无疑。第三期建筑形制与结构保存不好,故是否为第二期建筑使用时的改建或是增设的附属设施,还有待进一步判明。从该期碟墩出土的遗物分析,年代仍属于宋。

在北宋大通寺建筑填垫的瓦砾层中,除了北宋的遗物外,同时还出土较多南汉时期的建筑材料,如黄釉团花砖、青釉滴水瓦、青釉兽面纹瓦当、黄釉双凤纹瓦当,这类带釉的建筑材料过去在中山四路致美斋南汉与宋代建筑遗址[①]有较多的出土,表明南汉时期此地建筑的等级非常之高,与文献中南汉兴建宝光寺的史实相符。

根据文献材料,初步推断J2即为历史上著名的大通寺烟雨井。宋政和六年(1116年),宝光寺赐额"大通慈应禅院",称大通寺。寺内有井,雨后有烟雾升起,时人称为"大通烟雨"。在宋元时期被列入"羊城八景"[②]。清康熙六年(1667年),里人肖子奇重建了大雄宝殿及天王殿,在烟雨井上建造了六角亭,修建供人观景的烟雨楼及精舍。井周围的井台、亭等遗迹,因发掘出该井后确定就地保护,未能进一步清理。从水井打破的层位关系看,其始建年代与大通寺建筑基础的第二期建筑同时,这是因为始筑层位(第3层)存在与第二期建筑相同的破裂红砂岩碟墩遗迹,它反映出当时的井上应存在井亭类建筑。

J2底部石铺面下的垫土中,出土北宋时期的青白瓷碗的残片,及"皇宋通宝"、"熙宁元宝"等铜钱,这是推断水井始建年代的证物。在水井使用时期沉积于底部的若干枚清代及民国初年的铜钱,计有"乾隆通宝"、"嘉庆通宝"、"咸丰通宝"、"光绪元宝"、"大清铜币"、民国"十文"等铜钱,说明水井在北宋始建后一直延用到民国时期,与史料"大通烟雨始于宋,废于清末"[③]大体吻合。

附记:发掘领队冯永驱,参加发掘的人员有冯永驱、黄兆强、张金国。参加整理的人员有黄兆强、张金国、韩继泽、韩建军、韩继礼。陈淑庄、汪贤红负责修复,韩建军、韩继泽负责绘图,黄兆强负责拓片。

执笔:冯永驱、张金国

注 释

① 广州市文物考古研究所《广州市中山四路致美斋南汉与宋代建筑遗址》,《羊城考古发现与研究(一)》,文物出版社,2005年。
②③ [清]仇巨川纂《羊城古钞》,第68页,广东人民出版社,1993年。

图版一　大通寺建筑基址礤墩（西－东）

图版二　黄釉双凤纹瓦当（T9 ② : 27）

图版三　绿釉兽面瓦当（T8 ② : 10）

图版四　青釉滴水瓦（T9③d：50）

图版五　黄釉团花方砖（T7②：37）

图版七　陶香炉（T9②：57）

图版六　青白瓷盏托（T7②：11）

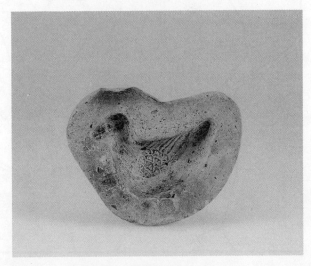

图版八　模具（T13②：50）

番禺茅山岗明墓发掘简报

广州市文物考古研究所

茅山岗位于广州市番禺区南村镇南1公里处，岗南侧有金光大道，对面为南村中学，南距番禺市区10公里左右，其北1.5公里为珠江沥滘水道，与正在兴建广州大学城的小谷围岛隔江相望（图一）。该岗的东北侧有一处明代中晚期家族墓地，广州南部地区快速路（仑头－龙穴岛，现更名为南沙港快速路）将穿越山岗而建。为此广州市文物考古研究所对明墓进行抢救发掘。发掘于2003年9月至10月进行，共开挖5×5米探方6个，发掘面积156平方米，清理出地面石构建筑和地下墓室。有砖砌双室墓2座，土坑墓1座，出土墓志2合，以及釉陶罐、金饰、铜簪、铜钱等随葬品，其中精美的金首饰为广州地区罕见。现将清理情况报告如下。

一　墓葬形制

茅山岗是略呈南北向的小土丘，南北长约200米，东西宽80米左右，地面高2~4米。因岗面长满茅草，故称茅山岗，当地人又称"崔家山"，即为崔氏墓地。山岗地周边遭到不同程度的破坏，已失去原来的地貌，特别是东侧因取土已成为断崖，岗顶部较为平坦。墓葬在山岗东北，由地面建筑和地下墓穴两部分组成。地面坟茔遭严重损坏（图版一），坟头的石墙倒塌，有的石料被取走，在地表散落有石狮、石怪兽、石瓦垅、石檐瓦当（图版二）、石构件（图版三）和大量的红砂岩石块等。地下有墓坑3座，因受取土的影响，两座墓（M1和M3）受到不同程度的破坏。

（一）地面建筑

坟茔地面建筑位于岗地的东北坡，坐南朝北，用红砂岩石条垒砌。残存的地面建筑平面近方形，南北长11、东西残宽9.3、距地表深0.15~1.15米。现存有斜坡漫道、台阶、祭台、焚香池、排

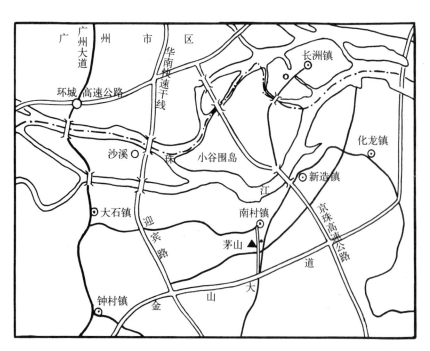

图一　茅山岗明墓位置示意图

　　水沟、碑座及墙垣，漫道、祭台、墙垣三级次递增高。经发掘可知，修坟时地面经过平整。因选址于山坡上，所以先修整出一个边长11米的方坑，因就山坡，坑深0.1~1.8米不等（图二；图版四）。

　　斜坡漫道　位于地面建筑的北部，方向350度，南北长6.1、东西残宽9.1米，呈南高北低斜坡状，坡度为3度。东西向平铺石条，只在南侧残存两排，其他已遭破坏，但平铺石条所压的痕迹仍清晰可见。石条打制规整，长0.7~1.1、宽0.24、厚0.16米。

　　台阶　位于斜坡漫道与祭台之间，只有两级，南北长5、东西残宽7.4、台阶总高差0.5米。现保存一级台阶，石条长1.1、宽0.22、厚0.1米。

　　祭台　与台阶相连，保存较为完好，呈长方形，南北长2.9、东西宽6.6米。用石条东西向错缝平铺，铺砌规整。石条长0.5~1、宽0.25~0.4、厚0.15~0.34米。

　　焚香池　石板结砌，位于祭台的南侧靠南墙，东、西各一。长方形，两者结构大小相同，相距1.1米。池底还有灰烬残留。东侧焚香池保存较好，口沿凿凸起装饰。长1.54、宽0.9、高0.2米，所用石板长0.66~0.88、宽0.16~0.18、厚0.1~0.12米。西池的北壁已坏，石板内侧缘打成斜面。

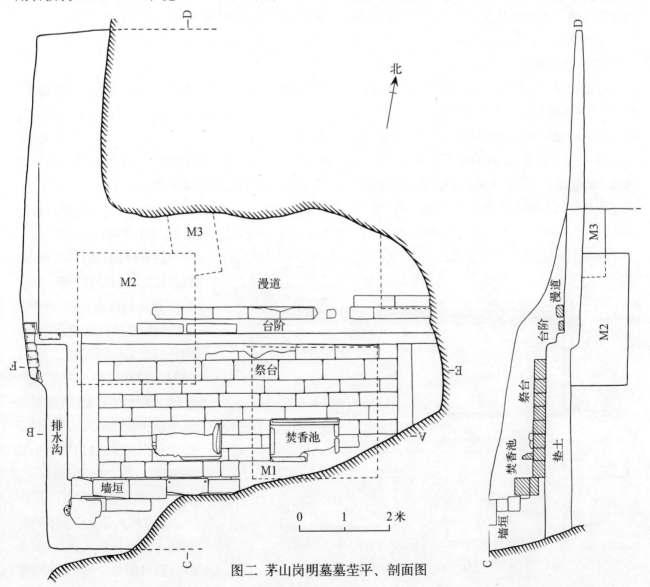

图二　茅山岗明墓墓茔平、剖面图

排水沟　位于祭台东、西两侧。土沟，结构相同，西侧排水沟保存较好，沟与祭台的长度相当。横截面呈三角形，沟底西高东低。南北长2.9、宽0.38、深0.2米。

墙垣　用石条错缝垒砌。保存较差，只在南、西边有少量残存。南侧墙垣西端与西侧墙垣相连，残存长为1.8、宽0.26、现存高0.72米。西侧墙垣位于西排水沟的西侧，石条垒砌的墙体已被破坏。石墙外侧与坑壁之间的空隙用夯土回填，宽约0.8米。夯土呈黄褐色，结构紧密，含较多砂岩块，夯层厚10～15厘米。在西南角的回填土中还埋有1件四系黑釉罐。

石碑座　靠近南墙。只发现西侧一处，用石条砌成，在西焚香池南侧0.35米处。碑座长0.9、宽0.36、高0.34米，在石碑座的两端各有一方形小孔，边长3、深0.5厘米。

在地面破坏的乱石堆里有石狮、石怪兽、碑顶额石等石构件，均是紫红色砂质岩，表面风化严重。

石狮　1件。底座略残。作张口昂首蹲卧状，后肢后屈，前肢前伸。下有长方形底座。长67、宽35、高38厘米（图版五）。

石怪兽　1件。底座略残。作昂首蹲卧状，首如龟头，两侧有耳如象耳，长颈，四肢屈踞。底座前面雕琢倒三角如意形滴水和圆形莲花纹瓦当。长70、宽32、高35厘米（图版六）。

碑顶额石　1件。呈等腰三角形，浅浮雕祥云拱日。宽120、高60、厚18厘米。

（二）地下墓坑

在地面平台（祭台）下面发现地下墓坑3座，编号分别为M1、M2、M3。M1在坟茔的南侧偏东，M2在北侧偏西处，相距1.14米，均打破生土。M3位于M2 的北面并被M2打破。据墓志和墓圹的打破关系，可知三墓的年代早晚依次是：M3、M2、M1。

M1、M2为同一家族的同坟异穴墓，形制基本相同，但开口层位不同（图三）。墓坑均为近方形竖穴坑，坑壁陡直，坑底平坦。在坑底中部砖砌棺室，呈南北向，为长方形拱顶并列双室，夫妇合葬。棺室结构相同，四壁用条砖单隅错缝结砌，并用白灰抹缝。室顶以三列五边形砖丁砌，两侧为带榫口的多边形砖卡在壁砖上，中间放置梯形砖，使棺室顶和壁牢牢地咬合在一起。砖均呈黄褐色，质地坚实。砖室内外壁面都以白灰批荡。棺室底部没有铺砖，铺一层厚2～4厘米的白灰。

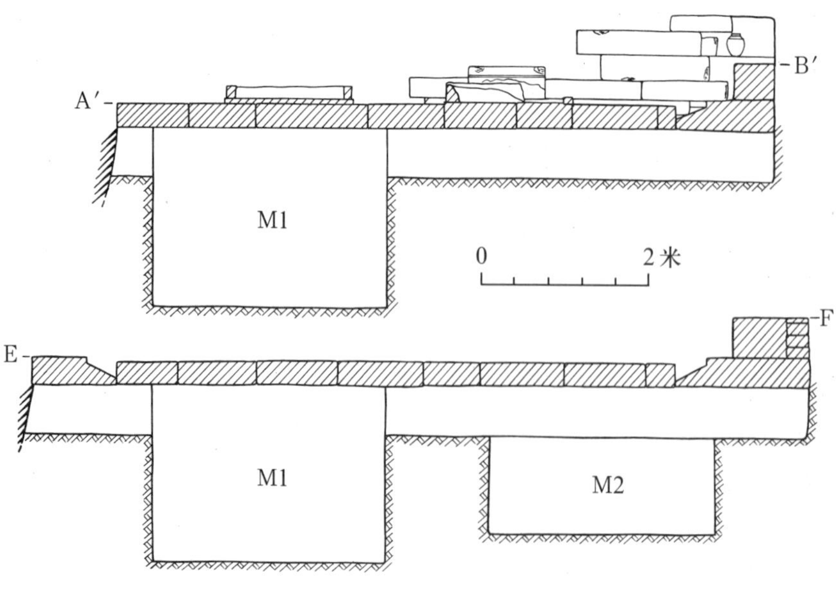

图三　M1、M2开口层位剖面图

M1直接筑在祭台下面，即开口在铺地的石条之下，打破M2坟面的封土。贴墓坑的北壁，居中距墓底1.2米处放置墓志一合。东、西两壁的两端各有一壁龛，龛内放一小黑釉陶罐，龛口用一卧砖封堵。墓坑内填土呈褐黄色沙质夯土，土质结构紧密坚硬，状若混凝土，夯层厚度为6～8厘米。墓坑南北长2.9、东西宽

2.8、底深 2.1 米。

　　东西并列双室（东侧棺室编为 M1-1、西侧棺室编为 M1-2），大小相同，长 2、宽 0.66、高 0.6 米。壁砖为长方形，长 33、宽 16、厚 5.5 厘米；拱顶砖为五边形，底线切成榫口，最长底 38、最长腰 24、厚 5.5 厘米，梯形底长 23~40、腰长 24、厚 5.5 厘米（图四；图版七）。

　　东侧棺室，顶部多边形砖的上边均戳印"崔宅"二字。棺室内有 30~45 厘米厚的淤土，骨架腐朽严重，呈粉状。在西侧残存一块棺板，长 150、宽 35、厚 2 厘米。

　　西侧棺室，内有 15~35 厘米厚的淤土，残存有木棺，长 1.9、宽 0.54、残高 0.4 米，棺板厚 2~6 厘米。头向朝南，骨架保存较差，只残存有一片头盖骨和下肢骨，头部清理出有铜簪等。可能为女性。

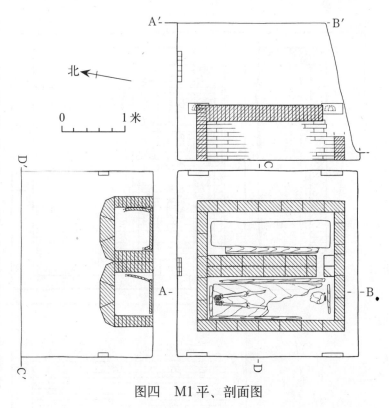

图四　M1 平、剖面图

　　买地券为两块长方形砖合起，以铜丝作双井字形捆扎。长 44.5、宽 25.6、厚 6.6 厘米，据墓志可知：墓主崔可亭是"广州府番禺县茭塘都员岗□员岗村下塘"人，生于明弘治七年（1495 年），终于嘉靖三十八年（1560 年），于隆庆年间（1567~1572 年）葬于"广州府番禺县上墓坑岗之原"。由于墓志部分墨书漫漶不清，有的文字未能通读。然而，根据上下文可断崔可亭妻屈氏，可能生于弘治九年，但卒年不详。

　　M2 与 M1 直接筑在祭台石板下面的做法不同，在墓口之上有 0.4~0.6 米厚的封土层，为黄褐色夯土，夯层厚 0.2~0.25 米，含有较多的紫红色砂岩块。M2 打破 M3 西南角，墓口距地表深 0.75~1.55 米，墓坑南北长 2.8、东西宽 2.7、墓底深 0.85~1.15 米。填土为褐黄色，土质结构疏松。也是东西并列两个大小相同的棺室，长 2.48、宽 1.1、高 0.78 米（图五；图版八、九）。棺室所用壁砖为长方形，长 36、宽 17.5、厚 6 厘米，带榫口五边形砖最长底 40、最长腰 22、厚 6 厘米，梯形砖底长 23~40、腰长 22、厚 6 厘米。

　　东侧棺室，顶部砌砖之上均有墨书的编号，由南向北顺次为"左起字十"、"左二十"、"左三十"……"九十"等（图版一〇）。棺室内淤土厚 15~20 厘米，木棺已朽，呈粉状。骨架保存较好，为仰身直肢，头向南，面向上，为一男性。在室内东侧壁，墓主右肩部附近竖置一合墓志。

　　西侧棺室，其顶部两侧砌砖之上均墨书"上"字。棺室内淤土厚 15~20 厘米，木棺已朽呈粉状。骨架为仰身直肢，头向南，面向上，为一女性。头部有金束发冠、金耳坠、铜簪等首饰（图版一一）。由此可见，束发冠与铜簪是绾发的实用器，耳坠则是挂在耳上。墓底还有铜钱 8 枚，有绍圣元宝、元祐通宝等宋代钱币。

　　墓志长 3.63、宽 2.6、厚 6.6 厘米，墓志内容为：男墓主崔洪生于景泰年乙亥（1455 年），终于嘉靖二十六（1548 年），享寿 92 年。女墓主黎氏生于景泰四年（1453 年），终于正德二年（1507 年），55

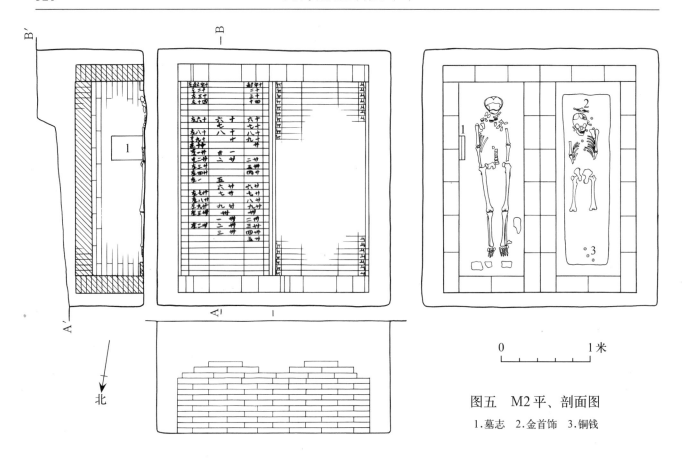

图五　M2平、剖面图
1.墓志　2.金首饰　3.铜钱

岁。于嘉靖二十六年"合葬于土名上墓坑八世祖墓之左壬子向之原"。

M3为长方形土圹竖穴墓，开口在M2的封土之下，其西南角被M2打破，北部已遭取土破坏。墓圹残长1.4、宽1、深1.5米，轴线方向170度。木棺放置在墓圹的东侧，四周有白灰，棺木已朽，仅存棺钉，骨架残存有下鄂骨、右侧上肢骨和下肢骨残段。墓底铺2厘米厚的白灰。出土有"五铢"、"开元通宝"、"祥符元宝"、"元祐通宝"、"至元通宝"等铜钱共27枚。

从该墓的层位及打破关系看，其瘗葬时间早于M2，其上部可能是在修筑M2时被平整。由于出土"至元通宝"，其上限不早于元至元年间（1335～1340年），从墓葬形制及填土中出土一块褐黄色板瓦来看，当属明代墓葬。然而，没有证据表明此墓与崔家墓有无关联。

二　随葬器物

墓中出土有陶、金、铜等不同质地的随葬品，共计45件。四件黑釉小罐放在M1墓坑壁的土龛里，一套首饰出于M2－2墓主头部，M3、M2分别出土铜钱27枚和8枚。

黑釉陶罐　1件。出于墙垣西南角的回填土中。灰黄胎，满饰釉。直口，圆唇，斜肩略折，弧腹，平底，肩部饰四个半圆形横耳。口径10、腹径22、底径8、高24厘米。

黑釉小陶罐　4件。灰褐胎。满饰釉。

金束发冠　1件。如意云形，中间锤镍一簇凸起的牡丹花，两侧对称錾刻凤鸟和牡丹。凤鸟立姿，引项回顾，作展翅欲飞状，逼真传神。如意云头尖端的两侧及下端各钻有小孔，呈倒"品"字形，可以固定发簪。从其边缘多有弯卷的情况看，平常也有使用。长11.96、宽3.77厘米，重12.4克（图六；彩版五四）。

金耳坠　2件。形状相同。呈"S"钩状，一端垂吊如指头般大小的瓜棱纹葫芦。M2－2：3，通高4.99、葫芦高3.75、大径1.98、小径1.53、钩长5.4厘米，重9.9克。M2－2：4，通高5.02、葫芦高3.7、大径2.02、小径1.43、钩长4.97厘米，重10.2克（图七；彩版五五）。

铜簪　2件。鎏金，残断。呈圆锥形，顶呈蘑菇状。M2-2：1，长12厘米。

铜钱　35枚。少数几枚为"五铢"和"开元通宝"，大多数为北宋钱，有"淳化元宝"、"至道元宝"、"咸平元宝"、"祥符元宝"、"景祐元宝"、"元祐通宝"、"绍圣元宝"、"圣宋元宝"、"政和通宝"等，直径均2.4厘米（图版一二至一五）。

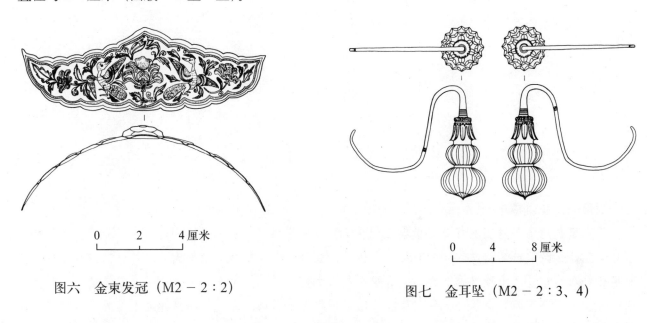

图六　金束发冠（M2－2：2）

图七　金耳坠（M2－2：3、4）

三　小　结

由于出土墓志属买地券性质，内容比较简略，主要是墓主生卒年及买地、修茔安厝，其余多为买地券的格式化语句，因而对墓主生平履历、家庭情况都不是很清楚。墓志没有讲述墓主的身份及生平事迹，更没有特意强调墓主中举、及第或职衔等，因而可以推测墓主人应属无官职的殷富人家。

由墓志可知，M1、M2墓主人居住在"广州府番禺县茭塘都员岗村"，M2的男墓主姓崔名洪，生于景泰乙亥（1455年），终于嘉靖二十六年（1548年），享寿92年。女墓主黎氏生于景泰四年（1453年），终于正德二年（1507年），55岁。于嘉靖二十六年"合葬于土名上墓坑八世祖墓之左壬子向之原"。M1男墓主姓崔名可亭，生于弘治七年（1495年），死于嘉靖三十八年（1560年），于隆庆年间（1567～1572年）与屈氏葬于"广州府番禺县上墓坑岗之原"。从出生年月上看，崔洪与崔可亭的年龄相差40岁，墓志中没有记载两者的关系。据两墓同处一个坟茔，埋葬相近，墓葬形制相同等分析，二人应当是父子关系。

根据墓志以及墓葬的层位关系，大体可以推断崔氏墓地的修建次序。M3或许与之无关，原先就葬在此岗，被崔洪墓（M2）打破。嘉靖年间崔氏在茅山岗北坡相地修坟，平整场地，瘗埋崔洪夫妇（M2），在M2上封填40～60厘米厚的夯土。过了20余年安葬崔可亭夫妇时，开挖的墓坑打破M2的坟面填土。然后修筑石构坟茔。

墓葬的地面建筑全部用石材砌筑，虽然遭到破坏，部分构件倒塌离散，但主体结构完备，有石狮、石兽等构件，兽座刻有瓦垄构造。从现存的明墓坟头山圈的石墙看，上面是有雕琢出如椽瓦状压顶的。地下墓坑保存较好，墓室结构清楚完备，年代明确，不失为广州地区目前所知规模较大的石砌明代中晚期墓葬。M2出土的金首饰，是广州考古发掘中首次发现，其精美程度可与南京等地的王公贵族墓出土的媲美。

　　附记：遗址发掘的领队全洪，参加发掘、整理的人员有关舜甫、朱汝田；朱汝田、李亚舟、韩建军绘图；关舜甫摄影。

执笔：全洪

附录一：崔洪墓志

廣東廣州府番禺縣茭塘都員崗堡第三號員／村住考崔洪字壹德利號悋齊行二生於景泰／年乙亥十一月十九日子時終於嘉靖二十六／丁末二月初五日丑時享壽九拾有二妣黎氏／二乃板橋巨族生於景泰四年癸酉八月初□／子時終於正德二年丁卯四月二十壹日□□／年五拾有伍□／大明嘉靖二十六年丁末七月二十四時寅時／合葬於土名上墓坑八世祖墓之左壬子向之原□／券以葬於不朽焉／嘉靖貳拾陸年歲次丁末孟秋七月貳拾肆日／

附录二：崔可亭买地券

維大明隆慶□□□□□□季冬十二月朔越二十二日壬寅據廣州府番禺縣茭塘都員崗□員崗村下塘／居住孝□□□□□崔□□□□□緣顯考可亭公生於弘治七年甲寅二月二十六戌時終於嘉靖三十八年／□三月□□四□□□□□□弘治九年丙辰九月十五子時奄逝以來未卜塋地夙夜憂思不遑□／遂□□□□□□□□□□地屬廣州府番禺縣上墓坑岡之原宜作午丁□子癸向堪爲宅□／於□□□□□□□□□自備□□□九之□□五絲信帛就於□皇天后土買到上墓坑陰地□□□□□／□□□□□下□黃泉中穴系崔可亭屈氏永爲陰宅內方勾陳分□□□／□□□□□各□阡陌千秋萬歲永無殃咎若有干犯並令將軍縛付河泊今備珠寶牲牢□□／味□□□□□□地相交各已分付今工匠修塋安厝已後永保全吉□知□人歲□□□□□□□／□符甲辰左東鄰東王翁右鄰人西王母驗地人白鶴仙書此人青衣童子故氣邪精□□□于／悋先有居者永避萬裏若違此約地府主史自當助葬主重外存亡□□安康□□□□者□令□□券□□／中亡過屈氏執照付身永爲備用合同永遠執照券後故氣伏屍永不□□□□□□／

图版一　明墓发掘情形

图版五　石狮

图版二　石檐瓦当

图版六　地面建筑石构件

图版三　石构件

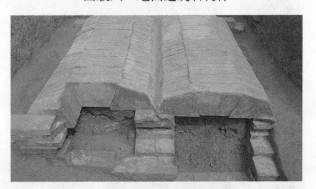

图版七　M1砖室结构

图版四　明墓茔地面建筑

图版八　M2墓室结构

图版九　M2墓室结构

图版一〇　M2砖面墨书数字

图版一一　M2金首饰出土情形

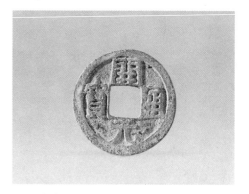

图版一二　"开元通宝"铜钱

图版一三　"淳化元宝"铜钱

图版一四　"至道元宝"铜钱

图版一五　"政和通宝"铜钱

黄埔村历史建筑调查报告

广州市文物考古研究所

位于广州市海珠区琶洲街的黄埔村，明清时期就是对外贸易的重要口岸，清康熙二十四年成立粤海关，在此地设立了派出机构——黄埔挂号口，负责征收过往船只的船钞和税收事宜。从清乾隆二十二年（1757年）到道光十九年（1839年），清廷谕旨"广州规定为夷人贸易唯一之商埠"，长达82年的对外贸易中，广州成为全国货物进出口的集散地，黄埔起着举足轻重的作用。由于进出口业务转移到今黄埔长洲一带的海域，黄埔村也由一个远近闻名的港口和锚地，变成了被世人遗忘的村庄。为了做好黄埔古港的保护工作，根据市领导的批示，2001年，广州市文物考古研究所派员到黄埔村进行历史建筑调查和考古发掘，对村落的各类建筑，如祠堂、庙宇、名人故居和民居等逐一调查、登记，对大南门遗址和一些地方进行考古发掘，现将调查情况报告如下。

一 历史概况

黄埔村位于海珠区琶洲街南环高速公路东侧，三面临江，北以珠江前航道为界与东圃、鱼珠隔江相望，东邻新洲，南以黄埔涌和新洲水道与仑头、小谷围为界，东面与琵琶洲遥相呼应，面积3.65平方公里。黄埔涌、新洲水道、新滘涌与珠江后航道连接，自古以来水运交通发达。黄埔原属番禺县茭塘司彬社乡，民国二十六年（1937年）7月划归广州市管理；民国二十九年至三十五年（1930~1946年）划归番禺县代管，民国三十五年（1946年）10月，再度归广州管理。1951年8月划入新滘区人民政府范围，1956年5月由郊区人民政府统管，1960年7月~1961年5月再度划归海珠区管辖，1961~1962年属于芳村区管辖。1986年5月划归海珠区人民政府管辖。

黄埔村有罗、冯、梁、胡四大姓。据族谱，罗姓氏族在北宋嘉祐年间从横沙迁到黄茅岗，冯姓在南宋淳祐年间搬迁至此，胡姓是在元代从福建崇安迁来此地建立基业，而梁姓则是在明代才从番禺北亭迁入。黄埔村又名黄圃、凤浦、凰洲。据村内玉虚宫清乾隆十一年（1746年）《重修北帝庙碑记》记载，北帝庙"创自皇宋，来世运代更垣"①，可推断黄埔建村的时间不晚于宋代。清道光二十九年（1849年）《北帝庙重修碑》有黄埔的冯姓氏族"余世居黄圃"的记载，可见从清代开始就有"黄圃"的称谓了。

"凤浦"、"凰洲"的称谓也见于上述《重修北帝庙碑记》，碑文记述北帝庙"其后白云黄木，鳌塔鱼珠映带左右"，是"皇洲之胜景"②。"凤浦"一词则在光绪十七年（1891年）《重修玉虚宫碑记》出现，碑文载广东红巾军首领陈显良在咸丰初年曾经"率众窜凤浦"③。另外，原天后宫有石楹联"迹著莆田恩流凤浦；德敷海国泽被凰洲"。现天后宫已被拆除，只保留了这对石楹联。

清同治年间（1862~1874年）编修的《广东图说》记载："黄埔堡，城东十八里，内有小村四，曰黄埔，曰金鼎，曰长洲，曰琶洲。"但究竟何时才正式称为黄埔，目前尚未发现最早的考证材料。据本村村民冯广森、叶国滔老人说，以前的黄埔村四面建有村垣，分别建有 7 个门楼，北门楼和南门楼上的石匾额上分别为"凰洲"和"凤浦"④，西面的门楼叫"岑云"，酱园码头附近的叫"澄碧"，东面的门楼叫"石门"，靠近松岗楼的门楼叫"磐龙"，还有一门楼叫"杨清"。

从珠江口进入虎门至黄埔的水道后，分为前水道和后水道，由于波罗庙扶胥港"淤泥既久，咸卤继至，沧海为田"，在元代以后已不便航行，使原来繁忙的扶胥港口渐衰，被"环乡皆水"⑤的黄埔岛所取代，到明清时期更是成为对外贸易的重要港口。建于明万历二十五年（1597 年）的琶洲塔，塔基的托塔力士形象，外貌似西方人，深眼勾鼻，穿着对襟衫，袒胸露脐，作双手高举状，这种外国人形象正是反映出与明代对外贸易有关。

清康熙二十四年（1685 年），当局分别在江、浙、闽、粤四地设置了进出口货物的关口，这标志着中国市舶司制度的结束，进入海关管理的阶段。粤海关设在广州城的五仙门内，下设 7 个总口、30 个正税口、22 个挂号口，黄埔是粤海关设置在广州的挂号口之一，在广州的 9 个挂号口中，黄埔挂号口是唯一保存的、而且有文字和实物资料证实的税口遗址。

据《粤海关志》记载：黄埔挂号口⑥，距省城仅 30 里路，当时粤海关在黄埔设置了税馆、买办馆、夷务馆、报关所和清兵营等。

当年黄埔对开的水域开阔，是外洋商船停泊的锚地，也是运载洋行货物的蛋艒船、驳鬼货扁船、西瓜扁船停泊的地方，他们在此听候洋行差遣把货物运到香山、澳门、南海、佛山、新会、江门、东莞、石龙等地的"过户客店"，或者把货物运载到番禺、黄埔濠墩和狮子洋，"交纳"给停泊在那里的夷船。

乾隆二十二年（1575 年）清政府关闭了江、浙、闽三海关，广州成为全国唯一的货物进出口的集散地。从乾隆二十二年（1757 年）到道光二十二年（1842 年）长达 82 年的垄断贸易中，广州的对外贸易空前繁荣。美国人威廉·亨特在他的《广州"番鬼"录》中记述了黄埔的情况，说黄埔在当时已经发展成为"住有好几千人的市镇，他们差不多都直接或间接地与外国船运有关，充当买办、装卸工、铁匠，等等。"⑦美国第一艘来华的"中国皇后号"于 1784 年 8 月 28 日到达黄埔，12 月 28 日从黄埔港启程归回。著名的瑞典商船"哥德堡"号于 1745 年 1 月从广州运回大量瓷器，因失事沉没于歌德堡附近的海域。1989 年夏天该船被打捞出水后，发现仅瓷器碎片就有 9 吨，还有 300 多吨茶叶。

随着年代的变迁，港口的迁移，当年黄埔税口的一些建筑，如税馆、夷务馆、买办馆、华佗庙、洪圣庙、天后宫、酱园码头等建筑，已经荡然无存，只能在《粤海关志》的"黄埔口图"才能看到这些建筑。但是，华佗庙前原来的石狮子至今屹立在华佗庙的旧址上；洪圣庙遗留下的《重修南海神碑记》让我们能看到"关口胡宗耀、石庆荣壹两叁钱"的捐钱记录。

二　黄埔村的历史建筑

经过对全村的传统建筑进行调查登记，计有祠堂建筑 19 处，庙宇建筑 2 处，民居建筑 132 处（详见表一、表二），主要分布在乐善里和来燕里一带、逢源居与荣西里一带、黄埔直街和夏阳大街等地。

（一）祠堂

祠堂是黄埔村各姓宗族为纪念其祖先或始迁祖而建的公共性建筑，村民称为太公祠堂。胡氏大宗祠是黄埔村胡氏宗族的大宗祠，规模较大。为纪念从太公分支出来各"房"而建的祠堂叫房份祠堂，当地村民称为太公厅、私伙厅，如化隆冯公祠、晃亭梁公祠等；有的房份祠堂称谓为家塾，如左垣家塾、翘轩冯公祠。

规模较大的祠堂，建筑布局呈矩形，通常宽三路，深三进，由主体建筑、青云巷和偏间组成；房份祠堂的规模小，通常深只有两进，没有青云巷，有些祠堂头门没有前廊，也没有檐柱和塾台。不管祠堂的规模、尺寸各异，但是都具有相同的建筑风格和式样，特点一：多呈矩形平面布局，头门的平面通常进深两间，头门前面是一门廊，有的头门前有塾台，有的没有塾台；建筑之间以天井相间，从第一进的头门地面起计，第二进比第一进高出若干尺寸，第三进比第二进又高出若干尺寸，比喻宗族及人丁兴旺，步步升高。特点二：柱子、梁架、枋、柱础等造型模式雷同，如次间檐柱间的联系枋，造型呈虾身躬起状，广府地区操白话地区称之为"虾公梁"，枋上的石制驼峰和异形斗拱，其造型、风格相似。特点三：梁架构建模式和风格，一般说来，建造年代早的风格较简洁，建筑年代较晚的则繁杂，但是不管其构件各具差异，其构建模式基本相同。特点四：建筑装饰多在头门梁架的雕刻、联枋上的雕刻、柱础式样等，清早期的风格较为简朴，装饰简单，到清晚期柱础式样多样化，花岗岩石柱础，雕刻纹饰繁杂。

1．胡氏宗祠

是胡氏宗族从元代迁至此地时为纪念其开基祖先达文公而建的太公祠堂。现祠堂建于清代，广三路33.36、深四进44.85米，主体建筑两侧以青云巷相隔为衬祠，主体建筑之间建天井、两廊。现祠堂完整，是黄埔村华侨联谊会会址（图版一、二）。

头门面宽三间11.98、进深两间7.04米，前、后两间均筑有花岗岩石塾台，并开有砖雕花窗，大门两侧分别竖立两个高1.6米的石鼓座，楹联分别为"派溯崇安源远流长绵世祚"、"基开黄圃根培本固大宗坊"。梁架为九架前、后廊四步架，驼峰、斗拱及梁底部均有木雕纹饰。两侧砖雕墀头花鸟纹饰刻画细致。

第二进拜庭与第三进慎徽堂，梁架采用减柱造的方式建造，称为"勾连搭结构"。拜庭面宽三间11.96、进深一间4.38米，为卷棚顶，明间设六级石阶，次间为花岗岩石栏杆。慎徽堂面宽三间11.96、进深三间7.88米，正中悬挂"慎徽堂"匾额。胡璇泽和胡栋朝的牌匾是后来复原的，一牌匾上的文字为"钦命新加坡领事胡璇泽"，另一牌匾上文字为"钦点翰林院庶吉士胡栋朝"。

第四进是祖堂，面宽三间11.96、进深三间9.46米，是供奉祖先牌位的地方。

2．云隐冯公祠

是冯姓五世祖的房份祠堂，在塘南里，始建于清康熙四十三年（1703年），道光九年（1829年）重建。广三路29.6、深四进47.9米。主体建筑由头门、拜庭、中堂、祖堂组成，两侧为青云巷、衬祠，规模较大（图一）。祠堂内有"道光九

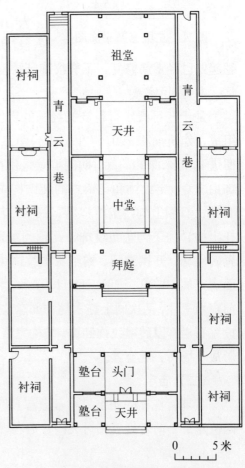

图一　云隐冯公祠平面图

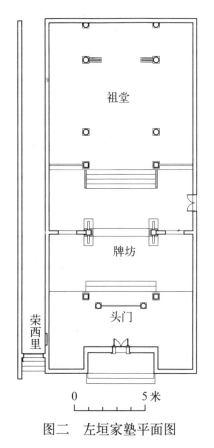

图二　左垣家塾平面图

年"的《重修碑记》1方。现在为黄埔小学的校舍。

头门面宽三间12.54、进深两间8.12米，前后各建两个花岗岩石塾台，大门两侧竖立高1.58米的石鼓座，十三架前廊四步梁、后廊六步梁，前后梁架木雕风格各异，前廊驼峰为花卉、吉祥纹饰，后廊梁架驼峰为如意纹饰，梁两端及底部均有刻画精细的如意、博古等纹饰。

第二进为拜庭，与第三进采用勾连搭构筑方式，即拜庭后檐与中堂前檐共用一根柱子；拜庭为卷棚歇山顶，面宽三间、进深一间4.01米，明间两柱之间设木雕挂落，次间上置石枋（俗称虾公梁），两侧开一圆形门洞，通向两侧高二层的楼阁，楼阁屋顶也采用卷棚歇山顶。第三进为十五架梁，梁架造型简洁，前后廊梁架驼峰雕有纹饰。

第四进为祖堂，面宽三间12.82、进深三间10.99米，十三架梁前卷棚廊，驼峰、斗拱纹饰雕刻细致。两侧衬祠还有设花坛的天井。

3．梁氏宗祠

在康阜里，原来有三进，现仅存头门和中堂月台的石块和栏杆。头门面宽三间18.47、进深两进8.42米。硬山顶，前后次间均建有塾台，两次间各开一砖雕花窗，造工精细，正脊为灰塑龙船形脊，两端翘起处已经重新修复，正脊纹饰已经模糊（图版三、四）。

4．左垣家塾

是十三行天宝行行商梁经国的房份祠堂，其规模不大，硬山顶，深三进，由头门、牌坊和后堂组成，建筑面积290.57平方米（图二；图版五）。头门面宽三间12.33、进深两间5.05米，明间为凹进1.46米深的门廊。明间墙壁采用花岗岩石贴面到顶，大门上石额书"左垣家塾"，屋檐下砖雕纹饰由"寿"字纹饰和花瓣式的装饰构成，精致细腻。牌坊砖石结构，面宽三间一楼10.71米，明间用石柱，石额上刻"宝田裕后"四字。额上砌筑青砖承托出檐，檐下为灰塑纹饰，瓦顶为灰塑博古脊。次间青砖砌墙，开拱券门，檐下灰塑纹饰（图版六）。后堂面宽三间10.29、进深三间11.97米，十三架梁卷棚顶前廊用三柱，两次间上施木枋和如意纹驼峰斗拱，次间设置石栏杆以砖雕纹饰装饰。结构完整，原为黄埔村电影放映场所，现空置。

（二）庙宇

黄埔村现存的庙宇只有玉虚宫（北帝庙）和三圣宫两幢建筑，前者规模相对大些，后者规模非常小。

1．玉虚宫

是供奉玄武北帝的庙宇，由两进主体建筑和偏间

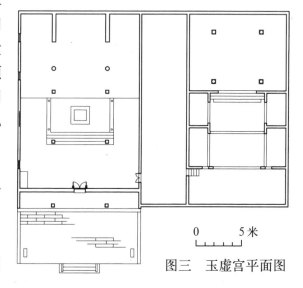

图三　玉虚宫平面图

张王爷庙组成，砖木结构。主体建筑深两进（图三；图版七），有头门和正殿，天井之间设置一方形的花岗石花基。头门上镶嵌刻"玉虚宫"三字的青石龙纹石匾。据乾隆十一年（1746年）《重修北帝庙碑记》记载：玉虚宫（即北帝庙）"创自皇宋，来世运代更垣"⑧。西面为张王爷庙，深两进，中间天井相隔，头进建筑正面无门。庙里共有碑记9方，除《始祀张王爷碑记》外，其余8块均是重修北帝庙的碑记。其中乾隆十一年（1746年）的《重修北帝庙碑记》记录有修庙捐款的情况，碑记中有"黄埔税口肆圆"（图版八）的记载，是目前唯一证明黄埔是粤海关派出的税口证据。但此碑已经严重风化。玉虚宫内保存的9方石碑，记载了玉虚宫历次修缮时间和捐钱修缮的题名，具体包括清乾隆十一年（1746年）的《重修北帝庙碑记》，高1.5、宽0.7米；乾隆二十六年（1761年）的《重修北帝庙碑记》，高1.5、宽2米；乾隆三十年（1765年）的《重修北帝庙碑记》，高1.28、宽0.63米；乾隆三十一年（1766年）的《重修北帝庙碑记》，高1.33、宽0.7米；道光二十九年（1849年）的《重修北帝庙碑记》，由两块高1.7、宽0.79米的碑拼合组成一碑；道光三十年（1850年）的《始祀张王爷碑记》，高1.4、宽0.74米；同治四年（1865年）的《重修玉虚宫碑记》，高1.5、宽0.76米；同治四年的《捐金题名碑》，高0.56、宽0.37米；同治四年的《重修玉虚宫碑记》，高1.85、宽1.65米。

2. 三圣宫

是供祀北帝、文昌、关帝三圣的庙宇，坐东向西，该宫规模小，平面呈矩形，面宽一间4.35、进深一间5.625米，两坡顶，西立面前屋檐上砌筑山花式样的女儿墙，正中开门，两侧开拱券门，门板已不存。室内的神像、神台等已被毁（图版九）。

（三）民居

民居包括了名人故居和村民住宅，主要分布在村里的申明大街、惇慵里、太平里、来燕里、拱辰里、长乐里、中正里、夏阳大街等地方，主要有以下几种布局和形式。

1. 三间两廊布局

平面布局呈三间两廊，深两进、宽三间。第一进宽三间，中间为天井，两侧为杂物房和厨房，均设门口出入。第二进中为厅堂，两侧设两房或四间房。建筑装饰通常表现在门楣、墀头装饰和天井的雕塑图案上。门楣的造型各具特色，有用雕刻精细的砖雕砌筑的，有灰塑纹饰细腻的，有简单朴实的，风格各异；天井墙壁上通常镶嵌有青砖雕刻或红砂石雕刻的"天官赐福"壁饰；"门官"神龛常设在民居的入口处。这类装饰大多数都精致细腻。

长乐里2号，三间两廊布局，面宽10.04、进深8.94米，红砂岩石脚，红砂岩门框，门楣塑灰沙回字纹。天井墙壁上镶嵌着"天官赐福"青砖雕壁饰。女儿墙上塑花鸟灰塑纹饰。厅堂入口采用木雕落地挂落，装饰工艺细腻，裙板雕刻细腻精美。

太平里12号的三间两廊民居（图四），面宽10.28、

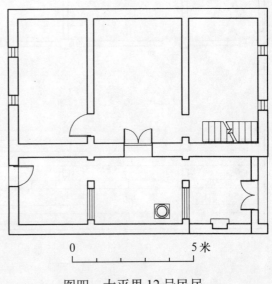

0　　　　　　　　5米

图四　太平里12号民居

深8.58米，前一进为厨房、杂物房和天井，后面一进为厅堂和寝室，天井有水井，墙壁上有"天官赐福"砖雕壁饰。

2．两间一廊布局

平面布局两间一廊，也叫"两边过"，深两进、宽两间。第一进的出入门设在前墙的一侧，入内为天井，另一端为厨房。第二进为厅堂和房间，天井装饰与三间两廊的装饰风格相似。

来燕里6号民居（图五），面宽两间7.55、进深10.846米，硬山顶，入口为一凹进的门廊，有厨房、厅堂、房间各一间，装饰简朴。

3．矩形布局

建筑布局呈矩形，由天井、厅堂、寝室组成，面宽三间、进深三间，天井两侧没有廊子。如姑婆屋就是明显的例子。另一种民居，平面呈矩形，大门入口设置在房屋的一边，通过青云巷进入到主体建筑。主体建筑深两进，与祠堂、房份祠堂的布局类似。其中保存完整的有子牙居和梁询故居。

姑婆屋在柳塘大街1号，平面呈方形，面宽12.66、进深12.7米， 硬山顶。高二层。入门后是天井，首层是厅堂和寝室，面宽三间，进深三间。二楼也是面宽三间，进深三间，一小厅，五寝室（图六）。门头塑灰塑图案纹饰。

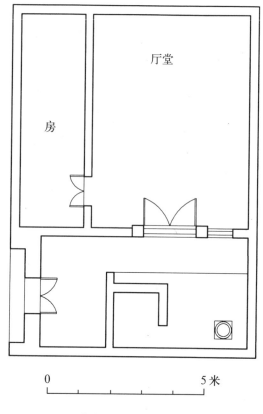

图五　来燕里6号民居平面图

4．民国住宅建筑

多层，采用钢筋水泥结构，建筑风格多样化，有西式风格的，夹杂着中国传统纹饰和图案。黄埔村这类建筑不多，只有两处，如日本楼（图版一〇）和窖安民居楼（图版一一）。

5．名人故居

由于黄埔村特殊的地理环境以及对外贸易和交通等因素，黄埔出现不少杰出人物，所以名人故居也相对多一些。目前名人故居有胡璇泽故居、胡栋朝故居、冯肇宪故居和梁询故居等。

子牙居，位于惇慵里4号，是一处园林和住宅相结合的民居建筑。平面呈矩形，由两进主体建筑和偏间组成，正门在偏间，入口是门厅，门厅后是前院，设置花坛，书斋楼二层，最后是后院。主体建筑深两进。第

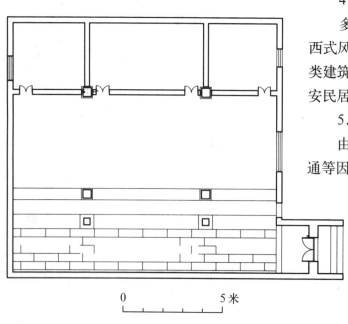

图六　柳塘大街1号民居（姑婆屋）平面图

一进宽三间，两侧房舍设置上下楼梯；中间是中庭；后进是正厅（图七）。正门的门框上彩绘山水至今仍然色彩鲜艳，墀头砖雕纹饰精细，书斋楼的挂落，正厅雀替、驼峰，前院花窗，女儿墙的彩绘等，至今完好。

梁询故居，在吉辰大街5号之一，亦名方伯第，为黄埔村"大夫"、"资政"、"都尉"和"方伯"四大住宅之一。建于民国年间，高二层，是一幢集中西建筑形式的住宅建筑。平面呈矩形

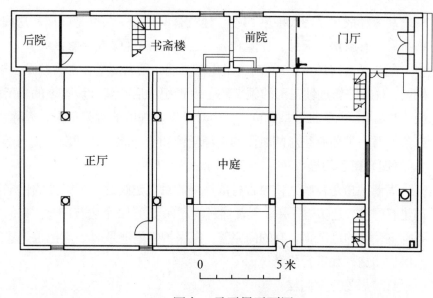

图七　子牙居平面图

（图八）。首层有门厅、厨房，通过天井到大厅和房间，厅房之间采用彩色玻璃隔扇相隔。二楼是卧室和工人房，还有露台。建筑装饰部分采用西式建筑风格的百叶窗，楼梯栏杆采用旋木工艺加工成线条富于变化的细长圆木，也具有西方装饰风格，窗户、门楣图案也有别于传统装饰。现整幢建筑保存完好。

梁询，又名梁恒，曾任清朝政府的外交官，出任过驻墨西哥领事，回国后任广东省银行汕头银行行长。

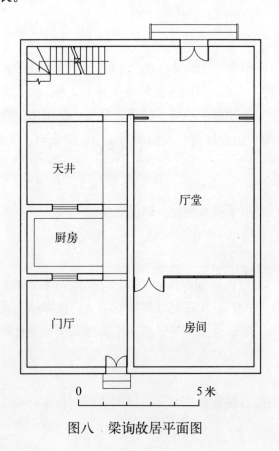

图八　梁询故居平面图

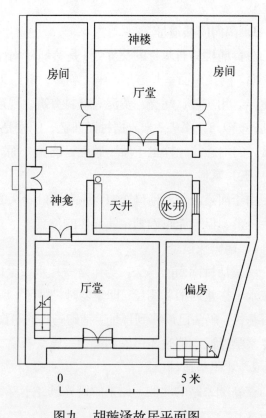

图九　胡璇泽故居平面图

胡璇泽故居，在太平里 14 号。建筑分两部分，头进是门厅和房间，有梯级上二层；后进是三间两廊布局，有厨房、天井、厅堂和寝室（图九）。现保存完整。

胡璇泽（1816~1880 年），出生在黄埔，原名南生，官名璇泽。年轻时到南洋发展，曾身兼中国、俄国、日本驻新加坡三国的领事，是 19 世纪中后叶新加坡著名的华侨领袖，还分别被澳大利亚和英国授予男爵和 GNG 三等星爵位。一生对开发新加坡的贡献很大，人称"黄埔先生"，今新加坡的实龙岗二条半石一带还有纪念胡璇泽的黄埔学校和黄埔北、黄埔南、黄埔西等地名。

（四）街巷门楼

街巷门楼是反映古港、古村落格局的重要建筑之一。以前的住宅布局都采用里坊式布局，每个里都建有门楼，起防盗作用。现黄埔村内还保留了 12 个古代门楼，有的采用花岗岩石砌筑，有的用红砂石砌筑，有的已破损，有的尚完整。在保护古港遗址时，应把古街巷门楼纳入保护的范畴，采取切实的保护措施，如进行修缮等。

1. "居易里"门楼

青砖砌筑，红砂岩石脚，大门上横架一花岗岩石条，上开 4 个直径约 12 厘米的圆洞，门槛石是以红砂岩铺砌，同样开有 4 个方形洞，是当年安装预防盗贼的"企栋"用的。所谓"企栋"，是一根根可单独拆卸的上圆下方的木柱，是装在门口的木栅栏，门上槛有固定的机关，不易被攻破。现门楼上盖已经毁坏，石脚、门框红砂岩也有风化（图版一二至一四）。

2. "永康"门楼

青砖砌筑，花岗岩石门框、石脚，两坡顶，铺砌素瓦，门上镶嵌"永康"二字（图版一五），现保存完整。

3. 南门门楼遗址

在黄埔村与石基村的交界处，是黄埔村南面村口门楼的遗址（图版一六、一七）。2003 年经考古勘探发掘，门楼平面呈长方形，坐北朝南，宽约 9.1、深约 7.2 米，东西两侧的墙体厚 1.2 米，南北墙厚 0.58 米，用灰沙、蚝壳、黄泥等材料夯筑。现还保留了一小段夯土残墙，经考古发掘，揭出南门楼的基础，宽 9.2、深 7.2 米。据村民回忆，门楼是高两层的硬山顶建筑，大门朝南，门上镶嵌有"凤浦"石匾，门内悬挂"梓里干城"牌匾，墙体外面砌一层青砖。

（五）其他

由于河道淤积，港口变窄，原来港口码头的位置也发生了很大变化。据说当年的码头在现石基村码头一带，但未能正确划定其具体的位置。

1. 南码头遗址

现黄埔村南面的码头，当年是一片水域。据调查当地村民得知，在 20 世纪 50 年代，这里仍是一些在水上搭建的稻草棚屋，即是当时"耕仔"所居住的"茅寮"。现在已经被淤积填土，在滩涂上新建了石基村，码头已南移到现址。铺砌码头的花岗岩石块，长 3~4 米不等。据当年参加调查黄埔村历史的专家学者说，那时还可看到梁德兴埠头石匾。

2. 北码头遗址

在新洲公路的北侧，原来的设施已经不存。现在用碎石拓宽码头河岸，仍然是小型货运码头（图版一八）。

3．酱园码头

在黄埔村西南面、现南环高速公路桥下面的一带水域。由于年代变迁，当年的酱园码头现已经淤积，加上建筑了堤坝，河道和地形已经发生了变化。据石基村村民李苏仔说，他的家就在酱园码头附近，他的鱼塘是酱园码头的一部分。在码头遗址有很多直径40～50厘米的木杉桩，呈梅花桩阵形排列。

4．税馆遗址

根据《粤海关志》"黄埔口图"（图一〇）所示，经过专家多次现场核实，推断税馆的位置就在现石基村河堤一带。

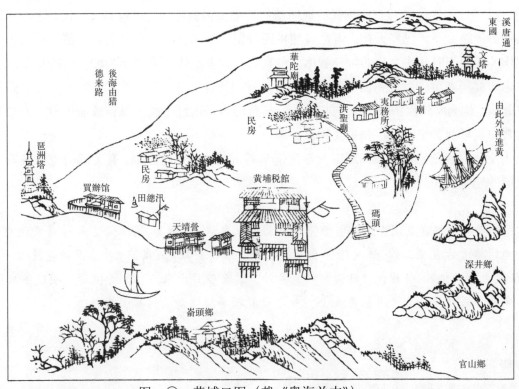

图一〇　黄埔口图（载《粤海关志》）

5．"维护运载洋行货物船只利益不准敲诈勒索"⑨告示石碑

是道光十七年（1837年）两广总督邓廷桢批处"南海县蛋户陈德贵、郭亚松等状告守卫塘汛关口的营县捕兵及恶棍匪徒留难勒索运载洋行货物船只不法行为的裁决告示"石碑，花岗岩石质地，碑面仅粗略打磨，显粗糙，高130、宽62.5、厚19.5厘米，原来竖立在石基村河堤上（图版一九）。1993年广东革命历史博物馆馆长黎显衡先生到黄埔考察，发现石碑被当作铺路石，随即与村委会商量，把石碑送到黄埔军校内保管，使石碑得以保存下来。碑文揭露了营兵和恶棍匪徒的不法行径，以详实的语言记载了清嘉庆、道光年间黄埔地方贸易繁荣背后的那种危害社会的黑暗面，让今天的人们看到一个真实的黄埔港。

6．"凤浦"石匾

花岗岩石质地，高127、长70厘米。石上刻"凤浦"二字，楷书（图版二〇）。现在黄埔村南面村口新建的"凤浦"牌坊下。

　　7. 海傍街遗址

　　在南码头西侧的一条街。昔日这里店铺林立，夜市通宵，有不少为来往的客商而设的商铺，还有修整"鬼船"的木匠铺和漆匠铺等。昔日的街景已经不存，这里全部建造了新住宅。街口门楼上还保留了咸丰四年"海傍东约"的石额（图版二一）。

三　保护与利用

　　黄埔古港是广州至今能够有实物资料证明是粤海关派出黄埔地方的税口，当年的税馆、买办馆、夷务馆、兵营等建筑，今天已经无存，但是黄埔村还保留了许多具有历史、艺术价值的祠堂、民居、园林。建筑作为反映当时历史文化的综合载体，最真实、客观地体现出当年黄埔古港的历史风貌。广州市文物考古研究所在黄埔村文物调查的基础上，把一些具有建筑历史、艺术、科学价值，而又保存完整的历史建筑，作为文物保护单位（详见表三），与黄埔古港遗址一起上报市政府审批。2002年广州市人民政府公布黄埔村为第六批广州市文物保护单位。

　　广州市文化局目前已委托华南理工大学建筑学系对黄埔村进行规划，有关部门也准备着手修缮村里一些破旧的庙宇和民居。

　　附记：黄埔村历史建筑调查工作由黄佩贤负责组织实施，黄佩贤、胡晓宇、邓琮负责调查记录，朱海仁负责南门楼考古发掘工作。本文除转载华侨研究会编辑出版的《凤浦古今》里的乾隆十一年（1746年）《重修北帝庙碑记》"黄埔税口肆圆"的照片外，其余照片由朱海仁、黄佩贤、胡晓宇拍摄，黄佩贤绘图。感谢华侨研究会会长黄银英女士、黄启臣教授等提供黄埔村有关史料。

执笔：黄佩贤

注　释

① 黄埔村玉虚宫内《重修北帝庙碑记》，乾隆十一年。

② 黄埔村玉虚宫内《重修玉虚宫碑记》，清光绪十七年。

③ 黄埔村玉虚宫内《重修玉虚宫碑记》，清光绪十七年。

④ 2002年到黄埔村调查，根据村里老人回忆，当年村口有门楼7个。

⑤ 黄埔村玉虚宫内《北帝庙重修碑》，清道光二十九年。

⑥ （清）梁廷楠总纂《粤海关志》，第50页，广东人民出版社，2002年校注本。

⑦ ［美国］威廉·C·亨特《广州"番鬼"录》，第10页，广东人民出版社。

⑧ 黄埔村玉虚宫内《重修北帝庙碑记》，清乾隆十一年。

⑨ 告示石碑没有碑名，本碑名是根据碑文内容而定的，现竖立在黄埔军校旧址内。

图版一　胡氏宗祠远景

图版二　胡氏宗祠近景

图版三　梁氏宗祠头门前后均设有塾台

图版四　梁氏宗祠头门后面的塾台

图版五　左垣家塾

图版六　左垣家塾内的"宝田裕后"牌坊

图版七　玉虚宫

图版八　《重修北帝庙碑记》（残）

图版九　三圣宫（在新港东路北侧）

图版一三　门楼"企栋"上槛的圆洞

图版一〇　日本楼

图版一四　"企栋"下的方洞

图版一一　"窖安"民居

图版一二　"居易里"门楼

图版一五　"永康"门楼

图版一六　黄埔村南门门楼遗址

图版一八　北码头

图版一七　南门门楼遗址

图版二〇　"凤浦"石匾

图版一九　告示石碑

图版二一　海傍街遗址

表一   **庙、祠堂建筑一览表**

序号	名　称	年　代	地　址	备　注
1	玉虚宫	清	凤浦公园内	完整
2	三圣宫	清	新洲公路北	完整
3	主山冯公祠	清	逢源居 9 号	完整
4	晃亭梁公祠	清	荣西里 6 号	完整
5	左垣家塾	清	荣西里	完整
6	化隆冯公祠	清	荣西里	完整
7	文楷冯公祠	清	乐善里 4 号	完整
8	罗氏祠堂	清	现在黄埔幼儿园	完整
9	宣义冯公祠	清	拱北大街	完整
10	梁氏宗祠	清	阜康里	完整
11	禄贤胡家祠	清	夏阳大街 9 号	完整
12	潮江胡公祠	清	夏阳大街得时里 1 号	完整
13	子义胡公祠	清	夏阳大街 10 号	完整
14	敬波梁公祠	清	夏阳大街 1 号	完整
15	榕川冯公祠	清	沙桐大街 18 号	完整
16	祠堂	清	沙市义街 2 号	
17	胡氏大宗祠	清	耀南里西侧	完整
18	美石祖冯公祠	清	盘石大街 1 号	完整
19	东阳梁公祠	清	盘石大街三巷 5 号	完整
20	翘轩家塾	清	盘石大街 19 号	完整
21	云隐冯公祠	清	塘南里	完整

表二   **民居建筑一览表**

序号	名　称	年　代	地　址	备　注
1	姑婆屋	清	柳塘大街 1 号	完整
2	民居	清	柳塘大街 12 号	完整
3	民居	清	柳塘大街 15 号	完整
4	民居	清	石门坊大街 5 号	完整
5	民居	清	石门坊大街 6 号	完整
6	民居	清	石门坊大街 7 号	完整
7	民居	清	石门坊大街 9 号	完整
8	民居	清	石门坊大街 10 号	完整
9	民居	清	申明大街 1 号	完整
10	民居	清	申明大街 5 号	完整
11	民居	清	申明大街 6 号	完整
12	民居	清	来燕里 2 号	完整
13	民居	清	来燕里 4 号	完整
14	民居	清	来燕里 6 号	冯兆宪故居
15	民居	清	来燕里 10 号	完整
16	民居	清	来燕里 14 号	完整
17	民居	清	来燕里 18 号	完整

续表二

序号	名　称	年　代	地　址	备　注
18	民居	清	申明一巷1号	完整
19	民居	清	申明一巷2号	完整
20	民居	清	申明二巷1号	完整
21	民居	清	吉辰大街5号之一	完整
22	民居	清	吉辰大街10号	完整
23	民居	清	杨秀里4号	完整
24	民居	清	夏阳大街太平里2号	完整
25	民居	清	夏阳大街太平里4号	完整
26	民居	清	夏阳大街太平里5号	完整
27	民居	清	夏阳大街太平里7号	完整
28	民居	清	夏阳大街太平里9号	
29	民居	清	夏阳大街太平里11号	完整
30	民居	清	夏阳大街太平里12号	完整
31	民居	清	夏阳大街太平里14号	完整
32	民居	清	夏阳大街仁爱一巷1号	完整
33	民居	清	夏阳大街仁爱一巷4号	完整
34	民居	清	中和里2号	完整
35	民居	清	太和里1号	完整
36	民居	清	环秀里5号	完整
37	民居	清	环秀里6号	完整
38	民居	清	长春巷2号	完整
39	民居	清	凌霄巷1号	完整
40	民居	清	凌霄巷2号	完整
41	民居	清	厚德一巷与厚德二巷之间4间	完整
42	民居	清	拱辰里1号	完整
43	民居	清	拱辰里2号	完整
44	民居	清	拱辰里3号	完整
45	民居	清	拱辰里4号	完整
46	民居	清	拱辰里5号	完整
47	民居	清	拱辰里6号	完整
48	民居	清	拱辰里7号	完整
49	民居	清	拱辰里9号	完整
50	民居	清	莘贤里1号	完整
51	民居	清	宾日大街	完整
52	民居	清	怀宝里5号	完整
53	民居	清	中和里3号	完整
54	民居	清	中和里4号	完整
55	民居	清	南泰来里2号	完整
56	民居	清	南泰来里4号	完整
57	民居	清	得时里2号	
58	民居	清	夏阳大街8号	完整
59	"窖安"民居	民国	夏阳大街4号	完整
60	民居	清	夏阳大街9号	梁兰芳故居

续表二

序号	名　称	年　代	地　址	备　注
61	民居	清	大道里 7 号	完整
62	民居	清	结宁里 1 号	完整
63	民居	清	结宁里 2 号	完整
64	民居	清	仁厚里 2 号	完整
65	民居	清	大道冲尾 3 号	完整
66	民居	清	大道冲尾 5 号	完整
67	民居	清	西畴里 4 号	完整
68	民居	清	西畴里 5 号	完整
69	民居	清	长乐里 1 号	完整
70	民居	清	长乐里 2 号	完整
71	民居	清	长乐里 3 号	完整
72	民居	清	长乐里 4 号	完整
73	民居	清	长乐里 5 号	完整
74	民居	清	长乐里 6 号	完整
75	民居	清	长乐里 7 号	完整
76	民居	清	长乐里 8 号	完整
77	民居	清	长乐里 9 号	完整
78	民居	清	长乐里 10 号	完整
79	民居	清	长乐里 11 号	完整
80	民居	清	盘石大街 14 号	完整
81	民居	清	盘石大街 5 号	完整
82	民居	清	盘石大街 18 号	完整
83	民居	清	盘石大街 19 号	完整
84	民居	清	盘石七巷 2 号	完整
85	民居	清	盘石七巷 3 号	完整
86	民居	清	盘石七巷 4 号	完整
87	民居	清	盘石七巷 6 号	完整
88	民居	清	永康里 1 号	完整
89	民居	清	永康里 4 号	完整
90	民居	清	永康里 5 号	完整
91	民居	清	永康里 6 号	完整
92	民居	清	永康里 7 号	完整
93	民居	清	荆宝巷 7 号	完整
94	民居	清	荆宝巷 8 号	完整
95	民居	清	荆宝巷 9 号	完整
96	民居	清	荆宝巷 8 号	完整
97	子牙居	清	惇慵里 4 号	完整
98	民居	清	惇慵里 5 号	完整
99	日本楼	民国	惇慵里	完整
100	民居	清	履仁里 1 号	完整
101	民居	清	履仁里 3 号	完整
102	民居	清	履仁里 5 号	完整
103	民居	清	履仁里 7 号	完整

续表二

序号	名 称	年 代	地 址	备 注
104	民居	清	桂芬巷 3 号	完整
105	民居	清	亲仁里	完整
106	民居	清	解放街 1 号	完整
107	民居	清	墩伦里 4 号	完整
108	民居	清	墩伦里 5 号	完整
109	民居	清	副魁巷 1 号	完整
110	民居	清	副魁巷 3 号	完整
111	民居	清	副魁巷 4 号	部分改
112	民居	清	中正里 2 号	完整
113	民居	清	中正里 4 号	完整
114	民居	清	中正里 6 号	完整
115	民居	清	文安里 2 号	完整
116	民居	清	文安里 3 号	完整
117	民居	清	文安里 4 号	完整
118	民居	清	文安里 5 号	完整
119	民居	清	文安里 4 号	完整
120	民居	清	文安里 6 号	完整
121	民居	清	文安里 7 号	完整
122	民居	清	安和里 1 号	完整
123	民居	清	安和里 3 号	完整
124	民居	清	安和里 5 号	完整
125	民居	清	青风里 2 号	完整
126	民居	清	汇源里	完整
127	民居	清	石门大街 6 号	完整
128	民居	清	石门大街 7 号	完整
129	民居	清	太平里 14 号	完整
130	民居	清	黄埔直街 1 号	完整
131	民居	清	耀南里 1 号	完整
132	民居	清	耀南里 6 号	完整
133	涉趣园	清	保昌大街	完整
134	店铺	清	黄埔直街 5 号~49 号，共 29 座	完整
135	"安和"门楼	清		完整
136	"履仁"门楼	清		完整
137	"耀南里"门楼	清		完整
138	"大兴里"门楼	清		完整
139	福善门楼	清		完整
140	"乐善"门楼	清		完整
141	"居易里"门楼	清		瓦顶残破
142	"瑞康里"门楼	清		完整
143	"永康"门楼	清		完整
144	"太平里"门楼	清		完整
145	荣西里门楼	清		完整
146	"萃贤"门楼	清		完整

表三　　　　　　　　　　　　　黄埔村文物建筑推荐名单

序号	名　称	地　址	备　注
1	华佗庙遗址	现在黄埔中学西侧	
2	南门门楼遗址	黄埔村南面村口	
3	海傍街遗址		石基村尚存年款咸丰四年"海傍东约"石匾
4	玉虚宫	凤浦公园内	
5	胡氏宗祠	耀南里旁边	现黄埔村华侨联谊会会址
6	化隆冯公祠	荣西里	
7	左垣家塾	荣西里	
8	主山冯公祠	荣西里	
9	晃亭梁公祠	荣西里	
10	文楷冯公祠	乐善里	
11	罗氏宗祠	塘南里现在黄埔小学	
12	宣义冯公祠	现在黄埔幼儿园	
13	敬波梁公祠	夏阳大街	
14	潮江胡公祠	夏阳大街得时里	
15	榕川冯公祠	沙桐大街	
16	民居	柳塘大街1号	
17	民居	来燕里2、4、6、10、14号	其中来燕里6号为冯肇宪故居。
18	胡璇泽故居	太平里14号	
19	梁询故居	吉辰大街5号之一	
20	民居	申明大街1、5、6号	
21	子牙居	惇慵里4号	
22	民居	惇慵里5号	
23	日本楼	惇慵里	
24	民居	副魁巷3、4号	
25	"窖安"民居建筑	夏阳大街4号	
26	民居	夏阳大街太平里5号	
27	民居	夏阳大街太平里7号	
28	三圣宫	新洲公路北侧的原北码头的经过路段	
29	涉趣园	保昌大街	

番禺小谷围岛历史建筑调查报告

广州市文物考古研究所

为实施科教兴粤战略，增强广东、广州发展的后劲，中共广东省委、省政府和广州市委、市政府决定在广州市番禺区小谷围岛建设广州大学城。为了在大规模的建设之前能科学有效地保护岛上的历史文化遗产，把小谷围岛文物保护工作纳入大学城整体规划之中，广州市文物考古研究所受广州市文化局委派，于2003年3月对岛上的历史建筑展开了全面的调查，至3月26日基本完成了全岛历史建筑的普查及重点复查工作。

通过这次对岛上6个行政村（11个自然村）的调查，共登记了历史建筑48处，其中保存较好的历史文化街区4处、古建筑群2处。在地上文物初步调查完成的基础上，考古所对岛上的文物建筑作了分类，提出了初步的保护意见，为在广州大学城的建设中做好文物保护工作奠定了基础。

一　小谷围岛的概况

小谷围岛位于广州市番禺区新造镇的北部，是珠江的一个江心洲，北隔官洲主航道与广州市海珠区官洲岛相望，东面与黄埔区长洲岛仅一涌之隔，南临沥滘水道（图一、二）。该岛四面环水，是丘陵台地，海拔约20～30米，地势西北高东南低，丘陵、山地基本为果树林木所覆盖。全岛面积18.9平方公里。岛上共有贝岗、穗石、北亭、练溪、郭塱和南亭6个行政村，加上南垱、赤勘、大塱、大涟、路村共11个自然村。

岛上以农业为主，基本没有工业，正因为如此，岛上保留了比较完整的祠堂、庙宇、民居、桥梁及古墓葬、古遗址等历史文化遗存。村落的布局自然和谐，居民多以同一宗嗣聚居。穗石、北亭、南亭、练溪等村都保存了较完整的各姓宗祠。从村中族谱和方志的记载可以看出，岛上村民的先祖多为宋代从中原迁居于此开村，为这里带来了深厚的历史文化积淀。据史志记载，五代南汉国皇帝曾在北亭村修建御苑和陵墓区，在山冈上建哨所。据说，穗石村的陆姓为南宋名相陆秀夫的后裔。在南亭村有我国现代著名画家关良的故居，北亭有旧"昌华八景"等，其中"渭桥烟雨"至今犹存。这些形成了小谷围岛独有的历史人文景观。

二　小谷围岛历史建筑

小谷围岛的历史建筑散布于岛上的10个自然村中，经调查登记有明清至民国时期的文物建筑共48处，其中贝岗村5处，穗石村11处，北亭村12处，南亭村4处，练溪村6处，郭塱村1处，大塱村4

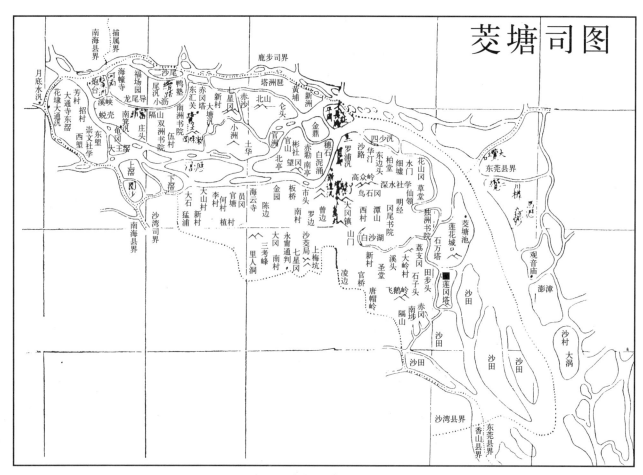

图一　小谷围岛历史地图

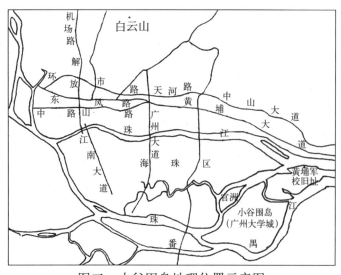

图二　小谷围岛地理位置示意图

处，赤勘村3处，大涝1处，南垺村1处（图三）。这些历史建筑的种类有祠堂、庙宇、古街巷门楼、古旧民居和古桥等，其中祠堂类的有36处，庙宇5处，民居5处，古石桥门楼1处，古遗址1处。这些历史建筑都具有浓厚的传统岭南建筑特色，绝大部分为清代或清末民初时建，多为青砖砌筑，有一部分墙体是南方特有的蚝壳所砌筑，花岗岩石脚或红砂岩石脚，并饰以砖雕墀头、石雕或木雕的梁架、灰塑瓦脊、彩绘壁画等。在共性之外，规模大小、功用各有不同，装饰工艺的考究程度也有所差别。

（一）北亭村的历史建筑

北亭村位于小谷围岛的西部，西、北面紧临官洲水道。崔、梁、陈、林是该村的大姓。一条小河涌从西折向南流经北亭村，渭水桥横跨其上，渭水大街和桥门大街隔涌相望。从渭水桥往东是北亭大街，这是几乎贯穿整个北亭村的一条南北向干道。

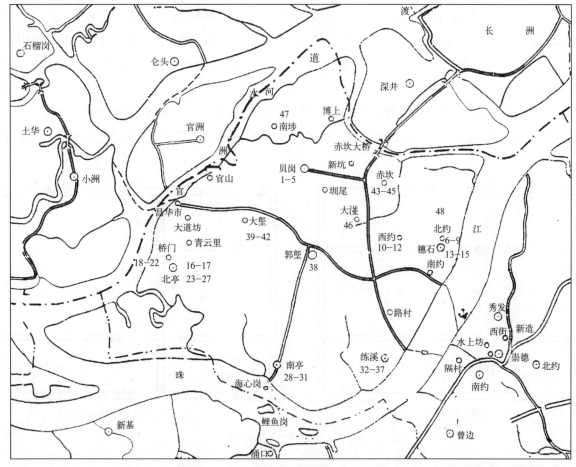

图三　小谷围岛历史建筑分布示意图

经调查，该村的历史建筑是11个自然村中数量最多的，且大多集中在北亭大街和渭水大街一带。北亭村祠堂建筑有10处，分别为陈氏宗祠、崔氏宗祠、显扬梁公家塾、南园崔公祠、愚庵崔公祠、梁氏宗祠、东林梁公祠、元始梁公祠、诚斋梁公祠、荐祖家塾；另外还有渭水石桥与门楼、青云大街古民居群。

　　其中位于北亭大街87号的梁氏宗祠建于清代，原有三进，现仅存前座。前座面阔三间16.4米，连左、右路衬祠总面阔40.97米，进深8.75米。主祠为悬山顶，青砖石脚，龙船脊，碌灰筒瓦，九架梁。前檐花岗石檐柱之间有连系梁，梁上设木雕驼峰斗拱承托檩桁；次间设虾公梁，有包台。后檐次间也有包台，山墙为红砂岩石脚。左、右青云巷石额分别为"璧合"、"珠联"。左、右衬祠为阁楼式，三间两进，硬山顶，博古瓦脊，门口向后，呈倒座式。正面二层阁楼有石栏杆、檐柱和木屏门，前出卷棚顶（彩版五六）。

　　崔氏宗祠位于渭水大街14号，为三路三进布局，建于清代。总面阔39、总进深52.8米。祠堂前有一开阔的地坪。中路建筑深三进，青砖石脚。头门硬山顶，前后廊梁架如意驼峰斗拱承托檩桁，砖雕墀头纹饰精美，灰塑博古纹正脊。二进大衍堂十九架梁，前出卷棚，有月台，月台两侧设题为"洞洞"、"洋洋"的圆形门洞连通左、右衬祠。第三进十三架梁，前出卷棚。两侧青云巷，门额刻"礼门"、"义路"。左、右衬祠高两层，二层设花岗岩石栏板（图版一）。

　　渭水桥为三块长石并排拼砌而成的梁式花岗岩石桥，始建于南宋，曾于清乾隆十五年重修。桥面石两端凿成两级，搭设在分七级的花岗岩与红砂岩石步级上。桥墩为红砂岩，桥长10.65、桥面宽1.3、石板厚0.35米，距地面1.6米。两侧桥头各建一座砖石门楼，宽3.1、深3.9米，青砖砌筑，红砂岩石门框。东门楼石额题"乔门"，西门楼为"渭水"。东、西门楼内分别有《渭水修桥碑记》和《办理平寇碑记》石碑一块（图版二）。

北亭村青云大街巷口有"路接青云"门楼，从青云大街一巷到二十四巷，保留了一批古民居，保存现状较好。建筑布局多为"三间两廊"或"一正一偏"的形式（图四）。其中青云大街3号的建筑规模较大。

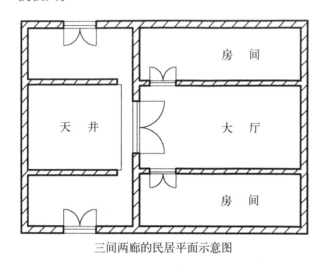 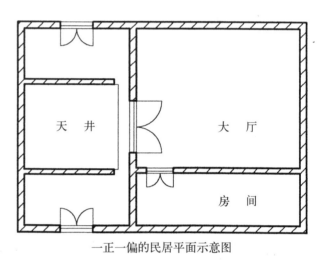

三间两廊的民居平面示意图　　　　　　　　　　　一正一偏的民居平面示意图

图四　青云大街古民居

（二）穗石村的历史建筑

穗石村地处小谷围岛的东南隅，又名大石头村。相传该村于北宋末年建村，南宋进士林祖诒举家迁居于此，林姓成为村里的大姓。陆姓为南宋名相陆秀夫的后裔由从化迁来此处。此外，村里还有梁、黄、李、冯、苏等姓氏的居民。穗石村的历史建筑以祠堂和庙宇为主，计有林氏大宗祠、福缘林公祠、陆氏宗祠诒燕堂、陆氏宗祠怀爱堂、雅乐黄公祠、应麟黄公祠、天后宫、南海神祠、文武庙、仁厚里古民居和村北约农田里的炮台遗址等共11处。其中多处历史建筑集中在穗石村的中约、西约大街，在建筑物前还有一个大水塘，极好地保留了该村原有的古建筑群的布局与周边环境。

位于穗石大道52号的林氏大宗祠是该村林姓的祖宗祠堂，曾于清康熙年间重修。三路三进布局，两边青云巷，一主祠居中（图版三），左、右两衬祠。头门面阔三间，前后廊都有包台，十五架梁，步梁上有木雕驼峰斗拱。前、后檐柱形式独特：柱身、柱础均为红砂岩打制，平面呈带海棠花花瓣形的八边弧线，造型线条流畅，堪为广东祠堂建筑同类构件中的精品（图版四）。第二进面阔三间，前有开阔的月台，月台前缘设石栏板、望柱。从天井拾级而上到月台有四级台阶，在垂带位置上的栏杆尽头处设一对抱鼓石和石雕小狮子（图版五）。前檐次间墙上有砖雕通花大窗。第三进天井旁两廊为卷棚顶，梁架上设木雕驼峰斗拱承托梁桁。现保存有乾隆年间石碑一块。

在穗石村西约大街，陆氏宗祠诒燕堂、陆氏宗祠怀爱堂与天后宫三间建筑并排而立，门牌分别为20号、22号和18号。其中陆氏宗祠诒燕堂尤为难得，保留了较早期的建筑风格。该祠堂建于明末清初，深二进，面阔11.25、进深18.2米。镬耳山墙，博古瓦脊。头门面阔三间，进深二间，七架梁。前后檐柱、门框、石脚均为红砂岩，前檐步梁为月梁形，木雕花草纹驼峰斗拱。第二进诒燕堂面阔三间，进深三间，九架梁。硬山顶，"人"字形山墙。梁架也做成月梁形（图版六）。

　　中约大街12号、西约大街仁厚里2、3、4、6号民居依序而建，为"三间两廊"或"一正一偏"形式，青砖砌筑，红砂岩石脚，保存比较完整。

　　在村北约东北面的马展冈（今称炮台山），调查发现了一处炮台遗址，基址面积约为2500平方米。由三合土版夯筑成，面向东南沥滘水道，呈圆弧形，有15个炮洞，内侧立面有放置炮弹和藏身避弹的内龛，均清楚可辨。现顶部已塌，残高3.8米，其他设施已毁。炮墙之后有小土丘，应为瞭望所用。据康熙《新修广州府志》记载："番禺县新设墩台凡七：曰白蚬壳炮台，曰海珠炮台……曰石子头。"又据《番禺县续志》及其他民国时期地图，在穗石村北面有"石子冈"、"马展冈"等地名。1717年之后，康熙帝下达南洋贸易禁令，为了对出海口进行全面封锁，沿海各地在港口和淡水附近建筑了许多炮台，推测此炮台为康熙石子头炮台（图版七）。

　　隶属于穗石村的赤勘村，有3处祠堂：丛荫林公祠、梁公祠和胜广梁公祠。其中位于赤勘大街26号对面的胜广梁公祠虽建筑规模不大且年久失修，但是头门前廊梁架卷草纹驼峰斗拱木雕精美，保存完整。前檐明次间的檐柱之间有月梁形的连系梁并施木雕驼峰斗拱承托檐檩。

　　（三）练溪村的历史建筑

　　练溪村地处小谷围岛东南部。该村有祠堂、庙宇等历史建筑6处：华光古庙、三圣宫、霍氏大宗祠、淡隐霍公祠、萧氏宗祠、关氏宗祠。这几处历史建筑集中在练溪大街和朗尾大街，呈曲尺形分布在一大池塘边，相互之间距离不远，相映成趣（图版八）。其中的三圣宫更是这次调查中发现的一个重要成果。

　　霍氏大宗祠位于练溪大街16号，为清代建筑。深三进，总面阔12.46、总进深39.4米。硬山顶，"人"字形山墙，碌灰筒瓦，龙船脊。头门面阔三间，进深两间，九架梁。前廊有包台，次间设石雕狮子驼峰承托檩桁的虾公梁，梁架上有木雕戏曲人物的驼峰斗拱，隔墙上有砖雕通花窗。墀头砖雕戏曲人物图案，保存完好（图版九）。中座怀德堂面阔三间，进深三间，十三架梁（图版一〇）。前有月台，月台上设花岗岩石栏板、望柱。从天井拾级而上到月台有四级台阶，在垂带位置上的栏杆尽头处设一对抱鼓石和石雕小狮子。前檐次间墙上开砖雕通花窗。第三进面阔三间，进深两间，十一架梁。

　　三圣宫是目前发现的小谷围岛上唯一的歇山顶建筑，这种梁架结构保持了明代建筑的风格，在广州现存的古建筑中并不多见。它位于朗尾大街8号，深三进，总面阔8.4、总进深23.7米（图版一一）。头门悬山顶，青砖墙，红砂岩石脚和门框，面阔三间，前廊梁架施驼峰、斗拱、月梁。第二进悬山顶，十一架梁，梁架上采用短柱、插拱做法。第三进歇山顶，十一架梁，前后檐柱为红砂岩石柱，梁架上短柱、栌斗、插拱等做法保留了早期建筑的风格，造型简朴（图版一二）。第二、三进的金柱都保留有柱櫍，山墙都用蚝壳砌筑。在头门天井内发现了从清顺治至光绪年间的碑刻共9方，为研究三圣宫的有关历史提供了珍贵的材料。

　　华光古庙位于练溪大街6号之一。两进深，硬山顶，青砖石脚，面阔5.55、进深10.6米（图版一三）。头门内墙镶嵌了4方清代雍正、嘉庆、道光年间的碑刻。

　　（四）贝岗村的历史建筑

　　贝岗村在小谷围岛的北部，北临官洲主航道。因村庄背负山岗而得名，后谐音变为贝岗。现南坊、大塱等自然村也隶属贝岗村管理。在贝岗村仍然能看到古代里坊布局的痕迹，保留了"康衢"、"青云"、

"荥阳"、"和乐"、"安怀"和"迎薰"6个门楼。穿过门楼，多为青石板铺砌的巷道，小水沟沿着巷道蜿蜒而过，许多古民居依水而建，每幢民居的门前架设石板跨越水沟。贝岗村现存祠堂俱属邵姓宗族，分别为：松菊邵公祠、湛泉邵公祠、邵氏家祠和南浦邵公祠。另外，还有康衢大街古民居群1处。

邵氏家祠位于和乐坊10号。深两进，总面阔11.85、总进深35.9米。硬山顶，青砖石脚，"人"字形山墙，碌灰筒瓦。头门面阔三间，进深二间，十一架梁。前檐次间木雕虾公梁，步梁上木雕花草、如意纹驼峰斗拱，有包台。天井内有砖砌"茭棠遗荫"牌坊，三间四柱三楼，明间为拱形门洞，正楼为博古瓦脊，东侧次楼瓦脊已不存。牌坊次间与原天井两廊相接，现天井的东侧廊已毁（图版一四）。第二进面阔三间，进深三间，十三架梁。后墙有一神台，神台台基浮雕"福、禄、寿"三字和卷草纹饰。天井墙镶嵌一方宣统元年的石碑，上刻有《重修孔安堂碑记》。

康衢大街古民居多数为传统的"三间两廊"或"一正一偏"的建筑布局，建筑规模不大，但整体结构保存尚算完整（图版一五）。经调查发现并登记了这类传统民居共62处。

现隶属贝岗的大塱村保留下来的历史建筑不多，有祖贞黎公祠、岐山黎公祠、崑山家塾和大塱大街二十一巷古民居。大塱大街二十一巷6、9、13、14号民居有碉楼式样或三间两廊的布局形式，有的还有高2米的红砂岩石脚、镬耳山墙，保存比较完整。

另一隶属贝岗的南圃村经调查登记的历史建筑只有吴氏宗祠一处。1946年重建，深两进，硬山顶，祠前有一开阔的地坪。

（五）南亭村的历史建筑

南亭村位于小谷围岛西南部，因处南汉两哨所的南端，所以称"南亭"。该村有三处祠堂：关氏宗祠、彬祖关公祠、黄氏宗祠，另外有关良的故居1处。

关氏宗祠在南亭大道8号，左侧有门额刻"蕴玉"的青云巷。深三进，青砖石脚，硬山顶，碌灰筒瓦，博古瓦脊。头门面阔三间，进深两间，有包台。包台上紧靠次间檐柱柱础有一对石狮子。次间檐柱之间设虾公梁，次间隔墙上镶嵌砖雕通花大窗，窗框刻回纹图案。前廊步梁用木雕驼峰斗拱承托檩条。大门保存完好，走马板上画有一个文官和一个武官的人物图案，抱柱的位置镶嵌一副对联。门枕石上刻浮雕图案并设有一对石狮子（图版一六）。中座"绳武堂"面阔三间，进深三间，前面有石栏板、望柱、台阶。后座除柱子外其余已被改为钢筋水泥结构。据该宗族的族谱记载，自南宋咸淳九年（1273年）其关氏始祖从南雄珠玑巷迁来南亭村，清顺治十六年（1659年）建成关氏宗祠，嘉庆十三年（1808年）曾重修。

位于东宁里二巷1号的民居是我国现代著名画家关良的故居。关良（1900～1986年）在这里出生。他是中国美术家协会第三、四届理事，擅长中国画，尤以戏剧人物见长，其画作继齐白石之后编列入《世界美术》丛书。其故居为"一正一偏"的建筑布局，硬山顶，青砖石脚，宽6.32、深7米。

（六）郭塱村的历史建筑

郭塱村位于小谷围岛的中部，在该村只发现了1处古建筑——村前大街2号的郭氏宗祠，其始建年代不详。三路三进布局，总面阔60、总进深23.3米。主体建筑三进，两侧青云巷石额分别刻"光前"、"裕后"。主祠硬山顶，碌灰筒瓦，青砖红砂岩石脚。头门面阔三间，前廊梁架上有驼峰斗拱承托檩条。第二进"颌庆堂"面阔三间，进深三间，十五架梁，前檐次间墙上镶嵌有砖雕通花窗。第三进面阔三间，进深两间，十三架梁，前檐柱为红砂岩石柱。

除上所述，还有1座位于大涵村涵溪街2号的黄公祠。深两进，硬山顶，前座龙船脊，碌灰筒瓦，青砖红砂岩石脚。

三　保护与利用

　　根据这次小谷围岛历史建筑调查的成果，从这些建筑的历史、艺术、科学价值并结合广州地区现存历史建筑的实际情况，广州市文物考古研究所将这48处历史建筑划分成三类，并提出了初步的保护意见（参见《小谷围岛历史建筑分类及保护方案一览表》）。

　　A类：在广东省、珠江三角洲地区属于建造年代较早、形制结构独特、保存较好、规模较大者归为A类历史建筑。

　　B类：建造年代不晚、保存状况较好、颇具规模者列为B类历史建筑。

　　C类：年代较晚、结构一般而保存较差者列为C类历史建筑。

　　A类历史建筑相当于市级文物保护单位，是必须保护的；B类历史建筑相当于内部控制文物保护单位，为需要保护的对象。A、B类都应作为文物建筑纳入广州大学城的整体规划中，每个单位要划定文物保护范围和建设控制地带。在规划中应剔除文物保护单位保护范围内新修建的建筑物，还原文物建筑和古街区的历史风貌。建设控制地带内的新建建筑，如有可能亦应拆除。A、B类历史建筑应原地保护，加以征用后修缮。B类历史建筑如与建设规划有矛盾必须迁移时，则可采取易地迁建加以保护。C类历史建筑与各村内所有的青砖屋、有价值的古建筑构件及街道铺地的石板在拆迁时都应全部收集保护，用作异地迁建或维修古建筑的材料。

　　2003年4月16日，广州市文化局会同广州市规划局、广州大学城建设指挥部办公室、广州市文物考古研究所等有关单位以及省市文物建筑方面的专家，对小谷围岛文物保护问题进行了研究，确定了岛上文物分类保护方案：对此次调查发现的48处历史建筑，其中21处位于北亭村、贝岗村、穗石村、南亭村，不在大学城征地范围内，可原地保留；属于大学城征地建设范围内的历史建筑共27处，其中11处由大学城建设指挥部纳入建设规划进行原地保留，8处由大学城建设指挥部委托有相关资质的工程单位异地迁建，8处由广州市文物考古研究所进行测绘、摄影等档案资料收集后拆除（图五、六、七）。

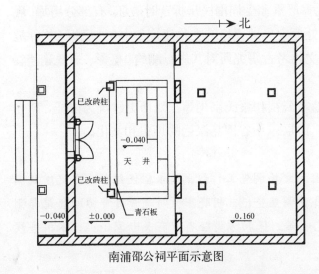

南浦邵公祠平面示意图

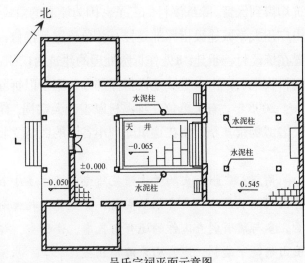

吴氏宗祠平面示意图

图五　南浦邵公祠、吴氏宗祠平面示意图

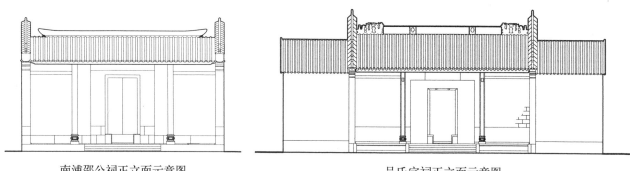

南浦邵公祠正立面示意图　　　　　　　　　　吴氏宗祠正立面示意图

图六　南浦邵公祠、吴氏宗祠正立面示意图

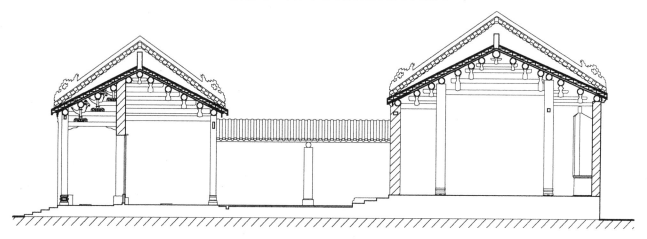

图七　吴氏宗祠剖面示意图

　　在保护方案确定以后，大学城的建设工程如期展开。2004年7月，广州市文物考古研究所对广州大学城历史建筑的保护情况进行了全面的调查核实：21处在原规划保留村范围内的历史建筑基本得到保留，有部分临街或公路旁的祠堂和古民居被改建；11处在大学城建设范围内定为原地保留的文物建筑均得到保留，除练溪村的三圣宫因为原有的白蚁危害严重和受周围民房拆迁时破坏，有部分坍塌，现由广州大学城建设指挥部委托有关单位进行维修；8处原定异地迁建的文物建筑其中6处已拆，构件放置在练溪村待重建；8处作拆除处理的建筑由广州市文物考古研究所对其进行测绘、摄影、录像等档案资料收集后，由大学城建设指挥部办公室予以拆除。

　　2005年，有关单位在练溪村以霍氏大宗祠、淡隐霍公祠和萧氏宗祠等三处历史建筑为依托，建立民俗博物馆，今后将在这里陈列小谷围的民俗文物，以展示小谷围岛深远的历史和文化。

　　附记：广州市文物考古研究所专门成立了小谷围岛文物调查工作组，冯永驱任组长。历史建筑调查由副组长朱海仁负责组织实施，黄佩贤、孔柱新负责调查登记，胡晓宇、闫晓青负责协助登记与测量。参与该项调查工作的还有何民本、麦穗丰、钟志平等，保护方案经省市有关专家论证。本报告线图由胡晓宇绘制，照片由朱海仁拍摄。

执笔：胡晓宇

小谷围岛历史建筑分类及保护方案一览表

序 号	类 别	名 称	地 址	保 护 方 案
1	B	康衢大街古民居	贝岗村康衢大街	1、2为康衢大街历史文化街区。不属征地范围，原地保留
2	B	松菊邵公祠	贝岗村康衢大街8号	
3	B	湛泉邵公祠	贝岗村康衢大街二巷2号之五	
4	B	邵氏家祠	贝岗村和乐坊10号	原则上原地保留
5	B	南浦邵公祠	贝岗村和乐坊12号	作资料收集后拆除
6	A	林氏大宗祠	穗石村穗石大街52号	不属征地范围，原地保留
7	B	雅乐黄公祠	穗石村中约大街8号	连同前面的水塘作为穗石村中约大街历史文化街区原地保留
8	B	应麟黄公祠	穗石村中约大街10号	
9	B	仁厚里古民居	穗石村中约大街仁厚里	
10	A	陆氏宗祠诒燕堂	穗石村西约大街20号	异地迁建到穗石村中约大街历史文化街区附近
11	B	陆氏宗祠怀爱堂	穗石村西约大街22号	
12	B	天后宫	穗石村西约大街18号	
13	C	福缘林公祠	穗石村东约大街23号	不属征地范围，原地保留
14	C	南海神祠	穗石村东约大街73号	
15	C	文武庙	穗石村东约大街73号旁边	
16	A	梁氏宗祠	北亭村北亭大街87号	不属征地范围，原地保留
17	B	陈氏宗祠	北亭村北亭大街144号	
18	A	崔氏宗祠	北亭村渭水大街14号	
19	B	显扬梁公家塾	北亭村北亭大街105号	与渭水河道及石桥水塘连成北亭村渭水大街历史文化街区。不属征地范围，原地保留
20	A	渭水石桥与门楼	北亭村渭水大街与桥门大街	
21	B	南园崔公祠	北亭村渭水大街10号	
22	B	愚庵崔公祠	北亭村渭水大街16号	
23	B	东林梁公祠	北亭村北亭大街69号	23、24连成北亭村青云大街历史文化街区。不属征地范围，原地保留
24	B	青云大街古民居	北亭村青云大街	
25	B	元始梁公祠	北亭村北亭大街85号	
26	C	诚斋梁公祠	北亭村北亭大街76号	作资料收集后拆除
27	C	荐祖家塾	北亭村隆园街一巷2号	
28	A	关氏宗祠	南亭村南亭大道8号	不属征地范围，原地保留
29	B	彬祖关公祠	南亭村南亭大街18号	
30	B	关良故居	南亭村东宁里二巷1号	
31	C	黄氏宗祠	南亭村千顷码头街5号	
32	B	淡隐霍公祠	练溪村练溪大街14号	和前面的水塘作为练溪村明清古建筑群原地保留
33	A	霍氏大宗祠	练溪村练溪大街16号	
34	B	萧氏宗祠	练溪村练溪大街18号	
35	B	关氏宗祠	练溪村朗尾大街10号	
36	A	三圣宫	练溪村朗尾大街8号	
37	A	华光古庙	练溪村练溪大街6号之一	异地迁建到第36号的三圣宫旁边
38	B	郭氏宗祠	郭塱村村前大街2号	异地迁建到练溪村
39	B	崑山家塾	大塱村大塱街二十三巷巷口	作资料收集后拆除
40	B	大塱大街二十一巷古民居	大塱村大塱大街二十一巷	只对大塱街二十一巷13、14号原地保留，其余作资料收集后拆除
41	C	岐山黎公祠	大塱村大塱大街	
42	C	祖贞黎公祠	大塱村大塱大街十八巷2号	
43	B	胜广梁公祠	赤勘村赤勘大街26号对面	异地迁建到练溪村
44	B	丛荫林公祠	赤勘村赤勘大街四巷边	
45	C	梁公祠	赤勘村村中心	作资料收集后拆除
46	C	黄公祠	大涯村涯溪大街2号	
47	B	吴氏宗祠	南埗村	作资料收集后拆除
48	A	大石冈炮台遗址	穗石村北约拱北大街北	原地保留

图版一　北亭村崔氏宗祠

图版二　北亭村渭水门楼与石桥

图版四　穗石村林氏大宗祠海棠花瓣形柱础

图版三　穗石村林氏大宗祠中座

图版五　穗石村林氏大宗祠中座月台前石
　　　　阶旁抱鼓石、石狮

图版六　穗石村陆氏宗祠诒燕堂头门梁架

图版七　穗石村炮台遗址

图版八　练溪村风貌

图版九　练溪村霍氏大宗祠

图版一○　练溪村霍氏大宗祠怀德堂

图版一一　练溪村三圣宫

图版一二　练溪村三圣宫后座梁架

图版一三　练溪村华光古庙

图版一五　贝岗村康衢大街古居民

图版一六　南亭村关氏宗祠

图版一四　邵氏家祠牌坊

官洲岛历史建筑调查报告

广州市文物考古研究所

　　为加快产业结构调整，促进广州生物技术产业的发展，广州市政府决定在广州市东南部的官洲岛建设"广州国际生物岛"。为配合该岛大型基本建设做好文物保护工作，2004年12月，广州市文物考古研究所受广州市文化局委派，对官洲岛的历史建筑进行专项调查。共调查登记124座历史建筑，包括古庙宇2座、古祠堂4座、古门楼3座、古民居115座（参见《官洲岛历史建筑一览表》）。现将调查情况报告如下。

一　官洲岛概况

　　官洲岛位于广州市海珠区东南端的珠江中，绕岛的官洲主航道与次航道把这座江心洲与四邻隔开，其北与海珠区仓头村相望，南临广州大学城所在的番禺区小谷围岛，西邻海珠区小洲村，东望黄埔区的长洲岛，全岛面积约1.8平方公里（图一、二）。官洲岛是山冈丘陵与河沙淤积复合型的江心岛。山冈丘陵地位于岛的中南部，约占全岛面积的三分之二，海拔约10～40米；沙田区主要位于岛的东北部，海拔约6米。

　　官洲岛上分布有三处居民聚落，包括官洲村、官洲西约和官洲北约，另有广州市海洋渔业公司及其渔轮修造厂和宿舍生活区。官洲北约位于官洲岛北部临江低地，与仓头村隔江相望。这是水上疍民上岸形成的小型居民聚落，现存建筑均为新中国成立后所建。官洲西约是位于官洲岛西南部山冈丘陵地带的小型聚落，西侧部分属渔业公司的宿舍。该处现存少量青砖构筑的历史建筑。官洲村位于官洲岛的中南部，是现存岛上最早、最大的居民聚落。官洲

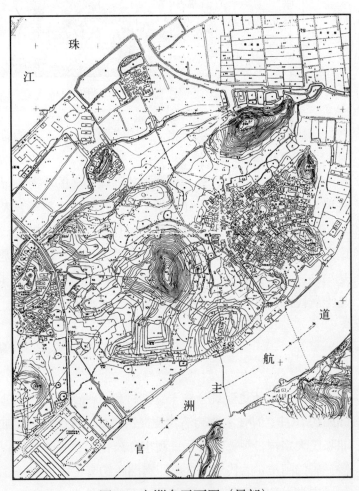

图一　官洲岛平面图（局部）

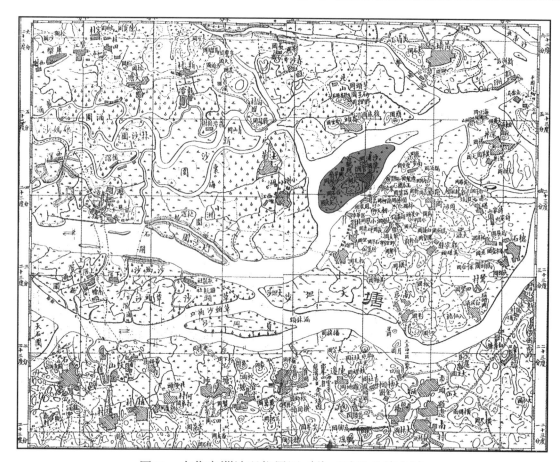

图二　古代官洲地理位置图（载《番禺县续志》）

村处于山冈丘陵地带，东、北、西边三面环山，东南面临江。村内基本保留了古代里巷布局，并保存有较多历史建筑。

官洲名称的由来已难考证，与其隔江相望的小谷围岛上原有官山，或认为与古代官府设卡管理过往船只有关。考古调查在官洲岛上发现有东汉古墓葬，表明最迟在东汉时期官洲岛或附近已有居民聚落。官洲村现存古建筑为清代至民国时期。根据族谱记载，一说陈姓族人是于南宋时期由南雄珠玑里南迁至官洲；一说是于北宋时期卜居番禺凤翔，认为即是官洲。根据村民反映，官洲村翔北里一带曾是冯姓族人的聚居地，其在岛上聚居的历史早于陈姓，其后裔早已迁徙，流寓港澳及东南亚一带。现岛上居民以陈姓为主，主要从事农业，兼渔业和珠绣业。

二　官洲岛历史建筑

官洲岛的历史建筑分布于官洲村和官洲西约，经调查登记的共有124座，其中官洲村114座，官洲西约10座，时代主要为清代及民国时期。官洲村有古庙宇2座，即华帝古庙、水月宫；古祠堂4座，即陈氏大宗祠、观德陈公祠、观生陈公祠、德胜陈公祠；古代里巷门楼3座，即桂林里门楼、由义门楼、居仁门楼；古民居105座。官洲西约有古民居10座。附属于古民居的还有数量较多的古水井。

官洲村位于官洲岛中南部的山冈丘陵地带，建筑依山势分布，中部高、四周低。古村落平面略呈三角形，村口位于东南面临江（图三）。古村基本保留了古代里巷的布局，全村有六个里坊区，包括居仁里、由义里、西华里、桂林里、儒山里和翔北里。东南部村口有陈氏大宗祠、观德陈公祠、水月宫、华帝古庙和位于古庙两侧的居仁门楼、由义门楼等历史建筑，均为坐西北向东南。村口祠堂前有水塘，临江有渡口。南侧的渡口相传为古代官渡口，现建有官渡亭以示纪念。村口直入为居仁里、由义里，规模相近，仅次于翔北里，街巷布局较为整齐，保留有较多古民居。观生陈公祠坐西北向东南，位于居仁里、由义里中部交界处。西华里、桂林里、儒山里面积较小，环绕于西北部。德胜陈公祠坐东南向西北，位于儒山里。位于古村东北部的翔北里面积最大，与其他里坊既联为一体又相对独立，主要街巷有翔北里大街、翔北一巷至六巷，保留的古民居建筑规模相对较大且工艺讲究。

官洲岛历史建筑以青砖石脚为基本特征，保留有砖雕、石雕、灰塑、彩绘等建筑装饰。位于村口的陈氏大宗祠是岛上规模最大的历史建筑，平面布局为三路三进。观生陈公祠为三路两进，德胜陈公祠为面阔三间的一路两进布局，观德陈公祠为三间两廊的布局。华帝古庙、水月宫的建筑规模不大，但体现了村民的民间信仰。华帝古庙与其两侧的居仁、由义门楼在村口并排布局较有特色，体现了古村落的建设是经过特意的规划。官洲岛的民居建筑在平面布局上以三间两廊为基本特征。规模较大的民居，后座为带阁楼的双层式建筑，用规整的花岗石作门额、门框。少数门面墙用水磨青砖。一般的民居门口仅用条形石板做门额。较多的民居门檐下保留有灰塑蝙蝠等吉祥图案的装饰。

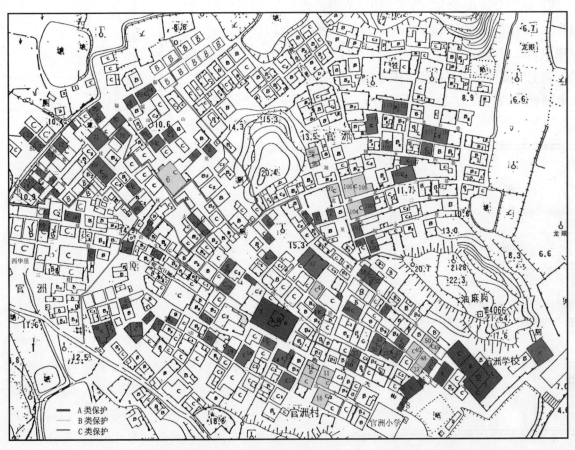

图三 官洲村历史建筑分布图（图中序号与《一览表》对应）

（一）祠堂

官洲岛上现存古祠堂4座，位于官洲村，均属陈姓祠堂，包括陈氏大宗祠、观德陈公祠、观生陈公祠、得胜陈公祠。陈氏大宗祠位于村口，建筑规模最大，属三路三进，前有石坪、水塘，面向珠江。观生陈公祠位于村内居仁里、由义里之间，三路两进，规模仅次于陈氏大宗祠。得胜陈公祠位于村内北部的儒山里，属面阔三间深两进的布局。观德陈公祠位于村口，临近居仁门楼与陈氏大宗祠，属三间两廊的民居式布局，规模最小。

1. 陈氏大宗祠

三路三进，坐西北向东南，总面阔25.82、总进深42.65米（图四）。中路为正祠，两侧有青云巷、衬祠。中路三进保存完整。东、西两路衬祠仅第一进保存完整，后部已拆或改为混凝土结构。碌筒瓦，硬山顶，"人"字形山墙，灰塑博古瓦脊（图版一；彩版五七）。

中路第一进面阔三间，进深两间。中为分中墙，前后花岗岩石檐柱。梁架为九檩，前后各四步梁，前檐步梁有麒麟、凤凰、牡丹佳木浮雕，雕饰细腻。檐下有石虾公梁、狮子，步梁上施木雕驼峰，驼峰上施斗拱承檩条。分中墙中部设正门，门两侧设花岗岩门鼓石，石座较高，上有雕线古朴的麒麟、凤凰。门两侧有木刻对联，上书："溯一脉自南宋分支谱著弋阳源开信国，界群洲为东江擅胜泽流妫汭秀挹贲隅"。门外两侧有花岗岩墩台。地面铺红色方阶砖。

中路第二进面阔三间，进深三间，四柱十五檩，前后金柱上施九架梁，梁上施瓜柱承檩。前廊出内卷棚，呈廊轩形式，后廊三步梁。坤甸木圆金柱，花岗石方檐柱，前檐有石虾公梁，梁上施蝙蝠等石雕，上连檩条。后金柱间有木雕横披，横披下的木屏门已不存。

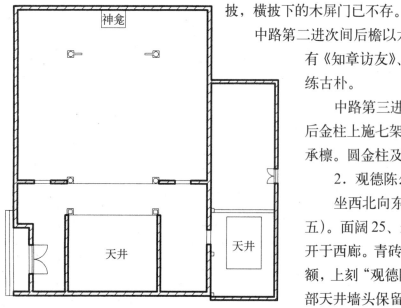

图五　观德陈公祠平面示意图

中路第二进次间后檐以六架卷棚廊与第三进次间连接，檐下有《知章访友》、《公孙图》等壁画诗赋。壁画线条简练古朴。

中路第三进面阔三间，进深三间，三柱十一檩。前后金柱上施七架梁，前后檐廊为二架梁，梁上施瓜柱承檩。圆金柱及方檐柱均为花岗岩。

2. 观德陈公祠

坐西北向东南，锅耳山墙，三间两廊式布局（图五）。面阔25、进深20米，后座高15米。祠堂正门开于西廊。青砖砌筑，花岗岩石脚，门上端镶嵌石门额，上刻"观德陈公祠"，布局完整。门口出短檐。内部天井墙头保留有灰塑山水、云纹等装饰。后座正厅保留有木雕花罩的祖龛（图版五、七）。

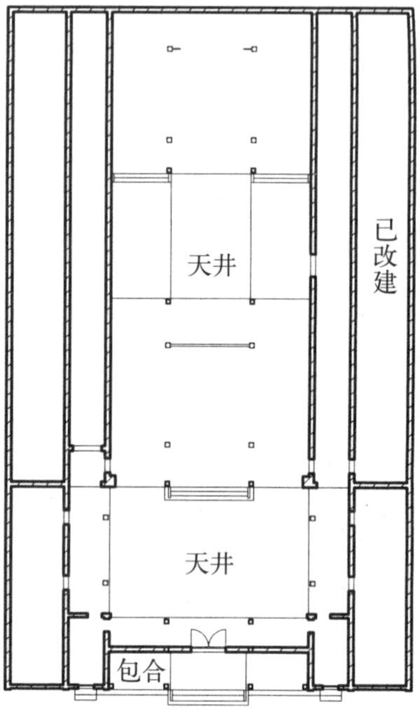

图四　陈氏大宗祠平面示意图

3．观生陈公祠

三路两进，总面阔19.98、进深29.1米，东西两路以廊道与中路相隔为偏间（图六）。青砖石脚，锅耳山墙，屋顶为碌筒瓦，正脊灰塑花鸟、吉祥纹饰，部分已经脱落（图版二）。

中路头门面阔三间12.16、进深两间10.8米。前廊两侧的塾台高0.98米。塾台上现已加砌墙体作为办公场所和放置杂物的地方。头门石脚高1.22米。头门次间坊上的石饰为花卉博古纹饰，前廊为博古花纹梁架。墀头饰花鸟图案砖雕，已部分损坏或脱落。大门石额刻"观德陈公祠"，落有清代同治年款。

中路后堂梁架结构简单。在后金柱处残留有花罩。后堂与东西两廊正面均有后代加砌的砖墙。

西路偏间后进建筑保留有花卉等图案纹饰落地花罩，式样完整。西路廊墙上镶嵌有同治五年《番禺官洲陈氏三房祠堂记》。

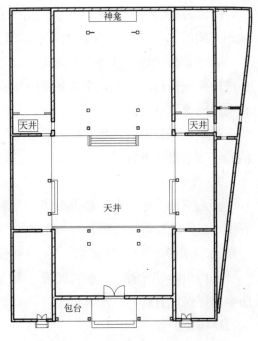

图六　观生陈公祠平面示意图

4．德胜陈公祠

三间两进，坐东南向西北。碌筒瓦，硬山顶，"人"字形封火山墙，灰塑博古瓦脊。总面阔10.85、进深19.37米（图七；图版三、四）。

第一进面阔三间，进深两间，十一檩，分中墙，前花岗岩石檐柱，后檐砖墙承重。前廊四步梁，花岗岩虾公梁，花岗岩门框，正面门框内角成半圆雕单柱形修饰。门枕石高51厘米，束腰以竹节修饰。墀头砖雕有牡丹、鸟木等图案，刻工精美。地面铺方阶砖。后廊明次间以砖墙间隔，设小门，门楣呈半圆券形，塑中西合璧灰塑，券形之上有"如意吉祥"、宝瓶、羊头、草龙灰塑等装饰。明间右壁上有砖雕门官神龛，雕刻精美。上额刻"祯祥"二字。龛内刻字，上款为"年月招财童子"，下款为"日时进宝仙官"，中间为"本祠土地福德正神"。

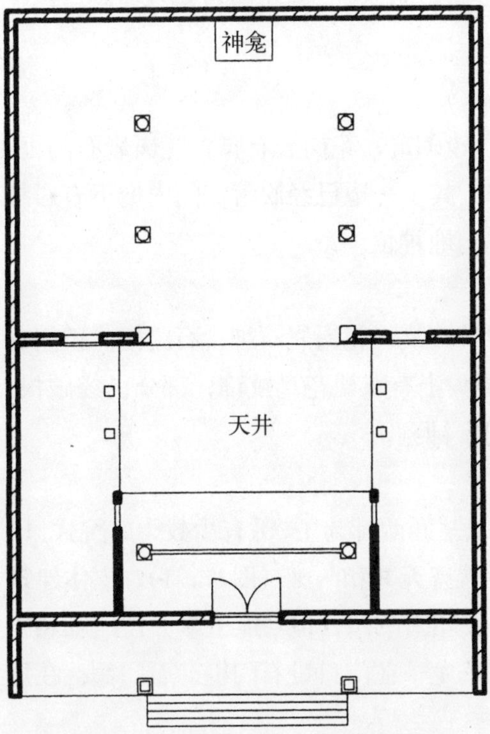

天井以石条铺砌。两廊均为四架卷棚顶，砖柱，砖墙承重。

第二进面阔三间、进深三间，十三檩，金柱间七架梁，前后廊各三步梁。坤甸木金柱，花岗石覆盆柱础，前檐砖柱。

（二）庙宇

官洲村发现有古庙宇2座，即水月宫与华帝古庙。庙宇规模不大，但都位于村口。水月宫位于陈氏大宗祠东侧，背山面江。华帝古庙的东侧是居仁门楼，西侧是由义门楼，三者连为一体，前有广场、水塘，面向珠江（图版六）。

1．水月宫

硬山顶，面阔5.93、进深14.96米。门前有门廊，石门

图七　德胜陈公祠平面示意图

框，两侧为石门联。门联文字为："清净有缘同登彼岸，慈悲无量普渡迷津"。石门额刻"水月宫"，上款刻"同治二年岁次"，下款为"众信重修"。

该建筑原为前后两进，中间有小天井。由于后来用作生产队的稻谷仓库，建筑已经被改建，原前后进的屋顶被拆除，升高原天井院墙与前后进山墙，加上盖成为单体的硬山顶建筑。在西侧山墙上留有明显的改建痕迹。

建筑内保留有两块碑记，分别镶嵌在东西内墙，一块为嘉庆三年《新建天后宫碑记》，另一块为同治二年《重修水月宫记》。

2. 华帝古庙

面阔三间，硬山顶，是供奉华光大帝的庙宇。总面阔14.45、深10.7米。青砖砌筑，外为花岗岩石脚，屋内为红砂岩石脚。前为凹进的门廊，廊子两侧开进入偏间的拱形便门。正门石额上刻"华帝古庙"，上款为"同治癸亥孟冬"，两侧石门联为："历显四朝声灵懿练，永垂百代德泽醍醐"。

庙内供奉华光神像，据村民说，庙内原来还塑有专门管鬼的"纸扎大士"和胭脂马等神像。现在庙宇内还保留有碑刻，包括同治二年《修理华帝古庙碑记》和《重修华帝古庙碑记》、近代的《重修华帝古庙碑记》等。

（三）门楼

官洲村现存古门楼3座，均属里巷门楼，位于里巷入口处。门楼均为单间硬山顶、青砖石脚建筑。内墙上部保留有墨龙、人物故事等壁画装饰。

1. "桂林里"门楼

单间硬山顶，坐东南向西北，面阔3.1、进深3.9米。青砖墙，红砂岩石脚。红砂岩石门额上刻"桂林里"，其两旁及上方有古人休闲适意的壁画，风格古朴，已部分剥落。墀头尚有残存壁画，已大部分剥落。东墙内壁原有土地神龛，现已用砖封平。

2. "由义"门楼

单间硬山顶，坐西北向东南，面阔3.85、进深5.1米。青砖砌筑，花岗岩石脚，花岗岩石门框。花岗岩石门额上刻"由义"两字。山墙墀头灰塑花鸟图案纹饰，其中一边已经脱落。门内檐下有彩绘墨龙纹饰。门内右侧有圆拱形门，拱门直径2.6米，内设门官土地神位。

3. "居仁"门楼

单间硬山顶，坐西北向东南，面阔4.3、进深6.45米。青砖砌筑，花岗岩石脚、石门框。正门宽1.29米，石门额上刻"居仁"两字。南墙前凹入，两侧山墙墀头上有灰塑花鸟纹饰，部分已经破损。正面墙檐下有彩绘壁画。门内檐下有彩绘墨龙纹饰，西墙有门官神龛。

（四）民居

官洲岛上的古民居多为硬山顶的青砖石脚建筑，平面布局以三间两廊为主，另有少数为庭院式、山墙设门式等不同类型。标准的三间两廊是主体建筑面阔三间，前有天井和两廊（图八，1）。主体建筑一般是中间宽敞、两侧偏间狭长，中为厅，偏间为房。两廊多设相对的门，但功能上多分作门廊和厨房。天井内多有水井。古民居外墙装饰主要是在山墙博风灰塑草龙，在门口设石门框、石门额、在短门檐下加施彩绘或灰塑，规模较大的还见有木雕、砖雕装饰。

三间两廊在实际营建中有多种不同的变化形式。首先是主体建筑有高矮、宽窄之分。在高矮方面有双层、单层之分，双层多设阁楼，单层中较高者也设阁楼。在宽窄方面因面积限制，出现一正一偏、前厅后房等不同的布局形式（图八，2、3）。其次是两廊有规模大小和建筑方式的不同，两廊长短、规模随整体建筑规模而变化。有的两廊短小，有的主入口仅设门而无廊。两廊屋顶有两面坡和单面坡的不同形式，建筑考究的两廊屋顶多为向天井的单面坡，檐口多设整件花岗岩滴水槽，对应的天井一角设金钱漏排水，廊顶多加铺阶砖并与阁楼相通。

根据官洲岛古民居的平面布局和建筑规模，大致可划分为五种不同类型，基本反映了官洲岛古民居的总体情况和不同里巷区民居规模不同的实际情况。

I类：双层三间两廊

总数约27座，主要分布于翔北里、由义里、居仁里、桂林里，其中翔北里多达11座。

该类民居主体建筑面阔三间，高两层，正脊高约6米，前有天井和两廊。少数在天井前面增加一狭长的厅，与主入口的廊相通。绝大部分为硬山顶，有一座为锅耳山墙。该类建筑规模较大，工艺讲究。多有花岗岩石脚。山墙博风多有灰塑草龙。大门多为三件套趟栊门。多数为砖砌门洞，上有一字形花岗岩石门额、灰塑彩绘装饰和飞砖短门檐。少数为"富"字门，建筑考究，门墙内退成窄门廊，门洞设石门框，上有短椽出檐，并有木雕封檐板、砖雕墀头等装饰。

由义一巷9号，坐西北向东南，规模比常见的三间两廊稍大，总面阔12.5、进深10.18米。青砖砌筑，石脚高75厘米。花岗岩石门框，门框石宽62厘米。大门顶的墙上有灰塑花鸟、云纹、博古图案；两侧的墀头有砖雕花卉纹饰。大门由脚门、板门组成（图版九）。

居仁一巷19号，坐西北向东南。通阔10.62、深7.76米。青砖墙，花岗石脚，硬山顶，锅耳山墙。山墙上方有红砂岩框的竖长形窗一个，山墙博风有卷草灰塑。花岗石门框，有吊脚门、大木门。门面呈"富"字形，上有短椽出檐，有封檐板。墀头有砖雕牡丹、金钱等装饰（图版八）。

桂林大街13号，硬山顶，面阔7.64、进深9.2米。大门花岗岩石门框，板门、趟栊、脚门保存完好。主体建筑外墙开有石框窗户，山墙两侧墀头有"牡丹喜鹊"和"蝙蝠平安"砖雕，分别雕刻有"民国戊午岁次"和"韩□记造"等字样（图版一〇）。

翔北五巷10号，坐西向东，通阔9.25、深9.6米。青砖墙，花岗岩石脚，硬山顶。山墙博风有卷草灰塑。正大门在北侧，门檐有花鸟砖雕。门上有石额，外门上挑出飞砖短檐，檐下有灰塑花鸟。天井有一口花岗石圆框水井。院墙上有"天官赐福"砖雕，天井内有一株柏树。廊檐设整件花岗石滴水槽。北廊有砖雕门官神龛，上书"培五"，挂对联"福兼洪范五；往列达尊三"。廊有绿釉通花窗（图版一一）。

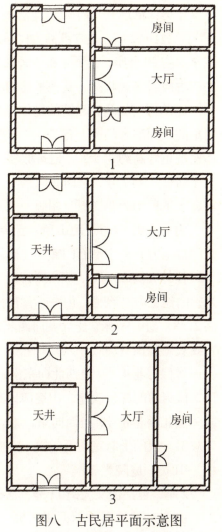

图八　古民居平面示意图

1.三间两廊的民居　2.前厅后房的民居
3.一正一偏的民居

II 类：单层三间两廊

总数约 80 座，是官洲岛古民居的主体类型。根据建筑规模与工艺可分高单层、低单层两类。其中高单层约 20 余座，主要分布于居仁里、由义里和桂林里；低单层约 50 余座，儒山里、西华里和官洲西约的古民居多属此类，其他里巷均有较多该类古民居。

高单层三间两廊建筑的主体建筑正脊高约 4 米，少数有低矮的石脚、简单的山墙装饰，门口多为简单的双门扉木门，上有"一"字形石门额、灰塑彩绘装饰和飞砖短门檐。低单层三间两廊建筑的主体建筑正脊高约 3.5 米，建筑低矮，多无石脚，山墙、门口多无装饰，门框上方仅以横木承砖。

居仁二巷 1 号，坐西北向东南，通阔 9.68、深 7.3 米。硬山顶，青砖墙，山墙上部开一竖长条形窗，上下框均为花岗石（图版一二）。

由义大街 19 号，硬山顶，青砖墙，花岗岩石脚，内墙脚用红砂岩石砌筑。山墙博风有灰塑装饰。正门口上方有一字形石门额、飞砖门檐。门廊入口处设置门官神龛（图版一四）。

桂林大街 21 号，总面阔 9.76、深 8.76 米。硬山顶，山墙博风有卷草纹灰塑，花岗岩石脚高 0.56 米。门额上方有飘檐，由一小兽顶托，门檐下为向日葵、卷草纹、金钱纹灰塑装饰，十分精美。廊门高 2.38、宽 0.96 米。正厅朝向西北，红泥方阶砖铺地。天井正对大厅的院墙上有精美砖雕，墙头有博古纹灰塑装饰（图版一六）。

居仁二巷 4 号，坐西北向东南，通阔 7.08、深 8.25 米。主体建筑为一正一偏布局，青砖墙，硬山顶，作厨房的廊已改建。山墙博风有卷草灰塑，大门上挑出两飞砖瓦檐作为门檐（图版一三）。

翔北四巷 8 号，坐西向东，通阔 9.65、深 9.02 米。硬山顶，青砖墙，花岗岩石脚。山墙博风有卷草灰塑。大门上有花岗石门额，上有飞砖门檐，檐下有花草灰塑（图版一五）。

III 类：庭院式

2 座，包括由义大街 11 号、居仁三巷 2 号。

由义大街 11 号　总面阔 9.55、深 18.65 米，是官洲岛规模最大的古民居建筑。建筑分为两部分，前面是庭院，后面是楼房式主体建筑。院墙青砖石脚，上部为砖砌花窗，院门为圆拱形顶，门顶上有曲线形的山花，整座建筑在传统的形式上带有一些西式的装饰手法。主体建筑为硬山顶，楼高二层，一楼有大厅、二厅，偏间有头房、二房、三房，偏间头房外墙开设漏窗。一楼大门设有趟栊、脚门等。地面铺红方阶砖。在大厅的南侧墙上有门官神龛。在三房的西侧建有上二楼的木楼梯。二楼前为露台，设有花瓶形的女儿墙；后部是主人的房间和客房（图版一九）。

居仁三巷 2 号　主体建筑坐西北向东南，通阔 13.73、深 6.42 米。青砖墙，硬山顶，建筑平面呈"凹"字形，大门正面墙向内凹进，一厅两房。大门上有木架披檐。房屋前面为一荒废的庭院，乔木荫蔽，杂草丛生。院落门口有一口红砂岩石栏的古井（图版二〇）。

IV 类：山墙设门式

4 座，包括居仁大街 2 号、12 号，由义大街 15 号、由义二巷 16 号。山墙设正门有两种情况。一种是单间的低矮民居建筑，山墙面巷，在山墙一侧设正门，内部为一厅一房的狭窄布局，由义大街 15 号、由义二巷 16 号属此类。也有个别是具有一定规模的单间建筑，在面巷的山墙设门，如居仁大街 12 号（图版一八）。另一种是平面呈狭长方形，作仓库类用途，面巷的山墙设门，相对的山墙设窗，居仁大街 2 号属此类。

V 类：单座联体式

1座，即翔北里27、29号。翔北里27号与29号为两座同样的建筑并列，中间共用合墙（图版一七）。单座建筑通阔5.4、深9.5米，前厅后房，"富"字门。大门有石额，前为宽1米多的门廊，上为三檩内卷棚顶，有木雕封檐板。青砖砌筑工整。地面铺红方阶砖。

三　保护建议

官洲岛历史建筑调查确定岛上现存历史建筑主要位于官洲村。官洲村历史建筑具有作为古村落的整体性价值。一是体现了江心岛聚落选址的科学性，古村落建于山岗丘陵地带，背山面水，并有地下淡水资源。二是体现了以里巷为布局基础的规划思想，村内六个里坊区以里坊为单位、以里巷为纽带，形成既相互独立又连为整体的古村落布局。三是内部区域建设显示了聚族而居的特点，并有早晚发展扩大的迹象。翔北里规模较大，单体建筑讲究，分布区域相对独立，村民也相传该区域原为胡姓族人聚居，并早于陈姓族人。由义里与居仁里布局整齐、连为一体，应是陈姓族人统一规划建设。西华里、儒山里、桂林里则又各自相对独立，建筑规模相对较小。

官洲村历史建筑单体的价值主要包括两个方面。一是古祠堂、庙宇类建筑具有一定的历史人文价值和古建筑文物价值，尤其是面江村口以古祠堂、古庙宇、古门楼组合形成的布局集中体现了上述价值。二是部分古民居具有一定规模，保留有青砖石脚、趟栊门和灰塑、彩绘、砖雕、木雕等装饰工艺，具有一定的古建筑文物价值。

由于官洲岛开发建设的需要，作为古村落的整体终将消逝，其整体性价值将难以保护。但历史建筑的保护既是文物保护的需要，同时也是地域文化延续的需要。从建筑规划角度分析，对现代建筑区域内的历史建筑进行合理保护与利用也将会提升建筑区域的整体人文氛围。在实地调查的基础上，结合官洲岛的建设需要，我们初步确立了有重点的分类保护构想，主要注重单体的历史人文古建筑价值和局部的整体性价值。

根据建筑的历史、艺术、科学价值，结合广州市现存历史文物建筑的实际状况，将调查登记的124座历史建筑按其重要性划分为三类，实行分类保护。A类：6座，指具有在我省、珠江三角洲地区属于建造年代较早、形制结构独特、保存较好、规模又较大者。A类历史建筑需进行保护，保护措施按照市级文物保护单位的要求实施。具体意见是纳入建设工程的整体规划，实行原地保护。由文物部门按照文物保护单位的要求进行测绘和相关资料收集，并建立档案。由建设单位负责进行必要的维修，维修方案需报文物部门审批。B类：20座，指建造年代不晚、保存状况较好且颇具规模者。B类历史建筑原则上需进行保护。具体意见是与建设工程整体规划无重大矛盾的需实行原地保护，确有矛盾的由建设单位报文物部门共同研究解决。C类：98座，指年代较晚、结构一般而保存较差者。C类历史建筑可以不作保留。如需拆除，由建设单位负责收集有价值的建筑构件，用于其他历史建筑的修缮。

附记：官洲岛历史建筑调查工作由朱海仁负责组织实施和摄影，黄佩贤、孔柱新负责登记，胡晓宇、阎晓青协助测量。报告绘图由胡晓宇完成。该项调查工作是在广州市第四次文物普查的基础上进行，并得到麦英豪、苏乾、黎显衡、陈登贵等专家的指导，谨此致谢。

执笔：朱海仁、黄佩贤、孔柱新

官洲岛历史建筑一览表

序号	名　　称	类别	序号	名　　称	类别
1	水月宫	C	32	居仁大街 4 号民居	B
2	华帝古庙	A	33	居仁大街 7 号民居	C
3	陈氏大宗祠	A	34	居仁大街 8 号民居	C
4	观德陈公祠	A	35	居仁大街 10 号民居	C
5	观生陈公祠	A	36	居仁大街 12 号民居	C
6	德胜陈公祠	B	37	居仁大街 17 号民居	C
7	"桂林里"门楼	C	38	居仁大街 21 号民居	C
8	"由义"门楼	A	39	居仁大街 36 号民居	C
9	"居仁"门楼	A	40	居仁一巷 2 号民居	B
10	由义大街 8 号民居	C	41	居仁一巷 3 号民居	C
11	由义大街 9 号民居	B	42	居仁一巷 4 号民居	C
12	由义大街 11 号民居	B	43	居仁一巷 5 号民居	C
13	由义大街 15 号民居	C	44	居仁一巷 17 号民居	C
14	由义大街 17 号民居	C	45	居仁一巷 19 号民居	B
15	由义大街 19 号民居	C	46	居仁一巷 20 号民居	C
16	由义一巷 9 号民居	B	47	居仁一巷 22 号民居	C
17	由义二巷 4 号民居	C	48	居仁二巷 1 号民居	B
18	由义二巷 12 号民居	C	49	居仁二巷 2 号民居	B
19	由义二巷 16 号民居	C	50	居仁二巷 4 号民居	B
20	由义二巷 22 号民居	C	51	居仁二巷 12 号对面	C
21	由义二巷 27 号对面	C	52	居仁二巷 16 号民居	C
22	由义二巷 33 号民居	C	53	居仁二巷 18 号民居	C
23	由义二巷 35 号民居	C	54	居仁二巷 19 号民居	C
24	由义三巷 8 号民居	C	55	居仁二巷 20 号民居	C
25	由义三巷 15 号民居	C	56	居仁二巷 42 号民居	C
26	由义三巷 30 号民居	C	57	居仁三巷 2 号民居	C
27	由义四巷 10 号对面	C	58	居仁三巷 10 号民居	C
28	公路边 24 号民居	C	59	西华里一巷 5 号民居	C
29	公路边 26 号民居	C	60	西华里一巷 10 号民居	C
30	公路边 30 号民居	C	61	西华里一巷 14 号民居	C
31	居仁大街 2 号民居	C	62	西华里二巷 3 号民居	C

续表

序号	名　称	类别	序号	名　称	类别
63	桂林大街 2 号民居	C	94	翔北里 7 号民居	C
64	桂林大街 4 号民居	C	95	翔北里 9 号民居	C
65	桂林大街 9 号民居	C	96	翔北里 11 号民居	C
66	桂林大街 11 号民居	C	97	翔北里 15 号民居	B
67	桂林大街 13 号民居	C	98	翔北里 27 号民居	B
68	桂林大街 19 号民居	C	99	翔北里 29 号民居	B
69	桂林大街 21 号民居	C	100	翔北一巷 9 号民居	C
70	桂林大街 22 号民居	C	101	翔北一巷 10 号民居	C
71	桂林大街 24 号民居	C	102	翔北三巷 8 号民居	C
72	桂林大街 29 号民居	C	103	翔北三巷 13 号民居	C
73	桂林一巷 2 号民居	C	104	翔北三巷 15 号民居	B
74	桂林二巷 2 号民居	C	105	翔北三巷 16 号民居	B
75	桂林二巷 4 号民居	C	106	翔北三巷 18 号民居	B
76	桂林二巷 6 号民居	C	107	翔北四巷 1 号民居	C
77	桂林二巷 8 号民居	C	108	翔北四巷 8 号民居	C
78	桂林二巷 12 号民居	C	109	翔北四巷 14 号民居	C
79	桂林二巷 18 号民居	C	110	翔北五巷 3 号民居	C
80	桂林外街 2 号民居	C	111	翔北五巷 5 号民居	C
81	桂林外街 5 号民居	C	112	翔北五巷 10 号民居	C
82	儒山里 14 号民居	C	113	翔北五巷 12 号民居	C
83	儒山里 19 号民居	C	114	翔北五巷 17 号民居	C
84	儒山里 31 号民居	C	115	官洲西约 1 号民居	C
85	儒山一巷 1 号民居	C	116	官洲西约 5 号民居	C
86	儒山一巷 2 号民居	C	117	官洲西约 6 号民居	C
87	儒山一巷 8 号民居	C	118	官洲西约 14 号民居	C
88	儒山一巷 9 号民居	C	119	官洲西约 18 号民居	C
89	儒山二巷 4 号民居	C	120	官洲西约 20 号民居	C
90	儒山二巷 5 号民居	C	121	官洲西约 37 号民居	C
91	儒山二巷 6 号民居	C	122	官洲西约 38 号民居	C
92	儒山二巷 12 号民居	C	123	官洲西约 39 号民居	C
93	翔北里 4 号民居	C	124	官洲西约 40 号民居	C

图版一　陈氏大宗祠俯瞰

图版二　观生陈公祠正面

图版三　德胜陈公祠正面

图版四　德胜陈公祠山墙

图版五　观德陈公祠木雕祖龛

图版六　华帝古庙与两侧门楼

图版七　观德陈公祠

图版八　居仁一巷 19 号

图版九　由义一巷 9 号

图版一〇　桂林大街 13 号

图版一一　翔北五巷 10 号

图版一二　居仁二巷 1 号

图版一三　居仁二巷 4 号

图版一四　由义大街 19 号

图版一五　翔北四巷 8 号

图版一六　桂林大街 21 号　　　　图版一七　翔北里 27、29 号　　　　图版一八　居仁大街 12 号

图版一九　由义大街 11 号

图版二〇　居仁三巷 2 号

广州沙面建筑群调查报告

广州市文物考古研究所

　　1996年11月，国务院公布广州沙面建筑群为全国重点文物保护单位。次年1月，在广州市文化局的指导下，广州市文物考古研究所成立沙面建筑群调查小组，对沙面进行全面调查。为日后沙面建筑群的保护工作和制定沙面建筑群专项保护法规打下坚实基础，调查小组深入到市档案局、省市图书馆、规划局、国土房管局、产权单位和沙面街办事处等有关部门调查访问和查阅历史档案，对沙面建筑群的历史沿革、现状、面积、用途等，进行了详细的调查和收集资料的工作，并对建筑群进行了拍摄和录像。同时，委托华南建设学院西院建筑系（现广州大学建筑系）对沙面建筑建筑群的50幢文物建筑进行测绘。

　　1998年10月，调查工作基本结束。这次调查，查阅了大量的资料，其中有价值的资料463条，包括1861年9月英国女皇与Sassoon签订的契约①；1911年的明信片②；现侨居香港的外国人对当年沙面建筑的回忆图③；世居沙面的老人的口碑材料等。查找并翻拍旧照片23张④；补拍新照片1119张；绘制文物建筑测绘图408张。

　　沙面建筑群既是一个全国重点文物保护单位，整个岛为文物保护范围，又是一个现代生活社区。文物单位使用情况较为复杂。因此，我们结合实际，提出一种新的思路，使其既有利于文物保护，又有利于精神文明与物质文明建设的协调发展。

　　在大量调查研究的基础上，经慎重分析，我们提出将沙面文物建筑与非文物建筑的景观风貌建筑分开；文物建筑也因其历史地位、建筑年代、建筑特色和完好程度不同而分为A、B两类有区别地作出不同的保护要求。A类的保护要求从原建筑外立面到室内原结构、间隔都不能改动。而B类文物建筑则内部间隔可作适当调整。

　　本报告从沙面的历史概况、建筑特色与原建筑使用功能的分类、现状与存在问题、保护建议四个方面予以阐述。

一　历史概况

（一）租界的设立

　　沙面位于广州市荔湾区，南濒珠江白鹅潭，东北与六二三路隔沙基涌相望，是一个面积仅0.3平方公里的小岛。这里原是一片沙洲，故称沙面，是广州一处历史、文化、艺术内涵丰富的胜地，恰如穗城一颗璀璨的明珠（彩版五八）。

　　1856年10月23日，英国侵略者以"亚罗号事件"为借口，挑起了第二次鸦片战争。11月中旬，英军攻陷广州珠江沿岸炮台，并炮轰广州城。广州民众对英军侵略行径非常愤慨，奋起反抗。愤怒的市民于同年 12 月 14 日纵火焚烧了外国人集中居住的广州"十三夷馆"。

1857 年底，英法联军占领了广州。由于十三夷馆被焚毁，他们必须重新选择一块地方以解决外国商人、传教士和领事馆人员的安置和居留。1858 年，英法两国官员开始物色地点。1859 年 5 月，正式向广东巡抚毕承昭要求租借城外白鹅潭一带的沙洲（今沙面，邻近原十三行外国人居留区）。1859 年 7 月，两广总督黄宗汉被迫答应英、法租借沙面的要求。

沙面之所以成为英、法新租地的选址，是有其原因的。首先，沙面地理位置重要，它是从黄埔港进入广州的必经之地。宽阔的白鹅潭可泊军舰，进退容易，能控制广州城。其次，沙面是块水旁官地，不会遭到业主的强烈抗议而引起纠纷。第三，沙面在原来"十三行"附近，接近中国商贾聚居地西关，贸易往来方便。

英、法两国官员责成广东当局负责沙面河滨地基填埋工程，经费从中英、中法《天津条约》中规定的 600 万两赎城费中扣除，由粤海关支付。地基填埋工程完工后再租借给英法两国。

1859 年下半年，沙面地基填埋工程开始。徙迁住在沙洲上的寮民及拆毁两座第一次鸦片战争时期的广州城防炮台后，先从水底用花岗石把沙面周围垒成椭圆形，填上沙土，地基高出水面一丈余。再在北部开挖一条 100 英尺宽的人工河，垒以花岗石河堤，使沙面从一个小沙洲变成了一个东西长 2850 英尺、南北宽 950 英尺、面积 55 英亩（合约 330 亩）的四面环水的椭圆形人造小岛。整个填造工程耗资 32.5 万墨西哥元，英国出资 4/5，法国出资 1/5。租借面积亦与此相应，英国占岛西 44 英亩（约 264 亩），法国占岛东 11 英亩（约 66 亩）。1861 年 9 月 3 日，英法两国官员与广东当局官员劳崇光签订了租约，每亩地租 1500 钱，每年由专人交纳给广东当局，而"中国政府须放弃对该地之一切权利"⑤。沙面从此成为英、法租界，也是我国最早的外国租界之一，开创了外国政府直接在中国租地的恶例。

（二）租界的开发

沙面租界在 1861 年 9 月 3 日正式签订租约，第二天英国领事馆就将英租界划成 82 个地块，按地段不同标价 3550～9000 元不等，向所有驻穗外国人发售。共售出 52 个地块，获利 24.8 万元，基本回收了填江造地的成本。其余未售出的地段，由英国政府控制，用以修建领事馆及教堂等设施。

英租界分区出售后，由业主各自建筑，英国政府也在划定的区域修建领事馆及教堂。1865 年，英国领事馆首先迁入沙面，随后各国领事馆陆续迁入，许多原设在十三行商馆区的洋行，也纷纷迁入沙面，并设立广州分行，英租界逐渐繁荣。

法国政府因为致力于建设天主教广州圣心大教堂（俗称"石室"），直到 1888 年教堂建成后，才有余力来经营其沙面租界。开始先建设法国领事馆、法国东方汇理银行，到 1889 年 11 月 6 日才将剩余土地进行拍卖。1890 年法国领事馆迁入沙面，法租界也随之繁荣起来。

英法政府向中国政府强行租借沙面后，采取资本主义市场经济手法经营沙面土地，将地块分割，公开拍卖，由业主自行建设。

沙面日常的市政管理分别由英、法租界工部局实施，负责治安、市政、绿化、公共建设、人口及税务管理。工部局实际上在租界内实施了一套现代市政管理体制。如 1910 年在沙面北街兴建水厂、水塔就是由工部局牵头，向各业主集资，并负责筹建、管理和维护。所有这些，在广州城市向现代化转化过程中，具有一定的参考作用。

鸦片战争后，曾有 19 个国家在沙面设立领事馆。先后有过 9 家银行、40 多家洋行⑥、企业在此设立区行（公司）、分行（公司）、支行（公司）、办事处、代理处等，还有一家机械制冰厂。作为小型外侨居住社区，据不完全统计，住在沙面的西方人最多时也不会超过 2000 人，加上 4000 名中国职员、工人，在沙面活动的实际人口不超过 6000 人。

（三）与沙面有关的重大历史事件

1861 年 9 月 3 日，英法两国官员与广东当局正式签订沙面租约，以后分别由英、法两国租界的工部局实施市政管理，并分别设有巡捕房负责治安。

1924 年，越南革命党人范鸿泰于沙面维多利亚酒店（今新胜利宾馆），行刺法国驻越南总督麦林未遂，投珠江白鹅潭身亡。租界当局因此制定了限制中国洋务工人出入的"新警律"。"新警律"条款侮辱人格，受到洋务工人普遍反对。7 月，全体洋务工人举行了总罢工，使沙面陷入瘫痪，32 天后取得了胜利。

1925 年 6 月 23 日，广州人民举行示威游行，抗议帝国主义者在"五卅惨案"中残杀上海工人。当游行队伍途经沙基时，沙面的帝国主义者竟向对岸手无寸铁的群众开枪扫射，泊于白鹅潭中的葡舰亦开炮轰击，酿成 59 人死亡，172 人重伤，轻伤无数的"沙基惨案"。

1941 年 12 月 8 日，日本占领英租界。

1942 年 3 月 18 日，日本人将沙面英租界"交给"汪伪政府，并改名为"特别行政区"；同年开放，"准市民自由出入"。

1943 年 4 月 5 日，"特别行政区"撤销，并入广州市伪行政区范围；5 月 19 日，中国政府发表声明，取消法国在中国的不平等条约所定的一切；6 月 5 日在日本驻穗总领事监督下，汪伪政府"接收"法国租界。

1945 年，日本投降。国民政府设"沙面特别区"及"警察分局"进行管制。英、美等国陆续恢复驻广州领事馆，美国还设有新闻处。

1946 年 2 月 28 日，法国政府通过驻华大使同中国政府外交部长签订《关于法国放弃在华治外法权及其有关特权条约》。

1946 年 10 月，国民政府颁布《收回沙面租界为本市辖区令》，正式收回租界，使沙面成为广州市的一个辖区。

1946 年，在美国调停下，沙面举行国共谈判，中共华南分局方方代表共产党参加，地址设在沙面大街 68 号。

1948 年，广州大学生举行反帝示威火烧英领事馆。

1949 年 10 月，解放军接管沙面，设"沙面区人民政府"及"公安分局"，区政府在肇和路 53 号。沙面成为外国驻广州领事馆的外事区，先后有苏联、朝鲜、捷克、波兰、越南、美国、德国等国在此设立领事馆。

1950 年，沙面并入太平区，成立街道办事处，原沙面公安分局改为广州市公安局直属分驻所。

1960 年，中区撤销，沙面转属荔湾区，并一度与清平、岭南等行政街同属清平公社。

1970 年 9 月，复归荔湾区管理。

1980 年 10 月，恢复街道办事处建制至今。

1992 年 1 月，广州市人民政府确定沙面地区为广州市文物保护区。

1996 年 3 月，广州市政府确定荔湾区政府为沙面文物保护区的管理机构。

1996 年 11 月，国务院公布广州沙面建筑群为全国重点文物保护单位。

二　建筑特色与原使用功能的分类

（一）建筑特色

18 世纪下半叶到 20 世纪初，正是欧美资本主义文化及社会发生深刻变革的时期。工业化大生产不仅改变了物质生产方式，而且影响到精神产品的生产。建筑作为一种技术与艺术高度统一的产品，受新思潮和新技术、新材料影响也最大。这是欧美建筑风格流变最为丰富的一个时期：从古典复兴、浪漫主义，再到折衷主义、新艺术运动……最终"走向新建筑"。

从 19 世纪末到 20 世纪初，在英法使馆的刻意经营下，沙面形成独立的区域，全岛有东西走向的道路 3 条，即今天的沙面南街、沙面大街和沙面北街，南北走向的道路 5 条，即沙面一街至沙面五街。全岛规划整齐，绿树成荫，环境幽静秀美。

沙面集中有各国所建的领事馆、银行、洋行、教堂、学校等各类建筑，是西方建筑技术与艺术在广州展示的集中地。纵观沙面建筑形式可分为以下 4 种：

新古典式　这类建筑是模仿西方古典复兴式手法，其建筑风格起源于 19 世纪的法国，追求雄伟、严谨。建筑体形规整。立面在横向和竖向上都采用三段式构图。一般以粗大的石材砌筑底层作整幢建筑的基础，以古典柱式和各种组合形式为建筑主体，在细部加上装饰，手法灵活。新古典式建筑主要有沙面南街的新沙逊洋行、沙面大街的汇丰银行。汇丰银行于主次道路的转角处，平面规整，立面处理采用不同的柱式组合，转角处顶楼以突出穹顶为标志，并在底层和入门处设装饰性的门框及圆窗，有别于纯粹的古典复兴式。

新巴洛克式　19 世纪的折衷主义也可称为新巴洛克式风格，它既不同于古典式的严谨，也有别于 17 世纪巴洛克风格那种过分追求曲线与动感和繁琐，而是在构图稳定的基础上加上有限比例的巴洛克装饰。沙面的建筑多属于此，它们多采用规则的体型，多为连续的拱券，顶部加以巴洛克式装饰。也有个别建筑采用曲面、曲线以追求动感。沙面南街的英国领事馆副楼，是新巴洛克式的典型建筑，该建筑平面规整，但东立面采用曲面，首层为拱门券门廊，上层为柱式外廊，各部分装饰线条复杂，而南立面则采用巨柱，上下层两层为不同形式的外廊，西立面则以实墙为主，加以装饰性外挑阳台和柱式，铁枝栏杆装饰华丽，外立面形式变化多样。北街原三菱银行门上的山花，采用断裂的曲面，更为典型。

券廊式　这是近代西方建筑传入东南亚一带，适应当地气候条件而产生出来的一种建筑形式，其特点是平面简单，立面是连续的拱廊组合，形式简洁，线角明朗而无其他装饰。如沙面大街原旗昌洋行建筑，简洁的连续券拱清楚醒目，为此类建筑的典型代表。属于券廊式的主要建筑还有沙面大街的洛士利银行和亚细亚火油公司。

仿哥特式教堂　哥特式教堂是西方天主教堂的代表，也是中世纪建筑技术与艺术达到顶峰的代表作。随着宗教的传入，教堂成为必然的产物。沙面仿哥特式教堂虽在建筑上未作繁缛的装饰，建筑线条大大简化，但仍达到了较好的艺术效果。如沙面大街的露德教堂，其结构已是近代的梁柱结构，只是入口廊为仿哥特式，但已表达了哥特式教堂建筑的艺术语言。

这里值得一提的是沙面建筑色彩的总体效果。西方古典式建筑，多为石构建筑，大多外墙为石材或仿石材料，一般保持建筑材料的自然色泽，色彩单一暗沉。但广州沙面的西式建筑，大多为砖木结构或砖石结构，除保持西方建筑精华外，也因地制宜，吸收了一些中国建筑的特色。中西建筑技法兼而有之，如外墙为砖体抹灰，施以浅黄色，也有用淡红色外墙和柱，窗框多白色或绿色，整体色调明朗，这无疑非常适合于广州的气候特征。这些风格各异的建筑，大多数仍保留至今。同时，沙面岛上还保存了较多的古树名木，在大片绿荫的衬托下，这些西洋建筑更引人注目。

（二）原建筑使用功能的分类

沙面建筑群按当年建筑的使用功能可分为如下 10 类：

1．外国领事馆——其中有英国领事馆、法国领事馆（图版二）、美国领事馆（旧馆）、美国领事馆（新馆）、苏联领事馆。

2．教堂——其中有露德圣母天主教堂（法）、圣公会基督教堂（英）。

3．外国银行——其中有渣打银行（英）、汇丰银行（英）、东方汇理银行（早期，法）、东方汇理银行（后期，法）、中法实业银行（法）、台湾银行（日）、正金银行（日）。

4．外国洋行与公司——其中有葛理福孚公司（英）、亚细亚火油公司（英）、沙逊洋行（英）、新沙逊洋行（英）、宝华义洋行（法）、慎昌洋行（美）、三菱洋行（日）、好时洋行（荷兰）、德士古洋行（美）、洛士利洋行、天祥洋行（英）。

5．娱乐建筑——其中有广州俱乐部大礼堂（英）、沙面游泳池。

6．工厂—— HK 牛奶公司制冰厂。

7．海关——海关馆舍（红楼，英）。

8．医院——沙面医院（英）。

9．住宅建筑——其中有印度人住宅、泰国人住宅、埃维内斯特（中国盐务副总稽核 Evnest）住宅、法国传教士住宅、赫德爵士住宅、伯郎兹屋。

10．构筑物——沙面西桥，即英格兰桥（图版一），另有石埗头。

三　现状与存在的问题

（一）沙面文物调查数据

在这次文物调查中，沙面建筑调查小组工作人员对沙面的历史沿革、现状、面积等，进行了详细的调查，并取得了如下调查数据。

1．沙面岛面积

原来沙面岛面积为 0.22 平方公里，因近年填海建白天鹅宾馆和过江隧道管理楼，至 1997 年底，面积扩大为 0.2715 平方公里。

2．沙面岛建筑

到目前为止，岛上建筑共 169 栋，占地面积共 109183 平方米，总建筑密度为 40.22%，总建筑面积397914 平方米。其中：直管公房（含代管房）92 栋，占总建筑数量的 54.4%；单位公房 76 栋，占 45%；

私房 1 栋，占 0.6%。沙面建筑按建筑年代区分：建于清末的 26 栋，占 15.4%；建于清末民初的（指现有资料难于确定是清末或民初的）16 栋，占 9.5%；建于民国的 43 栋，占 25.4%；建于新中国成立后的 84 栋，占 49.7%。另外，沙面还有 4 座桥，其中 1 座建于清代，1 座建于民国，2 座建于新中国成立后。

3．沙面的住户与人口

到 1997 年 8 月底止，已登记在册的沙面总户数为 1428 户，人口 5866 人。

（二）存在的问题

新中国成立以来，沙面的保护总体来说是好的。但是由于一段时间对沙面的历史价值认识不足，致使一些历史建筑被毁或改建，甚至建起高层建筑，给沙面的景观带来一定的负面影响。存在主要问题如下：

1．一些近代重要建筑被拆毁。如英国领事馆主楼，位于沙面南街 46 号，被拆毁改建成新的办公大楼，仅剩下两座副楼建筑，使原英领事馆整体建筑受到很大的破坏。

2．不少原有的领事馆、洋行、外籍公司的大楼，外观基本保留下来了，但内部却经过拆改、装修，现多为单位办公用房，有的甚至成为酒楼。如新沙逊洋行被改建为荔枝湾酒楼，内部经过多次装修，与原使用功能相去甚远。

3．租界楼房楼龄长，材料老化，结构安全性较差，隐患较多。

4．一些作为民居的建筑问题较多，人员复杂，内部乱拆乱改，存在火灾、白蚁蛀等安全隐患，有的楼房年久失修，已变为危房。

5．不少历史建筑的外观被防盗网、乱拉乱搭的电线、电话线所破坏。

6．岛内一些庭园原为西式庭园，却被改为中式庭园，与西式建筑格调不相协调。

7．岛上原有树木 120 余棵，现剩 60 余棵，以小叶榕和樟树为主，大多数已有上百年历史，有的已达二三百年历史，被定为古树名木，树龄长，树冠较高大。一些树因建设需要，部分根系被切去，留下潜伏倾倒隐患。

8．作为一个街区，沙面需要生存和发展，而作为文物保护单位，又需要进行原貌保护。沙面区内各单位及居民在建筑的使用、居住方面与文物保护出现了矛盾。

9．由于沙面饮食业越来越兴旺，食肆林立，带来不少负面影响，如车流量大、噪声、废气和占道经营等。

四 保护建议

（一）保护与规划

坚持"保护为主，抢救第一，合理利用，加强管理"的文物保护方针，在保护沙面建筑完整性和真实性的前提下，科学、合理地开发利用。应及早制定《广州沙面建筑群保护规划》与专项立法。

1959 年，周总理视察沙面时指示："要妥善保护建筑，保护原貌，作为半殖民地的历史见证。"该项保护规划应体现周总理保护沙面的遗愿。《广州沙面建筑群保护规划》对于沙面的文物保护工作，对于沙面租界文物建筑的永久保存，对于沙面租界历史街区的保护，对于沙面环境风貌的保护，都是十分重要和紧迫的。

（二）保护规划目标的建议

沙面保护范围内，自1859年沙面沦为租界起至中国对沙面恢复主权止，这一段历史时期内兴建的建筑物、公共设施及其他构筑物，形成的街巷布局，经评估具有文物价值的，连同其环境，都应该加以妥善保护，形成广州近代史迹文物保护区。

保持沙面现存的整体布局，加强对重点建筑的保护，并维护整个沙面岛环境风貌，拟规划目标主要有：

1. 降低沙面建筑密度，规划由目前的40.22%下降5个百分点，即总建筑密度降至35%。

2. 逐步降低沙面的人口密度，规划由现在的（统计至1997年8月）户籍人口5866人下降10个百分点，即控制在5200人左右。

3. 限定重点保护建筑物使用功能，做到合理利用，尽量减少功能性的损害，并使其使用功能与其文化价值相容。

4. 沙面历史建筑整体风貌，保存体现其百年沧桑的历史感，使其成为爱国主义教育的生动教材。

5. 保护沙面原来街区的布局、特色和传统风格。

6. 要分类对沙面建筑群进行保护管理。根据现存状况，沙面岛内建筑可分为三类："文物建筑"、"景观风貌建筑"和"整治建筑"，每类建筑可根据具体情况区别处理，详细分类及细分见下文。

7. 保护沙面建筑群周围幽静、秀美的环境风貌，名花古树、名木等。

（三）合理利用目标

通过保护规划与整治规划，逐渐将沙面规划发展为以广州近代史风貌为主的文物史迹旅游区。尽可能保留和恢复沙面的历史风貌，如保护现存的文物建筑，历史街区的布局、环境风貌，复原桥头堡、绿瓦亭（图版三）等，使沙面保持建筑与环境的独特风格，保留其历史的厚重感，使其历史文化旅游潜力得到深层的发掘，成为广州的特色旅游点。

（四）沙面建筑的分类与管理

为做好沙面建筑群的保护，拟根据沙面建筑的历史、艺术、科学价值和景观价值，将沙面建筑分三类：文物建筑、景观风貌建筑、整治建筑。

1. 文物建筑

绝大部分是建于沙面租界自始至其终结的时期内，具有历史、艺术、科学价值的建筑物与构筑物，共53处（其中有5处为桥、堤、公园等构筑物）。一些建筑为1946～1949年间修建。

根据文物建筑的保存状况的不同，又可将其分为A、B两类。

A类文物建筑（见表一）共19处，主要以领事馆、洋行、银行、教堂等建筑为主，大多数为清末建筑，少数为民国初年建筑，保存比较完整。

此类建筑，历史较长，建筑艺术价值较高，集中反映了沙面租界的形成与演变的历史以及建筑风貌，是沙面建筑的精华。该类建筑能反映原建筑物建筑风格与艺术特色，以及结构、间隔、外立面的真实性；较为完整地保留原有建筑要素；具备一定的代表性。主要建筑有建于1865年的英圣公会基督教堂和英国领事馆（图版四），1881年前建的英国太古洋行，1890年建的哥特式天主教堂，1908年建的海关馆舍（图一、二），1906年建的亚细亚火油公司（图三、四；图版五），1890年建的露德教堂，1890年建的东方汇理银行，1920年建的香港汇丰银行大楼等。

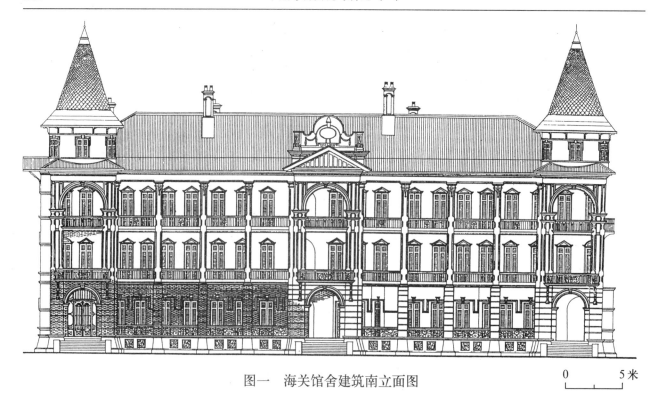

图一　海关馆舍建筑南立面图

0　　　　5米

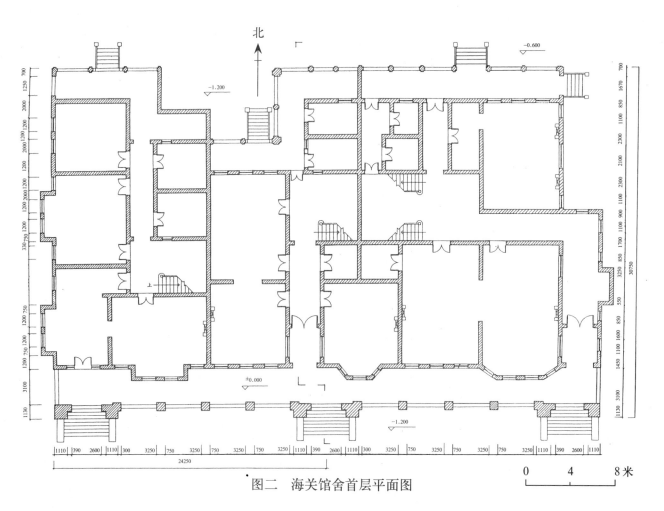

图二　海关馆舍首层平面图

0　　4　　8米

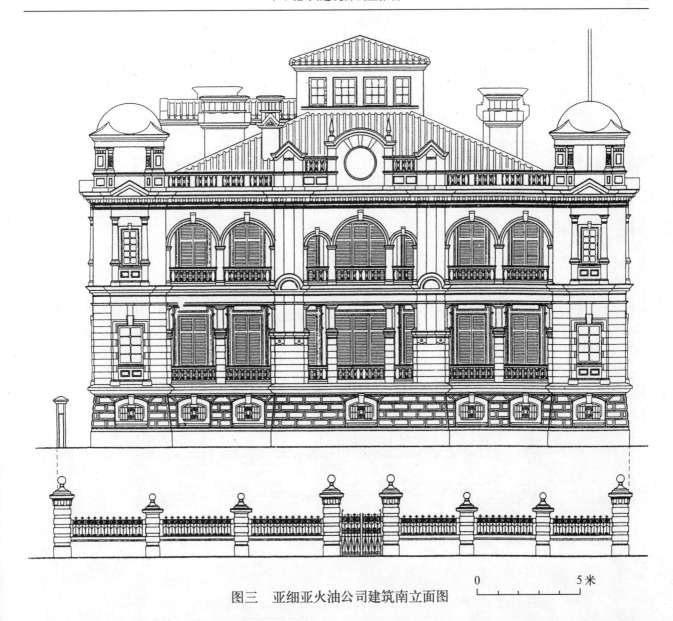

图三　亚细亚火油公司建筑南立面图

　　此类建筑须重点保护，其建筑物外立面装饰、结构体系、平面布局和内部装修及构件都要本着不改变文物原状的原则加以保护。但此种建筑新中国成立后加建及改建的部分，在不影响建筑安全、文物保护和建筑风格的前提下，可予拆除，逐步恢复原貌。

　　B类文物建筑（见表二）共34处，以住宅、洋行为主，多建于清末民初，有一定的历史价值，建筑立面风貌较A类略为逊色，建筑物内部结构和构件的完好程度也较低于A类，如太古洋行、台湾银行等。这部分建筑的保护要求是：外立面不变，结构体系原则不变，内部有特色的装饰不变，但内部装修间隔在不改变特色性结构和装饰的前提下，可根据需要作适当的调整。

　　2. 景观风貌建筑

　　此类建筑可分为2种。

　　一种是建于1949年前的建筑，有洋行、教会、住宅等楼房，外立面有一定特色，虽是历史建筑，但因其历史、艺术、科学价值较低而不作为文物建筑，但仍须慎重处理。这种建筑因历史的原因，已

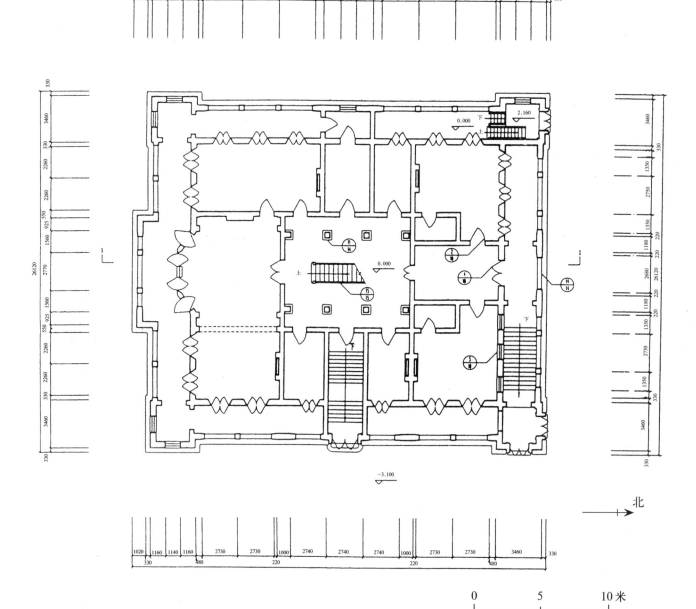

图四　亚细亚火油公司首层平面图

构成沙面建筑群风貌的组成部分。部分建筑内部结构老化呈危房，需作结构更新排险。要求对建筑物的主要外立面予以原状保留，建筑体量、体形尺寸原状保留，内部结构可根据具体情况作必要的更新处理，须保留其有历史信息的建筑构件。

另一种虽建于1949年以后，但其建筑形式与文物建筑相仿或较为协调，建筑体量不太大，又与文物建筑有适当的间距空间，可作为景观风貌建筑，其外观可予维持。

3．整治建筑

整治类建筑可分为3种。

一种是建于1949年以后，特别是20世纪80年代以后的新建筑，体量较大，与沙面租界建筑极不协调。如海关大楼，省外办大楼，白天鹅宾馆等。这部分建筑建于沙面公布为文物单位之前，可作部分整治，如白天鹅宾馆的引桥等，整体建筑待条件成熟时再予改造整治。整治措施不等于全部拆除。

第二种为违法与僭建的建筑，包括不合理加建的建筑物。

第三种为虽建于1949年前，但既无特色，又较残破，对环境风貌有负面影响的建筑物或构筑物。

整治类建筑不是文物，但其存在对文物及文物的环境风貌和景观有负面影响，是沙面建筑群环境整治的重点对象。可根据实际情况对其进行区别处理：一是对合法建筑的外立面进行风貌性的整饰处理；对重新拆建的，要控制建筑的整体造型，外立面采用简化的西洋建筑的线条处理。新建建筑的外立面应以其相邻的保护建筑的形式和装饰线条为设计的参考依据，以使其与沙面历史建筑风貌相协调。另一方面，无论是整饰、拆建和新建的建筑，其外立面与文物建筑有所区别。二是对违法修建的僭建类建筑和不合理的加建建筑物，须创造条件逐步清理、拆除处理。清理、拆除后的用地，将依据调查的结果，逐步恢复历史原貌。属不利于文物环境保护的建筑，拆除后留作空地或绿化处理。

附记：沙面建筑群调查组由黄淼章任组长，孔柱新任副组长，主要成员有闫晓青、麦穗丰、冯曼亭、邓斌、苏富昌、邓琮。闫晓青负责沙面一街、二街、三街建筑的调查。邓斌负责沙面四街、五街建筑的调查。苏富昌负责沙面北街、沙面南街建筑的调查。孔柱新负责沙面大街建筑的调查和对各组员的调查资料进行整理核实并撰写调查报告。麦穗丰负责沙面建筑及环境的拍摄、录像。冯曼亭负责文字资料整理及部分外文资料的翻译。邓琮负责制作沙面位置图、租界示意图。广州大学岭南建筑研究所负责沙面50处建筑的测量绘图，并制作广州沙面建筑群文物建筑总图。

执笔：孔柱新

注 释

① 广州市国土房管局档案馆《广州市外国人房地产申请登记书》附属档案。

② 《羊城晚报》1998年11月28日24版《邮林常谈》。

③ 香港博物馆馆长丁新豹先生提供的《MAP OF SHAMIAN》图。

④ 森清太郎（日）《岭南纪胜》；广州市荔湾区档案学会《广州沙面怀旧照片》。

⑤ 转引自《广州港史》（近代部分），第69页。

⑥ 张洪祥《近代中国通商口岸与租界》，第70页。

表一　　　　　　　　　　　　　广州沙面建筑群 A 类文物建筑表

序号	名称	现使用单位	年代	现地址	旧门牌	建筑形式与风格	现状	保护要求
1	HK 牛奶公司制冰厂（英国雪厂）	市旅业公司	清末民初。一说为1883年	沙面北街29、31号	肇和路29、31号	四层，受新艺术运动影响，外形方整，立面加植物状装饰件	保存完好	原状保护大楼（指从外立面到内部结构、间隔、装饰构件都不能改变文物原状）。此为A种管理方式保护（下同），后半部原厂房的结构不能改动
2	英格兰桥西桥（现名）	公共设施	清末。一说建于1861年	沙面北岸		三孔石拱桥	基本保存完好。桥北端梯口作了部分改动	原状保护
3	印度人楼宇	沙面街办事处直管公房	清末民初	沙面北街91、93、95、97、99号	肇和路95、97、99、101、103号	三层，新巴洛克风格，二、三层曲线起伏的阳台连接各门	保存完好	原状保护
4	沙皇政府所建楼房，后作苏联领事馆、苏联驻华商务代表团广州办事处。一说抗日期间作德国领事馆	省外事办宿舍	1916年	沙面大街68号	复兴路64号	三层，柱廊式混合结构	保存完好	原状保护
5	广州俱乐部 THE CANTON CLUB	国际海员俱乐部 省外事办 华灵公司	1912～1936年。一说为1868年	沙面大街60号	复兴路56号	二层，柱廊宽敞	保存完好	原状保护
6	正金银行（日）。美国领事馆	沙面街办事处直管公房	1893年	沙面大街56号	复兴路52号	三层，新古典主义风格，二、三层为柱子贯通的券廊	保存完好	原状保护
7	汇丰银行 Hong Kong & Shang Hai Bank 卜内门洋碱公司（英）The Imperial, Chemistry Industries Ltd 亚细亚火油公司（英）The siatc Petroleum Co.Ltd. 丹麦领事馆、挪威领事馆，美国大使馆驻粤武官馆舍	胜利宾馆	1920年	沙面大街54号	复兴路50号	四层，折衷主义建筑，立面具古典主义风格，以粗大石材砌筑底层，以古典柱式控制立面构图，是沙面建筑中唯一保留天井内架天桥的建筑	保存基本完好，内部间隔在作酒店使用时作了调整	按文物原状保护，已作改动的间隔可作调整
8	万国宝通银行（美）	名雅斋工艺品商行	清末民初	沙面大街46号 包括副楼	复兴路42号	二层，古典主义风格，柱廊式混合结构，正立面以粗大的爱奥尼柱式直接层顶檐口，气势不凡	保存完好，解放后加建第三层	原状保护
9	露德天主教圣母堂	市天主教爱国会	1890年	沙面大街14号	同仁路22号	法国哥特式建筑砖木结构	保存完好	原状保护

续表一

序号	名称	现使用单位	年代	现地址	旧门牌	建筑形式与风格	现状	保护要求
10	粤海关关员宿舍（红楼）。一说是粤海关俱乐部	广州海关宿舍	1908年	沙面大街2、4、6号	复兴路2、4、6号	三层柱廊式混合结构、东西端有圆锥形塔，有法国特色的弧形阳台，红色的尖顶高耸，具有浓郁的法国乡村寨堡风格。一至三层廊柱及外墙为红砖所砌	基本保存完好	原状保护
11	东方汇理银行（法）Bangue De Lindo Chine	广州海运集团公司 广州海工实业公司	1890年	沙面一街3号	同仁路3号	四层，折衷主义风格一、四层券廊式，二、三层柱廊式	保存完好	原状保护
12	渣打银行(英) Chartered Bank of India Australia and China	省粮食储运公司、居民租用公房	清末民初	沙面大街49号	复兴路39号	三层，古典主义风格，首层券廊式，二、三层壁柱式	保存完好	原状保护
13	亚细亚火油公司（英）The Asiatic Petroleum Co.Ltd 一说原为德国领事馆	沙面工业公司、中兴公司、沙面街办事处直管公房，居民租用	1906年	沙面四街1、3号，沙面大街59号	协力路1、3号，复兴路47号	前座二层，布局规整对称，德式建筑风格。后座三层券廊式	保存完好	原状保护
14	英国圣公会基督教堂	广东省基督教协会沙面会堂	1865年	沙面南街60号	珠江路60号	三层，英式风格，带穹窿顶。	保存完好	原状保护
15	中国盐务副总稽核Evnest（埃维内斯特）楼宇。后作国民党财政部两广盐务局	广州外轮物资公司	1905～1927年	沙面南街58号	珠江路58号	二层柱廊式，科林思柱式雕饰细腻丰富，挑檐饰线考究，解放后加建第三层	保存完好	原状保护
16	英国领事馆副楼，含东座与西座	广东外事交流中心、广东信息交流中心，广东国际暨港澳交流基金会	1865年	沙面南街44、46号	珠江路44、46号	西座二层，新巴洛克式，正立面采用曲面，首层为拱门券门廊，上层为柱式外廊；东座方形柱廊，绿琉璃瓦庑殿顶	保存完好	原状保护
17	美国领事馆住宅楼。一说为泰国人俱乐部	省侨联招待所	清末民初	沙面南街34号	珠江路34号	二层，首层券廊式。乔治王朝式	保存完好	原状保护
18	中法实业银行。后作日本领事馆（抗战前）	广州市海运集团公司	1913年	沙面南街22号	珠江路22号	四层，折衷主义建筑	保存完好	原状保护
19	法国领事馆，东方汇理银行（法）Bangue De Lindo Chine 美国大使馆陆军武官驻地	翠洲邨，省外事办招待所	1915年	沙面南街20号	珠江路20号	二层柱廊式	保存完好	原状保护

表二　　　　　　　　　　　广州沙面建筑群 B 类文物建筑表

序号	名称	现使用单位	年代	现地址	旧门牌	建筑形式与风格	现状	保护要求
1	捷克领事馆	朝鲜输入商社代表部	清末民初	沙面北街1号	肇和路1号	东楼二层，柱廊式，四坡尖顶。西楼三层，阳台挑梁修饰考究	保存完好	外立面、结构等原状保留，间隔可作小量调整。此为B种管理方式保护，下同
2	葛理福孚公司	广东发展行、市同医药公司宿舍	民国初年	沙面北街39、41号	肇和路35、37号	四层，外形方整，立面加红砖饰面	保存完好，第四层加建	外立面、结构等原状保留，间隔可作小量调整
3	住宅	华侨私房	清末民初	沙面北街43号	肇和路39号	二层，首层券廊式	木楼板大部分腐朽，部分墙体风化	同上
4	屈臣氏药房（英），贯华企业公司	广州市医药建设公司	民国	沙面三街4号	中兴路4号	二层，首层廊券式	保存完好	同上
5	渣打银行（英）Chartered Band of India Australia And China,好时洋行（荷兰），德士古洋行（美）	中兴房建公司宿舍，沙面邮政所	1915年	沙面北街61号，沙面三街5、7号	肇和路59号	三层，北半部有券门，无外廊；南半部二、三层柱廊	基本保存完好。外立面已作水刷石米	前座外立面、结构等原状保留，间隔可作小量调整。后座（西侧）作景观风貌类保护
6	三菱银行（日）万国医院（日）一说是三井洋行（日）Nissen Kissen Kaiza	湛江地区驻广州办事处，邮政局宿舍	1911～1915年	沙面北街65号	肇和路63号	三层，外开方整，首层红砖饰面，大门加多立安柱式，巴洛克风格饰件	保存完好，第四层为后加建	外立面、结构等原状保留，间隔可作小量调整
7	正金银行，后作国民党广播事业管理处	广东电视台宿舍	1924年	沙面北街73号	肇和路67号	四层，外形方整，二、三层立面加磨砖对缝，大门加爱奥尼柱式	保存完好	同上
8	赫德爵士楼宇	沙面街办事处文化站，办事处直管公房	1907年	沙面五街1号	博爱路1号	二层，柱廊式混合结构	基本保存完好	同上
9	丹麦领事馆	沙面街办事处文化站,办事处直管公房，居民租住	民国初年	沙面五街4号	博爱路4号	三层，首层券廊式，二、三层柱廊式	基本保存完好	外立面、结构等原状保留，间隔可作小量调整
10	洛士利洋行（英）Loxeley &Co的见洋行（英）	沙面街办事处文化站,办事处直管公房，移民咨询处	清末民初	沙面大街62号	复兴路58号	三层，首层柱廊，二、三层券廊	保存完好	同上
11	旗昌洋行（美）	省石油化工设计院	清末。一说为1901年	沙面大街48号	复兴路44号	二层券廊式，维多利亚风格，立面为简洁的连续拱券的券廊组合	保存完好。解放后加建第三层	同上

续表二

序号	名称	现使用单位	年代	现地址	旧门牌	建筑形式与风格	现状	保护要求
12	美国领事馆	省外事办	20世纪40年代	沙面三街2号	协力路1号	三层,外形方整,四坡顶线条简洁有力,水刷石米饰面,现代主义风格建筑	保存完好	同上
13	法国传教社楼房	市天主教房产,居民租用	清末民初。一说为1889年	沙面大街36、38号	复兴路32、34号	二层,柱廊混合结构,四坡瓦顶,法式建筑	基本保存完好。有漏水等现象	同上
14	台湾银行广州支行(日)	广州海运集团公司	1911年	沙面大街26号	复兴路22号	三层,古典主义风格,柱廊式混合结构,室内有宽敞的旋转楼梯	保存完好	同上
15	国民党政府广州招商局。一说为英国医院	广州海运集团公司	1912~1936年	沙面大街22、24号	复兴路18、20号	三层,柱廊式混合结构,挑檐考究	保存完好	同上
16	印度人楼宇	沙面街派出所、广东省畜产进出口集团广州公司、沙面街办事处—居委	清末民初	沙面大街18、20号	复兴路14、16号	二层,维多利亚式券廊建筑	保存完好	同上
17	办公及住宅	广州市再生资源开发公司	清末民初	沙面大街10、12号	复兴路10、12号	二层,首层券廊式,二层柱廊式	基本保存完好	同上
18	守桥法军驻地又称法租界巡捕房	四航局招待所	清末民初	沙面大街1号	复兴路1号	三层,维多利亚式券廊建筑	基本保存完好	同上
19	印籍法军军官住宅。一说为法国邮政局住宅	国际旅行社宿舍	1915年	沙面南街2、4、6、8、10号	珠江路2、4、6、8、10号	二层,乔治王朝式建筑,首层券廊式,二层柱廊式	保存完好	同上
20	印度人楼宇	沙面劳动服务公司	民国	沙面一街16、18、20号	同仁路16、18、20号	四层,现代主义风格	同上	同上
21	沙逊洋行(英)Co D. sassoon Sons 新志利洋行(法)法国传教社楼房	广州市丰域置业公司、市同天主教会出租房	1861~1880年	沙面大街39、41号,沙面二街4、6号	敦睦路4、6号	三层,柱廊式混合结构,二、三层柱廊柱子贯通	保存完好	外立面、结构等原状保留,间隔可作小量调整
22	慎昌洋行(美)Anderzen Mysner & Co	沙面街办事处文化站办事处直管公房,居民租用	1894年	沙面四街8号	协力路4号	三层,古典主义风格建筑,二、三层柱子贯通壁柱	保存完好	同上
23	天祥洋行(英)Dodwett & co	广州外轮供应公司黄埔分公司。民民租用公房	1912~1936年	沙面大街61号	复兴路49号	三层,无外廊,外形方整的混合结构	保存完好	同上
24	英国牧师居所	广东协和神学院	1865年。一说为1870年	沙面大街69号	复兴路51号	二层券廊式混合结构	保存完好	同上

续表二

序号	名称	现使用单位	年代	现地址	旧门牌	建筑形式与风格	现状	保护要求
25	新沙逊洋行（英）D. sassoon & Swire Co. 安达银行（荷兰）	夜明珠酒店，新荔枝湾酒店	1870年设。一说建于1905~1915年	沙面南街50号	珠江路50号	四层，新古典式混凝土框架，采用阿拉伯风格的阳台，屋顶转角处有阿拉伯式的葱顶作装饰	基本保存完好，内部间隔在酒店装饰时作了改动	外立面、结构等原状保留，间隔可作小量调整
26	太古轮船公司，太古洋行（英）Butterfield & Swire Co	广东省畜产进出口集团公司	1881年	沙面南街48号	珠江路48号	三层，首层、二层券廊式，三层柱廊式，基础层与廊柱均红砖饰面	保存完好	同上
27	沙逊洋行（英）、法国传教社楼房、葡萄牙领事馆、大西洋领事馆（二楼）	沙面街幼儿园	1861年	沙面南街42号	珠江路42号	二层，维多利亚式，首层券廊，二层柱廊	保存完好	同上
28	伯郎兹屋PALLONJEE HOUSE 汇丰银行宿舍（英）	省石油企业集团公司宿舍	1917年	沙面南街24号	珠江路24号	三层，外形方整。二、三阳台相连，两端为圆弧形。大门加多立安柱式	保存完好	同上
29	宝华义洋行	省农垦厅宿舍	1897年	沙面南街14号	珠江路14号	二层，首层券廊式，二层柱廊式。前半部分混合结构，后半部分钢筋混凝土结构	保存完好	同上
30	法国邮政局Poste Frincaise原法国海军办事处	沙面街办事处直管公房，居民租用	1890年	沙面南街12号	珠江路12号	二层，首层券廊式，二层柱廊式	立面部分改变	恢复历史原貌
31	法国公园	翠洲园，荔湾区老干部活动中心	清末	沙面南街7号	珠江路7号	建筑物为解放后建	被据为经营场所	拆除违章建筑，恢复法式园林风格
32	网球场（英）CTC网球俱乐部	沙面网球场	清末	沙面南街5号	珠江路5号	泥土地网球场	1983年霍英东新建室内网球场	保留球场，拆除违章及临时建筑
33	英国公园	沙面公园	清末	沙面南街3号	珠江路3号	建筑物为1984年新建	平面改变，面积扩大	保留公园，恢复英式园林风格
34	旧石堤、石埗头	公共设施	1859年	环沙面岛旧石堤、石埗头（南堤1个，北堤3个），并包括沙基涌北岸旧石堤			保存完好	原状保护

图版一　清末的沙面西桥

图版二　20世纪40年代沙面法租界内的
　　　　"法国公园"与法国领事馆

图版四　英国领事馆副楼

图版三　20世纪40年代沙面码头"绿瓦亭"

图版五　亚细亚火油公司

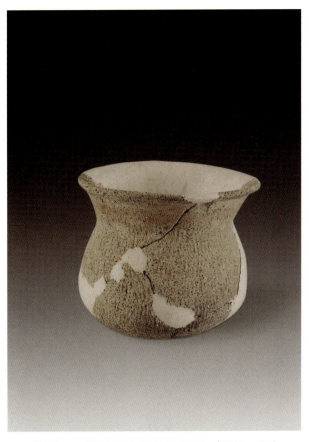

彩版一　增城围岭遗址 B 型釜（H19：12）

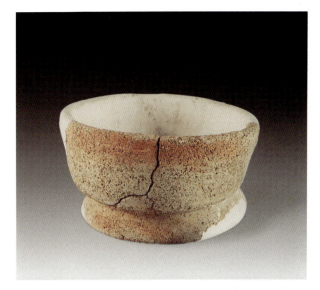

彩版二　增城围岭遗址陶圈足盘（H10：2）

彩版三　增城围岭遗址双肩石锛（H15：2）

彩版四　增城围岭遗址石范（H21：7）

彩版五　增城围岭遗址骨凿（H18：1）

彩版六　南越国木简

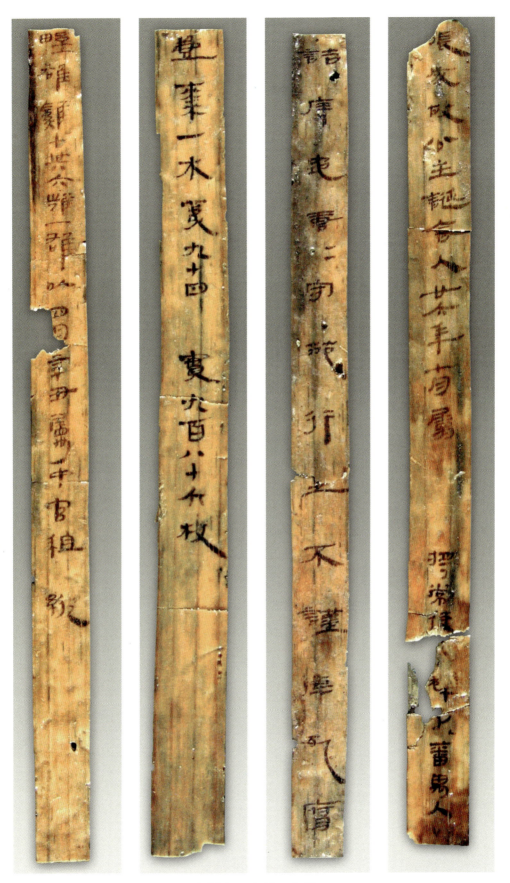

彩版七　南越国木简

彩版八　农林东路木椁墓墓室顶部

彩版九　农林东路木椁墓墓室底部全景

彩版一○　先烈南路汉墓陶雁形盒（M5：27）

彩版一一　先烈南路汉墓陶簋（M5：16）

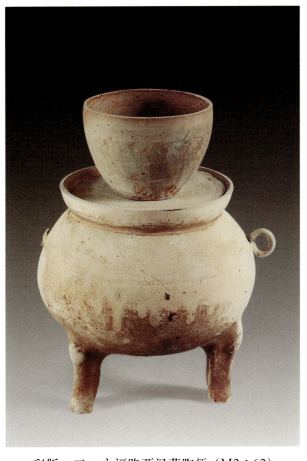

彩版一三　永福路两汉墓陶小口壶（M2：32）

彩版一二　永福路两汉墓陶甑（M2：62）

彩版一四　永福路唐墓葡萄纹镜（M1：3）

彩版一五　番禺小谷围山文头岗 M1 全景

彩版一六　番禺小谷围山文头岗陶灯（M1A：64）

彩版一七　番禺小谷围山文头岗陶俑（M1B：6）

彩版一八　淘金东路南朝墓盘底三足炉（M68：3）

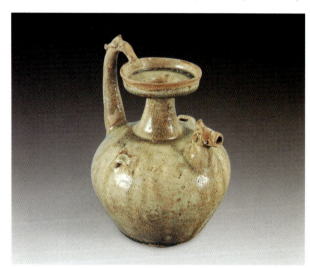

彩版一九　淘金东路南朝墓鸡首壶（M68：7）

彩版二〇　执信中学唐墓摩羯纹铜镜（M93：9）

彩版二一　执信中学隋唐墓青釉七足砚（M26：8）

彩版二二　西湖路唐代城墙遗迹

彩版二三　北京路宋、明时期路面

彩版二四　北京路明代建筑基址

彩版二五　原址保护的北京路千年古道

彩版二六　北京路宋代第二期建筑基址

彩版二七　北京路千年古楼遗址出土宋代青瓷
夹梁盖罐（T6 ⑤ : 1）

彩版二八　中山六路宋代酱釉炉（T1 ⑥ b : 73）

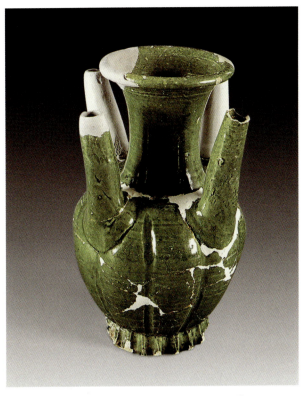

彩版二九　中山六路宋代绿釉四管瓶
（T2 ⑥ b：64）

彩版三〇　中山六路宋代绿釉盏（T2 ⑥ b：34）

彩版三一　中山六路宋代青瓷剔花碟（T1 ⑥ c：91）

彩版三二　中山六路宋代青白瓷盒
（T1 ⑤ b：164）

彩版三三　中山六路宋代黑釉剪纸贴花碗
（T2 ④ b：19）

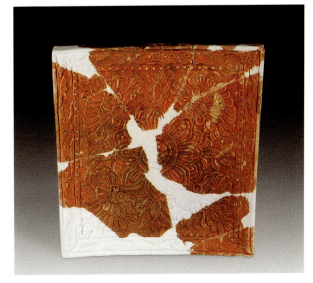

彩版三四　中山四路南汉铺地方砖

彩版三五　中山四路南汉龙首形脊兽
（T2⑥：4）

彩版三六　中山四路南汉象首形脊兽
（T2⑥：1）

彩版三七　中山四路南汉青釉板瓦
（T1⑥：45）

彩版三八　中山四路南汉绿釉板瓦
（T2⑥：44）

彩版三九　中山四路南汉粉青釉滴水瓦
（T1⑥：53）

彩版四〇　中山四路南汉青釉筒瓦
（T1⑥：29）

彩版四一　中山四路南汉兽面瓦当（T2⑥：66）

彩版四二　中山四路南汉莲花瓦当（T1⑥：118）

彩版四五　番禺小谷围宋墓魂瓶（M1：1）局部

彩版四六　番禺小谷围宋墓青瓷瓶（M2：1）

彩版四四　番禺小谷围宋墓魂瓶（M1：1）

彩版四八　华侨小学宋墓石武士弁俑（M24：4）

彩版四三　大塘街宋代河堤遗址

彩版四七　华侨小学宋墓（M24）全景

彩版四九　华侨小学宋墓石狮（M24：15）

彩版五〇　华侨小学宋墓魂瓶（M24：16）

彩版五一　华侨小学宋墓青瓷葵瓣碟（M24：41）

彩版五二　芳村大道大通烟雨井遗迹

彩版五三　芳村大道宋代墨书"大通"款青白瓷碗盏

彩版五五　番禺南村茅山岗明墓金耳坠（M2-2：3）

彩版五四　番禺南村茅山岗明墓金束发冠（M2-2：2）

彩版五六　番禺小谷围梁氏宗祠

彩版五七　官洲岛陈氏大宗祠

彩版五八　沙面鸟瞰（周志平摄）

题 签：叶选平

责任印制：张道奇
责任编辑：张广然

图书在版编目（CIP）数据

羊城考古发现与研究. 1/ 广州市文物考古研究所编.
北京：文物出版社，2005.10
（广州文物考古集；5）
ISBN 7-5010-1806-5

Ⅰ.羊... Ⅱ.广... Ⅲ.①文物—考古发掘—发掘
报告—广州市②古建筑—考古发掘—发掘报告—广州市
Ⅳ.K872.651.05

中国版本图书馆 CIP 数据核字（2005）第 115822 号

羊 城 考 古 发 现 与 研 究

（一）

广州市文物考古研究所　编

文 物 出 版 社 出 版 发 行

（北京五四大街29号　邮政编码 100009）

http://www.wenwu.com
E-mail:web@wenwu.com

北京文博利奥印刷有限公司制版
北京美通印刷有限公司印刷
新 华 书 店 经 销

889×1194　1/16　印张：26
2005年10月第一版　2005年10月第一次印刷
ISBN 7-5010-1806-5/K·957　定 价：180.00元